GONGYI SUSONG
ANLI JIAOCHENG

公益诉讼案例教程

张嘉军 —— 主编

法律出版社
LAW PRESS·CHINA
——北京——

图书在版编目（CIP）数据

公益诉讼案例教程／张嘉军主编. -- 北京：法律出版社，2025. -- ISBN 978-7-5244-0195-7

I. D925.05

中国国家版本馆 CIP 数据核字第 2025WX4792 号

公益诉讼案例教程
GONGYI SUSONG ANLI JIAOCHENG

张嘉军 主编

策划编辑 林 蕊
责任编辑 林 蕊
装帧设计 臧晓飞

出版发行	法律出版社	开本 A5
编辑统筹	司法实务出版分社	印张 17.25　字数 432 千
责任校对	张翼羽	版本 2025 年 8 月第 1 版
责任印制	胡晓雅	印次 2025 年 8 月第 1 次印刷
经　　销	新华书店	印刷 北京盛通印刷股份有限公司

地址：北京市丰台区莲花池西里 7 号（100073）
网址：www.lawpress.com.cn   销售电话：010-83938349
投稿邮箱：info@lawpress.com.cn   客服电话：010-83938350
举报盗版邮箱：jbwq@lawpress.com.cn   咨询电话：010-63939796
版权所有·侵权必究

书号：ISBN 978-7-5244-0195-7   定价：82.00 元
凡购买本社图书，如有印装错误，我社负责退换。电话：010-83938349

编委会

主　编 张嘉军

副主编 毋爱斌　周晓霞　王会军　刘　鋆

撰稿人（以撰写章节顺序为序）

　　　　　张嘉军　邢　昕　师睿智　赵　琼　李岩峰
　　　　　王会军　沈思达　梁增然　姜新国　李永超
　　　　　刘加良　李　畅　王振玮　陈　鹏　刘继汉
　　　　　周晓霞　刘　鋆　毋爱斌　崔　玮

前言

2012年,《民事诉讼法》修改首次确立了中国的公益诉讼制度。2014年,党的十八届四中全会提出"探索建立检察机关提起公益诉讼制度"。2019年,党的十九届四中全会提出"拓展公益诉讼案件范围"。2022年,党的二十大报告明确提出要"完善公益诉讼制度"。公益诉讼制度已经得到广泛认同和支持,成为检察机关、行政机关、社会组织等携手共护公益、共促治理的重要依托。有中国特色的公益诉讼制度已经成为中国特色社会主义司法制度的重要组成部分。

《公益诉讼案例教程》的编写,旨在系统梳理公益诉讼制度的理论脉络与实践经验,为法律学习者、实务工作者提供一部兼具专业性与实践性的参考教材。本书以"理论筑基—制度演进—实践指引"为逻辑主线,分为三编:第一编"总论"阐释公益诉讼的基本原理,包括公共利益的界定、诉讼主体的权责、理论基础与法律渊源,同时梳理了中外公益诉讼的发展历程与基本原则,为读者构建公益诉讼的理论框架;第二编"行政公益诉讼"与第三编"民事公益诉讼"则聚焦具体制度,从案件范围、诉前程序、管辖规则到证据与证明、审判及执行,全面解析不同类型公益诉讼的运作机制。

本书的鲜明特色在于"案例导向"。编写组精选了最高人民检察院指导性案例(本书中称"检例")、最高人民法院指导性案例及各地典型案例,如检例第30号"郧阳区林业局行政公益诉讼案"展现行政机关履职监督,检例第142号"江苏省宿迁市人民检察院对章某为未成年人文身提起民事公益诉讼案"探索未成年人保护新领域,最高人民法院指导性案例208号"江西省上饶市人民检察院诉张永明、张鹭、毛伟明生态破坏民事公益诉讼案"诠释生态公益保护的边界。这些案例不仅覆盖生态环境保护、食品药品保护、国有财产保护等传统领域,还涉及个人信息保护、妇女权益保障、红色资源保护等新兴领域,基本呈现公益诉讼"4+N"的发展格局。

在内容编排上,本书注重理论与实践的深度融合。每个案例均包含基本案情、主要法律问题、主要法律依据与学理分析,既展现案件的争议焦点,又解析背后的法理逻辑,帮助读者理解公益诉讼中的公共利益界定、诉前程序功能、举证责任分配等核心问题。同时,书中对公益诉讼的跨区域协作、预防性保护等前沿问题的探讨,为制度完善提供了思考方向。

本书的编写凝聚了理论研究者与实务工作者的共同智慧,既可作为高等院校法学专业的教学用书,也可为检察机关、法院、行政机关及社会组织的实践工作提供参考。希望通过本书,能让更多人认识公益诉讼的价值,推动形成"多元共治"的公益保护格局,为法治中国建设注入新动能。

本书写作分工如下:

第一编

第一章　张嘉军(郑州大学)

第二章　邢昕(郑州大学)

第三章　师睿智(郑州大学)

第二编

第一章第一至四节　赵琼(国家检察官学院河南分院)

第一章第五、六节　李岩峰(郑州大学)

第二章　王会军(河南省人民检察院)

第三章　沈思达(郑州大学)

第四章　梁增然(郑州大学)

第五章　姜新国(郑州铁路运输检察院)
第六章　李永超(郑州大学)

第三编

第一章　刘加良(华东师范大学)、李畅(重庆警察学院)、王振玮(山东大学)

第二章　陈鹏(郑州大学)

第三章　刘继汉(郑州大学)

第四章　周晓霞(国家检察官学院)

第五章　刘鋆(郑州大学)

第六章　毋爱斌(西南政法大学)

第七章　崔玮(郑州大学)

本书编写组

2025 年 7 月

目录

第一编 总　论

第一章　公益诉讼基本原理　003
　　第一节　公共利益与公益诉讼　003
　　第二节　公益诉讼的提起主体　019
　　第三节　公益诉讼的理论基础　032
　　第四节　公益诉讼法的法律渊源　047
第二章　公益诉讼的历史发展　080
　　第一节　英美法系国家公益诉讼的发展历史　080
　　第二节　大陆法系国家公益诉讼的发展历史　085
　　第三节　我国公益诉讼的发展历史　090
第三章　公益诉讼的基本原则　103
　　第一节　公益诉讼基本原则概述　103
　　第二节　最有利于公益保护原则　108
　　第三节　预防原则　112
　　第四节　协同治理原则　115
　　第五节　职权主义原则　119
　　第六节　有限处分原则　125

第二编　行政公益诉讼

第一章　行政公益诉讼的案件范围　135
  第一节　生态环境和资源保护领域行政公益诉讼　135
  第二节　食品药品安全领域行政公益诉讼　142
  第三节　国有财产保护领域行政公益诉讼　150
  第四节　国有土地使用权出让领域行政公益诉讼　157
  第五节　其他单行法特别规定的行政公益诉讼　165
  第六节　行政公益诉讼案件新领域探索　177

第二章　行政公益诉讼诉前程序　184
  第一节　诉前程序的立案标准　185
  第二节　诉前程序中的检察建议　194
  第三节　诉前程序中行政机关的回复与履职　201

第三章　行政公益诉讼的管辖　208
  第一节　行政公益诉讼的检察管辖　209
  第二节　行政公益诉讼的审判管辖　221
  第三节　检察管辖与审判管辖的对接　228

第四章　行政公益诉讼当事人　237
  第一节　行政公益诉讼起诉人　237
  第二节　行政公益诉讼被告　251

第五章　行政公益诉讼的证据与证明　266
  第一节　证据类型　267
  第二节　证明内容　274
  第三节　证明标准　288
  第四节　证明责任　297

第六章　行政公益诉讼的审判程序　309
第一节　行政公益诉讼的起诉条件　309
第二节　起诉期限　313
第三节　行政公益诉讼的诉讼请求　320
第四节　行政公益诉讼的撤诉　327
第五节　行政公益诉讼的裁判形式　331

第三编　民事公益诉讼

第一章　民事公益诉讼案件范围　339
第一节　生态环境保护民事公益诉讼　340
第二节　消费者权益保护民事公益诉讼　346
第三节　英雄烈士保护民事公益诉讼　350
第四节　未成年人保护民事公益诉讼　355
第五节　其他单行法规定的民事公益诉讼　360
第六节　民事公益诉讼的新领域探索　367

第二章　民事公益诉讼诉前程序　372
第一节　民事公益诉讼诉前程序的功能　374
第二节　民事公益诉讼诉前程序的调查　381
第三节　民事公益诉讼诉前程序的审查　385
第四节　民事公益诉讼诉前程序的公告　389
第五节　英雄烈士保护民事公益诉讼诉前程序特殊情形　392

第三章　民事公益诉讼的管辖　400
第一节　民事公益诉讼的立案管辖　401
第二节　民事公益诉讼的审判管辖　410

第四章　民事公益诉讼的证据与证明　418
第一节　生态环境保护民事公益诉讼举证责任　418

第二节	消费者权益保护民事公益诉讼举证责任	428
第三节	民事公益诉讼中的鉴定	436
第四节	民事公益诉讼中的专家意见	441
第五节	民事公益诉讼中的书证	445

第五章　民事公益诉讼的审判程序　450

第一节	民事公益诉讼案件的起诉	451
第二节	民事公益诉讼案件的受理	457
第三节	民事公益诉讼案件的审理	460

第六章　民事公益诉讼的执行　465

第一节	预防性责任承担方式的执行	466
第二节	恢复性责任承担方式的执行	470
第三节	人格恢复性责任承担方式的执行	478

第七章　刑事附带民事公益诉讼　484

第一节	刑事附带民事公益诉讼制度的案件范围	485
第二节	刑事附带民事公益诉讼的公告程序	492
第三节	刑事附带民事公益诉讼的审理组织	500
第四节	刑事附带民事公益诉讼的办案模式	507
第五节	刑事附带民事公益诉讼的诉讼请求	514
第六节	个人信息刑事附带民事公益诉讼的保护范围	520
第七节	英烈保护刑事附带民事公益诉讼	528

案例目录

第一编　总　　论

第一章　公益诉讼基本原理　　003
检例第30号：郧阳区林业局行政公益诉讼案　　004
检例第142号：江苏省宿迁市人民检察院对章某为未成年人文身提起民事公益诉讼案　　007
检例第162号：吉林省检察机关督促履行环境保护监管职责行政公益诉讼案　　011
最高人民法院指导性案例208号：江西省上饶市人民检察院诉张永明、张鹭、毛伟明生态破坏民事公益诉讼案　　016
最高人民法院指导性案例75号：中国生物多样性保护与绿色发展基金会诉宁夏瑞泰科技股份有限公司环境污染公益诉讼案　　020
江苏省徐州市人民政府、国丰新能源江苏有限公司等生态环境损害赔偿案　　024
检例第51号：曾云侵害英烈名誉案　　028
中华环保联合会诉山东德州晶华集团振华有限公司大气污染民事公益诉讼案　　033
吉林省敦化市人民检察院诉敦化市文化广播电视和旅游局不履行文物保护监管职责公益诉讼案　　037
检例第186号：浙江省杭州市拱墅区人民检察院督促落实电价

优惠政策行政公益诉讼案 040

检例第183号：浙江省嵊州市人民检察院督促规范成品油领域税收监管秩序行政公益诉讼案 044

检例第163号：山西省检察机关督促整治浑源矿企非法开采行政公益诉讼案 049

检例第162号：吉林省检察机关督促履行环境保护监管职责行政公益诉讼案 053

检例第164号：江西省浮梁县人民检察院诉A化工集团有限公司污染环境民事公益诉讼案 057

检例第111号：海南省海口市人民检察院诉海南A公司等三被告非法向海洋倾倒建筑垃圾民事公益诉讼案 061

江苏省无锡市红宝特种染料油墨有限公司非法处置危险废物民事公益诉讼诉前和解案 064

检例第142号：江苏省宿迁市人民检察院对章某为未成年人文身提起民事公益诉讼案 068

上海市松江区人民检察院督促保护残疾妇女平等就业权行政公益诉讼案 072

河南省桐柏县红色资源保护行政公益诉讼案 075

第二章 公益诉讼的历史发展 080

"一块二"系列案件 093

河南省方城县人民检察院诉方城县工商局独树镇工商所国有资产流失案 096

朱正茂、中华环保联合会与江阴港集装箱公司环境污染责任纠纷案 098

贵州省毕节市金沙县人民检察院诉金沙县原环保局未依法收缴排污费案 100

第三章 公益诉讼的基本原则 103

贵州省遵义市人民检察院诉贵州某公司生态破坏民事公益诉讼案 109

最高人民法院指导性案例173号：北京市朝阳区自然之友环境研究所诉中国水电顾问集团新平开发有限公司、中国电建集团昆明勘测设计研究院有限公司生态环境保护民事公益诉讼案 113

检例第166号：最高人民检察院督促整治万峰湖流域生态环境受损公益诉讼案 116

陈某贵非法捕捞水产品刑事附带民事公益诉讼案 120

袁某、晋某非法采矿罪刑事附带民事公益诉讼案 123

江苏省无锡市惠山区长安金文办公用品商行未成年人保护民事公益诉讼案 126

山东省济南市槐荫区人民检察院诉槐荫区应急管理局、区消防救援大队不履行消防监管职责公益诉讼案 129

第二编 行政公益诉讼

第一章 行政公益诉讼的案件范围 135

检例第166号：最高人民检察院督促整治万峰湖流域生态环境受损公益诉讼案 136

云南省嵩明县人民检察院督促保护耕地资源行政公益诉讼案 140

浙江省杭州市富阳区人民检察院督促保护冷鲜禽食品安全行政公益诉讼案 144

陕西省咸阳市秦都区人民检察院督促整治医疗美容机构违法经营行政公益诉讼案 147

检例第183号：浙江省嵊州市人民检察院督促规范成品油领域

税收监管秩序行政公益诉讼案 　151

检例第186号：浙江省杭州市拱墅区人民检察院督促落实电价
优惠政策行政公益诉讼案 　154

检例第184号：江苏省扬州经济技术开发区人民检察院督促整
治闲置国有土地行政公益诉讼案 　158

检例第185号：湖南省长沙市检察机关督促追回违法支出国有
土地使用权出让收入行政公益诉讼案 　162

甘肃省榆中县兴隆山烈士纪念设施保护行政公益诉讼案 　166

浙江省诸暨市人民检察院督促履行电竞酒店监管职责行政公
益诉讼案 　168

湖南省长沙市望城区人民检察院督促保护个人生物识别信息
行政公益诉讼案 　171

海南省人民检察院督促整治液化天然气安全隐患行政公益诉
讼案 　174

安徽省歙县人民检察院督促保护滩培村等中国传统村落行政
公益诉讼案 　178

贵州省关岭县人民检察院诉关岭县人力资源和社会保障局不
履行农民工劳动报酬权益监管职责公益诉讼案 　181

第二章　行政公益诉讼诉前程序 　184

检例第113号：河南省人民检察院郑州铁路运输分院督促整治
违建塘坝危害高铁运营安全行政公益诉讼案 　185

山西省晋中市人民检察院督促保护土地资源行政公益诉讼案 　188

检例第166号：最高人民检察院督促整治万峰湖流域生态环境
受损公益诉讼案 　191

检例第113号：河南省人民检察院郑州铁路运输分院督促整治
违建塘坝危害高铁运营安全行政公益诉讼案 　194

河南省郑州市惠济区"法莉兰童话王国"违法建设破坏生态环

境案 198

河南省信阳市浉河区人民检察院督促履行林业资源监管职责
　行政公益诉讼起诉案 201

河南省汤阴县人民检察院督促保护基本农田行政公益诉讼案 204

第三章　行政公益诉讼的管辖 208

内蒙古自治区呼和浩特市赛罕区人民检察院督促履行环境保
　护监管职责行政公益诉讼起诉案 210

吉林省白城市洮北区人民检察院诉洮北区林业和草原局行政
　公益诉讼案 215

重庆市人民检察院第一分院诉长寿区水利局、长寿区农业农村
　委员会行政公益诉讼案 218

贵州省六盘水市六枝特区人民检察院诉贵州省镇宁布依族苗
　族自治县丁旗镇人民政府环境行政公益诉讼案 221

检例第32号：锦屏县环保局行政公益诉讼案 225

湖南省花垣县人民检察院诉龙山县自然资源局不履行收缴土
　地出让违约金职责公益诉讼案 229

文昌市农业农村局与文昌市人民检察院确认不履行海洋行政
　公益诉讼上诉案 233

第四章　行政公益诉讼当事人 237

检例第185号：湖南省长沙市检察机关督促追回违法支出国有
　土地使用权出让收入行政公益诉讼案 238

西安铁路运输检察院诉陕西省西咸新区某管理委员会不履行
　环境监管职责行政公益诉讼案 242

检例第32号：锦屏县环保局行政公益诉讼案 245

湖北省宜昌市西陵区人民检察院诉湖北省利川市林业局不履
　行法定职责行政公益诉讼案 248

贵州省江口县人民检察院诉铜仁市原国土资源局、贵州梵净山

国家级自然保护区管理局行政公益诉讼案　　252

检例第162号：吉林省检察机关督促履行环境保护监管职责行政公益诉讼案　　256

最高人民法院指导性案例137号：云南省剑川县人民检察院诉剑川县森林公安局怠于履行法定职责环境行政公益诉讼案　　260

海南省儋州市人民检察院诉儋州市自然资源和规划局、儋州市农业农村局行政公益诉讼案　　263

第五章　行政公益诉讼的证据与证明　　266

贵州省人民检察院督促保护红枫湖、百花湖饮用水水资源行政公益诉讼案　　268

四川省荣县人民检察院诉原国土资源局不依法全面履职案　　271

检例第30号：郧阳区林业局行政公益诉讼案　　276

检例第113号：河南省人民检察院郑州铁路运输分院督促整治违建塘坝危害高铁运营安全行政公益诉讼案　　278

检例第162号：吉林省检察机关督促履行环境保护监管职责行政公益诉讼案　　281

最高人民法院指导性案例216号：睢宁县人民检察院诉睢宁县环境保护局不履行环境保护监管职责案　　284

检例第115号：贵州省榕江县人民检察院督促保护传统村落行政公益诉讼案　　289

河北省保定市莲池区人民检察院诉保定市生态环境局莲池区分局行政公益诉讼案　　292

河南省郑州市惠济区"法莉兰童话王国"违法建设破坏生态环境案　　295

最高人民法院指导性案例137号：云南省剑川县人民检察院诉剑川县森林公安局怠于履行法定职责环境行政公益诉讼案　　299

检例第63号：湖北省天门市人民检察院诉拖市镇政府不依法

履行职责行政公益诉讼案 302

最高人民法院指导性案例211号:铜仁市万山区人民检察院诉铜仁市万山区林业局不履行林业行政管理职责行政公益诉讼案 305

第六章 行政公益诉讼的审判程序 309

吉林省大安市人民检察院诉大安市林业局行政公益诉讼案 310

湖北省钟祥市检察院诉人民防空办公室公益诉讼案 314

李某莲等与南雄市财政局等不履行财产、保护财产权法定职责上诉案 316

检例第31号:清流县环保局行政公益诉讼案 321

武汉市硚口区人民检察院诉武汉市原国土资源和规划局行政公益诉讼案 323

检例第185号:湖南省长沙市检察机关督促追回违法支出国有土地使用权出让收入行政公益诉讼案 328

检例第63号:湖北省天门市人民检察院诉拖市镇政府不依法履行职责行政公益诉讼案 332

第三编 民事公益诉讼

第一章 民事公益诉讼案件范围 339

最高人民法院指导性案例131号:中华环保联合会诉德州晶华集团振华有限公司大气污染责任民事公益诉讼案 341

最高人民法院指导性案例205号:上海市人民检察院第三分院诉某固体废物处置有限公司、宁波高新区某贸易有限公司、黄某庭、薛某环境污染民事公益诉讼案 343

江西省赣州市人民检察院诉郭某某等人生产、销售硫黄熏制辣椒民事公益诉讼案 347

检例第51号：曾云侵害英烈名誉案 ... 352

检例第142号：江苏省宿迁市人民检察院对章某为未成年人文身提起民事公益诉讼案 ... 357

检例第114号：江西省上饶市人民检察院诉张某某等三人故意损毁三清山巨蟒峰民事公益诉讼案 ... 361

江苏省扬州市人民检察院诉高邮市某水产品加工厂拒不整改重大事故隐患民事公益诉讼案 ... 364

浙江省宁波市人民检察院诉某隧道工程有限公司损害吴杰故居等文物民事公益诉讼案 ... 368

第二章　民事公益诉讼诉前程序 ... 372

江苏中国音像著作权集体管理协会与常熟市虞山镇鑫龙娱乐会所侵害作品放映权纠纷支持起诉系列案 ... 375

江西郭奕良硫黄熏制食用辣椒民事公益诉讼案 ... 378

江苏省常州市人民检察院诉常州某生物科技有限公司等消费欺诈民事公益诉讼案 ... 383

海南省海口市人民检察院诉海口琳雄物资工贸有限公司龙桥分公司等生产销售不合格包装饮用水民事公益诉讼案 ... 386

江苏省泰州市人民检察院诉王某某等人损害长江生态资源民事公益诉讼案 ... 390

检例第51号：曾云侵害英烈名誉案 ... 394

检例第136号：仇某侵害英雄烈士名誉、荣誉案 ... 396

第三章　民事公益诉讼的管辖 ... 400

检例第111号：海南省海口市人民检察院诉海南A公司等三被告非法向海洋倾倒建筑垃圾民事公益诉讼案 ... 402

贵州省江口县人民检察院诉某水资源管理有限公司破坏流域水生态环境民事公益诉讼案 ... 405

最高人民法院指导性案例212号：刘某桂非法采矿刑事附带民

事公益诉讼案 407

最高人民法院指导性案例204号：重庆市人民检察院第五分院诉重庆瑜煌电力设备制造有限公司等环境污染民事公益诉讼案 411

江苏省南通市崇川区人民检察院保护长江口中华鲟等洄游物种民事公益诉讼案 414

第四章　民事公益诉讼的证据与证明 418

北京市昌平区多元智能环境研究所诉西双版纳野象谷景区有限公司生态破坏民事公益诉讼案 420

最高人民法院指导性案例173号：北京市朝阳区自然之友环境研究所诉中国水电顾问集团新平开发有限公司、中国电建集团昆明勘测设计研究院有限公司生态环境保护民事公益诉讼案 422

检例第164号：江西省浮梁县人民检察院诉A化工集团有限公司污染环境民事公益诉讼案 424

新疆维吾尔自治区克拉玛依市人民检察院诉某畜牧开发有限责任公司生产不符合安全标准食品民事公益诉讼案 429

江苏省新沂市人民检察院诉薛某某等6人销售假药刑事附带民事公益诉讼案 432

检例第111号：海南省海口市人民检察院诉海南A公司等三被告非法向海洋倾倒建筑垃圾民事公益诉讼案 437

最高人民法院指导性案例208号：江西省上饶市人民检察院诉张永明、张鹭、毛伟明生态破坏民事公益诉讼案 442

江苏省徐州市人民检察院诉徐州市鸿顺造纸有限公司水污染民事公益诉讼案 447

第五章　民事公益诉讼的审判程序 450

重庆市人民检察院第一分院支持重庆市消费者权益保护委员

会诉某汽车销售公司设置不公平格式合同条款损害消费者
权益民事公益诉讼案　　　　　　　　　　　　　　　452

中华环保联合会诉德州晶华集团振华有限公司大气污染民事
公益诉讼案　　　　　　　　　　　　　　　　　　455

中国生物多样性保护与绿色发展基金会诉青海珠峰宏源商贸
有限公司及青海省原国土资源厅案　　　　　　　　458

江苏省无锡市人民检察院诉被告上海市杨浦区绿化和市容管
理局等环境民事公益诉讼纠纷案　　　　　　　　　462

第六章　民事公益诉讼的执行　　　　　　　　　　　465

最高人民法院指导性案例204号：重庆市人民检察院第五分院
诉重庆瑜煌电力设备制造有限公司等环境污染民事公益诉
讼案　　　　　　　　　　　　　　　　　　　　　　467

重庆市人民检察院第五分院与被告袁某、龙某某环境污染民事
公益诉讼案　　　　　　　　　　　　　　　　　　　471

何某平、何某非法捕捞水产品环境修复执行案　　　　　　476

重庆市人民检察院第五分院申请执行周某鑫、甄某强案　　479

第七章　刑事附带民事公益诉讼　　　　　　　　　　484

最高人民法院指导性案例172号：秦某学滥伐林木刑事附带民
事公益诉讼案　　　　　　　　　　　　　　　　　　486

孙某林等15人盗掘古墓葬刑事附带民事公益诉讼案　　　489

林某某、高某某非法采矿案　　　　　　　　　　　　　　493

最高人民法院指导性案例212号：刘某桂非法采矿刑事附带民
事公益诉讼案　　　　　　　　　　　　　　　　　　496

最高人民法院指导性案例213号：黄某辉、陈某等8人非法捕
捞水产品刑事附带民事公益诉讼案　　　　　　　　　501

最高人民法院指导性案例192号：李某侵犯公民个人信息刑事
附带民事公益诉讼案　　　　　　　　　　　　　　　504

检例第86号：盛开水务公司污染环境刑事附带民事公益诉讼案　　508

最高人民法院指导性案例215号：昆明闽某纸业有限责任公司等污染环境刑事附带民事公益诉讼案　　511

浙江省松阳县人民检察院诉刘某某等生产、销售有毒、有害食品刑事附带民事公益诉讼案　　515

辽宁省大连市甘井子区人民检察院诉邹某等人生产销售假药刑事附带民事公益诉讼案　　517

最高人民法院指导性案例195号：罗文君、瞿小珍侵犯公民个人信息刑事附带民事公益诉讼案　　521

江苏省滨海县人民检察院诉王某红侵犯孕产妇生育信息刑事附带民事公益诉讼案　　525

检例第136号：仇某侵害英雄烈士名誉、荣誉案　　529

第一编

总 论

第一章

总论

第一章 公益诉讼基本原理

第一节 公共利益与公益诉讼

一、公共利益

【主要知识点】

"公共利益"是典型的不确定法律概念,主要表现为利益内容的不确定性以及受益对象的不确定性,因此对其概念界定尚无统一的论述,在西方法哲学论著中,主要存在三种主流观点:一是个人利益总和说。亚当·斯密(Adam Smith)认为,个人在追求自身财富增加的过程中,客观上增加了社会财富,而增加的社会财富又客观上促进了社会福利和公共利益的产生。二是全体公民利益说。该学说认为,公共利益具有整体性与普遍性,它是社会组成后体现全体公民利益的一种表现形式。三是大多数人利益说。该学说是相对于公民全体利益说出现的,基于德国学者路索尔德(C. E. Leuthold)提出的"地域基础理论",该理论认为,公共利益不一定是全体公民的利益,某一个区域大多数人的利益也应该是公共利益。①

对于公共利益的特征,美国学者约翰·罗尔斯(John Rawls)认

---

① 参见张嘉军主编:《公益诉讼法》,中国检察出版社2022年版,第14-15页。

为,公共利益具有不可分性和公共性两个特点,①结合我国公益诉讼的理论与实践,公益诉讼具有如下特征:其一,公共利益的内容具有多样性。其二,公共利益所涵盖的范围具有广泛性。其三,公共利益的社会效果具有正向有益性。其四,公共利益具有层次性。其五,公共利益具有相对稳定性。其六,公共利益具有共享性。②

【案例分析】

检例第 30 号:郧阳区林业局行政公益诉讼案③

【基本案情】

2013 年 3 月至 4 月,金某等人在未经县级林业主管部门同意、未办理林地使用许可手续的情况下,相继占用国家和省级生态公益林地以开采建筑石料。2013 年 4 月至 5 月,郧阳区林业局分别对金某等人作出行政处罚决定,责令金某等人停止违法行为,恢复所毁林地原状,并分别处以罚款。金某等人在收到行政处罚决定书后,在法定期限内均未申请行政复议,也未提起行政诉讼,金某三人虽缴纳一定数额的罚款,但均未足额缴纳罚款,同时未将被毁公益林地恢复原状。郧阳区林业局在法定期限内既未催告三名行政相对人履行行政处罚决定所确定的义务,也未向人民法院申请强制执行,致使其作出的行政处罚决定未得到全部执行,被毁公益林地未得到及时修复。2015 年 12 月,郧阳区人民检察院向郧阳区林业局发出检察建议,建议郧阳区林业局规范执法,认真落实行政处罚决定,采取有效措施,恢复森林植

---

① 参见[美]约翰·罗尔斯:《正义论》,何怀宏、何包钢、廖申白译,中国社会科学出版社 1988 年版,第 257 页。
② 参见张嘉军主编:《公益诉讼法》,中国检察出版社 2022 年版,第 15-16 页。
③ 参见《第八批指导性案例》,载最高人民检察院官网,https://www.spp.gov.cn/spp/jczdal/201701/t20170104_177552.shtml。

被。郧阳区林业局收到检察建议后,在规定期限内既未按检察建议进行整改落实,也未书面回复。郧阳区人民检察院经调查核实,在没有公民、法人和其他社会组织因公益林被毁而提起相关诉讼后,以公益诉讼人身份向郧阳区人民法院提起行政公益诉讼。

【主要法律问题】

1. 检察机关提起公益诉讼是否要求有公共利益侵害事实?
2. 该案中,郧阳区林业局未依法履职是否损害了社会公共利益?
3. 应当从哪几个方面把握对公共利益的界定?

【主要法律依据】

1.《行政处罚法》第七十二条;

2.《行政强制法》第五十条、第五十三条;

3.《行政诉讼法》第二十五条第四款。

【学理分析】

行政公益诉讼是当行政主体的违法作为或不作为对公共利益造成侵害或有侵害之虞时,检察机关为维护公共利益而向法院提起的诉讼。① 在行政公益诉讼中,诉讼对象是行政机关侵犯公共利益的行政行为。② 行政公益诉讼的被告为行政机关,检察机关作为法律监督机关,提起的行政公益诉讼涉及行政权和检察权两种权力之间的关系,需要妥善处理。行政公益诉讼是旨在督促行政机关依法履行职责的一种诉讼,检察机关在履行职责中发现特定领域存在损害社会公共利益行为,在提起公益诉讼之前,需要依法督促对公共利益保护负有职责的行政机关依法履职。③ 因此行政公益诉讼起诉条件包括已履行诉前程序、管辖法院适格和有具体诉讼请求外;同时,行政机关没有依

---

① 参见张嘉军主编:《公益诉讼法》,中国检察出版社2022年版,第16-17页。

② 参见林莉红、马立群:《作为客观诉讼的行政公益诉讼》,载《行政法学研究研究》2011年第4期。

③ 参见张嘉军主编:《公益诉讼法》,中国检察出版社2022年版,第65页。

法履行法定职责与国家和社会公共利益受到侵害也是检察机关提起行政公益诉讼的必要条件。

该案作为最高人民检察院指导性案例,涉及行政公益诉讼中公共利益的界定问题。学界对于行政公益诉讼中公共利益的界定多数采用描述的方式而非进行明确的定义。有学者认为对行政公益诉讼中公共利益的描述应包含肯定性描述和否定性描述两个方面:前者的内涵包括三点,分别是不特定多数人的利益、非排他性以及关系人类生存发展的利益,后者则主要是对某些绝对不属于公共利益范畴内的利益进行排除。① 有学者则提出,公共利益的主体不明确,且公共利益的内容也非具体确定,造成公共利益的含义不明确、不具体;他们进一步提出公共利益具有整体性和普遍性两大特点,即公共利益在主体上是整体的而不是局部的利益,在内容上是普遍的而不是特殊的利益。②

在该指导性案例的指导意义部分,最高人民检察院认为在司法实践中对公共利益的界定需要从六个方面分别进行判断:一是公共利益的主体具有一定的开放性,在主体方面限定为不特定的多数人。二是公共利益具有基本性,其所关涉的利益应当是有关国家和社会共同体及其成员生存和发展的基本利益。三是公共利益具有整体性和层次性,整体性体现在公共利益不可分割,而层次性则体现在公共利益的存在形式既有涉及全国范围的,也有涉及某个地区范围的。四是公共利益具有发展性,其会随着社会的发展而产生一定的变动。五是公共利益具有重大性,公共利益涉及不特定多数人的利益以及公权与私权的限度,代表的利益都是重大利益。六是公共利益的相对性,即部分目前认为是公共利益的事项,受时空条件的影响,可能之后被认定为

---

① 参见王春业:《论行政公益诉讼对公益保护的创新与制度再完善》,载《浙江社会科学》2022 年第 10 期。

② 参见颜运秋:《公益诉讼理念与实践研究》,法律出版社 2019 年版,第 22 页。

非公共利益。从最高人民检察院在指导性案例中对公共利益的界定来看，其并未对公共利益进行清晰的定义，而是采用特征概括的方式判断一项利益是否可以纳入公共利益的范畴。①

该案中，金某等人未经许可违法占用国家和省级生态公益林地开采建筑石料，对国家和省级生态公益林地的生态环境造成了一定的破坏。郧阳区林业局作为对该国家和省级生态公益林地具有监督管理职责的行政机关，虽作出一定的具体行政行为，但对于该具体行政行为的落实并未尽到义务，且在收到郧阳区人民检察院制发的检察建议后，郧阳区林业局在规定期限内既未按检察建议进行整改落实，也未书面回复，造成受损的国家和省级生态公益林地无法及时得到维护。同时，由于国家和省级生态公益林地关涉的是人类生存和发展的基本利益，这种利益不为任何主体单独享有，权利主体为广泛的社会公众，且该利益无法进行分割。故基于上述对于公共利益的论述，应当认为郧阳区林业局未依法履职的行为未能对社会公共利益起到维护作用，损害了社会公共利益。

检例第 142 号：江苏省宿迁市人民检察院对章某为未成年人文身提起民事公益诉讼案②

【基本案情】

2017 年 6 月以来，章某在江苏省沭阳县经营某文身馆，累计为数百人提供文身服务，其中包括 40 余名未成年人；同时，章某在未取得医疗美容许可证的情况下，为 7 名未成年人清除文身。部分未成年人

---

① 参见《第八批指导性案例》，载最高人民检察院官网，https://www.spp.gov.cn/spp/jczdal/201701/t20170104_177552.shtml。

② 参见《最高人民检察院第三十五批指导性案例》，载最高人民检察院官网，https://www.spp.gov.cn/spp/xwfbh/wsfbh/202203/t20220307_547722.shtml。

及父母反映文身导致被文身者就学、就业受阻;文身难以清除,清除过程痛苦且易留疤痕,但章某仍然向未成年人提供文身服务。沭阳县人民检察院认为,未成年人文身具有易感染、难复原、就业受限制、易被标签化等危害。章某为未成年人提供文身服务,危害未成年人的身体权、健康权,影响其发展,损害社会公共利益。沭阳县人民检察院在发布诉前公告后,依法向法院提起民事公益诉讼。在审理过程中,被告及其诉讼代理人提出,现行法律并未明文禁止给未成年人文身,且章某的行为未达到涉及全体或多数未成年人利益的程度,不应认定为侵犯社会公共利益。

【主要法律问题】

1.为未成年人提供文身服务,是否属于损害社会公共利益的行为?

2.未成年人的利益和公共利益之间存在什么样的关系?

3.如何理解和认定涉及未成年人的公共利益?

【主要法律依据】

1.《未成年人保护法》第三条第一款、第六条、第一百零六条;

2.《民事诉讼法》第五十八条。

【学理分析】

该案是最高人民检察院指导性案例,也是首起涉及未成年人文身的公益诉讼。该案件的主要争议点是被告章某为未成年人提供文身服务是否涉及侵害公共利益。2020年修订的《未成年人保护法》首次在第一百零六条明确规定未成年人保护领域的公益诉讼,并规定提起公益诉讼的前提为未成年人合法权益受到侵害,且涉及公共利益,但对于具体何为未成年人保护公益诉讼中的"公共利益"并未进行清晰的界定。检察机关提起的未成年人保护民事公益诉讼,旨在维护未成年人群体的合法权益,该类诉讼应聚焦具体视域下不特定多数未成年人的利益。① 有学者对该案中判断为未成年人文身是否侵犯社会公共利益的关键点进行总结，认为其是从侵权行为特征、侵害后果以及受侵害未成年人的范围及人数综合认定行为是否侵害了社会公共利益的。②

在侵害对象方面，该案的被告章某通过经营专门的文身店向社会公众提供文身服务，由于其经营的性质，进入该文身店进行文身的未成年人并不确定，同时具有一定的潜在性。此外，经办案机关江苏省宿迁市人民检察院查明，通过章某提供的文身服务而文身的未成年人明确的人数就已达到40余名，同时还有其他未查明的不特定未成年人文身，表明侵害的对象具有不特定性。在侵权行为方面，当前法律虽并未明文禁止未成年人文身，但文身的后果对于尚未形成完整全面的社会价值观的未成年人而言并不十分清楚，因文身具有不可逆性，即使清洗也会面临难度大、耗时长、成本高的问题，其无疑会对未成年人的身心健康产生一定的影响，同时也会对未成年人社交、就业等产生一定的影响。在侵害利益方面，《未成年人保护法》第六条对未成年人保护的责任主体进行规定，即"国家机关、武装力量、政党、人民团体、企业事业单位、社会组织、城乡基层群众性自治组织、未成年人的监护人以及其他成年人"。从这些责任主体来看，当前未成年人保护呈现出一定的国家化、社会化的特征，对于未成年人权益的保护已不再仅是未成年人监护人等个体的责任，而已经演化为社会的共同责任，这也引起了"未成年人利益由私益向公益转变，未成年人保护职责由监护人个人职责向国家公共职责转变"③，因此若某行为在侵害对象上面向不特定的多数人，且涉及未成年人权益，此种受侵害的利

---

① 参见张嘉军主编：《公益诉讼法》，中国检察出版社2022年版，第243页。
② 参见那艳芳：《聚焦司法需求强化理论研究——2022年未成年人检察研究综述》，载《人民检察》2023年第2期。
③ 江苏省宿迁市人民检察院课题组、刘加云：《未成年人文身检察公益诉讼办案启示》，载《中国检察官》2022年第4期。

益已不再属于个人利益,而应纳入公共利益的范畴。

【思考题】

1. 国家利益和社会公共利益有何差别？如何区分？
2. 是否对所有公共利益都有公益诉讼保护的必要？
3. 对公共利益的保护是否存在限度？

二、公益诉讼

【主要知识点】

公益诉讼的本质在于维护公共利益,而公共利益是一个不确定的法律概念,因此对于公益诉讼,不同的学者基于不同的角度有不同的定义。例如,有学者将公益诉讼的范围限制为行政诉讼,并就此提出公益诉讼制度是"指特定当事人认为行政机关的行政活动侵犯公共利益,依法向人民法院提起行政诉讼的法律制度"[1]。学者赵许明提出,公益诉讼制度是"国家、社会组织或者公民个人以原告的诉讼主体资格侵犯社会公共利益的行为,向法院提起民事或者行政诉讼,通过法院依法审理,追究违法者法律责任、恢复社会公共利益的诉讼制度"[2]。学者刘学在提出,公益诉讼是"特定的主体根据法律的授权就损害社会公共利益的行为向法院提起的行政诉讼或民事诉讼"[3]。结合我国实际,公益诉讼是指特定主体对于侵害国家利益或者社会公共利益的行为,在法律授权的前提下依法向人民法院提起的诉讼。根据我国目前的法律规定,特定主体包括法律规定的社会组织、行政机关和检察机关。[4]

---

[1] 解志勇：《论公益诉讼》,载《行政法学研究》2002 年第 2 期。
[2] 赵许明：《公益诉讼模式比较与选择》,载《比较法研究》2003 年第 2 期。
[3] 刘学在：《民事公益诉讼制度研究：以团体诉讼制度的构建为中心》,中国政法大学出版社 2015 年版,第 65 页。
[4] 参见张嘉军主编：《公益诉讼法》,中国检察出版社 2022 年版,第 16 页。

根据不同的分类标准及依据,公益诉讼也可分为不同的类型。例如,以诉讼类型为分类标准,公益诉讼可分为民事公益诉讼和行政公益诉讼。以提起诉讼的主体为分类标准,公益诉讼则可分为社会组织提起的公益诉讼、行政机关提起的公益诉讼和检察机关提起的公益诉讼。此外,公益诉讼还可根据是否有损害结果的分类标准以及诉讼客体的分类标准,分为不同类型的公益诉讼。结合我国实际,公益诉讼具有以下基于自身属性和目标形成的独有特征:(1)以保护公共利益为诉讼目的;(2)提起主体与案件没有直接利害关系;(3)提起主体诉讼权利处分权的有限性;(4)诉讼功能的预防性;(5)判决效力的单方扩张性。①

【案例分析】

检例第162号:吉林省检察机关督促履行环境保护监管职责行政公益诉讼案②

【基本案情】

吉林省德惠市朝阳乡辖区内某荒地垃圾就地堆放,影响松花江水质安全和行洪安全。吉林省德惠市人民检察院立案后,依据相关规定依法向德惠市朝阳乡人民政府制发检察建议,督促其依法履行河道管理职责,对擅自倾倒、堆放垃圾的行为依法进行处罚,恢复河道原状。2017年5月,朝阳乡人民政府书面回复称对检察建议反映的问题高度重视,已制定垃圾堆放场整治方案。2017年6月,德惠市人民检察院对整改情况跟进调查发现,环境污染未得到有效整治,公益持续

---

① 参见张嘉军主编:《公益诉讼法》,中国检察出版社2022年版,第16-19页。
② 参见《最高人民检察院第四十批指导性案例》,载最高人民检察院官网,https://www.spp.gov.cn/xwfbh/wsfbt/202209/t20220926_579039.shtml#2。

受损。

  2017年6月,德惠市人民检察院向德惠市人民法院提起行政公益诉讼,请求:(1)确认被告朝阳乡人民政府对垃圾堆放处理不履行监管职责的行为违法;(2)判令朝阳乡人民政府立即依法履行职责,对违法形成的垃圾堆放场进行处理,恢复原有的生态环境。2017年12月,德惠市人民法院作出一审行政裁定认为,该案垃圾的清理属于松花江河道管理范围,其监管职责应当由有关行政主管部门行使,朝阳乡人民政府只对该事项负有管理职责,不是该案的适格被告,裁定驳回德惠市人民检察院的起诉。2018年1月4日,德惠市人民检察院提出上诉;2018年4月20日,长春市中级人民法院作出二审裁定,驳回检察机关上诉,维持原裁定。吉林省人民检察院经审查,于2018年6月25日向吉林省高级人民法院提出抗诉;2020年9月18日,德惠市人民法院重新组成合议庭审理该案,最终判决确认朝阳乡人民政府原不依法履行生活垃圾处理职责的行为违法。该判决已生效。

【主要法律问题】

  该案中,朝阳乡人民政府是否为适格被告?

【主要法律依据】

  1.《行政诉讼法》第二十五条第四款;

  2.《最高人民法院、最高人民检察院关于检察公益诉讼案件适用法律若干问题的解释》第二十一条。

【学理分析】

  该案中,经初步调查可知,垃圾堆放场污染环境,影响行洪安全,损害社会公共利益,德惠市人民检察院遂进行立案。德惠市人民检察院根据相关法律确定朝阳乡人民政府对该行政区域环境保护负有监督管理职责,并向其制发检察建议和提起行政公益诉讼。该案的争议点系朝阳乡人民政府是否为本案的适格被告,该争议点实质关涉对《行政诉讼法》第二十五条第四款规定的"监督管理职责"的内涵和外延的认识问题,而这又与行政公益诉讼的目的有不可分的关系。

《行政诉讼法》第二十五条第四款对行政公益诉讼的被告进行规定,明确被告应是负有监督管理职责的行政机关。而进一步理解和明确"监督管理职责"的范围,则需立足于行政公益诉讼的制度设计初衷,即行政公益诉讼的目的。《关于〈中共中央关于全面推进依法治国若干重大问题的决定〉的说明》对行政公益诉讼的目的进行了阐释,认为其目的"就是要使检察机关对在执法办案中发现的行政机关及其工作人员的违法行为及时提出建议并督促其纠正"①。有学者提出行政公益诉讼的开展只能以督促在特定公益保护领域负有监督管理职责的行政机关依法行政为目的。② 换言之,行政公益诉讼的目的在于督促行政机关依法履职,其旨在诉请法院判决行政机关依法履行职责。③ 因此,应当明确,保护特定公共利益是行政机关依法履职后的效果而非行政公益诉讼的直接目的,检察机关提起行政公益诉讼是通过督促行政机关依法履行监督管理职责来维护国家利益和社会公共利益。此外,与私益行政诉讼相比,行政公益诉讼具有明显的特殊性,这种特殊性使得在理解行政机关的"监督管理职责"时,应当注重公益保护的特殊性。因此,从行政公益诉讼的目的出发,对《行政诉讼法》第二十五条第四款规定的"监督管理职责"进行理解时,不能将其狭义地理解为仅包括行政机关对违法行为的行政处罚职责,而应当认为行政机关的"监督管理职责"也包括行政机关为避免公益损害持续或扩大,依据法律法规、行政规章和规范性文件的相关授权,运用公

---

① 《关于〈中共中央关于全面推进依法治国若干重大问题的决定〉的说明》(二〇一四年十月二十日),载习近平:《论坚持全面依法治国》,中央文献出版社2020年版,第84-85页。
② 参见潘剑锋、郑含博:《行政公益诉讼制度目的检视》,载《国家检察官学院学报》2020年第2期。
③ 参见张嘉军主编:《公益诉讼法》,中国检察出版社2022年版,第210页。

共权力、使用公共资金等对受损公益进行修复等综合性治理职责。①

该案中,案涉垃圾堆放地点位于朝阳乡辖区,根据法律法规、行政规章以及其他规范性文件的授权,朝阳乡人民政府作为基层人民政府,对辖区环境具有的综合性管理职责属于"监督管理职责",德惠市人民检察院提起的公益诉讼符合《行政诉讼法》规定的起诉条件。

【思考题】

1. 行政公益诉讼有哪些起诉条件?
2. 如何理解该案中朝阳乡人民政府应履行的"监督管理职责"?
3. 检察机关提起行政公益诉讼后,行政机关认为自身不负有相应履职义务,但也完成了对相关公共利益的修复。此时检察机关是否可以提起行政公益诉讼?

三、受案范围

【主要知识点】

公益诉讼的受案范围,即人民法院受理公益诉讼案件的范围,决定提起主体可以针对哪些类型的案件提起公益诉讼,是公益诉讼程序要确定的首要问题,具有重要的法律意义。《民事诉讼法》和《行政诉讼法》采取列举的方式对公益诉讼的受案范围作出了一般性规定。现行的部分法律也通过公益诉讼条款的方式对公益诉讼进行规定,一定程度上拓宽了公益诉讼的受案范围。《最高人民法院、最高人民检察院关于检察公益诉讼案件适用法律若干问题的解释》、《人民检察院公益诉讼办案规则》以及《最高人民法院关于互联网法院审理案件若干问题的规定》中对于公益诉讼的受案范围都有列举式解释性规定(见表1.1)。

---

① 参见王冲、胡婷婷:《涉环保监管职责行政公益诉讼难点与应对》,载《中国检察官》2022年第22期。

表1.1 单行法新增领域

确立时间	规范名称	涉及领域
2018年	《英雄烈士保护法》第二十五条	英雄烈士保护
2020年	《未成年人保护法》第一百零六条	未成年人合法权益保护
2021年	《军人地位和权益保障法》第六十二条	军人权益保障
	《安全生产法》第七十四条	安全生产
	《个人信息保护法》第七十条	个人信息保护
2022年	《反垄断法》第六十条	反垄断
	《反电信网络诈骗法》第四十七条	反电信网络诈骗
	《农产品质量安全法》第七十九条	农产品质量安全
	《妇女权益保障法》第七十七条	妇女权益保障
2023年	《无障碍环境建设法》第六十三条	无障碍环境建设
2024年	《农村集体经济组织法》第五十六条	确认农村集体经济组织成员身份的妇女权益保障

在我国公益诉讼发展过程中，公益诉讼的受案范围是逐步扩张的。表1.1列举了单行法新增的公益诉讼重点保护领域，但并非仅限于这些领域，即上述规定并非对公益诉讼受案范围的限制。对于国家利益和社会公共利益可能遭受侵害的领域，仅采用列举的方式对其进行规定难以做到全面覆盖。在人民法院不突破法律明确规定的情况行使审判权的情形下，若仅采用列举的方式规定公益诉讼的领域，则可能导致新领域的公益诉讼无法进入诉讼阶段，难以充分及时保护公共利益。因此无论是《民事诉讼法》《行政诉讼法》或者其他单行法，还是相关司法解释，在规定公益诉讼的案件范围时均用"等"字进行

兜底规范,以便未来积极探索并进一步拓展公益诉讼受案范围。①

【案例分析】

最高人民法院指导性案例208号:江西省上饶市人民检察院诉张永明、张鹭、毛伟明生态破坏民事公益诉讼案②

【基本案情】

2017年4月,张永明、毛伟明、张鹭三人约定前往三清山风景名胜区攀爬"巨蟒出山"岩柱体(又称巨蟒峰)。2017年4月15日凌晨,张永明、毛伟明、张鹭三人携带电钻、岩钉等工具开始攀爬巨蟒峰底部。张永明首先攀爬,其余二人在巨蟒峰下拉住绳索以确保张永明的安全。张永明在攀爬过程中对于有危险的地方则在岩体上钻孔,并利用铁锤将岩钉钉入岩体内,随后在岩钉上布绳索。毛伟明、张鹭则沿着张永明布好的岩钉和绳索攀爬,三人通过互相协作、互相配合的方式共同攀爬至巨蟒峰顶部。毛伟明将使用的工具带回宾馆,再次返回巨蟒峰攀爬过程中,被工作人员发现。经现场勘查,张永明在巨蟒峰上打入岩钉26个。2018年5月,专家组采用国际上通行的条件价值法对受损结果进行评估,并出具《三清山巨蟒峰受损价值评估报告》。该评估报告载明:"巨蟒峰案"三名当事人的行为虽未造成巨蟒峰山体坍塌,但对其造成了不可修复的严重损毁,对巨蟒峰作为世界自然遗产的存在造成了极大的负面影响,增加山体崩塌的可能性。江西省上饶市人民检察院提起民事公益诉讼,并提出一系列诉讼请求。被告

---

① 参见张嘉军主编:《公益诉讼法》,中国检察出版社2022年版,第23-24页。
② 参见《指导性案例208号:江西省上饶市人民检察院诉张永明、张鹭、毛伟明生态破坏民事公益诉讼案》,载最高人民法院官网2023年1月11日,https://www.court.gov.cn/shenpan/xiangqing/386191.html。

张永明、张鹭、毛伟明则辩称:该案不属于生态环境公益诉讼,检察院不能提起民事公益诉讼。

【主要法律问题】

1. 自然遗迹可否纳入环境公共利益的范畴?
2. 该案是否属于民事公益诉讼的受案范围?

【主要法律依据】

1. 《最高人民法院关于审理环境民事公益诉讼案件适用法律若干问题的解释》第一条;
2. 《环境保护法》第二条;
3. 《地质遗迹保护管理规定》第五条。

【学理分析】

该案中,公益诉讼起诉人江西省上饶市人民检察院认为三名被告的行为对自然遗迹巨蟒峰的山体造成了严重损害,而根据《环境保护法》的规定,三名被告的行为已经构成对生态环境的损害,故江西省上饶市人民检察院提起环境民事公益诉讼并无不当;三名被告则辩称该案不属于生态环境公益诉讼。该案争议的焦点系对于自然遗迹、风景名胜的保护是否属于公益诉讼的受案范围。

从法解释学出发,损毁名胜古迹行为属于"破坏生态环境和资源保护"行为。《民事诉讼法》第五十八条第二款规定,人民检察院提起民事公益诉讼的范围为破坏生态环境和资源保护、食品药品安全领域侵害众多消费者合法权益等损害社会公共利益的行为。而《环境保护法》第二条则对环境的概念进行规定,并规定自然遗迹和风景名胜区属于环境。同时《地质遗迹保护管理规定》第五条明确规定,"地质遗迹的保护是环境保护的一部分"。因此,该案中三名被告的行为已经构成对生态环境公共利益的损害。

从环境民事公益诉讼本身出发,有学者提出环境民事公益诉讼主要发挥补充公共执法的作用,其是以污染环境或破坏生态的责任主体为被告,要求被告承担多种责任形式的诉讼。① 有学者认为,环境民事公益诉讼,是指经过授权的组织或者个人对危害国家或者社会利益的行为,提起诉讼的活动。② 但无论对环境民事公益诉讼采取何种定义,对环境产生损害的某种行为若真正可被纳入公益诉讼的受案范围,则还应当考虑其是否侵害了社会公共利益,而这在环境领域则体现为环境公共利益。环境权利是环境公共利益不受侵害的权利,其可以用来预防和救济"对环境本身的损害"。③ 该案中,三名被告在巨蟒峰上打入岩钉 26 个,虽未造成巨蟒峰山体坍塌,但经过评估,其已对巨蟒峰山体产生严重的损害,且这种损害的权利基础并非人身权利和财产权利,而是对环境本身的损害。此外,三清山景区作为世界自然遗产、巨蟒峰作为世界级的地质遗迹,具有突出的普遍价值,而这种价值使对其进行保护更具有紧迫性和必要性,三名被告损毁名胜古迹的行为损害了社会公共利益。④

环境民事公益诉讼的案件范围不仅包括严重污染环境、破坏自然资源导致生态受损的案件,也包括破坏遗传多样性、破坏物种多样性、破坏生态系统多样性、破坏景观多样性等案件,而破坏景观多样性的行为则主要表现为破坏自然遗迹、人文遗迹以及其他景观多样性的行为。⑤ 该案中,三名被告故意损毁三清山巨蟒峰的行为,对生态环境构成严重损害,侵害了社会公共利益,因此该案应当属于公益诉讼的受案范围,江西省上饶市人民检察院有权就该行为依法提起民事公益

---

① 参见肖建国:《利益交错中的环境公益诉讼原理》,载《中国人民大学学报》2016 年第 2 期。

② 参见颜运秋:《公益诉讼理论研究》,中国检察官出版社 2022 年版,第 52 页。

③ 参见王小钢:《论环境公益诉讼的利益和权利基础》,载《浙江大学学报(人文社会科学版)》2011 年第 3 期。

④ 参见韩学强:《名胜古迹保护检察民事公益诉讼相关问题探析》,载《中国检察官》2020 年第 22 期。

⑤ 参见张嘉军主编:《公益诉讼法》,中国检察出版社 2022 年版,第 233 页。

诉讼。

【思考题】

1. 目前的法律法规对公益诉讼受案范围的规定是否合理？
2. 如何在公益诉讼中认定破坏自然遗迹和风景名胜造成的损失？需要考虑哪些因素？

第二节 公益诉讼的提起主体

一、社会组织

【主要知识点】

社会组织作为公益诉讼提起主体，仅存在于民事公益诉讼中。① 2012年修正的《民事诉讼法》原则性地确立了"有关组织"提起民事公益诉讼的主体地位，但对于"具体哪些组织可以提起民事公益诉讼"并没有详细具体且具有可操作性的规定。一般认为判断标准为，"该社会团体是依法登记成立，有一定的组织机构和固定的住所，有独立承担民事责任的能力，有与其业务活动相适应的工作人员和经费来源，诉讼请求与该团体设立的宗旨一致"②。目前，《环境保护法》第五十八条和《消费者权益保护法》第四十七条对于社会组织公益诉讼主体资格进行明确规定，从立法现状来看，能够提起民事公益诉讼的社会组织仅限于环保组织和消费者协会。

---

① 参见张嘉军主编：《公益诉讼法》，中国检察出版社2022年版，第24页。
② 颜运秋：《公益诉讼理念与实践研究》，法律出版社2019年版，第183页。

【案例分析】

最高人民法院指导性案例 75 号：中国生物多样性保护与绿色发展基金会诉宁夏瑞泰科技股份有限公司环境污染公益诉讼案①

【基本案情】

2015 年 8 月 13 日，中国环境保护与绿色发展基金会（以下简称绿发会）向宁夏回族自治区中卫市中级人民法院提起诉讼，称宁夏瑞泰科技股份有限公司（以下简称瑞泰公司）在生产过程中违规将超标废水直接排入蒸发池，造成腾格里沙漠严重污染，截至起诉时仍没有整改完毕；请求判令瑞泰公司停止非法污染环境行为、对造成环境污染的危险予以消除等。绿发会向法院提交了基金会法人登记证书，显示绿发会是在中华人民共和国民政部登记的基金会法人。绿发会提交的 2010 年至 2014 年度检查证明材料，显示其在提起该案公益诉讼前五年年检合格。绿发会亦提交了五年内未因从事业务活动违反法律法规的规定而受到行政、刑事处罚的无违法记录声明。此外，绿发会章程规定，其宗旨为"广泛动员全社会关心和支持生物多样性保护和绿色发展事业，保护国家战略资源，促进生态文明建设和人与自然和谐，构建人类美好家园"。在案件的一审、二审及再审期间，绿发会向法院提交了其自 1985 年成立起，一直实际从事包括举办环境保护研讨会、组织生态考察、开展环境保护宣传教育、提起环境民事公益诉讼等活动的相关证据材料。宁夏回族自治区中卫市中级人民法院

---

① 参见《中国生物多样性保护与绿色发展基金会诉宁夏瑞泰科技股份有限公司环境污染公益诉讼案》，载最高人民法院官网 2017 年 1 月 3 日，https://www.chinacourt.org/article/detail/2017/01/id/2502915.shtml。

于2015年8月19日作出(2015)卫民公立字第6号民事裁定,以绿发会不能认定为《环境保护法》第五十八条第一款第二项规定的"专门从事环境保护公益活动"的社会组织为由,裁定对绿发会的起诉不予受理。绿发会不服,向宁夏回族自治区高级人民法院提起上诉。该院于2015年11月6日作出(2015)宁民公立终字第6号民事裁定,驳回上诉,维持原裁定。绿发会又向最高人民法院申请再审。最高人民法院于2016年1月22日作出(2015)民申字第3377号民事裁定,裁定提审该案,并于2016年1月28日作出(2016)最高法民再47号民事裁定,裁定该案由宁夏回族自治区中卫市中级人民法院立案受理。

【主要法律问题】

1. 该案中,社会组织章程虽未载明维护环境公共利益,但其工作内容属于保护环境要素及生态系统的,是否具有起诉主体资格?

2. 该案中的社会组织起诉的事项与其宗旨和业务范围是否具有关联性?

【主要法律依据】

1.《民事诉讼法》第五十八条;

2.《环境保护法》第五十八条;

3.《最高人民法院关于审理环境民事公益诉讼案件适用法律若干问题的解释》第四条。

【学理分析】

关于该案中绿发会章程虽未载明维护环境公共利益,但其工作内容属于保护环境要素及生态系统的,是否具有起诉主体资格的问题。社会公众享有的在健康、舒适、优美环境中生存和发展的共同利益,表现形式多样。关于社会组织宗旨和业务范围是否包含维护环境公共利益,应根据其内涵而非简单依据文字表述作出判断。社会组织章程即使未写明维护环境公共利益,但若其工作内容属于保护各种影响人类生存和发展的天然的和经过人工改造的自然因素的范畴,包括对大气、水、海洋、土地、矿藏、森林、草原、湿地、野生生物、自然遗迹、人文遗迹、自然保护区、风景名胜区、城市和乡村等环境要素及其生态系统的保护,均可以认定为宗旨和业务范围包含维护环境公共利益。我国1992年签署的联合国《生物多样性公约》指出,生物多样性是指陆地、海洋和其他水生生态系统及其所构成的生态综合体,包括物种内部、物种之间和生态系统的多样性。我国《环境保护法》第三十条规定:"开发利用自然资源,应当合理开发,保护生物多样性,保障生态安全,依法制定有关生态保护和恢复治理方案并予以实施。引进外来物种以及研究、开发和利用生物技术,应当采取措施,防止对生物多样性的破坏。"可见,生物多样性保护是环境保护的重要内容,亦是维护环境公共利益的重要组成部分。绿发会章程明确规定,其宗旨为"广泛动员全社会关心和支持生物多样性保护和绿色发展事业,保护国家战略资源,促进生态文明建设和人与自然和谐,构建人类美好家园",符合联合国《生物多样性公约》和我国《环境保护法》保护生物多样性的要求。同时,"促进生态文明建设""人与自然和谐""构建人类美好家园"等内容契合绿色发展理念,亦与环境保护密切相关,属于维护环境公共利益的范畴。故应认定绿发会的宗旨和业务范围包含维护环境公共利益内容,即绿发会的章程虽未载明维护环境公共利益,但其工作内容属于保护环境要素及生态系统,其具有起诉主体资格。

关于该案当中绿发会起诉的事项与其宗旨和业务范围是否具有关联性的问题。依据《最高人民法院关于审理环境民事公益诉讼案件适用法律若干问题的解释》第四条第二款的规定,社会组织提起的公益诉讼涉及的环境公共利益,应与社会组织的宗旨和业务范围具有一定关联。此项规定旨在促使社会组织所起诉的环境公共利益保护事项与其宗旨和业务范围具有对应或者关联关系,以保证社会组织具有相应的诉讼能力。因此,即使社会组织起诉事项与其宗旨和业务范围不具有对应关系,但与其所保护的环境要素或者生态系统具有一定的联系,亦应基于关联性标准确认其主体资格。

该案环境公益诉讼系针对腾格里沙漠污染提起的。沙漠生物群落及其环境相互作用所形成的复杂而脆弱的沙漠生态系统,更加需要人类的珍惜利用和悉心呵护。绿发会起诉认为瑞泰公司将超标废水排入蒸发池,严重破坏了腾格里沙漠本已脆弱的生态系统,所涉及的环境公共利益之维护属于绿发会宗旨和业务范围。因此,该案中绿发会起诉的事项与其宗旨和业务范围具有关联性,其具有提起环境民事公益诉讼的主体资格。

【思考题】
1.是否有必要赋予社会组织环境行政公益诉讼的起诉主体资格?
2.社会组织是否具有海洋环境公益诉讼的起诉主体资格?

二、行政机关

【主要知识点】

行政机关作为公益诉讼的提起主体,也仅存在于民事公益诉讼中。①《民事诉讼法》第五十八条第一款规定:"对污染环境、侵害众多消费者合法权益等损害社会公共利益的行为,法律规定的机关和有关组织可以向人民法院提起诉讼。"其原则性地确立了"法律规定的机关"可以提起民事公益诉讼。行政机关作为公益诉讼提起主体的诉讼主体地位在法律中得以规定:《海洋环境保护法》第一百一十四条第二款规定,"对污染海洋环境、破坏海洋生态,给国家造成重大损失的,由依照本法规定行使海洋环境监督管理权的部门代表国家对责任者提出损害赔偿要求"。该条文不仅确立了海洋环境监督管理行政部门提起海洋环境公益诉讼的主体地位,而且确定了海洋环境监督管理行政部门为海洋环境公益诉讼的唯一适格主体。此外,根据《最高

---

① 参见张嘉军主编:《公益诉讼法》,中国检察出版社2022年版,第24页。

人民法院关于审理生态环境损害赔偿案件的若干规定(试行)》的规定①,行政机关还可以提起生态环境损害赔偿诉讼。行政机关在污染责任人不愿意磋商或者磋商不成时,就所造成的生态环境损害赔偿问题应当向法院提起诉讼。

【案例分析】

江苏省徐州市人民政府、国丰新能源江苏有限公司等生态环境损害赔偿案②

【基本案情】

2013 年 9 月 30 日,丰县人民政府(以下简称丰县政府)授权丰县城市管理局(以下简称丰县城管局)与被告国丰新能源江苏有限公司(以下简称国丰公司)签订了垃圾焚烧发电项目的特许经营权协议。在协议履行期间,被告国丰公司以及有关被告人具体实施了非法倾倒、填埋属于《国家危险废物名录》中的 HW18 类危险废物飞灰行为。被告国丰公司非法倾倒、填埋的危险废物飞灰数量高达 14 万余吨,该行为给当地生态环境造成了巨大损害,严重危及人民群众安全。有关单位曾多次要求被告国丰公司将掩埋的飞灰尽快进行安全处置,但被告未采取任何有效行动。为防止被告违法填埋的危险废物造成不可

---

① 《最高人民法院关于审理生态环境损害赔偿案件的若干规定(试行)》第一条规定:"具有下列情形之一,省级、市地级人民政府及其指定的相关部门、机构,或者受国务院委托行使全民所有自然资源资产所有权的部门,因与造成生态环境损害的自然人、法人或者其他组织经磋商未达成一致或者无法进行磋商的,可以作为原告提起生态环境损害赔偿诉讼⋯⋯"

② 参见《关于受理原告徐州市人民政府诉被告国丰新能源江苏有限公司、李昌龙、朱清宝、王家秀、袁云刚、曹允华、王洪旭、麻现忠、梁祖义、孙保全、任秀全、庞训峰、刘天喜生态环境损害赔偿纠纷案件的公告》,载徐州市中级人民法院网 2019 年 8 月 5 日,https://xzzy.xzfy.gov.cn/article/detail/2019/08/id/4243968.shtml。

逆转的环境污染，发生更大的危害，丰县城管局依法对该污染事件进行应急处置，同时又委托南京大学环境规划设计研究院股份公司司法鉴定所(以下简称南大环规院)进行损害评估。该应急项目共产生飞灰处置和经评估的环境污染损失费用如下：(1)飞灰处置费用6400余万元。(2)经丰县环境保护局与南大环规院签订《丰县环境保护局土壤环境质量评估和司法鉴定服务项目技术合同书》进行司法鉴定，该次环境污染事件损失费用共计为7600余万元。各被告系案涉生态环境污染的直接行为人和责任人，按照"谁污染，谁治理"的原则，上述所有费用均应当由造成生态环境污染的所有被告共同承担。对于上述损失的赔偿事宜，根据法律规定，丰县城管局、丰县环境保护局与国丰公司有关人员于2019年1月两次进行磋商，未能就赔偿问题达成一致。之后再做磋商均联系未果。为此，根据《江苏省生态环境损害赔偿起诉规则(试行)》的有关规定，徐州市人民政府依法作为原告提起该案诉讼，请求法院依法支持原告的诉讼请求。

【主要法律问题】

1. 该案中的行政机关是否为提起生态环境损害赔偿诉讼的适格主体？

2. 该案中的行政机关主张的生态环境损害赔偿项目、费用如何认定？

【主要法律依据】

1.《环境保护法》第六条；

2.《最高人民法院关于审理生态环境损害赔偿案件的若干规定(试行)》第一条；

3.《最高人民法院关于审理环境民事公益诉讼案件适用法律若干问题的解释》第二十二条。

【学理分析】

首先，关于该案中徐州市人民政府是否具有提起生态环境损害赔偿诉讼适格主体的问题。《最高人民法院关于审理生态环境损害赔偿案件的若干规定(试行)》第一条第一款规定:"具有下列情形之一,省级、市地级人民政府及其指定的相关部门、机构,或者受国务院委托行使全民所有自然资源资产所有权的部门,因与造成生态环境损害的自然人、法人或者其他组织经磋商未达成一致或者无法进行磋商的,可以作为原告提起生态环境损害赔偿诉讼:(一)发生较大、重大、特别重大突发环境事件的……(三)发生其他严重影响生态环境后果的。"该案中,被告违反国家规定,非法处置危险废物数百吨,污染环境后果特别严重,造成生态环境损害数额超过千万元,单位国丰公司和自然人被告也因此构成污染环境罪且系共同犯罪被处以有期徒刑、罚金等刑罚。关于造成的污染环境损失赔偿,丰县政府相关职能部门(丰县城管局牵头)与国丰公司有关负责人进行两轮磋商,未能就赔偿问题达成一致,后因国丰公司无法再进行磋商。生态环境损害行为地、损害结果地均发生在徐州市人民政府辖区内,磋商主体丰县政府相关职能部门、丰县政府、徐州市人民政府等均可以作为原告提起该案的诉讼。该案中,徐州市人民政府作为原告提起该案的生态环境损害赔偿诉讼符合上述规定。

其次,关于该案当中的行政机关主张的生态环境损害赔偿项目、费用如何认定的问题。该案为生态环境损害赔偿诉讼,系徐州市人民政府作为起诉人,依据法律赋予的职权,就受损害的环境利益向人民法院提起的民事损害赔偿之诉。本着对人类社会赖以生存的生态环境公共利益高度负责的理念,法院对该环境污染事件依职权进行审查认定。《民法典》第一百八十七条规定:民事主体因同一行为应当承担民事责任,有行政责任和刑事责任的,承担行政责任或者刑事责任不影响承担民事责任;民事主体的财产不足以支付的,优先用于承担民事责任。被告国丰公司利用循环流化床焚烧炉混烧生活垃圾和秸秆等生物质进行发电产生的飞灰,系危险废物。被告国丰公司及其他被告在明知的情况下,为节约费用支出,无任何防护措施在土地上进行倾倒、填埋等处置,经生态环境损害确认司法鉴定评估,非法倾倒、填埋的飞灰对填埋场周边土壤、地下水等构成污染且污染源与飞灰废物存在因果关系。对其造成事实上的严重环境污染事件,刑事判决已予以认定,上述被告在承担刑事责任后仍应当承担生态环境损害民事赔偿责任。《最高人民法院关于审理生态环境损害赔偿案件的若干规定(试行)》第十一条规定:"被告违反国家规定造成生态环境损害的,人民法院应当根据原告的诉讼请求以及具体案情,合理判决被告承担修复生态环境、赔偿损失、停止侵害、排除妨碍、消除危险、赔礼道歉等民事责任。"第十四条规定:"原告请求被告承担下列费用的,人民法院根据具体案情予以判决:(一)实施应急方案、清除污染以及为防止损害的发生和扩大所支出的合理费用;(二)为生态环境损害赔偿磋商和诉讼支出的调查、检验、鉴定、评估等费用;(三)合理的律师费以及其他为诉讼支出的合理费用。"

该案中,原告主张被告国丰公司与该案其他被告应承担赔偿项目为飞灰处置费、生态环境修复费、环境损害鉴定评估费,该主张的赔偿项目符合上述规定,对此法院予以确认。

【思考题】

1. 检察机关作为民事公益诉讼的适格主体之一,与行政机关作为行使损害赔偿请求权主体的地位与作用是否具有差别?

2. 如何将生态环境损害赔偿诉讼与环境民事公益诉讼有效衔接?

三、检察机关

【主要知识点】

检察机关提起公益诉讼既存在于民事公益诉讼中,又存在于行政公益诉讼中。《民事诉讼法》第五十八条第二款①和《行政诉讼法》第二十五条第四款②,分别规定了检察机关具有民事公益诉讼和行政公益诉讼的起诉主体资格。首先,检察机关对于那些破坏生态环境和资源保护、食品药品安全领域侵害众多消费者合法权益、损害社会公共利益的行为,有权提起民事公益诉讼。其次,检察机关在履行职责中发现生态环境和资源保护、食品药品安全、国家财产保护、国有土地使用权出让等领域负有监督管理职责的行政机关违法行使职权或者不作为,致使国家利益或者社会公共利益受到侵害的,应当向行政机关提出检察建议,督促其依法履行职责。行政机关不履行职责的,检察机关可依法向法院提起行政公益诉讼。需要说明的是,在行政公益诉讼中,按照我国目前的法律规定,检察机关是唯一诉权主体。③

【案例分析】

检例第 51 号:曾云侵害英烈名誉案④

【基本案情】

2018 年 5 月 12 日下午,江苏省淮安市消防支队水上大队城南中

---

① 《民事诉讼法》第五十八条第二款规定:"人民检察院在履行职责中发现破坏生态环境和资源保护、食品药品安全领域侵害众多消费者合法权益等损害社会公共利益的行为,在没有前款规定的机关和组织或者前款规定的机关和组织不提起诉讼的情况下,可以向人民法院提起诉讼。前款规定的机关或者组织提起诉讼的,人民检察院可以支持起诉。"

② 《行政诉讼法》第二十五条第四款规定:"人民检察院在履行职责中发现生态环境和资源保护、食品药品安全、国有财产保护、国有土地使用权出让等领域负有监督管理职责的行政机关违法行使职权或者不作为,致使国家利益或者社会公共利益受到侵害的,应当向行政机关提出检察建议,督促其依法履行职责。行政机关不依法履行职责的,人民检察院依法向人民法院提起诉讼。"

③ 参见张嘉军主编:《公益诉讼法》,中国检察出版社 2022 年版,第 24 页。

④ 参见《最高人民检察院第十三批指导性案例》,载最高人民检察院官网,https://www.spp.gov.cn/spp/gysshmhsh/201812/t20181225_440340.shtml。

队副班长谢勇在实施灭火救援行动中不幸牺牲。5月13日,公安部批准谢勇同志为烈士并颁发献身国防金质纪念章;5月14日,中共江苏省公安厅委员会追认谢勇同志为中国共产党党员,追记一等功;淮安市人民政府追授谢勇同志"灭火救援勇士"荣誉称号。2018年5月14日,曾云因就职受挫、生活不顺等,饮酒后看到其他网友发表悼念谢勇烈士的消息,为发泄自己的不满,在微信群公开发表一系列侮辱性言论,歪曲谢勇烈士英勇牺牲的事实。该微信群共有成员131人,多人阅看了曾云的言论,有多人转发。曾云歪曲事实、侮辱英烈的行为,侵害了烈士的名誉,造成了较为恶劣的社会影响。2018年5月17日,江苏省淮安市人民检察院以侵害英雄烈士名誉对曾云作出立案决定。检察机关围绕曾云是否应当承担侵害英烈名誉的责任开展调查取证。经调查核实,曾云主观上明知其行为可能造成侵害烈士名誉的后果,客观上实施了侵害烈士名誉的违法行为,在社会上产生较大负面影响,损害了社会公共利益。检察机关依法履行民事公益诉讼诉前程序,指派检察官赴谢勇烈士家乡湖南衡阳,就是否对曾云侵害烈士名誉的行为提起民事诉讼当面征求了谢勇烈士父母、祖父母及其弟的意见(谢勇烈士的外祖父母均已去世)。烈士近亲属声明不提起民事诉讼,并签署支持检察机关追究曾云侵权责任的书面意见。2018年6月12日,淮安市中级人民法院经审理,认定曾云的行为侵害了谢勇烈士名誉并损害了社会公共利益,当庭作出判决,判令曾云在判决生效之日起7日内在本地市级报纸上公开赔礼道歉。

【主要法律问题】

1. 该案中,检察机关是否有权提起民事公益诉讼?

2. 该案中,如何认定侵害英雄烈士名誉、荣誉罪中的"英雄烈士"以及"情节严重"?

【主要法律依据】

1.《英雄烈士保护法》第二十二条、第二十五条、第二十六条;

2.《最高人民法院、最高人民检察院关于检察公益诉讼案件适用法律若干问题的解释》第五条；

3.《国家勋章和国家荣誉称号法》第二条、第三条、第四条；

4.《国家功勋荣誉表彰条例》第一条、第二条、第五条、第六条、第七条、第八条、第十四条；

5.《最高人民法院、最高人民检察院关于办理利用信息网络实施诽谤等刑事案件适用法律若干问题的解释》第二条、第五条。

【学理分析】

首先，关于检察机关是否可以针对侵害英雄烈士名誉、荣誉行为提起民事公益诉讼的问题。《英雄烈士保护法》第二十五条第二款规定："英雄烈士没有近亲属或者近亲属不提起诉讼的，检察机关依法对侵害英雄烈士的姓名、肖像、名誉、荣誉，损害社会公共利益的行为向人民法院提起诉讼。"英雄烈士的形象是民族精神的体现，是引领社会风尚的标杆。英雄烈士的姓名、肖像、名誉和荣誉等不仅属于英雄烈士本人及其近亲属，更是社会正义的重要组成内容，承载着社会主义核心价值观，具有社会公益性质。侵害英雄烈士名誉就是对公共利益的损害。对于侵害英雄烈士名誉的行为，英雄烈士没有近亲属或者近亲属不提起诉讼时，检察机关应依法提起民事公益诉讼，保护社会公共利益。检察机关履行这类公益诉讼职责，要在提起诉讼前确认英雄烈士是否有近亲属以及其近亲属是否提起诉讼，区分情况处理。对于英雄烈士有近亲属的，检察机关应当面征询英雄烈士近亲属是否提起诉讼；对于英雄烈士没有近亲属或者近亲属下落不明的，检察机关可以通过公告的方式履行告知程序。检察机关办理该类案件，除围绕侵权责任构成要件收集固定证据外，还要就侵权行为是否损害社会公共利益这一结果要件进行调查取证。对于在微信群内发表侮辱、诽谤英雄烈士言论的行为，要重点收集微信群成员数量，微信群组的私密性，进群验证方式，不当言论被阅读数、转发量等方面的证据，证明侵权行为产生的不良社会影响及其严重性。检察机关在决定是否提起民事公益诉讼时,还应当考虑行为人的主观过错程度、社会公共利益受损程度等,充分履行职责,实现政治效果、社会效果和法律效果的有机统一。该案中,检察机关向谢勇烈士近亲属发出的征求意见函、谢勇烈士近亲属出具的书面声明等,证明检察机关履行了诉前程序,因此在烈士近亲属声明不提起民事诉讼的情况下,检察机关可以依法提起民事公益诉讼,捍卫社会公共利益。

其次,关于如何认定侵害英雄烈士名誉、荣誉罪中的"英雄烈士"以及"情节严重"的问题。对侵害英雄烈士名誉、荣誉罪中的"英雄烈士"应当依照刑法修正案的本意作适当解释。本罪中的"英雄烈士",是指已经牺牲、逝世的英雄烈士。行为人以侮辱、诽谤或者其他方式侵害健在的英雄模范人物名誉、荣誉,构成犯罪的,可以适用侮辱罪、诽谤罪追究刑事责任。但是,如果在同一案件中,行为人的行为所侵害的群体中既有已牺牲的烈士,又有健在的英雄模范人物,应当整体评价为侵害英雄烈士名誉、荣誉的行为,不宜区别适用侵害英雄烈士名誉、荣誉罪和侮辱罪、诽谤罪。虽不属于烈士,但事迹、精神被社会普遍公认的已故英雄模范人物的名誉、荣誉被侵害的,因他们为国家、民族和人民作出巨大贡献和牺牲,其名誉、荣誉承载着社会主义核心价值观,应当纳入侵害英雄烈士名誉、荣誉罪的犯罪对象,与英雄烈士的名誉、荣誉予以刑法上的一体保护。侵害英雄烈士名誉、荣誉罪中"情节严重"的认定,可以参照《最高人民法院、最高人民检察院关于办理利用信息网络实施诽谤等刑事案件适用法律若干问题的解释》的规定,并可以结合案发时间节点、社会影响等综合认定。《最高人民法院、最高人民检察院关于办理利用信息网络实施诽谤等刑事案件适用法律若干问题的解释》第二条规定,具有以下情形之一的,属于"情节严重":同一诽谤信息实际被点击、浏览次数达到5000次以上,或者被转发次数达到500次以上的;造成被害人或者其近亲属精神失常、自残、自杀等严重后果的;2年内曾因诽谤受过行政处罚,又诽谤他人的;具有其他情节严重的情形的。办理利用信息网络侵害英雄烈士名誉、荣誉案件时,可以参照上述标准,或者虽未达到上述数量、情节要求,但在特定时间节点通过具有公共空间属性的网络平台和媒介公然侵害英雄烈士名誉、荣誉,引起广泛传播,造成恶劣社会影响的,也可以认定为"情节严重"。对于只是在相对封闭的网络空间,如在亲友微信群、微信朋友圈等发表不当言论,没有造成大范围传播的,可以不认定为"情节严重"。该案中,谢勇烈士在实施灭火救援行动中不幸牺牲,属于侵害英雄烈士名誉、荣誉罪中的"英雄烈士"。有证据充分证明曾云发表的不当言论被众多网友知晓并转发,在社会上产生了负面影响,满足"情节严重"这一要件。因此被告曾云公开发表侮辱性言论,歪曲英雄被追认为烈士的相关事实,侵害了谢勇烈士的名誉。

【思考题】

1. 检察机关在民事公益诉讼中的诉权顺位如何?
2. 是否有必要缩短民事公益诉讼的诉前公告时限?

第三节 公益诉讼的理论基础

一、当事人适格理论的扩张

【主要知识点】

传统当事人适格理论主要以实体法为视角,严格地将当事人适格的基础界定为原告和被告对诉讼标的的管理权与处分权。这一理论框架在当时的社会背景下,对于明确诉讼参与者的权利和义务、维护法律秩序的稳定,起到了积极的作用。

然而,随着社会的快速发展和变革,现代型民事诉讼逐渐崭露头角,这类诉讼往往涉及一般公众多数人的利益,其争议具有公共性。在这样的背景下,传统当事人适格理论显得捉襟见肘,无法满足现代型民事诉讼的需求。因此,学者开始反思并呼吁扩大当事人适格的范围,以更好地适应现代型诉讼的特点。

当事人适格理论的扩张是对传统当事人适格理论的一种发展。这种诉讼模式不以私人权益为中心,而是针对某种公共现象的存在方式。扩张当事人适格的范围,更多的人参与对社会某一普遍不正义的控诉,将促进诉讼观念从私益向公益改变。当事人适格理论的扩张说明了一个问题:公益诉讼的提起者可以不限于与被侵害公共利益有法律上利害关系的人,而社会组织、行政机关和检察机关能够提起公益诉讼正和这一理论相契合。①

【案例分析】

中华环保联合会诉山东德州晶华集团振华有限公司大气污染民事公益诉讼案②

【基本案情】

德州晶华集团振华有限公司(以下简称振华公司)是一家主要从事玻璃深加工的企业,其在生产过程中产生大量废气,严重污染了周边环境。根据德州市环境保护监测中心站的监测,振华公司排放二氧化硫、氮氧化物及烟粉尘存在超标排放情况。德州市环境保护局、山东省环境保护厅先后对其进行行政处罚。2015年3月23日,德州市

---

① 参见张嘉军主编:《公益诉讼法》,中国检察出版社2022年版,第30页。
② 参见《中华环保联合会诉山东德州晶华集团振华有限公司大气污染民事公益诉讼案》,载中国法院网2017年3月8日,https://www.chinacourt.org/article/detail/2017/03/id/2574333.shtml。

环境保护局责令振华公司立即停产整治。

中华环保联合会为了维护公共利益和生态环境安全，决定向法院提起公益诉讼。在诉讼过程中，原告中华环保联合会详细阐述了被告公司废气排放的违法事实，以及其给周边环境带来的严重影响，还提供了大量证据，包括环境监测报告、专家意见等，以证明被告公司的行为已经构成大气污染责任。被告振华公司在庭审过程中虽然对部分事实提出异议，但未能提供充分的反驳证据。

最终，德州市中级人民法院于2016年7月20日作出(2015)德中环公民初字第1号民事判决：(1)被告振华公司于判决生效之日起30日内赔偿因超标排放污染物造成的损失2198.36万元，支付至德州市专项基金账户，用于德州市大气环境质量修复；(2)被告振华公司在省级以上媒体向社会公开赔礼道歉；(3)被告振华公司于判决生效之日起10日内支付原告中华环保联合会所支出的评估费10万元；(4)驳回原告中华环保联合会其他诉讼请求。

【主要法律问题】

该案中，中华环保联合会作为原告提起公益诉讼，其是否具有提起公益诉讼的资格和权限？

【主要法律依据】

《最高人民法院关于审理环境民事公益诉讼案件适用法律若干问题的解释》第一条、第十八条。

【学理分析】

日本学者谷口安平认为，"诉的利益是提起权利主张、推进审判活动继续进行的关键，也是通过审判活动而创制实体法的重要开端"①。现代型民事诉讼，特别是以公益诉讼为代表的案件，普遍面临在起诉阶段因当事人不适格而被法院拒之门外的困境，这一现象在涉

---

① ［日］谷口安平：《程序的正义与诉讼》，王亚新、刘荣军译，中国政法大学出版社1996年版，第194－198页。

及环境污染公害问题的案件中尤为明显。在这些案件中,往往没有明显的损害后果和具体的受害人出现,导致即使有人提起诉讼,也会因为当事人不适格而被法院驳回。传统的当事人适格理论主要以实体法为依据,将当事人适格严格限定在法律上的利害关系主体范围内。然而,这种理论在应对现代型民事诉讼时显得捉襟见肘。为了适应现代社会的需要,我们必须对当事人适格理论进行扩张,将诉的利益作为判断当事人适格的新标准。

诉的利益,是指当事人提起的诉讼是否具有实际需要保护的利益,即诉讼是否具有解决实际问题的意义。以诉的利益为标准来判断当事人是否适格,可以承认更多的主体对涉及公共利益的诉讼具有成为适格当事人的资格。这样一来,不仅可以有效解决传统当事人适格理论在应对现代型民事诉讼时的局限性问题,还可以将更多新的民事权利纳入司法保护框架。公益诉讼的目的是维护社会公共利益,而非单一个体的私益。当某一行为对公共利益造成损害时,需要有适格的主体来代表公众提起诉讼。

该案中,中华环保联合会作为环保领域的公益组织,宗旨和业务范围均涉及环境保护和公共利益维护,因此其具备提起公益诉讼的资格。中华环保联合会拥有专业的环境保护知识和技术,能够对环境污染行为进行科学评估,为诉讼提供有力的技术支持。同时,其作为公益组织,具有较为完善的组织架构和运作机制,能够确保公益诉讼的有序进行。中华环保联合会作为原告提起公益诉讼,有助于弥补个体诉讼力量的不足。在环境污染等公益诉讼中,往往涉及多个受害者,且每个受害者的损失较小,难以独立承担诉讼成本。中华环保联合会作为公益组织,具有较强的诉讼能力和资源,能够代表广大受害者提起诉讼,维护他们的合法权益。

【思考题】

1.当事人适格理论扩张到什么程度是合适的?是否存在一个明

确的界限?

2. 如果大量非直接利害关系人都可以成为适格当事人提起诉讼,那么这会对司法资源产生怎样的影响?

3. 当事人适格理论的扩张可能会增加司法的复杂性。如何确保在扩大司法保护范围的同时,不损害司法的公正和效率?

4. 法院判决被告承担大气环境修复费用后,如何确保被告切实履行修复责任?

二、客观诉讼理论

【主要知识点】

法国学者莱昂·狄骥(Léon Duguit)在《公法的变迁》一书中明确界定和区分了主观权力和客观权力,创立了客观诉讼理论。其认为,权力不应仅仅被视为统治者对被统治者的命令和强制,而应被视为一种为社会提供公共服务的责任和义务,此理论体现了主观权力到客观权力的转变。

主观诉讼以私益救济为目标,诉讼构造侧重于对主观权力和损害争议的审查和裁判。与主观诉讼更侧重于对私益的保护不同,客观诉讼更倾向于对公益的保护,这符合公益诉讼的价值追求。[1] 客观诉讼的核心关注点在于行为对公共利益所造成的侵害。相较于主观诉讼,它不仅仅局限于当事人之间的私益纷争,而是将视野拓宽到更为广阔的公共利益领域。这种诉讼形式对公共利益的损害主体、损害范围、损害程度以及后期的修复措施都给予了更多的关注,为公益诉讼审查内容的确定提供了明确的方向。

在客观诉讼中,法院不是只关注当事人之间的权益纷争,而是更着重于对公共利益的保护。与主观诉讼的判决仅在当事人之间产生

---

[1] 参见张嘉军主编:《公益诉讼法》,中国检察出版社2022年版,第30页。

效力的判决相对性不同,客观诉讼的判决具有绝对的效力。这意味着,客观诉讼的判决不仅针对特定的当事人,而且针对所有可能对公共利益造成损害的不特定人。这种判决效力的扩张性,正是与公益诉讼判决效力的扩张性相符合的。它确保了判决的权威性和有效性,使所有可能侵害公共利益的行为主体都能受到法律的制约和惩罚。

【案例分析】

吉林省敦化市人民检察院诉敦化市文化广播电视和旅游局不履行文物保护监管职责公益诉讼案①

【基本案情】

2021年9月26日,敦化市人民检察院在履行职责过程中发现,位于该市的一处重要文物——义勇英灵塔周边存在违法建设情况,遗址存在被破坏的风险。敦化市文化广播电视和旅游局(以下简称敦化市文旅局)作为文物保护的监管部门,未能及时采取有效措施予以制止和拆除,导致违法建设持续存在,文物安全受到侵害。针对这一情况,敦化市人民检察院认为,敦化市文旅局存在怠于履行文物保护监管职责的情形,致使国家利益和社会公共利益受到侵害。

敦化市人民检察院对敦化市文旅局立案调查,鉴于彩钢房临时建筑物离义勇英灵塔仅2米左右,迫近义勇英灵塔本体,且存在继续扩建影响义勇英灵塔本体安全的现实紧迫风险,遂于2021年10月20日向其发出检察建议,建议其在15日内履行法定职责,对义勇英灵塔设立界桩,划定保护范围。两日后,敦化市文旅局组织工作人员对义勇英灵塔保护情况进行了核查,反馈检察建议反映的问题属实,承诺

---

① 参见《行政公益诉讼典型案例》,载最高人民检察院官网,https://www.spp.gov.cn/xwfbh/dxal/202312/t20231213_636700.shtml。

整改问题,认真开展自查,切实做好文物保护工作。但回复期限届满后,敦化市文旅局仍未履行法定职责,对义勇英灵塔设立界桩,划定保护范围,敦化市人民检察院遂以敦化市文旅局为被告,于2021年11月25日向延吉市人民法院提起行政公益诉讼,请求判令被告继续履行职责,依法对义勇英灵塔设立界桩,划定保护范围。

【主要法律问题】

在客观诉讼理论下,检察机关不仅是法律的监督者,更是公共利益的代表。检察机关在公益诉讼中的定位是什么?

【主要法律依据】

1.《行政诉讼法》第二十五条第四款;

2.《文物保护法》(2017年修正)第二十一条第一款。

【学理分析】

客观诉讼理论强调检察机关在维护社会公共利益和客观法律秩序方面的积极作用,而不仅仅是对个人或特定群体利益的维护。在现代法治国家中,检察机关不再局限于提起公诉的职责,而是更多地承担起了维护公共利益和客观法律秩序的重要使命。这一转变使检察机关的法律地位得到了显著提升,成为国家权力机关中不可或缺的一部分。

在客观诉讼理论下,检察机关的法律地位进一步得到了明确和巩固。客观诉讼理论强调检察机关作为公共利益的代表和法律监督者的角色,要求其不仅要对个人或特定群体利益进行维护,更要站在客观公正的立场上,维护社会公共利益和客观法律秩序。这一理论的提出,使检察机关的法律地位更加明确和突出,成为维护社会公正和法治的重要力量。

该案中,敦化市人民检察院作为公共利益的代表,承担了维护文物安全和历史风貌完整性的重要使命。当文物遭受破坏或面临威胁时,检察机关有责任代表公众提起诉讼,要求行政机关履行职责,保护文物安全。敦化市人民检察院作为法律监督者,在该案中发挥了监督敦化市文旅局依法履行职责的作用。当行政机关不履行或不当履行文物保护监管职责时,检察机关有权代表公众提起诉讼,要求行政机关承担责任。该案中,敦化市文旅局是文物保护工作的主要责任主体,当其怠于履行或不当履行文物保护监管职责时,敦化市人民检察院有权通过提起公益诉讼等方式进行监督。这种监督不仅是对行政机关行为的合法性进行审查,更是对其是否有效履行保护文物职责的督促。通过提起诉讼,检察机关可以推动行政机关纠正违法行为,保护文物安全。

【思考题】

1. 在文物保护工作中,如何平衡检察机关的监督职能与行政机关的执法职能,确保双方形成合力?

2. 在客观诉讼理论下,如何确保检察机关的客观性和公正性?

3. 客观诉讼理论强调检察机关对行政机关的监督,检察机关如何加强对行政机关的监督?

三、公共利益代表理论

【主要知识点】

公共利益的代表权,是指特定的主体在法律规定的范围内代表国家或社会公众,对侵害公共利益的行为提起诉讼或采取其他法律手段的权利。这一代表权的核心在于其能够代表不特定多数人的利益,对损害公共利益的行为进行追究,从而维护社会的公平、正义和秩序。

第一,检察机关作为国家的法律监督机关,拥有公共利益的代表权,其职责包括对侵害国家利益和社会公共利益的行为进行法律监督,依法提起公益诉讼等。第二,行政机关的基本职责就是维护国家的稳定和发展,保障人民的权益和福祉。在这个过程中,行政机关必须始终将公共利益放在首位,因此行政机关也具有公共利益的代表权。行政机关在履行职责时,需要考虑到公共利益的需求,对侵害公共利益的行为进行管理和监督。在必要时,行政机关可以依法提起公益诉讼,对侵害公共利益的行为进行法律追究。第三,社会组织也可以依法行使公共利益的代表权。社会组织承载着连接政府、企业与公众之间的桥梁作用,维护社会公共利益不仅是社会组织的义务,更是其责任和使命所在。例如,在消费者权益保护案件中,消费者协会等社会组织可以代表消费者提起公益诉讼,要求企业承担赔偿责任,从而保护消费者的合法权益。

因此,按照目前我国法律法规以及司法解释的规定,检察机关、行政机关以及社会组织都可以作为公共利益的代表提起公益诉讼,从而力求全面、有效保护国家利益和社会公共利益。①

【案例分析】

检例第 186 号:浙江省杭州市拱墅区人民检察院督促落实电价优惠政策行政公益诉讼案②

【基本案情】

自 2018 年起,国家多次下调一般工商业用电价格。2020 年年初,为减轻企业负担、提振市场主体信心,国家又陆续推出一系列阶段性降低企业用电成本的惠民助企政策。浙江省杭州市拱墅区内作为转供电主体的多个产业园区、商业综合体和物业公司违反规定,在与电力终端用户结算时,未对终端用户实施电费降价、未执行阶段性电费优惠政策,涉及款项巨大。

---

① 参见张嘉军主编:《公益诉讼法》,中国检察出版社 2022 年版,第 32 页。
② 参见《最高人民检察院第四十六批指导性案例》,载最高人民检察院官网,https://www.spp.gov.cn/xwfbh/dxal/202308/t20230803_623812.shtml。

2020年4月,浙江省杭州市拱墅区人民检察院在履行职责中发现上述案件线索后开展初步调查,并于同年6月立案调查。同年8月21日,拱墅区人民检察院向浙江省杭州市拱墅区市场监管局发出检察建议,建议对涉案6家转供电企业的违法行为进行查处,对辖区内所有转供电企业开展专项排查。

拱墅区市场监管局收到检察建议后,高度重视,积极开展专项整治行动。鉴于案件涉及的终端用户多、电费数额高、清退难度大,拱墅区人民检察院多次与拱墅区市场监管局召开联席会议,分析案件查办过程中的法律适用、办案方式和执法尺度,并就此达成共识。拱墅区市场监管局制定了清理转供电环节加价的工作方案,对检察建议涉及的6家转供电企业立案调查,依法开展电费清退工作;集体约谈辖区内多个产业园区、商业综合体和物业公司的经营者,引导转供电企业自主退费;加大政策宣传力度,采取联合宣讲、发放告知书、现场检查等方式,扩大政策及其优惠措施的知晓度。截至2021年6月,对检察建议所涉的6家转供电企业清退多收费用共计290万余元,罚没款项240万余元。拱墅区市场监管局在辖区范围内开展专项排查,检查转供电企业83家,清退多收费用4464万余元,惠及终端用户14,000余户,实施行政处罚28件,罚没款项807万余元,整治工作取得明显成效。

在此基础上,杭州市人民检察院于2021年2月在全市开展专项监督,全面排查整治转供电环节违规收取电费行为,推动相关职能部门排查转供电企业276家,行政罚款1122万余元,清退多收费用8653万余元,惠及终端用户4万余户。

【主要法律问题】

1. 根据公共利益代表理论,该案中的拱墅区人民检察院是否享有公共利益的代表权?

2. 该案中,拱墅区人民法院作为公共利益代表,完成了哪些使命?

【主要法律依据】

1.《行政诉讼法》第二十五条第四款;

2.《电力法》第四十四条第一款;

3.《人民检察院公益诉讼办案规则》第七十五条。

【学理分析】

检察机关作为国家的法律监督机关,其公益代表权主要源于宪法和法律的授权。宪法规定了检察机关是国家的法律监督机关,负责监督法律的执行和实施。同时,随着公益诉讼制度的建立和发展,检察机关被赋予了提起公益诉讼的职责,从而成为公共利益的法律代表。就检察机关而言,在履行传统职责的基础上,其必然要担负一定的社会管理责任。在由检察机关提起公益诉讼的案件中,除解决案件本身涉及的公共利益损害问题外,其往往同时还会发现社会管理上存在的漏洞,推进整个地区的社会管理工作发展。①

在该案中,拱墅区人民检察院以公共利益代表的身份,对拱墅区市场监管局未依法落实电价优惠政策的行为进行了监督。这一行为符合宪法和法律对检察机关的授权,也体现了检察机关作为公共利益代表的职责和使命。该案中,检察机关通过依法督促行政机关落实电价优惠政策,不仅是一个监督政府依法行政、确保政策落地的案例,更是一个以实际行动保护中小企业利益、促进社会公平正义的典型案例。

首先,拱墅区人民检察院的督促使拱墅区市场监管局更加重视电价优惠政策的执行。拱墅区市场监管局在接到拱墅区人民检察院的建议后,意识到必须严格履行职责,确保政策真正惠及中小企业。这不仅促使行政机关加强了对电价优惠政策的宣传,还使行政机关对电价执行情况进行了严格的监管。这种监督效应不仅体现在政策的执

---

① 参见张嘉军主编:《公益诉讼法》,中国检察出版社2022年版,第31页。

行层面,更体现在行政机关对政策的理解和重视程度上。其次,拱墅区人民检察院的督促有助于维护中小企业的合法权益。中小企业在发展过程中常常面临各种困难和挑战,其中之一就是与政府部门的沟通和协调。检察机关作为公共利益代表,通过督促行政机关落实电价优惠政策,为中小企业与政府之间搭建了一座沟通的桥梁。这使中小企业能够更加便捷地享受到政策优惠,同时也增强了中小企业对政府部门的信任感。最后,拱墅区人民检察院的督促促进了国家政策的落地生效。检察机关作为国家的法律监督机关,督促行政机关落实电价优惠政策,实际上是在推动国家政策的落地生效。这不仅有助于提升政府部门的执行力,也有助于提高公众对国家政策的认同感和满意度。

【思考题】
1. 如何明确定义"公共利益代表权"？其法律边界是什么？
2. 哪些机关或个人有权行使"公共利益代表权"？
3. "公共利益代表权"是否应该包括公众参与？

四、法律监督理论

【主要知识点】

法律监督理论是检察机关提起公益诉讼的重要理论基础。检察制度是一项具有中国特色的政治和司法制度,检察机关是国家的法律监督机关,主要通过公权力对公权力的监督来实现对公共利益的保护。其监督职能源于人民代表大会的监督权,是由国家权力机关的监督职能派生的专门监督职能。

就行政公益诉讼实施的可行性而言,行政权作为国家权力中对国家政治事务、经济事务和社会事务影响最直接、最深刻的一种权力,最容易对国家和社会公共利益造成损害,时常会出现越权和滥权的情况,滥权背后削减的是国家公权力的权威性,必然损害公民对国家权力的信任度。虽然行政机关内部已经建立了较为完备的自我监督体系,但现实执法过程中仍然存在行政机关工作人员有法不依、选择性执法等情况。因此,检察机关借助行政公益诉讼的方式对行政权力进行监督,可以实现司法权对行政权的有效监督和制约。

就民事公益诉讼实施的可行性而言,当社会公共利益遭到损害,国家作为负有维护责任的抽象主体,是不能作为诉讼原告出现的,因而通常要求具体的国家机关作为代表,为维护国家和社会的公共利益作为原告,提起诉讼。在我国所有的国家机关中,检察机关是最适合代表国家利益和社会公共利益的诉讼主体。作为法律监督机关,维护国家利益和社会公共利益、消除违法状态是检察机关本来的职责。因此,检察机关有效地运用法律手段维护国家利益和社会公共利益,提起民事公益诉讼,也是其法律监督权实施的方式之一。①

【案例分析】

检例第183号:浙江省嵊州市人民检察院督促规范成品油领域税收监管秩序行政公益诉讼案②

【基本案情】

针对人民群众反映强烈、新闻媒体曝光的"非标油"(指除正规成品油外所有非法油品的总称,包括来源不明确、渠道不合规、质量不达标或偷逃税款的非法油品)危害公共安全、污染大气环境等问题,2019年8月,浙江省嵊州市人民检察院部署开展综合整治"非标油"专项法律监督活动,发现:部分物流运输、工程基建等用油企业大量违

---

① 参见张嘉军主编:《公益诉讼法》,中国检察出版社2022年版,第32页。
② 参见《最高人民检察院第四十六批指导性案例》,载最高人民检察院官网,https://www.spp.gov.cn/xwfbh/dxal/202308/t20230803_623812.shtml。

规购买、使用"非标油",并以非成品油增值税发票进行违规抵扣;部分加油站则通过"无票销售"、账外走账等方式大量销售"非标油",逃避税收监管。

2019年12月,嵊州市人民检察院对在专项法律监督活动中发现的无证无照加油点损害公共利益问题进行立案调查。该院抓住用油企业将购油资金作为经营成本入账抵税的特征,探索运用大数据思维,碰撞多部门行政监管数据,锁定72家用油企业使用非成品油增值税发票进行抵扣,涉及发票品名有"复合柴油""导热油""轻质循环油"等9种油品名称,涉案货值共计6200余万元。上述用油企业将非成品油发票作为成品油增值税发票进行违规抵扣税款,造成国家税收流失,损害了国家利益。2020年3月20日,嵊州市人民检察院向税务部门送达检察建议书,建议对非成品油发票不符合实际用途、品名的违法现象进行整治,切实防控税收风险。税务部门收到检察建议书后,依法履行税收监管职责,督促涉案企业补缴税费共计1008.11万元,有效规范成品油消费端市场秩序。

【主要法律问题】

1. 检察机关如何实现大数据法律监督?

2. 该案中,检察机关利用大数据思维和技术锁定违法主体是否符合检察机关作为法律监督机关的身份地位和履职要求?

【主要法律依据】

1.《行政诉讼法》第二十五条第四款;

2.《税收征收管理法》第五条、第二十五条第一款、第六十三条第一款;

3.《发票管理办法》(2019年修订)第四条、第二十二条;

4.《道路运输车辆动态监督管理办法》(2016年修正)第三条、第十三条、第二十条、第二十八条;

5.《人民检察院公益诉讼办案规则》第七十五条第一款。

【学理分析】

2021年6月印发的《中共中央关于加强新时代检察机关法律监督工作的意见》，要求运用大数据、区块链等技术推进检察机关与其他行政司法部门的跨部门大数据协同办案。大数据具有强大的描述和预测功能，大数据法律监督即大数据背景下的检察监督，是指国家检察机关利用数据或个案发现规律和问题，然后归纳、总结并开发监督模型，解决监督过程中存在的问题。① 这种监督方式为检察机关履行法律监督职能提供了一种全新的思路和方法，检察机关可以通过引导侦查和提出检察建议等方式来促进社会治理。

检察机关在公益诉讼办案中要增强大数据思维，通过构建大数据法律监督模型，提升法律监督质效。对于在履职中发现的具有普遍性的社会治理难题，检察机关应高度重视相关数据的收集与整理，尤其是对依法采集、具有统一标准的数据，可提炼特征要素进行数据解析，并融入公益诉讼办案规则流程，转化为计算机能够识别的"语言"，即发挥大数据法律监督模型在发现线索、调查取证、固定证据以及提供解决问题方案等多方面作用，实现从个案办理到类案监督。检察机关在依法能动履职的同时应注重与行政机关协作配合，提升社会治理效能。检察机关与行政机关在保护国家利益和社会公共利益方面目标一致，办案中应立足法律监督职能定位，发挥公益诉讼检察统筹协调多元主体协同共治职能的作用，助推行政机关深入推进系统治理、综合治理，将公益诉讼制度优势实实在在转化为社会治理效能。

该案中，检察机关与相关科研机构合作，设计研发了"非标油"综合治理监督模型。该监督模型依据"非标油"物流运输规律计算出加油站实际应税销售收入，与税务部门监管数据进行碰撞分析，从而锁定偷逃税款违法线索。针对发现的加油站销售"非标油"偷逃税款损

---

① 参见董玉庭、张闳诏：《大数据法律监督的发展隐忧及优化路径》，载《湖南科技大学学报（社会科学版）》2023年第5期。

害国家利益的情形,检察机关向税务部门发出检察建议书;税务部门在收到检察建议书后,组成专案组积极开展调查工作,履行了相应职责。在浙江省检察机关的推动下,浙江省将该监督模型升级打造为由税务、检察、交通运输等17个省级部门参与的"成品油综合智治"数字化多跨场景应用,规范成品油税收监管秩序,助力省域成品油市场"全链条"数字化闭环管理。

【思考题】

1. 简述大数据法律监督在公益诉讼中的作用。

2. 该案中,检察机关是如何运用大数据思维和大数据模型锁定违法主体的?

3. 检察机关是否有权调查并起诉违法加油站和用油单位?

第四节 公益诉讼法的法律渊源

一、宪法

【主要知识点】

宪法中关于公民权利属性,国家基本政治、司法制度,国家司法机关组织和活动原则以及检察机关的性质与定位,是公益诉讼制度存在的基础。如《宪法》第二条规定:"中华人民共和国的一切权力属于人民。人民行使国家权力的机关是全国人民代表大会和地方各级人民代表大会。人民依照法律规定,通过各种途径和形式,管理国家事务,管理经济和文化事业,管理社会事务。"社会组织提起公益诉讼,也是人民广泛参与国家各项事务管理的一种重要方式。《宪法》第一百三十四条规定:"中华人民共和国人民检察院是国家的法律监督机关。"由检察机关提起公益诉讼以维护国家利益和社会公共利益,符合宪法将检察机关定位为国家法律监督机关的立法意旨。[1]

二、国家机关组织法

【主要知识点】

除宪法外,《国务院组织法》《人民法院组织法》《人民检察院组织法》等国家机关组织法规定的有关国家组织的组织、职权、相互制约和监督关系等方面的法律规范,也是公益诉讼法的法律渊源。如《人民法院组织法》规定了我国审判权行使的基本规则以及法院的组织和职权、审判人员和其他人员的资格及其产生程序等内容。《人民检察院组织法》第二条第二款明确了人民检察院对国家的和社会的利益的维护职责,即"人民检察院通过行使检察权,追诉犯罪,维护国家安全和社会秩序,维护个人和组织的合法权益,维护国家利益和社会公共利益,保障法律正确实施,维护社会公平正义,维护国家法制统一、尊严和权威,保障中国特色社会主义建设的顺利进行"。《人民检察院组织法》第二十条和第二十一条[2]明确了人民检察院行使调查核实权的前提条件和基本功能,为公益诉讼检察调查核实权的权力来源、运行阶段和行使目的提供了规范指引。[3]

---

[1] 参见张嘉军主编:《公益诉讼法》,中国检察出版社2022年版,第33页。

[2]《人民检察院组织法》第二十条规定:"人民检察院行使下列职权:(一)依照法律规定对有关刑事案件行使侦查权;(二)对刑事案件进行审查,批准或者决定是否逮捕犯罪嫌疑人;(三)对刑事案件进行审查,决定是否提起公诉,对决定提起公诉的案件支持公诉;(四)依照法律规定提起公益诉讼;(五)对诉讼活动实行法律监督;(六)对判决、裁定等生效法律文书的执行工作实行法律监督;(七)对监狱、看守所的执法活动实行法律监督;(八)法律规定的其他职权。"第二十一条规定:"人民检察院行使本法第二十条规定的法律监督职权,可以进行调查核实,并依法提出抗诉、纠正意见、检察建议。有关单位应当予以配合,并及时将采纳纠正意见、检察建议的情况书面回复人民检察院。抗诉、纠正意见、检察建议的适用范围及其程序,依照法律有关规定。"

[3] 参见张嘉军主编:《公益诉讼法》,中国检察出版社2022年版,第34页。

【案例分析】

检例第 163 号：山西省检察机关督促整治浑源矿企非法开采行政公益诉讼案[①]

【基本案情】

山西浑源 A 煤业有限公司、山西浑源 B 露天煤业有限责任公司等 32 家煤矿、花岗岩矿、萤石矿等矿企，分别地处恒山国家级风景名胜区、恒山省级自然保护区和恒山国家森林公园及周边（以下简称恒山风景名胜区及周边）。上述矿企在开采和经营过程中，违反生态环境保护和自然资源管理法律法规，无证开采、越界开采，严重破坏生态环境和矿产、耕地及林草资源。

2017 年 12 月，山西省人民检察院通过公益诉讼大数据信息平台收集到多条反映浑源县矿企破坏恒山风景名胜区及周边生态环境和自然资源的线索，报告最高人民检察院后，最高人民检察院挂牌督办。山西省人民检察院启动一体化办案机制，统筹推进省市县三级检察院开展立案调查。根据查明的违法情形及损害后果，并结合行政机关法定职责，检察机关研判认为自然资源、林草、生态环境、应急管理、水务、市场监管部门及乡、镇政府等行政机关负有监管职责，且不同的矿产资源、林地权属及矿企的违法行为由不同层级的行政机关监管。多年来，上述相应的行政机关对涉案矿企的违法行为曾采取过罚款、没收违法所得等监管治理措施，但生态环境和自然资源受损状况并未改观甚至日益加剧。2018 年 8 月至 12 月，大同市两级检察机关根据同级监督的原则，分别向负有监督管理职责的相应行政机关提出诉前检

[①] 参见《第四十批指导性案例》，载最高人民检察院官网，https://www.spp.gov.cn/spp/jczdal/202209/t20220926_579088.shtml。

察建议,督促对涉案矿企违法行为依法全面履行监管职责。相关行政机关收到检察建议后,均在法定期限内予以回复,依法全面履职,整治涉案矿企违法违规行为,积极推进生态修复。

【主要法律问题】

1. 检察机关履行公益诉讼检察职责的法律依据是什么?

2. 诉前检察建议和社会治理检察建议有何区别?

3. 该案中,检察机关是如何统筹发挥一体化办案机制作用的?

【主要法律依据】

1.《人民检察院组织法》第二十一条;

2.《矿产资源法》(2009年修正)第二十九条、第四十条、第四十四条、第四十五条;

3.《最高人民法院、最高人民检察院关于检察公益诉讼案件适用法律若干问题的解释》第二十一条第一款;

4.《土地管理法》(2004年修正)第七十四条、第七十六条第一款、第八十一条;

5.《森林法》(2009年修正)第十五条第一款和第三款、第十八条第一款、第四十四条第一款。

【学理分析】

《国务院组织法》《人民法院组织法》《人民检察院组织法》等国家机关组织法规定的有关国家组织的组织、职权、相互制约和监督关系等方面的法律规范,是公益诉讼法的法律渊源。该案的法律依据中,《人民检察院组织法》就是公益诉讼法的法律渊源之一。

《人民检察院组织法》第二十一条第一款明确规定:"人民检察院行使本法第二十条规定的法律监督职权,可以进行调查核实,并依法提出抗诉、纠正意见、检察建议。有关单位应当予以配合,并及时将采纳纠正意见、检察建议的情况书面回复人民检察院。"据此,提出诉前检察建议是人民检察院依法行使法律监督职权的重要方式,构成了行政公益诉讼诉前程序的核心环节,也是随后人民检察院向人民法院提起行政公益诉讼的前置程序和关键步骤,发挥着承上启下的制度功效。该案中,检察机关针对花岗岩矿、萤石矿、黏土砖矿等企业实施的破坏生态环境和自然资源违法行为,向负有监督管理职责的相应行政机关发出诉前检察建议,督促对涉案矿企违法行为依法全面履行监管职责。相关行政机关收到诉前检察建议后,均在法定期限内予以回复,依法全面履职,整治涉案矿企违法违规行为,积极推进生态修复。

  诉前检察建议和社会治理检察建议都是检察机关行使法律监督职权的方式,通过二者的综合使用,可以推动行政机关上下联动,使督促整改的内容落到实处、受损的公共利益尽快得以恢复。《人民检察院检察建议工作规定》第十一条规定,"人民检察院在办理案件中发现社会治理工作存在下列情形之一的,可以向有关单位和部门提出改进工作、完善治理的检察建议……(四)相关单位或者部门不依法及时履行职责,致使个人或者组织合法权益受到损害或者存在损害危险,需要及时整改消除的……"根据上述规定,针对整改难度大、违法情形具有普遍性的重大公益损害案件,检察机关在通过制发诉前检察建议督促负有直接监督管理职责的行政机关依法履职的同时,可以向负有领导、督促和指导整改工作的上级行政机关发出社会治理检察建议,通过诉前检察建议和社会治理检察建议的结合运用,推动行政机关上下联动,形成层级监督整改合力,促进受损公益尽快得到修复。该案中,鉴于相关违法行为具有一定的普遍性和典型性,且损害重大公共利益,为督促相关省级行政机关加大对下级主管部门的行政执法监督和指导力度,山西省人民检察院向省市场监督管理局、省应急管理厅、省生态环境厅、省林业和草原局等行政机关发出社会治理检察建议,建议上述机关分别针对涉案煤矿无安全生产许可证开采经营、无环评手续非法生产、擅自倾倒堆放固体废物、违法占用林地等违法行为督促大同市、浑源县有关部门依法及时查处。该案是综合运用诉前检察建议和社会治理检察建议等相应监督办案方式的典型案件,推动形成检察监督与行政层级监督合力,促进问题解决。

【思考题】

1. 公益诉讼检察与刑事检察职能如何协同发挥作用?

2. 国家机关组织法在公益诉讼诉前程序和审判程序中的效力是否有差别?

三、民事诉讼法和行政诉讼法的规定

【主要知识点】

《民事诉讼法》和《行政诉讼法》是分别专门调整民事诉讼法律关系和行政诉讼法律关系的法律,且《民事诉讼法》和《行政诉讼法》都从基本法律的层面创立了公益诉讼制度。作为两大诉讼法确立的一种新的诉讼类型,公益诉讼程序上依托的是民事诉讼程序制度和行政诉讼程序制度,应当遵循诉讼制度的基本原则和基本制度,主要是《民事诉讼法》和《行政诉讼法》中一些适用于公益诉讼的基本原则、审判制度以及程序规定等。但值得注意的是,在公益诉讼中,只有遵守公益诉讼的特殊规定,才能更好地发挥特殊制度设计的作用。近年来,越来越多的人大代表和政协委员就完善公益诉讼相关立法提出意见和建议,认为不宜将公益诉讼规定于一般的民事诉讼和行政诉讼法律中,建议制定专门的"公益诉讼法",就公益诉讼所涉及的核心问题进行系统性规定。①

---

① 参见张嘉军主编:《公益诉讼法》,中国检察出版社2022年版,第35页。

【案例分析】

检例第162号:吉林省检察机关督促履行环境保护监管职责行政公益诉讼案[①]

【基本案情】

松花江作为吉林省的母亲河,串联起吉林省境内80%的河湖系统,相关流域生态系统保护十分重要。吉林省德惠市朝阳乡辖区内某荒地垃圾就地堆放,形成两处大规模垃圾堆放场,截至2017年已存在10余年。该垃圾堆放场位于松花江两岸堤防之间,占地面积巨大,经聘请专业机构对垃圾堆放场进行测绘,两处垃圾堆放场总占地面积为2148.86平方米,垃圾总容量为6051.5立方米。经委托环保专家进行鉴别,垃圾堆放场堆存物属于典型的农村生活垃圾,主要为破旧衣物、餐厨垃圾、塑料袋等生活垃圾和农业固体废物,也包括部分砖瓦、石块、混凝土等建筑垃圾。该垃圾堆放场未做防渗漏、防扬散及无害化处理,垃圾产生的渗滤液可能对地表水及地下水造成污染,散发的含有硫、氨等的恶臭气体污染空气。环保专家及德惠市原环境保护局出具意见,建议对堆存垃圾尽快做无害化处置。

【主要法律问题】

1. 如何正确理解《行政诉讼法》第二十五条规定的行政机关的"监督管理职责"?

2. 检察机关提起行政公益诉讼后,行政机关认为自身不负有相应履职义务,但对受损公益完成修复或治理的,检察机关是否仍可以诉请判决确认违法?

[①] 参见《第四十批指导性案例》,载最高人民检察院官网,https://www.spp.gov.cn/spp/jczdal/202209/t20220926_579088.shtml。

【主要法律依据】

1.《行政诉讼法》第十三条,第二十五条第四款,第九十一条,第九十三条第一款、第二款;

2.《地方各级人民代表大会和地方各级人民政府组织法》(2015年修正)第六十一条;

3.《环境保护法》第六条第二款、第十九条、第二十八条第一款、第三十三条第二款、第三十七条、第五十一条;

4.《固体废物污染环境防治法》(2016年修正)第三十九条、第四十九条;

5.《最高人民法院、最高人民检察院关于检察公益诉讼案件适用法律若干问题的解释》第二十一条、第二十四条。

【学理分析】

应正确理解行政机关的"监督管理职责"。《行政诉讼法》第二十五条第四款规定的"监督管理职责",不仅包括行政机关对违法行为的行政处罚职责,也包括行政机关为避免公益损害持续或扩大,依据法律法规、行政规章和其他规范性文件的相关授权,运用公共权力、使用公共资金等对受损公益进行修复等综合性治理职责。检察机关提起行政公益诉讼,目的是通过督促行政机关依法履行监督管理职责维护国家利益和社会公共利益。行政公益诉讼应当聚焦受损的公共利益,督促行政机关做到:按照法律法规、行政规章以及其他规范性文件的授权,对违法行为进行监管,对受损公益督促修复;在无法查明违法主体等特殊情形下,自行组织修复,发挥其综合性管理职责。《地方各级人民代表大会和地方各级人民政府组织法》《环境保护法》等法律赋予基层人民政府对辖区环境的综合性管理职责,对于历史形成的农村垃圾堆放场,基层人民政府应当主动依法履职进行环境整治,而不能将自身履职标准仅仅限缩于对违法行为的行政处罚。该案中,案涉垃圾堆放地点位于朝阳乡辖区,朝阳乡政府具有"监督管理职责",

德惠市人民检察院提起的公益诉讼符合《行政诉讼法》规定的起诉条件,法院对该案应予实体审理。

检察机关提起行政公益诉讼后,行政机关认为其不负有相应履职义务的,即使对受损公益完成修复或治理,检察机关仍可以诉请判决确认其违法。《最高人民法院关于适用〈中华人民共和国行政诉讼法〉的解释》第八十一条对于行政机关在诉讼过程中履行作为义务下适用确认违法的情形作了规定。《最高人民法院、最高人民检察院关于检察公益诉讼案件适用法律若干问题的解释》第二十四条规定:"在行政公益诉讼案件审理过程中,被告纠正违法行为或者依法履行职责而使人民检察院的诉讼请求全部实现,人民检察院撤回起诉的,人民法院应当裁定准许;人民检察院变更诉讼请求,请求确认原行政行为违法的,人民法院应当判决确认违法。"该规定进一步明确了行政公益诉讼中确认违法的适用情形。据此,在行政公益诉讼案件审理过程中,行政机关认可检察机关起诉意见并依法全面履行职责,诉讼请求全部实现的,检察机关可以撤回起诉。但若行政机关对其法定职责及其行为违法性认识违背法律规定,即使其依照诉讼请求被动履行了职责,检察机关仍可以诉请判决确认违法,由人民法院通过裁判明确行政机关的行为性质,促进形成行政执法与司法共识。因此,在该案中,朝阳乡政府在行政公益诉讼案件审理过程中对案涉垃圾堆放场进行了清理,经吉林省、长春市、德惠市三级人民检察院共同现场确认,垃圾确已彻底清理,但因朝阳乡人民政府对其履职尽责标准仍然存在不同认识,德惠市人民检察院决定撤回第二项关于要求朝阳乡人民政府依法履职的诉讼请求,请求确认朝阳乡人民政府原行政行为违法,于法有据。

四、其他单行法中的公益诉讼条款

【主要知识点】

现行有关民事、行政等实体法中对公益诉讼进行规定的法律规范也是公益诉讼的重要法律渊源。例如,在司法实务中,民事公益诉讼以往多参照适用原《侵权责任法》中的责任规范。进入《民法典》时代后,《民法典》编纂实现了重要民商事法律的法典化和体系化,总则编中规定了"民事责任";侵权责任编置于《民法典》最后一编,其第七章专门规定了"环境污染和生态破坏责任",并吸收了司法解释中公益性诉讼请求和责任承担方式的内容,如第一千二百三十四条①、第一千二百三十五条②,为推动公益诉讼制度发展提供了规范保障。又如,《环境保护法》进一步明确规定社会组织具有提起公益诉讼的主体资格。《海洋环境保护法》明确规定了拥有海洋环境监督管理权的部门有权代表国家对责任者提出损害赔偿要求,请求造成海洋环境污染损害的责任者承担排除危害并赔偿损失的责任。《英雄烈士保护法》《未成年人保护法》《安全生产法》《个人信息保护法》等从单行法律的层面规定了特定领域的公益诉讼制度。③

---

① 《民法典》第一千二百三十四条规定:"违反国家规定造成生态环境损害,生态环境能够修复的,国家规定的机关或者法律规定的组织有权请求侵权人在合理期限内承担修复责任。侵权人在期限内未修复的,国家规定的机关或者法律规定的组织可以自行或者委托他人进行修复,所需费用由侵权人负担。"

② 《民法典》第一千二百三十五条规定:"违反国家规定造成生态环境损害的,国家规定的机关或者法律规定的组织有权请求侵权人赔偿下列损失和费用:(一)生态环境受到损害至修复完成期间服务功能丧失导致的损失;(二)生态环境功能永久性损害造成的损失;(三)生态环境损害调查、鉴定评估等费用;(四)清除污染、修复生态环境费用;(五)防止损害的发生和扩大所支出的合理费用。"

③ 参见张嘉军主编:《公益诉讼法》,中国检察出版社2022年版,第34页。

【案例分析】

检例第 164 号:江西省浮梁县人民检察院诉 A 化工集团有限公司污染环境民事公益诉讼案[①]

【基本案情】

2018 年 3 月 3 日至 7 月 31 日,位于浙江的 A 化工集团有限公司(以下简称 A 公司)生产叠氮化钠的蒸馏系统设备损坏,导致大量硫酸钠废液无法正常处理。该公司生产部经理吴某甲经请示公司法定代表人同意,负责对硫酸钠废液进行处置。在处置过程中,A 公司为吴某甲报销了两次费用。吴某甲将硫酸钠废液交由无危险废物处置资质的吴某乙处理。吴某乙雇请李某某,由范某某押运、董某某和周某某带路,在江西省浮梁县寿安镇八角井、湘湖镇洞口村两处地块违法倾倒 30 车共计 1124.1 吨硫酸钠废液,致使周边 8.08 亩范围内的土壤和地表水、地下水受到污染,当地 3.6 公里河道、6.6 平方公里流域环境受影响,造成 1000 余名群众饮水、用水困难。经鉴定,两处地块修复的总费用为 216.8 万元,环境功能性损失费 5.7 万余元,应急处置费 53.2 万余元,检测费、鉴定费 9.5 万余元,共计 285.3 万余元。浮梁县人民检察院以 A 公司为被告提起民事公益诉讼,要求其承担上述费用,并在国家级新闻媒体上向社会公众赔礼道歉。

【主要法律问题】

1. 在公益诉讼案件中,检察机关是否可以依据《民法典》提出惩罚性赔偿请求?

2. 污染环境民事公益诉讼的责任承担包括哪些方式?

[①] 参见《第四十批指导性案例》,载最高人民检察院官网,https://www.spp.gov.cn/spp/jczdal/202209/t20220926_579088.shtml。

【主要法律依据】

1.《民法典》第一百二十条、第一百七十八条、第一百七十九条、第一千一百九十一条、第一千二百二十九条、第一千二百三十二条、第一千二百三十四条；

2.《环境保护法》第六条、第四十八条；

3.《民事诉讼法》(2017年修正)第五十五条第二款；

4.《最高人民法院、最高人民检察院关于检察公益诉讼案件适用法律若干问题的解释》(2018年施行)第十三条；

5.《最高人民法院关于审理环境民事公益诉讼案件适用法律若干问题的解释》第十八条、第十九条、第二十条、第二十一条、第二十二条。

【学理分析】

检察机关提起环境民事公益诉讼时，可以依据《民法典》提出惩罚性赔偿诉讼请求。该案中，浮梁县人民检察院经审查认为，A公司工作人员将公司生产的硫酸钠废液交由无危险废物处置资质的个人处理，使硫酸钠废液被非法倾倒在浮梁县境内，造成了当地水体、土壤等生态环境严重污染，损害了社会公共利益。虽然案涉污染环境、破坏生态的侵权行为发生在《民法典》施行前，但是侵权人未采取有效措施修复生态环境，生态环境持续性受损，严重损害社会公共利益。为更有利于保护生态环境，维护社会秩序和公共利益，根据《最高人民法院关于适用〈中华人民共和国民法典〉时间效力的若干规定》第二条的规定，该案可以适用《民法典》。此外，《民法典》在环境污染和生态破坏责任中规定惩罚性赔偿，目的在于加大侵权人的违法成本，更加有效地发挥制裁、预防功能，遏制污染环境、破坏生态的行为发生。《民法典》第一千二百三十二条关于惩罚性赔偿的规定是环境污染和生态环境破坏责任的一般规定，既适用于环境私益诉讼，也适用于环境公益诉讼。故意污染环境侵害公共利益，损害后果往往更为严重,尤其需要发挥惩罚性赔偿的惩戒功能。该案中,因公司工作人员违法故意污染环境造成严重后果,为更加有力、有效地保护社会公共利益,A公司除应承担环境污染损失和赔礼道歉的侵权责任外,还应承担惩罚性赔偿金。

检察机关可以要求违反污染防治责任的企业承担生态环境修复等民事责任。我国对危险废物污染环境防治实行污染者依法承担责任的原则。危险废物产生者未按照法律法规规定的程序和方法将危险废物交由有处置资质的单位或者个人处置,属于违反污染防治责任的行为,应对由此造成的环境污染承担民事责任。同时,根据《民法典》第一千一百九十一条第一款关于"用人单位的工作人员因执行工作任务造成他人损害的,由用人单位承担侵权责任"的规定,企业职工在执行工作任务时,实施违法处置危险废物的行为造成环境污染的,企业应承担民事侵权责任。因承担刑事责任和民事责任的主体不同,检察机关不能提起刑事附带民事公益诉讼的,可以在刑事诉讼结束后,单独提起民事公益诉讼,要求企业对其处理危险废物过程中违反国家规定造成生态环境损害的行为,依法承担民事责任。该案中,浮梁县人民检察院以A公司为被告提起民事公益诉讼,诉请法院判令被告承担污染修复费2,168,000元,环境功能性损失费57,135.45元,应急处置费532,860.11元,检测费、鉴定费95,670元,共计2,853,665.56元,并在国家级新闻媒体上向社会公众赔礼道歉。

五、司法解释和司法规范性文件的规定

【主要知识点】

公益诉讼有别于普通诉讼,在区域管辖、调查取证、证据规则、结案方式等方面均有特殊之处,但目前还没有专门的"公益诉讼法"对以上方面作出特别规定。为了应对公益诉讼实践中面临的程序法律困境、解决司法实践中制约公益诉讼发展的突出问题,相关司法解释

陆续出台,一定程度上确保了公益诉讼制度的有序开展与进行。故而,最高人民法院、最高人民检察院针对公益诉讼实践中出现的问题所作出的有关司法解释是公益诉讼的重要法律渊源。例如,《最高人民法院关于审理环境民事公益诉讼案件适用法律若干问题的解释》,设置了较为系统的环境民事公益诉讼司法审判规则。《最高人民法院关于适用〈中华人民共和国民事诉讼法〉的解释》中"公益诉讼"部分对《民事诉讼法》第五十八条规定进行了细化,明确了审理公益诉讼案件适用的一般规则。《最高人民法院、最高人民检察院关于检察公益诉讼案件适用法律若干问题的解释》统一了公益诉讼称谓,确定了公益诉讼的起诉条件、审理规则等内容,对公益诉讼司法实践具有重要指引和规范作用。①

此外,最高人民法院和最高人民检察院发布的规范性司法文件等,存在影响公益诉讼司法实践的规范效果,也可视为公益诉讼法律渊源。如最高人民检察院发布的《人民检察院公益诉讼办案规则》,明确了检察机关办理公益诉讼案件的基本原则,细化了公益诉讼案件调查方式和保障措施,规范了检察机关提起公益诉讼案件的程序。②

---

① 参见张嘉军主编:《公益诉讼法》,中国检察出版社2022年版,第35-36页。
② 为了更好地规范、保障公益诉讼检察权的正确行使,及时回应实践需求,提高办案质效,最高人民检察院在征求各方面意见的基础上,研究制定《人民检察院公益诉讼办案规则》,经最高人民检察院第十三届检察委员会第五十二次会议通过,自2021年7月1日起正式施行。《人民检察院公益诉讼办案规则》分为总则、一般规定、行政公益诉讼、民事公益诉讼、其他规定、附则六章,共112条。

【案例分析】

检例第 111 号：海南省海口市人民检察院诉海南 A 公司等三被告非法向海洋倾倒建筑垃圾民事公益诉讼案[①]

【基本案情】

2018 年，海口 B 公司中标美丽沙项目两地块土石方施工工程后，将土石方外运工程分包给海南 A 公司。陈某（A 公司实际控制人）以 A 公司的名义申请美丽沙临时码头，声称将开挖出的建筑垃圾运往湛江市某经济合作社，但经实地调查，A 公司无废弃物海洋倾倒许可，倾倒的海域亦非政府指定的海洋倾废区域，实际上却组织人员将工程固体废物倾倒于海口市美丽沙海域，相关合同系伪造的。陈某系 A 公司实际控制人及船舶所有人，经手办理涉案合同签订、申请码头、联系调度倾废船舶等事宜，并获取大部分违法所得。B 公司虽在招标时书面承诺外运土方绝不倾倒入海，却通过组织车辆同步运输等方式积极配合 A 公司海上倾废活动，B 公司对海洋生态环境侵害构成共同侵权。

检察机关还发现，行政处罚认定的非法倾废量为 1.57 万立方米，与当事人接受调查时自报的数量一致，但该数量明显与事实不符。根据工程结算凭证等证据，检察机关查明 A 公司海洋倾废量至少为 6.9 万立方米。经委托生态环境部华南环境科学研究所鉴定，倾倒入海的建筑垃圾中含有镉、汞、镍、铅、砷、铜等有毒有害物质，这些有毒有害物质会进入海洋生物链，破坏海洋生态环境和资源，生态环境损害量化共计 860.064 万元。

[①] 参见《第二十九批指导性案例》，载最高人民检察院官网，https://www.spp.gov.cn/jczdal/202109/t20210902_528296.shtml。

【主要法律问题】

1. 如何完善海洋生态环境检察公益诉讼与生态环境损害赔偿制度的衔接？

2. 检察机关如何更好地履行监督职责？

【主要法律依据】

1.《民事诉讼法》第五十五条第二款；

2.《海洋环境保护法》(2017年修正)第四条、第八十九条；

3.《侵权责任法》(已失效)第八条、第十五条、第六十五条；

4.《最高人民法院、最高人民检察院关于检察公益诉讼案件适用法律若干问题的解释》第十一条、第十三条；

5.《最高人民法院关于审理海洋自然资源与生态环境损害赔偿纠纷案件若干问题的规定》第七条。

【学理分析】

检察机关应加强海洋生态环境检察公益诉讼与生态环境损害赔偿制度的衔接，切实维护公共利益。对于海洋生态环境保护，行政机关担负第一顺位职责，生态环境损害赔偿制度具有优先适用性，海洋生态环境公益诉讼则具有补充性和兜底性。海洋监管部门虽然对违法行为人进行了行政处罚，但未能完全实现维护公益的目的，经书面建议和督促后又不提起生态环境损害赔偿诉讼的，检察机关可以不再继续通过行政公益诉讼督促行政机关履职而直接对违法行为人依法提起民事公益诉讼，切实发挥保护海洋生态环境、维护社会公共利益的职能作用。该案中，检察机关针对行政机关对相关海域多次违法倾倒建筑垃圾行为存在的未依法履职问题作出行政公益诉讼立案决定。经过不断地调查，检察机关书面建议海口市自然资源和规划局(承接原海洋与渔业局相关职能)依法启动海洋生态环境损害赔偿程序，该局于2019年8月11日回函称，因正处于机构改革中，缺乏法律专业人才和诉讼经验，请求检察机关提起民事公益诉讼。检察机关发布诉前公告，没有其他适格主体提起民事公益诉讼。检察机关以A公司、陈某、B公司为共同被告向海口海事法院提起民事公益诉讼。

检察机关应注意发挥上级检察机关派员二审出庭作用，形成维护公共利益的合力。根据《最高人民法院、最高人民检察院关于检察公益诉讼案件适用法律若干问题的解释》，人民法院审理二审案件，由提起公益诉讼的人民检察院派员出庭，上一级人民检察院也可以派员参加。人民检察院办理公益诉讼案件的任务是充分发挥法律监督职能作用，维护宪法法律权威，维护社会公平正义，维护国家利益和社会公共利益。对于公益诉讼二审案件，原起诉检察院和上级检察院都应立足于法律监督职能和公益诉讼任务，全力以赴，认真履行法定职责，共同做好出庭工作。上级检察院应当指派检察官在全面阅卷审查和熟悉案情的基础上做好各种预案，与下级检察院的检察官共同出席二审庭审全过程。两级检察院出庭检察官应当加强协调配合，上级检察院出庭人员可以在庭审的各个阶段发表意见，与下级检察院出庭人员形成合力，从而取得良好的庭审效果。

六、地方人大常委会通过的立法性决定

【主要知识点】

改革开放促进了我国经济社会发展，也为地方立法提供了舞台。地方性法规，是指省级、地级市级别的人大及其常委会，根据本行政区域的具体情况和实际需要，依法制定的在本行政区域内具有法律效力的规范性文件。

党的二十大报告提出到2035年"基本建成法治国家、法治政府、法治社会"的法治建设总目标，为了有效推进中国特色社会主义法治国家建设，党中央不仅高度重视全国人大及其常委会的立法工作，也对地方各级人大及其常委会立法工作尤为重视。地方立法是国家立法体系和法治体系的重要组成部分，因公共利益的受损多具有地域

性、区域性的特点，地方人大常委会的立法性决定也是我国公益诉讼开展过程中较为重要的法律渊源。截至 2021 年 8 月，全国已有 28 个省级人大常委会出台了关于加强公益诉讼工作的相关决定，为公益诉讼的开展提供法治理论供给，也对将来公益诉讼的全国统一性立法具有重要的参考价值。①

【案例分析】

江苏省无锡市红宝特种染料油墨有限公司非法处置危险废物民事公益诉讼诉前和解案②

【基本案情】

江苏省无锡市人民检察院在办理非法处置危险废物刑事案件中，发现红宝特种染料油墨有限公司（以下简称红宝公司）将其生产过程中产生的危险废物——废油墨桶出售给无危险废物经营许可证的万某某进行处理，考虑该行为可能造成生态环境的破坏，遂立案调查。通过调取案件材料、了解行政处罚情况、谈话等方式，无锡市人民检察院确认了红宝公司非法处置 520 只废油墨桶的违法事实，且红宝公司并无证据证明其对 2013 年至 2015 年产生的约 15 吨危险废物依法进行了处置，违反了相关规定，损害了社会公共利益。无锡市人民检察院委托江南大学等科研院所相关专家，对红宝公司非法处置危险废物的所造成的生态环境损害出具专家论证意见书，确定其应承担的生态环境损害赔偿数额为 35.1 万余元。

在案件审查过程中，红宝公司表示，其愿意承担所有的侵权责任，

---

① 参见张嘉军主编：《公益诉讼法》，中国检察出版社 2022 年版，第 36 页。
② 参见《检察公益诉讼全面实施两周年典型案例》，载最高人民检察院官网，https://www.spp.gov.cn/spp/xwfbh/wsfbh/201910/t20191010_434047.shtm。

希望能与检察机关进行和解。无锡市人民检察院根据该院制定出台的《无锡市人民检察院关于规范公益诉讼案件线索管理的若干意见》第二十四条"提起民事公益诉讼前,侵权行为人向检察机关提出和解请求,检察机关可以与侵权行为人进行和解,但应当组织听证"的规定,决定进行公开听证。无锡市人民检察院与红宝公司达成和解协议,红宝公司支付专家论证意见费用2.7万元,并拟将所有生态损害赔偿费用35.1万余元专项用于生态环境的异地修复。

【主要法律问题】

1. 检察机关能否在诉前处分公共利益?
2. 公益诉讼中适用诉前和解程序的限制是什么?

【主要法律依据】

1.《民法总则》(已失效)第一百七十九条;

2.《最高人民法院关于审理环境民事公益诉讼案件适用法律若干问题的解释》第二十五条;

3.《最高人民法院关于适用〈中华人民共和国民事诉讼法〉的解释》第二百八十七条;

4.《最高人民法院关于审理生态环境损害赔偿案件的若干规定(试行)》第二十条。

【学理分析】

关于检察机关是否有权在诉前处分公共利益。尽管实践中检察机关积极探索适用诉前和解程序并取得了一定成效,但学理上关于公益诉讼诉前和解的正当性仍存在争议。有学者认为诉前和解是一种法律外的、相对不够成熟的制度,不应进行诉前和解,只有在审判程序启动以后才能进行和解。也有学者直接否定诉前和解存在的必要性,认为应当禁止环境民事公益诉讼适用诉前和解,认为诉前和解会将受损公共利益的维护置于社会公众无法监督的情况之下。还有论者持支持态度,他们多为从事实务的检察工作人员,认为诉前和解可以充分发挥公益诉讼的优势,具有重要创新价值。当然也有持"中庸"立场的论者,认为可以在部分小微公益诉讼案件中适用诉前和解处理。无论如何,检察机关通过诉前磋商、和解程序维护公益、处分公共利益已成为公益诉讼发展趋势,且充分发挥了保护和处分公益的主观能动性,有助于高效低耗维护公益。①

运用诉前和解方式解决公益保护问题,既可以节约司法资源,又有助于化解社会矛盾,促进公益保护诉源治理。② 关于检察公益诉讼的诉前和解,在理论和实务中,仍有许多不同认识。有观点认为,检察机关提起民事公益诉讼前,可以和侵权人就损害赔偿、公益修复等民事责任达成和解协议。但也有反对意见表示公益诉讼和解应当有限制条件和监督机制。

民事公益诉讼中,在检察机关提起诉讼之前,检察机关在坚持客观公正立场的前提下,通过听证的方式与侵权行为人达成和解协议,侵权行为人完全履行协议约定的义务,且受损社会公共利益得到维护的,检察机关可以不提起诉讼。检察公益诉讼作为一项新制度,仍需要探索完善,诉前和解符合高效维护社会公共利益的目的,有利于保护民营企业发展,减少其诉累。该案中,在达成和解协议之前,无锡市人民检察院通过公开听证程序充分听取侵权行为人、其他利益相关方等意见,邀请人大代表、政协委员、人民监督员、政府行政主管部门和相关领域专家参加,成效良好,为《江苏省人民代表大会常务委员会关于加强检察公益诉讼工作的决定》的制定提供了一定的司法实践经验。地方性法规具有细致化的重要特征,可以为检察公益制度的进一步完善和创新提供地方新探索、新方案,细致化的调查核实机制、诉前磋商与和解程序等,既可以保证公益诉讼开展的程序正当性与严肃性,又能丰富检察机关的履职方式。

---

① 参见张嘉军主编:《公益诉讼法》,中国检察出版社2022年版,第113页。
② 参见张嘉军主编:《公益诉讼法》,中国检察出版社2022年版,第129页。

检察机关开展磋商应当遵循职权法定原则，由地方立法进行授权，依法规范开展公益诉讼诉前磋商工作。实践中对公益诉讼诉前和解的限制主要存在以下几种情形：个别地方人大规定只有部分案件可以适用诉前和解方式办理，如《海南省人民代表大会常务委员会关于加强检察公益诉讼工作的决定》中"可以在起诉前与侵权人就损害赔偿、生态修复等达成协议"的规定；个别地方人大以造成的公共利益受损客观情况为标准，如《江苏省人民代表大会常务委员会关于加强检察公益诉讼工作的决定》规定，"对侵害程度较轻、损害数额较小的民事公益诉讼案件，在确保程序公正和受到损害的公益得到修复的前提下，检察机关可以在起诉前与侵权人就损害赔偿、公益修复等民事责任承担达成协议"，并增加了公告和司法确认的程序，该规定便与上述案例有关，且总结了江苏省检察公益诉讼实践经验；还有部分地方立法从行为人主观方面规定诉前和解的适用条件，如《上海市人民代表大会常务委员会关于加强检察公益诉讼工作的决定》中"侵权行为人自行纠正违法行为，采取补救措施，或者承诺整改的，检察机关可以就民事责任的承担与侵权行为人进行磋商"的规定。但无论从何种角度对公益诉讼诉前磋商进行规定，都应当秉持诉源治理和合作治理的理念，坚持维护公益的目的，发挥民事公益诉讼的警示和预防功能。

【思考题】

1. 在检察机关提起民事公益诉讼之前，侵权行为人积极修复受损公益的，检察机关能否与之达成和解？

2. 民事公益诉讼诉前磋商的适用条件为何？是否所有公益诉讼都可以诉前和解？

检例第 142 号:江苏省宿迁市人民检察院对章某为未成年人文身提起民事公益诉讼案[①]

【基本案情】

2020 年 4 月,沭阳县人民检察院在办理未成年人刑事案件时发现有文身馆存在为未成年人提供文身、清除文身服务的行为的线索。其中,章某在江苏省沭阳县沭城街道中华步行街经营某文身馆,在未取得医疗美容许可证的情况下,累计为 40 余名未成年人提供文身服务,为 7 名未成年人清除文身。其间,曾有未成年人家长因反对章某为其子女文身而与其发生纠纷,公安机关介入处理,但章某仍然向未成年人提供文身服务。沭阳县人民检察院围绕提供文身服务时章某主观上是否明知未成年人年龄、危害后果、公共利益属性等,与章某、40 余名未成年人及其法定代理人等开展谈话询问 70 余次;通过调查取证对部分未成年人及父母反映的文身难以清除,文身清除过程痛苦且易留疤痕,导致就学、参军、就业等受阻情况的事实进一步核实。

2020 年 12 月 25 日,沭阳县人民检察院发布诉前公告。公告期满,没有适格主体提起民事公益诉讼。2021 年 4 月 12 日,沭阳县人民检察院依据民事公益诉讼级别管辖的规定,将案件移送宿迁市人民检察院审查起诉。2021 年 5 月 6 日,宿迁市人民检察院向宿迁市中级人民法院提起民事公益诉讼。2021 年 6 月 1 日,宿迁市中级人民法院作出一审判决,判令章某停止向未成年人提供文身服务,并在判决生效之日起 10 日内在国家级媒体公开向社会公众书面赔礼道歉。一审宣判后,章某当庭表示不上诉并愿意履行判决确定的义务。2021 年 6

[①] 参见《最高人民检察院第三十五批指导性案例》,载最高人民检察院官网, https://www.spp.gov.cn/spp/xwfbh/wsfbh/202203/t20220307_547722.shtml。

月3日,章某在《中国青年报》发表《公开道歉书》,向文身的未成年人、家人以及社会各界公开赔礼道歉,并表示今后不再为未成年人文身。

【主要法律问题】

1. 为未成年人提供文身服务是否违反法律规定?行为人应当承担什么法律后果?

2. 未成年人保护公益诉讼实践对立法有何影响?

【主要法律依据】

1.《民法典》第十九条、第一百一十条、第一百七十九条;

2.《未成年人保护法》第三条、第四条、第六条、第一百条、第一百零六条;

3.《民事诉讼法》(2017年修正)第五十五条;

4.《最高人民法院、最高人民检察院关于检察公益诉讼案件适用法律若干问题的解释》第五条、第十三条;

5.《最高人民法院关于适用〈中华人民共和国民法典〉时间效力的若干规定》第一条、第二条。

【学理分析】

关于未成年人保护纳入公益诉讼保护的正当性。公益诉讼法定办案领域从最初的生态环境和资源保护、食品药品安全、国有财产保护、国有土地使用权出让四大领域,逐步拓展到包括英烈保护、未成年人保护等九个领域,且仍正在向新领域拓展,呈现"4+N"的开放态势。《宪法》规定,儿童受国家的保护,这一规定鲜明地表达了未成年人保护的国家责任。检察机关立足法律监督,是未成年人合法权益的守护者。未成年人心智不成熟且无明辨是非的能力,且在心理、生理、能力上均处于弱者的地位。我国法律规定也呈现对未成年群体倾斜保护的趋势:20世纪90年代加入了联合国《儿童权利公约》,之后修订的《未成年人保护法》明确规定了未成年人享有生存权、发展权、受保护权、参与权等权利,从家庭、学校、社会多主体,网络、政府、司法多角度对未成年人保护作了"六大保护"体系性规定,都进一步表明了未成年人保护的公共利益属性,检察机关应当通过检察公益诉讼履行对未成年人群体及其所代表的公共利益所承担的保护责任。

未成年人文身具有易感染、难复原、就业受限制、易被标签化等危害。章某为未成年人提供文身服务,危害未成年人的身体权、健康权、影响其发展,损害社会公共利益。该案中被告及其诉讼代理人提出,法律没有禁止给未成年人文身,现行法律没有明确界定公共利益,章某的行为未达到涉及全体或多数未成年人利益的程度,不应认定为侵犯社会公共利益。沭阳县人民检察院公益诉讼起诉人围绕社会公共利益,文身破坏皮肤组织健康且极难清除,未成年人心智尚未成熟,未成年人生存发展权、受保护权、身体权、健康权等角度辩论,认为章某的行为已造成侵犯社会公共利益。

司法实践经验可以助推立法完善。本部分选取的案例为全国受理的未成年人民事公益诉讼案之一。在该案中,针对文身行业归类不明、监管主体不清、对未成年人文身行政执法依据不足等问题,沭阳县人民检察院推动起草并由沭阳县人大常委会审议出台《关于加强未成年人文身治理工作的决议》,明确文身场所不允许未成年人进入,任何人不得为未成年人提供文身服务,不得强迫、劝诱未成年人文身,同时结合各行政部门的职能,对各部门在文身治理中的职责、任务进行规范,并对为未成年人文身的从业人员从信用记录等方面予以规制,提供可操作性规则,促进问题源头治理。以人大决议的方式推进未成年人文身治理工作,迈出了推动地方立法禁止为未成年人文身的先进步伐。在办理个案的基础上,检察机关可针对此类问题的监管盲区,提出完善管理的社会治理检察建议,如协同各部门以及地方人大制定相关管理办法或意见,推动解决监管缺失问题,健全完善制度,促进社会治理。

2022年6月6日,国务院未成年人保护工作领导小组办公室专门印发《未成年人文身治理工作办法》,明确规定不得放任未成年人文身,任何企业、组织和个人不得向未成年人提供文身服务,不得胁迫、引诱、教唆未成年人文身。经营者应当就核实消费者成年人身份尽到审慎注意义务,不得为牟取非法利益为未成年人提供文身相关服务。家庭、学校、社会多方形成合力,共同为未成年人健康成长提供良好环境。①

【思考题】

何为未成年人保护的国家责任?提起未成年人保护公益诉讼的主体有哪些?

七、其他规范性文件和指导性案例

【主要知识点】

除上述法律渊源外,内容涵盖规范公益诉讼制度的一些中央文件,也对公益诉讼司法实践具有事实上的规范拘束力,可视为公益诉讼的法律渊源。②

最高人民法院和最高人民检察院发布的指导性案例,是法院和检察院借鉴、参照和办理公益诉讼的重要依据,也可视为公益诉讼的法律渊源。指导性案例又称案例指导制度,可为类案裁判提供参考标准,为法官或检察官的自由裁量权提供尺度范围,促使裁判者在司法过程中准确适用法律;其虽非正式法律渊源,但在实际司法实践中发挥重要作用。指导性案例具备对法律适用的权威性和普遍性,具有现实的模范或标本作用,特别是在公益诉讼受案范围呈现开放性样态的情形下,个案的指导意义尤为重要,指导性案例成为公益诉讼重要的

---

① 参见张嘉军主编:《公益诉讼法》,中国检察出版社2022年版,第103页。
② 参见张嘉军主编:《公益诉讼法》,中国检察出版社2022年版,第37页。

法律渊源。

【案例分析】

上海市松江区人民检察院督促保护残疾妇女平等就业权行政公益诉讼案[①]

【基本案情】

2022年5月,上海市松江区的上海某置业公司、上海某园林公司在面向全区残疾人推出的就业招聘中对岗位性别进行了限定,限招男性,然而该岗位并不属于国家规定的不适合妇女的工种或岗位,未充分保障残疾妇女平等就业权,损害了社会公共利益。根据《劳动法》《就业促进法》等相关法律的规定,松江区人力资源和社会保障局(以下简称区人社局)负有监督管理职责。2022年5月30日,松江区人民检察院以行政公益诉讼立案并开展调查取证。

2022年6月8日,松江区人民检察院举行线上公开听证会,就公益侵害事实、如何保护妇女平等就业权等问题开展探讨,各方达成共识。听证会结束后,松江区人民检察院依法向区人社局发出诉前检察建议,同时,向松江区国有资产监督管理委员会、松江区残疾人就业促进指导中心分别制发《关于进一步规范辖区国有企业招聘工作的提示函》《关于进一步优化辖区残疾人就业指导工作的提示函》。各行政机关收到检察建议或提示函后高度重视,积极推动整改并向松江区人民检察院回函表示。收到回函后,松江区人民检察院通过线下上门走访、线上调查核实等方式进行跟进监督,确认了相关整改事实,社会公共利益得到维护。

[①] 参见《妇女权益保障检察公益诉讼典型案例》,载最高人民检察院官网,https://www.spp.gov.cn/xwfbh/dxal/202211/t20221125_593721.shtml。

【主要法律问题】

1. 该案中,检察机关是如何针对就业歧视问题进行救济的?
2. 就业中的性别歧视都属于公益诉讼范畴吗?

【主要法律依据】

1.《民法典》第一百七十九条;

2.《妇女权益保障法》(2018年修正)第二十二条、第二十三条;

3.《最高人民法院、最高人民检察院关于检察公益诉讼案件适用法律若干问题的解释》第二十一条;

4.《最高人民检察院、中华全国妇女联合会关于建立共同推动保护妇女儿童权益工作合作机制的通知》。

【学理分析】

国家高度关注残疾人就业,也高度重视妇女权益保护。该案中,检察机关围绕残疾女性的平等就业权开展公益诉讼,依法向主管行政机关发出检察建议,督促及时纠正违法招聘行为,既立足残疾人弱势群体保护,也着眼妇女平等就业权保障。同时,针对辖区内企业残疾人招聘涉嫌性别歧视问题,检察机关通过"益心为公"检察云平台发现案件线索,充分发挥公益诉讼检察职能,督促各相关职能部门及时纠正整改,与区妇女联合会建立工作机制,共同维护残疾妇女的平等就业权。精准开展工作消除就业歧视行为,着重打造办案实质效果,分别向相关部门发出工作提示函,督促其在辖区范围内优化就业招聘工作机制,形成多元主体协同保护残疾妇女合法权益的治理格局。松江区人民检察院还会同区妇女联合会制定《关于做好救助帮扶困难妇女工作的实施意见》,汇聚救助帮扶合力,尽力释放司法温度。

2019年12月27日,《最高人民检察院、中华全国妇女联合会关于建立共同推动保护妇女儿童权益工作合作机制的通知》提出,"针对国家机关、事业单位招聘工作中涉嫌就业性别歧视,相关组织、个人通过大众传媒介或者其他方式贬低损害妇女人格等问题,检察机关可以发出检察建议，或者提起公益诉讼"。彼时，各地检察机关已在保障女性平等就业权领域开展了探索工作，但因没有明确的法律依据，探索仅为诉前阶段。2021年8月23日国务院发布《关于印发"十四五"就业促进规划的通知》，明确表示"就业是最大的民生，也是经济发展最基本的支撑"。自2023年1月1日起施行的《妇女权益保障法》增加了妇女平等就业权益保障检察公益诉讼条款，第七十七条明确规定侵害妇女平等就业权益，导致社会公共利益受损的，检察机关可以依法提起公益诉讼，为检察机关开展相关领域公益诉讼工作提供了法律依据。

公益诉讼的领域呈现开放态势。工会、妇女联合会、劳动保障部门等社会团体组织或机关以自己的名义代表女性或工人向实施就业歧视的用人单位提起公益诉讼时，检察机关可以支持起诉；上述机关和组织均不提起诉讼，女性劳动者的平等就业权遭受严重侵害或有侵害危险时，检察机关可以向法院提起公益诉讼。有观点认为，关于保障女性平等就业权领域检察公益诉讼的范围，检察机关应重点关注公务员、事业单位招录过程中的性别歧视；对于企业招聘中的性别歧视问题，公权力机关应谨慎介入。劳动者平等就业权与企业用人自主权往往存在一定的冲突，在就业歧视问题上体现更甚，进行权衡通常颇有难度。

就业中的性别歧视主要体现在发布招聘或招考公告、报名、资格审查与面试阶段，对这些行为的定性关系报考者能否获得有效救济以及检察机关能否提起行政公益诉讼，事业单位、公务员的招录情况也相类似。公务员招录过程中，发布招考公告的行为针对的是不特定的对象，可纳入行政公益诉讼的受案范围，但资格审查、面试等阶段的工作针对的是特定的报考人员，涉及的是特定主体的利益，不属于公益诉讼范畴。保障就业平等是尊重和保障人权的必然要求，也是实现社会整体进步的重要基础。该残疾妇女平等就业权公益诉讼案例的成功办理，为检察机关开展妇女就业、残疾人就业等反就业歧视领域的公益诉讼工作提供了创新的样本，拓展了能动履职空间。

该案办理过程中，检察院提出诉前检察建议，进行监督纠正，相关部门积极回应整改，且推动了相关规范性文件的制定，形成保护合力，有效防止了性别歧视的危害进一步扩大，在诉前实现了维护公益目的，达到了最佳的司法状态。最高人民检察院第八检察厅二级高级检察官邱景辉对此作出指示，"反就业歧视检察公益诉讼拓展到企业招聘领域之后，可依据最高检第八检察厅《关于民事公益诉讼案件中制发检察建议的依据及其性质的解答》开展工作"。也就是说，地方检察院可以探索通过民事诉前检察建议的方式，对于存在重大事故隐患或者其他公益侵害危险，确实需要应急处置的，以及侵害公益的违法事实显而易见或者不存在争议，能够及时有效整改的，劝诫、督促停止侵权违法行为，及时采取公益保护措施。此规则也同样适用于无障碍环境建设、安全生产等公益保护领域。

河南省桐柏县红色资源保护行政公益诉讼案①

【基本案情】

2021年1月，桐柏县人民检察院在履职中发现，该县部分红色资源存在保护不善问题。根据军地检察机关有关协作机制，桐柏县人民检察院向郑州军事检察院通报了相关情况，并邀请其共同对该县革命遗址和纪念设施开展调查。

经查，全县200多处革命遗址、纪念设施中，因疏于管理保护，经过自然侵蚀、人为破坏，有3处省级保护文物存在严重安全隐患和损坏问题，有63处县级保护文物受到不同程度的损坏，部分遗址已经灭

---

① 参见《烈士纪念设施保护行政公益诉讼典型案例》，载最高人民检察院官网，https://www.spp.gov.cn/xwfbh/wsfbt/202109/t20210929_531298.shtml#2。

失,多处烈士墓葬及纪念设施处于无人管理状态。4月19日至28日,桐柏县人民检察院分别对该县文化广电和旅游局、退役军人事务局以及6个乡镇政府公益诉讼立案。随后,桐柏县人民检察院和郑州军事检察院共同向以上责任单位制发检察建议书,督促履职,共同保护好革命遗址、纪念设施等红色资源。

检察建议书发出后,军地检察机关针对各责任单位在文物修缮和保护中存在的障碍和顾虑,结合党史学习教育,组织人大代表、政协委员和各相关单位负责人召开红色资源保护座谈会,提升思想认识,明确自身职责。随后,桐柏县人民政府下发红色资源保护的实施意见,并深入各乡镇进行具体指导;乡镇人民政府也根据检察机关建议制定相应的整改计划,且整改工作已有成效。

【主要法律问题】

1. 红色资源保护与文物、文化遗产保护,英烈权益保护有何区别?又有何联系?

2. 如何保证保护和传承的是真实且有意义的红色资源?

【主要法律依据】

1.《民法典》第一百七十九条;

2.《文物保护法》(2017年修正)第八条、第九条、第十一条;

3.《英雄烈士保护法》第四条、第八条、第十条、第二十五条;

4.《最高人民法院、最高人民检察院关于检察公益诉讼案件适用法律若干问题的解释》第二十一条;

5.《最高人民检察院、中央军委政法委员会关于加强军地检察机关公益诉讼协作工作的意见》。

【学理分析】

中共中央总书记、国家主席、中央军委主席习近平在省部级主要领导干部学习贯彻党的十九届六中全会精神专题研讨班开班式上发表重要讲话时强调:"要用好红色资源,加强革命传统教育、爱国主义教育、青少年思想道德教育,引导全社会更好知史爱党、知史爱国。"此前,习近平总书记也多次强调红色资源是最宝贵的精神财富,要用心用情用力保护好、管理好、运用好。

目前还不存在国家层面统一的红色资源保护法律法规,因红色资源保护与文物、文化遗产保护,英雄烈士保护领域存在交叉,红色资源保护的责任主体也散见于《文物保护法》《英雄烈士保护法》等法律以及各地方性法规中。常见的规定的责任主体集中在地方政府、文物保护主管部门、退役军人事务主管部门、军队有关部门等,并未对保护责任具体细化,责任主体分散且职责不明,造成文物保护出现多方管理致无人管理的局面。各责任部门应当就红色资源形成保护合力,明确责任,实现红色资源长足保护。

对于红色资源的界定,《江苏省红色资源保护利用条例》《信阳市红色资源保护条例》等各地方人大专门立法规定,红色资源可归纳为五四运动以来,中国共产党领导全国各族人民在新民主主义革命时期、社会主义革命和建设时期、改革开放和社会主义现代化建设新时期、中国特色社会主义新时代形成的具有重要历史价值、纪念意义、教育功能的物质资源和非物质资源,并对其分类列举加以明确,如旧址、手稿、文献、声像资料等。

关于公益诉讼受案范围,先前存在"等内等"与"等外等"之分,实践中的探索与法律规范中均已持开放态度,目前文物、文化遗产保护和英烈人格权益保护均已列入公益诉讼领域。文物、文化遗产是不可再生的公共文化资源,为国家所有,由相应政府部门管理与行使权力,但保护模式单一,有构建民事公益诉讼保护制度之必要。公共利益视域下的英烈人格权益是政治共同体下社会公众对英烈尊重的国民感情,而不是私益诉讼中英雄个人以及英烈近亲属的人格权益,在侵害英烈人格权益时有发生的背景下,民事公益诉讼在行政和刑事责任之外要求行为人承担民事责任,进一步完善了责任体系,体现了国家对英烈的特殊保护。红色资源同样是社会公众的"精神富矿",与上述文物、文化遗产保护和英烈权益保护存在交叉,但也具有其独立的价值,部分红色资源仅在民间传承,相对较为分散,但都承载着党的追求与担当,应当受到妥善的管理和保护。

实践中,红色文物等持续受到损害的重要原因之一就是相关职能部门在开展红色资源保护工作时不作为,或因缺乏文物修缮、保护和管理的专业知识和资质而"有心无力"。红色资源保护可通过相关事业单位委托有资质的经验丰富的其他社会团体或组织定期进行文物修缮,同时也应当加强文物修缮、管理、宣传等专业人员队伍建设。另外,大数据、虚拟影像等技术近年来迅速发展并逐渐成熟,也可被运用于红色资源的管理、保护和传承中。如《江苏省红色资源保护利用条例》规定了地方依法建立红色资源名录制度,对此,运用数字技术更有助于帮助建立红色资源数据库,进行电子化留存。还可以出台有关政策,拓宽融资渠道,吸纳更多社会资金参与,增加专项预算,避免资金困难导致红色资源受损无法得到及时维护的情况发生。[1]

此外,检察机关在开展监督时要着重注意,保护和传承的是真实且有意义的红色资源。在该案例的 200 多处红色资源中,检察院从县文物管理部门、乡镇文化站、退役军人事务局等机关入手,收集和查阅相关记载资料、地方志等材料,并实地调查考证,确定各类红色资源的渊源和现状,着重甄别较分散又无确切文献记载的红色资源,组织相关部门和乡镇召开座谈会对收集考证的红色资源进行集中研讨,确定县域内真正有保护价值的红色资源 200 余处。

2020 年 4 月 22 日,《最高人民检察院、中央军委政法委员会关于加强军地检察机关公益诉讼协作工作的意见》明确了军地检察机关在依法办理英雄烈士保护等领域涉军公益诉讼案件中加强协作配合。

---

[1] 参见张嘉军主编:《公益诉讼法》,中国检察出版社 2022 年版,第 109 页。

加大对破坏军事设施、侵占军用土地等涉军公益诉讼案件的办理力度，着力维护国防和军事利益。该意见实施以来，河南、江苏等地便探索开展了军地协作办理涉军公益诉讼工作。但军事检察院在协作办理案件中的作用需进一步加强，与地方检察院沟通交流应更频繁深入，发挥其专业技术较强以及涉军资源丰富的优势，而地方检察院也应利用办案经验充足、技能方式多样的特点，管理好、维护好红色资源，积极开展持续的跟进监督，形成红色资源常态化保护的局面。

【思考题】
1. 其他规范性文件包括什么？
2. 检察机关的监督权在公益诉讼中体现为何？
3. 何为红色资源？为什么要保护红色资源？
4. 案例指导制度的作用是什么？是否存在弊端？

第二章 公益诉讼的历史发展

对公益诉讼历史发展进行梳理,能够使我们对公益诉讼制度的生成演变、规范形态、发展脉络、价值功能有更深刻的认识。世界范围内,出于对公益诉讼制度理解的共识性和制度设计的差异性,各国公益诉讼制度的历史发展有共性也有个性。本章将着重梳理英美法系典型国家美国、英国、印度以及大陆法系典型国家法国、德国、日本等公益诉讼制度的发展历史,并对中华人民共和国成立以后中国特色公益诉讼制度的发展历史进行系统性梳理,特别是对我国公益诉讼不同阶段的标志性案例进行介绍。

第一节　英美法系国家公益诉讼的发展历史

美国是现代公益诉讼的创始国;英国采用总检察长维护公益的方式;印度于20世纪70年代末开始建立公益诉讼制度,是在美国发展现代公益诉讼制度之后,第一个引入公益诉讼制度的国家。了解英美法系典型国家公益诉讼的发展历史,特别是美国、英国和印度等国家公益诉讼的发展历史对我国公益诉讼发展较有意义。

一、美国公益诉讼的发展历史

【主要知识点】

美国是现代公益诉讼的创始国。美国真正意义上的行政公益诉讼直到20世纪40年代才通过判例法确立。20世纪40年代之前,受传统当事人适格理论的影响,美国对诉讼原告资格进行从严限制,认为只有法律权利受到侵害的当事人才有原告资格,这也被称为诉讼的"直接利害关系原则"。1940年桑德斯兄弟无线电广播站诉美国联邦电讯委员会案中,美国法院承认了竞争者的起诉资格,把行政诉讼的受案范围从"权利损害"逐步调整为"利益影响",即当事人即使与被诉行政行为无直接利害关系,但其只要利益受到"事实上的不利影响或损害",便享有行政诉讼的原告资格,此时美国的行政公益诉讼才开始得以确立。随后美国法院通过一系列具体判例,逐步肯定了消费者、竞争者等非直接相对人的原告资格,也即公民个人和社会团体也享有类似行政公益诉讼的主体资格。1943年纽约州工业联合会(法人)诉伊克斯案中,法院首倡"私人检察总长理论",开启了美国公益诉讼的新篇章。

在美国,检察官是政府的代表,代表政府行使诉讼权利,大量参与涉及公共利益的民事诉讼。检察总长是美国政府、各州政府的首席法律官员,是联邦政府和州政府机构及立法机关的法律顾问和公共利益的代表。检察官是在联邦(州)法院的民事和刑事诉讼中代表美国(州)政府的律师;而政府基于国民的授权,行使管理社会的职责,本身就应当是社会公共利益的维护者。因此,对于一切侵害公共利益的行为,无论是刑事的还是民事的,政府都有职责表明自己的立场,使法律得以推行。根据"私人检察总长理论"的要求,国会为了保护公共利益,可以授权检察总长提起公益诉讼,其主要方式一共有两种:一是检察总长认为案件涉及国家和社会公共利益,可以依职权对美国政府、政府机关等的行为申请司法审查。二是检察总长可以根据法律的要求授权任何人以"私人检察总长"的名义提起诉讼以维护公共利益。

1970年美国《清洁空气法》规定了公民诉讼条款,允许公民通过"私人检察总长"的身份进行诉讼,即任何人都可以以自己的名义对任何人(包括美国政府、政府机关、公司及个人等)就该法规定的事项提起诉讼,如对违法排放污染者或者未履行义务的政府机关提起诉讼,要求按照国家规定的排放标准排污,赔偿污染造成的损失或者履行法定义务等。该法出台实施后,1972年美国《海洋倾废法》、1972年美国《噪声控制法》、1973年美国《濒危物种法》、1976年美国《安全饮用水法》、1976年美国《资源保护与恢复法》、1977年美国《有毒物质控制法》等环境保护法律,也对公民诉讼作了规定。据此,公众可以通过公民诉讼促进、监督法令的执行。实践中参与环境公民诉讼的主要是协会、基金会等公民团体。这些公民团体的职能通常与自然保护、环境保护有关。

需要注意的是,美国环境公民诉讼条款要求公民在起诉前必须经历诉前通知程序,通知的对象包括联邦环保局、地区环保局办公室、行政官员等,通知的内容包括被控违法行为、时间、地点、发出通知人的身份和地址等。诉前通知是提起诉讼的必经程序,类似于中国法上的诉前程序,目的在于敦促行政机关依法履行职权,对相关违法行为及时采取相应措施。

【思考题】
1. 为什么美国最先创立公益诉讼制度?
2. 除美国外,英美法系公益诉讼制度发展的典型国家还有哪些?

二、英国公益诉讼的发展历史

【主要知识点】

英国法律规定,为公益采取行动是总检察长的职责,英国的公益诉讼也被称为"以公法名义保护私权之诉"。英国总检察长维护公益的方式有两种：一种是依职权，另一种是依申请。其中，后一种情形下，总检察长依据私主体申请将自己名义转让出去，让私主体提起公益诉讼的情形较多。

依职权维护公益，即总检察长有权阻止一切违法行为，对于行政机关滥用行政权力侵害社会公共利益的行为，总检察长或其授权的检察长可以为维护公共利益而主动提起行政诉讼，请求对行政行为进行司法审查，要求法院发布阻止令或者作出确认判决。

依申请维护公益，即不正当行为已经直接使私主体自身的利益受损或很有可能受损，但由于私主体没有起诉资格，该不正当行为可以由公民告发，总检察长或者由其授权的检察长经过审查核实后，可以授权公民以总检察长的名义向法院提起诉讼，这也被称为"检举人诉讼"制度。需要注意的是，此时总检察长将自己名义转让出去后，实际上起诉不是为了私主体本身，而是为一般公众的利益。可以说"检举人诉讼"制度是私主体在环境等公益领域寻求司法救济的有效途径。

此外，英国的一些专门机构也在公益诉讼中发挥了重要作用。例如，专利局长、公共卫生监察员可以在各自的管辖范围内代表公众提起诉讼。

【思考题】
1. 英国总检察长维护公益的方式有什么特色？
2. 英美法系典型国家公益诉讼的发展有什么借鉴意义？

三、印度公益诉讼的发展历史

【主要知识点】

印度于20世纪70年代末开始建立公益诉讼制度，是在美国发展现代公益诉讼制度之后，第一个引入公益诉讼制度的国家。

20世纪60年代至70年代初,印度诉讼的概念还仍然处于个人诉讼这种一对一式的初步发展阶段。诉讼的提起还是受到损害的个人的特权。20世纪70年代末,印度进入了为期两年的紧急状态。紧急状态结束之后,新闻自由开始恢复,新闻媒体开始揭露社会中出现的镇压、暴力等侵犯人权的事件,这些都引起了律师、法官和社会工作者的关注。受到以上情况的激发,印度最高法院的两名大法官巴格沃蒂和耶尔(Iyer)于1977年提供了一份报告,认为有必要设立一种特别的诉讼形式。这就是印度公益诉讼制度的开端。

20世纪70年代末至80年代初,印度最高法院通过审理一系列涉及囚犯人权、环境问题和劳动者权利案件,对公益诉讼概念、原告资格和涉及的其他问题等作了进一步阐述,逐步建立了印度的公益诉讼制度。例如,1981年,印度最高法院法官巴格沃蒂在笈多诉印度政府案中对印度法语境中的公益诉讼制度进行了界定,认为公益诉讼指的是"如果侵犯了某一个人或某一阶层人的法律权利而对其造成了法律上的错误或损害,但该人或这一阶层的人由于社会经济地位造成的无力状态不能向法院提出法律救济,此时任何公民或社会团体都可以向高等法院或印度最高法院提出申请,寻求对这一阶层的人遭受的法律错误或损害给予司法救济"①。

印度公益诉讼制度有两个最为显著的特征:一是围绕着基本权利展开,二是以法官为主导。

印度公益诉讼诞生之初是为了保护公民的宪法权利,因而在理论上印度公益诉讼制度围绕着基本权利展开,允许公民绕过一般的诉讼程序而直接诉至印度最高法院来保护其基本权利。在司法实践中,印度最高法院放松了对诉讼主体资格的限制,任何个人和民间团体都有权提起公益诉讼,而不必证明其与案件有直接的利害关系。这也使大

---

① S. P. Gupta v. Union of India,1981(Supp)SCC 87.

多数公益诉讼案件的被告是政府或者其他行政机关,而在诉讼过程中,公益诉讼也常被看作促进政府、法院等国家权力部门履行和实施宪法义务的一种合作方式,而非申诉人与被告人之间的对抗,法院则更多地发挥调解各方关系的作用。印度公益诉讼的社会价值已经远远超过了司法价值,不仅使印度普通民众、弱势群体能够运用法律武器保卫自己的权利,也实现了能动司法对社会的管理。

法官主导体现在印度公益诉讼制度的多个层面,除上述印度法语境中公益诉讼的定义外,印度法官在建立公益诉讼的过程中突破了起诉资格的限制,确立了令状申请书、书信管辖权等制度,组织律师、学者、社会团体等各种社会力量加入维护公众特别是社会贫弱者的运动中来,让司法的独立性与公正性触及处于社会最底层的贫弱者。

【思考题】

1. 印度公益诉讼制度有什么特点?
2. 印度公益诉讼的发展对我国有什么借鉴意义?

第二节 大陆法系国家公益诉讼的发展历史

了解大陆法系典型国家公益诉讼的发展历史,特别是法国、德国和日本公益诉讼发展历史对完善我国公益诉讼制度意义重大。大陆法系典型国家公益诉讼制度有不同的表现形式,法国行政公益诉讼表现为越权之诉。德国的公益诉讼有两种形式,一种是检察官提起的诉讼,称为公益代表人制度;另一种是特定组织实施的团体诉讼。日本的行政公益诉讼被称为民众诉讼。

一、法国公益诉讼的发展历史

【主要知识点】

法国是近代检察制度的起源地,法国检察官是国家利益和公共利益的代表者与维护者。1804年《拿破仑民法典》和1807年《法国民事诉讼法典》赋予了检察机关提起和参与民事诉讼的权利,即凡是涉及公共利益的民事活动,检察官均有权作为主要当事人提起诉讼或作为联合当事人参与其中,并通过诉讼活动的方式实现维护公共利益的目的。检察官作为当事人提起民事诉讼共有两种情形:一是有法律规定的特别情形时,检察官依职权提起诉讼。二是除法律有特别规定的情形外,在事关公共秩序时,检察院得为了维护公共秩序进行诉讼。检察机关参与民事诉讼的方式也有两种:一是以主当事人(相当于独立当事人)的身份提起诉讼。在这类审判程序中,检察官可以是原告,也可以是被告,其诉讼权利义务与普通民事案件当事人并无区别。二是以从当事人(联合当事人)的身份参加诉讼。在此情形下,检察官并非真正意义上的当事人,其职责是为法官准确适用法律提供意见。

  法国行政公益诉讼表现为越权之诉。法国行政诉讼分为越权之诉与完全管辖权之诉两种,其中越权之诉的目的就是纠正违法的行政行为,保障良好的行政秩序,而不是限于保护起诉人的主观权利。越权之诉着眼于公共利益,力求保障行政行为的合法性,从法律性质上来看属于对事不对人的客观诉讼,具体包括审查行政行为的合法性诉讼、撤销违法行政行为的诉讼等。现实中,无论是总统作出的行为,还是某一官员的行为,都可以被公民以"越权行为"提起诉讼;换言之,此时民众在越权之诉中的法律角色与"检察官"类似,与美国法上的"私人检察总长"理论有相似之处。作为客观诉讼,越权之诉的判决发生对事的效果,而不以申诉人为限。

  法国的越权之诉有鲜明的制度特色:一是越权之诉的原告要求保护的利益既包括物质性利益,也包括精神性利益,如宗教尊严、集体荣誉、环境美等;而且这种利益不限于现实利益,也包括未来利益。二是越权之诉的审查范围宽泛,既包括形式审查也包括实质审查。法官对被诉行政行为的实质审查主要围绕行政机关作出决定是否有充分的依据展开,包括审查行为人作出该行为是什么目的。

法国的越权之诉中同样包含团体诉讼,但需要注意的是,为了防止各类团体滥用诉权,法国法一般对团体的宗旨和目的、运作时间、具体活动及其代表性等条件也作出了严格的限制,只有符合法定条件或是经过政府机关承认的团体或者集团才享有起诉资格,即只有当诉讼是为了部门整体或者部门成员的整体的环境利益时方能提起诉讼。例如,法国法规定,针对国家在行政上的过失、不法行为、不作为或者在环境污染监测、监督管理方面的严重疏忽、缺失行为以及违反法律法规的行政措施等,环保团体均可向行政法院提起要求确认、撤销或采取管制措施的行政诉讼。

【思考题】

1. 与英美法系相比,大陆法系公益诉讼制度有哪些特点?
2. 法国行政公益诉讼制度与我国行政公益诉讼制度的共性和不同有哪些?

二、德国公益诉讼的发展历史

【主要知识点】

德国的公益诉讼有两种形式,一种是检察官提起的诉讼,称为公益代表人制度;另一种是特定组织实施的团体诉讼。

检察机关提起公益诉讼在民事诉讼和行政诉讼领域有不同的表现形式。在民事诉讼领域,检察机关作为社会公共利益的代表,可以对涉及重大环境污染案件、重大侵犯消费者权益案件、婚姻无效案件、申请禁治产案件、雇佣劳动案件等提起或者参加诉讼,并可以独立提起上诉。在行政诉讼领域,检察机关作为联邦或州公益代表人参加诉讼。根据《德国行政法院法》的规定,在联邦行政法院中设有1名检察官,为维护公益,该检察官可以参与联邦行政法院中的任何诉讼,但不包含纪律惩罚审判庭的案件以及军事审判庭的案件。该法同时规定,根据州政府法规规定的准则,高等行政法院或行政法院内各设一名公益代表人,由州公益代表人维护公共利益。需要注意的是,检察官是"参与"任何在联邦行政法院进行的诉讼而不是"提起诉讼",无论是联邦利益代表人还是州公共利益代表人,都不能作为原告提起诉讼,只能作为独立于诉讼当事人和法院的诉讼参与人,参与适用法律的过程,保护联邦或州的利益以及超越个案的公共利益。

德国法同时以立法的方式赋予特定团体诉讼权能,形成了"团体诉讼"。团体诉讼是处理多数人利益受侵犯问题一种特别的救济方式,指的是为保护不特定多数人的权益,在多数人同时受害,且个人受损金额相对较小,以致无能力或无兴趣起诉以获取赔偿或阻止违法行为时,由某一有权利能力的法人团体或经认可的机构为维护公共利益,依法律规定就特定事件以自己名义对他人违反特定禁止性规定的行为,向法院请求命令他人终止或撤回其行为的民事诉讼。

德国的团体诉讼并不是群体性诉讼,其实质是将具有共同利益的利害关系主体提起诉讼的权利交由具有公益性质的社会团体,由该社会团体提起符合其设立章程、目的等的诉讼。特定团体被法律特别赋予了诉讼实施权,以维护社会公共利益,解决群体性纠纷为导向,因而组成团体的成员一般不再同时享有诉讼实施权。另外,由于判决是针对该团体及其被告作出的,有利判决的效力将间接地惠及团体的成员,产生"事实上的既判力"。

【思考题】

1. 德国行政公益诉讼制度与我国行政公益诉讼制度的共性和不同有哪些?

2. 大陆法系典型国家公益诉讼的发展有什么借鉴意义?

三、日本公益诉讼的发展历史

【主要知识点】

日本于明治政府期间仿效法国建立起了检察制度，规定检察机关作为公益代表人参与或者提起民事诉讼的权利。这些权利主要指的是实体法上的权利，例如，禁治产宣告请求权及撤销权；法人的临时理事、特别代理人、清算人选任请求权；不合法婚姻的撤销请求权；亲权丧失的宣告请求权等。民事诉讼中，日本检察官作为公益代表人对裁判所适用法律和执行法律，负有监督的职责。从2007年开始实施的《日本消费者合同法》中首次引进了消费者团体诉讼制度，该制度赋予经过一定认证程序的消费者保护团体或组织以原告当事人的资格，允许其向企业或商家的经营者提起以禁止某种营业行为为请求内容的诉讼。

为了解决日本的环境公害问题，日本在原有诉讼程序的基础上增设了民众诉讼。因而，民众诉讼也被称为日本的行政公益诉讼。根据《日本行政案件诉讼法》的规定，民众诉讼指以选举人资格及其他与自己法律利益无关之资格，请求对国家、公共团体机关违反法规的行为纠正的诉讼。根据《日本行政案件诉讼法》《日本公职选举法》《日本地方自治法》等的规定，民众诉讼仅限于"法律规定"的前提下由"法律所规定者"提起，其主要包含与公职选举有关的诉讼、与直接请求有关的诉讼、居民诉讼、基于《日本宪法》第九十五条的居民投票的诉讼、有关日本法官的国民审查诉讼等。日本的民众诉讼是典型的客观诉讼，其不是为了保护国民个人的利益，而是为了保护客观上的法律秩序，也就是我们所说的公共利益，使国民以选举人的身份通过诉讼手段制约国家机关或公共性权力机构行使职权的行为，监督行政法规的正确适用。

【思考题】
1. 大陆法系不同国家公益诉讼制度有哪些特点？
2. 日本公益诉讼的发展对我国有什么借鉴意义？

第三节　我国公益诉讼的发展历史

一、近代公益诉讼制度的发展

【主要知识点】

中国公益诉讼制度的开端最早可以追溯至清朝末期。1907年清末修律时颁布的《各级审判厅试办章程》第九十七条规定，检察官的职权包含提出"民事保护公益，陈述意见"。1909年《法院编制法》规定检察官的职权包含作为公益代表人，实行特定事宜。北洋政府时期，1914年颁行的《平政院编制令》和《行政诉讼法》规定，对行政官署损害人民权利之行政处分或决定，人民在法律规定时间内没有提起行政诉讼的，肃政厅之肃政史可以在法定诉讼时间过后的60天内，以原告身份提起行政诉。中华民国时期，1927年《各省高等法院检察官办事权限暂行条例》第二条和《地方法院检察官办事权限暂行条例》第二条，均明确规定检察官可作为公益代表人参加诉讼。革命根据地时期，1939年发布的《陕甘宁边区高等法院组织条例》和1941年发布的《晋冀鲁豫边区高等法院组织条例》都规定了检察处检察员可以作为公益当事人/代表人参加诉讼。

近代检察公益诉讼制度的发展不仅对中国近代检察制度有深远影响，亦直接影响了中华人民共和国成立后公益诉讼制度的纵深发展。本节将对我国公益诉讼制度不同的历史发展阶段，特别是对中华人民共和国成立以后公益诉讼制度的发展脉络进行体系化梳理。

【思考题】
1. 我国近代公益诉讼制度有什么特点？
2. 近代公益诉讼制度与检察公益诉讼制度有什么异同？

二、新中国成立初期公益诉讼制度的萌芽

【主要知识点】

新中国公益诉讼制度的立法最早可以追溯至1949年。1949年11月，新中国检察制度第一个单行法规——《中央人民政府最高人民检察署试行组织条例》颁行，该法第三条第五项规定，检察机关对于全国社会与劳动人民利益有关的民事案件及一切行政诉讼，均代表国家公益参与之。根据1951年《中央人民政府最高人民检察署暂行组织条例》第三条第一款第六项和《各级地方人民检察署组织通则》第二条第六项的规定，检察机关的职权包含代表国家公益参与有关全国社会和劳动人民利益的重要民事案件及行政诉讼。

1954年新中国第一部检察院组织法《人民检察院组织法》正式颁布施行，该法第四条第六项规定，人民检察院的职权包含"对于有关国家和人民利益的重要民事案件有权提起诉讼或者参加诉讼"。同年，在最高人民检察院的指导下，各地检察机关积极进行司法实践，参与并提起民事诉讼，据统计，辽宁、安徽、江西、山东、河南、山西、陕西、甘肃和北京9个省、直辖市检察机关共办理民事案件2352件，既有提起诉讼的案件，也有参与诉讼的案件。

而后，受撤销检察机关的影响，检察机关提起民事诉讼制度也被废止。1978年检察机关恢复重建后，1979年《人民检察院组织法》并没有规定民事行政检察制度，也没有规定检察机关可以在民事诉讼和行政诉讼中直接起诉。改革开放后首部规定公益诉讼的法律是1979年《刑事诉讼法》，该法第五十三条第二款规定，"如果是国家财产、集体财产遭受损失的，人民检察院在提起公诉的时候，可以提起附带民

事诉讼"。

【思考题】

1. 请简要梳理我国公益诉讼制度发展历程。
2. 新中国成立初期的公益诉讼制度有什么特点？

三、中国特色检察公益诉讼制度的实践探索

【主要知识点】

1996年至2011年是我国公益诉讼制度的实践探索时期，其间"公民公益诉讼第一案""改革开放后首起检察公诉案""首例社会团体公益诉讼案"等跨时代意义案件相继出现。

2012年以来，我国公益诉讼制度进入确立和探索时期。2012年修正的《民事诉讼法》对公益诉讼有了明确规定，也为公益维权提供了法律保障。2017年6月《行政诉讼法》和《民事诉讼法》经修正，正式确立了中国特色检察公益诉讼制度。此后，实践层面检察公益诉讼制度不断探索发展。全国首例由检察机关提起的行政公益诉讼案、全国第一例检察行政公益诉讼判决案件等具有跨时代意义的重要案例相继出现。

从2014年党的十八届四中全会在《中共中央关于全面推进依法治国若干重大问题的决定》中首次提出探索建立检察机关提起公益诉讼制度，到原中央全面深化改革领导小组第十二次会议审议通过《检察机关提起公益诉讼改革试点方案》，再到2015年7月全国人大常委会授权十三个省市开始试点，检察公益诉讼制度得以初步建立。2015年7月和12月，最高人民检察院发布了《检察机关提起公益诉讼改革试点方案》和《人民检察院提起公益诉讼试点工作实施办法》（已失效）两个司法解释。2016年2月最高人民法院发布了《人民法院审理人民检察院提起公益诉讼案件试点工作实施办法》。一个授权决定加三个司法解释使得检察公益诉讼制度得以循序开展，这改变

了以往司法实践在没有法律依据的情况下对检察公益诉讼制度的探索,从国家立法层面对检察机关提起公益诉讼进行了直接、明确的授权。此外,这一时期最高人民检察院直接组织和推动全国范围内的公益诉讼改革,试点单位覆盖了北京、福建等十三个地区,检察公益诉讼制度得以初步确立。

2019年8月29日,最高人民检察院发布了"携手清四乱 保护母亲河"专项行动检察公益诉讼十大典型案例,这是最高人民检察院首次以典型案例的形式向社会通报公益诉讼发展情况。2023年12月13日,最高人民法院和最高人民检察院首次向社会联合发布行政公益诉讼典型案例。中国特色检察公益诉讼制度不断走深走实。

【案例分析】

"一块二"系列案件[①]

【基本案情】

1996年1月,福建省龙岩市市民丘建东在当地打电话时,发现龙岩市邮电局并未执行原国家计划委员会"夜间、节假日长途电话半价"的规定,在半价时段仍收全价,因而多收了他6毛钱。丘建东援引《消费者权益保护法》状告公共电话代办店以及市邮电局要求进行双倍赔偿。不久后,龙岩市邮电局局长请求法院庭外和解,丘建东诉邮电局以撤诉告终。

1997年1月,丘建东在北京出差期间,星期日在北京市西城区的一家公话代办处打公用电话一分钟,发现公话代办处依旧在收款时未执行邮电部夜间、节假日长话收费半价的规定,向其多收0.55元话

---

① 参见侯晓玲:《公益维权诉讼的泡沫论之争》,载中国法院网2007年12月3日,https://www.chinacourt.org/article/detail/2007/12/id/277739.shtml。

费。在东城区某机关招待所的一家公话代办处,丘建东于晚上九点以后打公用电话一分钟,该公话代办处也未执行邮电部夜间、节假日长话收费半价的规定,也向其多收 0.55 元话费。于是丘建东分别向北京市西城区人民法院、东城区人民法院提起诉讼,根据《消费者权益保护法》(1994 年施行)第四十九条的规定,要求加倍赔偿多收取的 0.55 元话费,即各索赔 1.10 元,另外要求赔偿有关的交通费用。1997 年 5 月和 10 月,丘建东两度自费数千元飞往北京出庭。1997 年年底,两个案件分别在北京市西城区人民法院与东城区人民法院审结,其结果为一胜一负:北京市西城区人民法院判决支持丘建东的诉讼请求,加倍赔偿 0.55 元话费,被告向原告丘建东支付 1.10 元;而北京市东城区人民法院判决原值赔偿公话代办处向丘建东多收取的 0.55 元话费,赔偿丘建东支出的有关合理交通费用的证据不足,驳回丘建东双倍索赔诉讼请求。

【主要法律问题】

1.该案是否能适用《消费者权益保护法》中的双倍赔偿制度?

2.公民是否可以通过诉讼的方式维护公共利益?

【主要法律依据】

《消费者权益保护法》(1994 年施行)第四十九条①。

【学理分析】

该案被誉为"公民公益诉讼第一案",也被评选为"1997 年全国

---

① 需要注意的是,1994 年起实施的《消费者权益保护法》第四十九条已被改为现行法第五十五条第一款,修改为:"经营者提供商品或者服务有欺诈行为的,应当按照消费者的要求增加赔偿其受到的损失,增加赔偿的金额为消费者购买商品的价款或者接受服务的费用的三倍;增加赔偿的金额不足五百元的,为五百元。法律另有规定的,依照其规定。"另外,还增加一款,作为第二款:"经营者明知商品或者服务存在缺陷,仍然向消费者提供,造成消费者或者其他受害人死亡或者健康严重损害的,受害人有权要求经营者依照本法第四十九条、第五十一条等法律规定赔偿损失,并有权要求所受损失二倍以下的惩罚性赔偿。"

侵害消费者权益十大案件"之一,当事人丘建东1999年还获得中国消费者协会颁发的"全国城市保护消费者权益十佳志愿者"光荣称号。

丘建东在北京西城区人民法院和东城区人民法院的两个案件争议焦点在于能否适用1994年《消费者权益保护法》第四十九条有关加倍赔偿的规定。实际上北京两家法院作出了截然不同的判决,北京市东城区人民法院驳回了丘建东双倍索赔的诉讼请求,而西城区人民法院则支持丘建东的诉讼请求,判决加倍赔偿。由此可见,由于缺乏明确的制度规范,当时公民公益诉讼案件还处于探索阶段,一部分司法机关以实践的方式进行探索,但不同司法机关对公民公益诉讼的态度有所差异。

此外,公民花费巨大时间和经济成本打"一元官司"是否有现实意义?实践中,公民接受电信、邮政、铁路等行业服务时,对实际上并不公平且屡遭社会质疑的事件应当如何维权,一直以来在法律规范上并不明确。以丘建东为代表的公民实际上是加入了"为权利而斗争"的队伍之中,公民公益维权成为一场方兴未艾的运动,但公民是否能够通过诉讼的方式维护公共利益,在法律规范层面并不明确,因而在案件事实相似的情况下,不同司法机关对其的态度也有所差异,导致司法审判结果有所区别。未来公民公益诉讼的发展仍需要规范支撑和制度保障。

由此可见,当时公民公益诉讼案件处于实践探索的阶段,制度支撑并不完备。2012年修正的《民事诉讼法》对公益诉讼有了明确规定,也为公益维权提供了法律保障。

河南省方城县人民检察院诉方城县工商局独树镇工商所国有资产流失案[①]

【基本案情】

1997年,河南省方城县人民检察院接到群众举报后,调查发现方城县工商局独树镇工商所将价值6万余元的门面房以2万元的价格出卖,无形中造成4万元国有资产流失。独树镇工商所作为行政机关,代表全体国民管理公共财产,未尽到正当履行国有资产监督管理的义务。即使不存在"权力寻租"情况,上述行为也是对国有财产管理秩序的破坏,其并未依法遵守国家利益"代理人"角色的职责。独树镇工商所未经国有资产及土地管理部门批准,擅自低价变卖工商所房地产,违背《城镇国有土地使用权出让和转让暂行条例》及《企业国有资产产权登记管理办法》的规定,这种对国有财产不进行正确的价值评估,肆意低价处理国有财产的行为,一方面会造成国有财产损失,另一方面也容易出现行政自由裁量权的滥用,导致公众对政府执政公信力产生怀疑。

1997年7月,方城县人民检察院依据《宪法》赋予检察机关的法律监督职能,以原告身份代表国家就该县工商局擅自出让房地产致使国有资产流失向人民法院提起民事诉讼作为监督纠错方式,履行公益诉讼代表人职责,要求判决当地工商局该份房地产买卖合同无效。1997年12月3日,方城县人民检察院在该案件中获得了胜诉判决。

【主要法律问题】

方城县人民检察院是否可以通过诉讼的方式维护公共利益?

---

① 参见《国内首例检察机关提起行政公益诉讼案例所引发的反思》,载中国法院网2016年8月29日,https://www.chinacourt.org/article/detail/2016/08/id/2066565.shtml。

【主要法律依据】

1.《宪法》(1993年修正)第一百二十九条；
2.《城镇国有土地使用权出让和转让暂行条例》第四条、第五条；
3.《企业国有资产产权登记管理办法》第五条。

【学理分析】

该案被誉为"改革开放后首起检察公益诉讼案"，不仅开启了"准公益诉讼"模式的司法探索，也为日后检察机关作为公益诉讼主体力量的正式崛起埋下了伏笔。[①]

与传统诉讼要求原告与被诉行为有法律上的利害关系不同，检察机关并非案件的直接利害关系人，是否能够提起诉讼，以及以什么身份提起诉讼法律上并不明确。该案之后，全国部分检察机关开始尝试直接提起民事诉讼工作，办理了一批公益诉讼案件。以河南省为例，1997~2007年，河南省检察机关民事行政检察部门共办理公益案件1572件，其中发出检察建议的有1019件，支持起诉的有296件，直接起诉的有242件，为国家挽回经济损失2.7亿元。方城县人民检察院依据《宪法》赋予检察机关的法律监督职能提起行政公益诉讼，以起诉方式作为监督纠错方式，履行公益诉讼代表人职责。此后虽然检察机关进行了公益诉讼的实践探索，但当时并没有检察机关启动公益诉讼的法律依据，这也成为公益诉讼发展的阻碍。直至2006年最高人民法院发布通知要求全国法院不再受理检察机关提起的公益诉讼案件，各地检察机关直接提起民事诉讼工作遂停止。

该案为检察机关提起公益诉讼制度开拓了发展路径，其制度效果也经过实践的检验，为2017年《行政诉讼法》和《民事诉讼法》的修正埋下了实践探索伏笔，也为中国特色检察公益诉讼制度的建立进行了初步探索。

---

① 参见《检察机关公益诉讼总动员之一：公益诉讼的前世历程》，载最高人民检察院官网，https://www.spp.gov.cn/spp/zdgz/201802/t20180207_365297.shtml。

朱正茂、中华环保联合会与江阴港集装箱公司环境污染责任纠纷案[①]

【基本案情】

2004年上半年,江阴港集装箱公司(以下简称集装箱公司)未经环境保护行政主管部门环境影响评价和建设行政主管部门立项审批,自行增设铁矿石(粉)货种接卸作业。在作业过程中,该公司采用露天接卸方式,造成了铁矿石粉尘直接侵入周边居民住宅;此外,该公司采用冲洗方式处理散落在港区路面和港口外道路上的红色粉尘,形成的污水直接排入周边河道和长江水域,并在河道中积淀,造成了周边环境大气污染、水污染,严重影响了周边地区空气质量、长江水质和附近居民的生活环境。虽经朱正茂等周边居民反映情况、江阴市人民政府召开协调会议,集装箱公司亦采取了整改措施,但仍未彻底消除污染现象。

2009年7月,朱正茂作为周边居民代表与中华环保联合会共同提起诉讼,请求判令集装箱公司:停止侵害,使港口周围的大气环境符合环境标准,排除妨碍;对铁矿粉冲洗进行处理,消除对饮用水水源地和取水口产生的危险;将港口附近的下水道恢复原状,铁矿粉泥做无害化处理。7月6日,江苏省无锡市中级人民法院下达受理案件通知书,正式对中华环保联合会和公民朱正茂诉集装箱公司环境污染侵权纠纷案立案审理。无锡市中级人民法院于受理该案的次日进行了现场勘验,裁定责令被告立即停止污染侵害行为,并向无锡市人民政府法制办公室、江阴市人民政府发函,取得政府部门的配合和支持。该

[①] 参见《最高人民法院发布环境资源审判典型案例》,载最高人民法院公报官网,http://gongbao.court.gov.cn/Details/70ccd5c3531e01a77df567d978cbe1.html。

院还召集听证,责成集装箱公司在案件审结前采取切实可行的方案和措施,迅速改善环境质量状态。集装箱公司据此再次采取整改措施,并在审理过程中提出调解申请。9月22日,中华环保联合会收到无锡市中级人民法院送达的民事调解书,此案最终以调解结案。

【主要法律问题】

1. 社会团体在公益维护中的法律角色是什么?
2. 应当如何界定环境公益诉讼原告资格?

【主要法律依据】

1. 《环境保护法》第六十四条;
2. 《民事诉讼法》第十五条。

【学理分析】

该案被誉为我国"首例社会团体公益诉讼案",是我国法治发展史上首例由环保社团作为原告主体的环境民事公益诉讼案件。该案兼具私益诉讼和公益诉讼的特点,朱正茂是居民代表,同时又是环境污染的受害者,其与中华环保联合会共同作为原告起诉后,无锡市中级人民法院依法予以受理,对环境公益诉讼的原告主体资格问题进行了有益的探索和实践。

公益诉讼在环境保护中具有重要的作用。面对经济社会的发展,生态环境恶化、自然资源有限成为经济社会快速发展的重大阻碍。面对生态环境保护问题的严峻挑战,需要从立法、执法、司法和守法等各个环节推动生态文明建设的法治保障。鉴于环境污染具有不可逆性、地域广阔性、潜在受害人不确定性和社会公共利益受损的广泛性,以何种法律方式进行环境保护是国家发展中的重大问题。以法律诉讼方式保护环境是一条可行且有效的路径,而在环境司法方面,环境公益诉讼制度具有传统私益诉讼不可替代的重要作用。但如何确定环境保护诉讼以及环境公益诉讼的原告资格确是实践中的一大难题。

《环境保护法》第六十四条规定,"因污染环境和破坏生态造成损害的,应当依照《中华人民共和国侵权责任法》的有关规定承担侵权责任"。《民事诉讼法》第十五条规定,"机关、社会团体、企业事业单位对损害国家、集体或者个人民事权益的行为,可以支持受损害的单位或者个人向人民法院起诉"。该案中,环保团体作为环境民事公益诉讼的原告,开启了社会团体提起公益诉讼的新篇章。

贵州省毕节市金沙县人民检察院诉金沙县原环保局未依法收缴排污费案①

【基本案情】

2014年9月,金沙县人民检察院在审查金沙县原环保局移送的环境执法工作相关材料过程中,发现四川省泸州市佳乐建筑安装工程有限公司(以下简称佳乐公司)在修建宏圆大厦过程中,欠缴2013年3月至2014年10月噪声排污费12.15万余元,金沙县原环保局分别于2013年11月26日和2014年8月19日向佳乐公司发出《缴纳排污费通知书》《限期缴纳排污费通知书》,但是佳乐公司均未按期缴纳排污费。

金沙县人民检察院了解情况后即要求金沙县原环保局依法履职。2014年10月13日,在金沙县原环保局的催促下,佳乐公司缴纳了拖欠的12.15万余元噪声排污费,拖延支付近1年。针对这种未按时缴纳排污费的情形,金沙县原环保局并没有按照相关法律法规进行处罚。2014年10月20日,金沙县人民检察院以行政公益诉讼原告身份将金沙县原环保局诉至有管辖权的遵义市仁怀市人民法院,请求判令金沙县原环保局依法履行处罚职责。2014年10月27日,仁怀市人民

---

① 参见《检察院诉环保局:全国首例行政公益诉讼案》,载最高人民检察院官网,https://www.spp.gov.cn/zdgz/201511/t20151126_108223.shtml。

法院经审查后认为金沙县人民检察院有诉讼主体资格，其起诉符合法律规定的受理案件条件，遂决定立案受理。收到法院的《应诉通知书》等应诉材料后，金沙县原环保局即对佳乐公司作出了警告的行政处罚决定。金沙县人民检察院经研究后，认为金沙县原环保局对佳乐公司所作的行政处罚符合现行法律规定，检察机关通过行政公益诉讼督促行政机关依法履职的目的已经达到，遂向仁怀市人民法院申请撤回起诉。2014年11月4日，仁怀市人民法院经审查，认为金沙县人民检察院申请撤回起诉符合法律规定，准许其撤回起诉。

【主要法律问题】

1. 检察机关能否提起行政公益诉讼？
2. 检察机关提起行政公益诉讼的起诉条件是什么？

【主要法律依据】

1. 《环境保护法》第五十八条；
2. 《行政诉讼法》第四十九条。

【学理分析】

该案是全国首例由检察机关提起的行政公益诉讼案。在这起案件之前，全国范围内从未有过检察机关为维护公共利益，对行政部门的违法行政行为提起诉讼的先例。以往检察机关对行政违法行为的监督，主要是依法查办行政机关工作人员涉嫌贪污贿赂、渎职侵权等职务犯罪案件。除构成刑事犯罪的外，行政机关违法行为还涉及不依法履职；此时如何对行政机关进行监督，在法律上并不明确。

该案中，实际上检察机关具备行政公益诉讼主体资格，依据是贵州省高级人民法院2014年4月出台的《关于创新环境保护审判机制推动我省生态文明先行区建设的意见》，其中第十二条明确规定："国家机关、环保公益组织为了环境公共利益，可以依照法律对涉及生态环境的具体行政行为和行政不作为提起环境行政公益诉讼，要求有关行政机关履行有利于生态文明建设有关的行政管理职责。"第十三条第一项明确规定:"人民检察院是公益诉讼的主体。"2014年10月,党的十八届四中全会通过的《中共中央关于全面推进依法治国若干重大问题的决定》首次提出探索建立检察机关提起公益诉讼制度,并进一步明确了"检察机关在履行职责中发现行政机关违法行使职权或者不行使职权的行为,应该督促其纠正"。

该案后,中国特色检察公益诉讼制度不断发展,《行政诉讼法》《民事诉讼法》先后修正,"贵州省黔西县人民检察院诉被告贵州省黔西县林业局、第三人黔西县协和镇爱国村砂石场不履行行政职权案"成为全国第一例检察行政公益诉讼判决案件。2023年12月,最高人民法院和最高人民检察院共同召开新闻发布会,联合发布行政公益诉讼典型案例指出,截至2023年12月,检察机关共立案办理行政公益诉讼案件78万余件,占全部公益诉讼案件的90%。最高人民检察院党组提出"诉前实现维护公益目的是最佳司法状态"理念,要求发出检察建议后努力协调促进落实,让绝大多数案件在诉前环节得以解决。此批检察行政公益诉讼典型案例实际上突出体现了检察机关、法院在诉前、诉中和判后围绕公益保护的共同目标各司其职,精准发力,相互配合;在坚持严格公正司法的同时,积极发挥司法能动性,全链条发力,用相对较少的司法成本促进了公共利益保护的最大化,强化了被诉行政机关的责任意识、担当意识,实现了双赢多赢共赢,促进了办案的政治效果、法律效果和社会效果的有机统一。

【思考题】

1. 如何理解公益诉讼制度在中国特色社会主义法律体系中的地位?

2. 对未来我国公益诉讼制度的发展有什么建议?

第三章 公益诉讼的基本原则

第一节 公益诉讼基本原则概述

一、公益诉讼基本原则的概念

公益诉讼的基本原则,应当作为诉讼的整个过程或者在重要的诉讼阶段起指导作用的准则。其需要集中体现开展公益诉讼活动的目的,反映公益诉讼的基本原理和内在规律,承载公益诉讼程序价值的要求,概括当事人、检察机关和人民法院在公益诉讼中的作用分担,是制定、适用、解释公益诉讼的依据,也是检察机关、人民法院、当事人以及其他诉讼参与人进行公益诉讼活动必须遵循的根本性规则。[①]

公益诉讼基本原则由两部分构成:第一部分包括三大诉讼法需要共同遵循的诉讼共有原则,如公平正义原则、平等原则等。第二部分是公益诉讼所独有的原则。本章研究的公益诉讼基本原则,正是这部分独属于公益诉讼的基本原则。

二、公益诉讼基本原则的特征

公益诉讼的基本原则既有别于公益诉讼的目的与价值,也不同于公益诉讼的基本制度与具体程序规范,公益诉讼基本原则应具有根本

---

① 参见张嘉军主编:《公益诉讼法》,中国检察出版社2022年版,第57页。

性、规范性、普适性、概括性、稳定性以及延展性等特点。

(一)基本原则的根本性

公益诉讼基本原则在公益诉讼法律规范体系中应当处于根本性规范的地位,其作为一种法律原则,构成了其他程序规则的原理、基础和出发点。根本性特征的存在决定了基本原则必然具备效力贯穿上的始终性,即公益诉讼基本原则应当贯穿于公益诉讼的全过程。而这一根本性特征,正是源于公益诉讼基本原则对该法律基本价值的直接承载和体现。在立法层面上,程序规则的制定必须以基本原则为出发点,不得违背基本原则的内容和精神;在司法层面上,人民法院在审理案件时,必须依据公益诉讼基本原则对所适用的法律条文进行解释,遇到有相反含义时,也必须采纳符合公益诉讼基本原则的含义。无论通过哪种方式对公益诉讼法进行法律解释,其解释结果都不得违背公益诉讼的基本原则。

(二)基本原则的规范性

公益诉讼基本原则的规范性,是指公益诉讼基本原则对公益诉讼活动的进行,即对检察机关、行政机关、人民法院和诉讼参与人具有法律拘束力。就基本原则本身而言,它并不具备规范的形式,但天然具有规范的效力。基本原则虽然在形式上与一般的法律规范有所区别,但是它的规范效力可以通过根本性特征进行延续。这一效力体现为人们进行法律行为的准则和法官进行裁判的直接或间接依据。公益诉讼基本原则的规范作用通常以两种方式呈现:一是在法律有明文规定的情况下,与普通条文一样被适用。二是在法律没有明文规定的情况下,仍发挥作用。这种情况下的公益诉讼基本原则主要是为了给解释相关法律条文提供依据以及填补法律漏洞。

(三) 基本原则的普适性

公益诉讼基本原则是一种具有普适性的规则,其对公益诉讼法律关系进行整体且宏观的调整和规范。公益诉讼基本原则作为公益诉讼机制内在规律和特征的反映,具有公理性意义,它超越了国与国、人与人之间的差别而在世界范围内具有普适性。这也意味着公益诉讼的基本原则在设计时就必须考虑更强大的概括性、稳定性和延展性。

(四) 基本原则的概括性

如果说基本原则的规范性源自其根本性,那么概括性就是为了更好地实现普适性。这种概括性是通过与公益诉讼的基本制度和程序规范对比中得来的。公益诉讼基本原则需要在保持一种高度抽象的状态的同时体现公益诉讼基本价值观念,并为具体程序规范的制定提供依据,同时也为通过司法填补法律的漏洞创造契机。高度的抽象并不意味着与具体程序规范的剥离,正是这种抽象性概括的存在,在控制基本原则数量的同时,为后续司法活动中发生的可能性预留了缓冲和解释的余地。

(五) 基本原则的稳定性

概括性、稳定性和延展性是公益诉讼基本原则保持活力的关键要素。基本原则是对公益诉讼规律的概括和总结,是特定社会对公益诉讼真理性认知的折射,这些因素都决定了该基本原则具有相对稳定性。基本原则的形成是公益诉讼制度推行和公益诉讼制度试点多年来经验的反馈,也是近年来所有公益诉讼案件精华的凝结。规定基本原则的条款不能轻易改变,公益诉讼基本原则的根本性特征也使其相对于程序规则和具体条文在公益诉讼法律规范体系中处于更稳定的状态。一篇具体的法律条文可以增删、变化,但公益诉讼的基本原则必须在一定历史阶段内长时间地保持相对的稳定性。

(六)基本原则的延展性

公益诉讼基本原则的延展性特点与概括性特点类似,二者均要求基本原则呈现一种模糊性的状态。延展性与概括性的不同之处在于,概括性的存在是为了给具体的规范性条文制造空间并提供依据,同时为法律条文的补充以及司法漏洞的弥补创造契机并预留空间。延展性的存在则使公益诉讼的具体程序处理更具涵盖性和可发展性。基本原则虽然具有稳定性,但并不意味着基本原则可以永远不发生变化。随着社会的发展和由此引发的诉讼价值观的变化,基本原则也需要对应进行调整。随着公益诉讼制度的不断完善,其他适格主体提起公益诉讼的行为以及公益诉讼法的诞生都将对公益诉讼基本原则形成冲击,而延展性的存在既为基本原则的调整提供了空间,也为将来可能出现的法律衔接问题提供了相对应的通道。公益诉讼基本原则可能存在时空、人文背景不同导致的内容上的差异,即公益诉讼基本原则在反映公益诉讼发展的普遍规律的同时,也将反映特定国家在特定历史时期的社会文化和价值取向。这种价值的相对性,使公益诉讼基本原则在保持基本的质的规定性的同时,在具体适用上也表现出相当程度的延展性。①

三、公益诉讼基本原则的功能

(一)立法准则的功能

制定公益诉讼法是为了实现立法目的,而立法目的本身就是一个抽象性的概念,这就需要基本原则通过具象化的语言对立法目的进行高度概括。这种概括可以将更加抽象的目的和具体的法律条文以及

---

① 参见张嘉军主编:《公益诉讼法》,中国检察出版社2022年版,第57-60页。

程序规则加以链接,通过基本原则使法条紧密相连并实现逻辑架构。基本原则对公益诉讼法来说就是立法准则,它在整个立法活动中起到保障立法逻辑和具体条文架构的功能。

(二) 行为准则的功能

作为公益诉讼法律规范体系的重要组成部分,基本原则是检察机关、人民法院、当事人以及其他诉讼参与人进行公益诉讼的基本行为准则,违反基本原则所进行的任何诉讼行为都可能面临无效的结果。同样,法定化后的基本原则直接出现在公益诉讼法律规范中后,检察机关、人民法院和当事人可以直接对其进行援引。行政执法者和法官如果不能援引法的基本原则进行执法、司法活动,就可能背离实质法治对执法、司法所要求的公平正义而陷入机械法治主义的形式法治,损害对法律调整对象的公正。①

(三) 引导解释司法的功能

在公益诉讼中,法院据以裁判的程序法依据应当是具体制度与程序规则,通常不能直接适用公益诉讼的基本原则。但是公益诉讼案件范围的不断拓展与立法本身的局限性决定了公益诉讼法可能在未来面临模糊、疏漏乃至矛盾的情况,在这种情形之下,法官无法依据现有的具体法律规范作出准确判断,或者判断结果出现矛盾时,法官可以行使自由裁量权通过对基本原则的解释来弥补立法的不足。自此,基本原则便拥有了引导解释司法的功能。需要注意的是,为避免法官在裁判中通过适用基本原则规避具体法律规范,侵犯当事人诉讼权利的情况,公益诉讼基本原则的这一功能应当受到严格的限制。②

---

① 参见姜明安:《行政法基本原则法定化研究》,载《湖湘法学评论》2021年第1期。

② 参见张嘉军主编:《公益诉讼法》,中国检察出版社2022年版,第60–61页。

第二节　最有利于公益保护原则

【主要知识点】

最有利于公益保护原则不直接等同于公益保护最大化原则①。后者脱胎于 2014 年修订的《环境保护法》第五条"环境保护坚持保护优先、预防为主、综合治理、公众参与、损害担责的原则",其内涵是让所有群体均能获益,也由此衍生出检察机关所提倡的公益诉讼"双赢多赢共赢"理念。公益保护最大化原则试图让公益诉讼案件尽可能地通过诉前程序得到解决,从而达到节约司法资源的目的。而对于"公共利益"这一典型的不确定法律概念,实现"最大化"保护本身就是一个"伪命题",当两种公共利益发生冲突时,难以通过诉讼环节经由法院裁判实现"双赢多赢共赢"目的,更多时候需要通过诉前程序或磋商的方式进行。② 公益诉讼制度中既包含了诉前程序也包含了审判程序,而当诉前程序和审判程序可能对诉讼目的的追求出现矛盾时,基本原则起到的作用应当为包含这种矛盾并给出一个具体的目标,这个目标即为"最有利于公益保护"。检察公益诉讼法立法的核心目的就是保护公共利益,而当不同公共利益之间产生冲突之时,选择范围最大、效果最好、速度最快的方式去保护受到侵害或有有被侵害风险的国家利益和社会公共利益,才是最有利于公益保护原则存在

---

① 关于公益保护最大化原则的相关内容,参见张嘉军主编:《公益诉讼法》,中国检察出版社 2022 年版,第 61－62 页。

② 李浩教授指出,根据《生态环境损害赔偿制度改革方案》的规定,一些地方的行政机关在污染责任人不愿意磋商或者磋商不成时,可就所造成的生态环境损害赔偿问题向法院提起诉讼。鉴于政府具有的行政权力,且政府还能以提起诉讼作为后续手段,赔偿责任人拒绝磋商的情况比较少见,磋商不成的概率也会相对较小。参见李浩:《民事公益诉讼起诉主体的变迁》,载《江海学刊》2020 年第 1 期。

的价值。

作为公益诉讼基本原则中最为核心和重要的部分,最有利于公益保护原则的根本性和普适性要远强于其他基本原则。该原则贯穿整个公益诉讼制度,既可以在公益诉讼实务办理中将其视为一个目标和追求,也可以在公益诉讼基础理论研究中将其视为一种思路和方法。就最有利于公益保护原则而言,它适用于每一个公益诉讼案件的同时,没有任何一个案例能够完整地诠释它所承载的目标和理念,它更像是一种价值观和价值取向,深切地影响每一个公益诉讼案例。

【案例分析】

贵州省遵义市人民检察院诉贵州某公司生态破坏民事公益诉讼案①

【基本案情】

2014年以来,贵州某公司在遵义市赤水河流域一级生态调节区、二级水源涵养和生物多样性保护区开发休闲养生度假项目中,未办理林地使用手续,违规占用林地共计176.94亩,建设项目附属配套基础设施。经委托四川楠山林业司法鉴定中心鉴定,该公司非法占用林地造成的森林生态服务功能损失为291万余元。2021年4月,最高人民检察院将中央生态环境保护督察反馈的该案线索,逐级交由贵州省遵义市人民检察院办理。2021年7月8日,遵义市人民检察院以民事公益诉讼立案办理,并于同月13日在正义网进行公告。立案后,遵义市人民检察院在调阅刑事证据材料的基础上,通过邀请具备林业知识的特邀检察官助理参与现场勘查、无人机拍摄、询问证人、咨询专家意

---

① 参见《生态环境保护检察公益诉讼典型案例》,载最高人民检察院官网,https://www.spp.gov.cn/spp/xwfbh/wsfbt/202308/t20230815_624952.shtml#2。

见、与相关行政部门召开圆桌会议等方式开展调查，查明该公司非法占用林地 176.94 亩建设附属配套基础设施，虽开展了补植复绿并通过验收，缴纳了行政处罚罚款，但未对其间造成的生态功能损失进行赔偿，社会公共利益持续受到侵害。经公告，没有法律规定的组织和机关提起诉讼。2021 年 11 月 9 日，遵义市人民检察院向遵义市中级人民法院提起民事公益诉讼，请求判令该公司继续履行生态修复义务、赔偿森林生态服务期间功能损失 291 万余元、承担鉴定费用 6 万元。遵义市中级人民法院经审理认为：赔偿生态环境期间功能损失与生态修复同属侵权人实施生态破坏行为所应承担的、可同时适用的民事责任类型，生态修复责任是对生态环境交换价值的保护，而生态环境期间服务功能损失赔偿责任是对生态环境的使用价值进行弥补，完成补植复绿并不等于恢复功能，履行生态修复义务并不能减免生态环境期间服务功能损失赔偿责任；森林植被恢复费与生态环境期间服务功能损失赔偿款分属不同的法律性质，不能径行抵扣。遵义市中级人民法院当庭宣判，支持检察机关全部诉讼请求。

【主要法律问题】

1. 该公司开展了补植复绿并通过验收，缴纳了行政处罚罚款，是否应当继续履行生态修复义务？

2. 森林植被恢复费能否抵扣生态环境服务功能损失？

【主要法律依据】

1.《人民检察院公益诉讼办案规则》第九十八条；

2.《最高人民法院关于审理环境民事公益诉讼案件适用法律若干问题的解释》第十八条、第二十条、第二十一条、第二十二条。

【学理分析】

检察公益诉讼法的核心目的就是保护公共利益，而当不同公共利益之间产生冲突时，选择范围最大、效果最好、速度最快的方式去保护受到侵害或有受侵害风险的国家利益和社会公共利益，才是最有利于公益保护原则存在的价值。赔偿生态环境期间功能损失与生态修复同属侵权人实施生态破坏行为后应承担的、可同时适用的民事责任类型。森林植被恢复费与生态环境期间服务功能损失赔偿款分属不同的法律性质，不能抵扣。该案件的判罚是最有利于公益保护原则的直接体现。在公益诉讼案件中，如何通过诉前程序和审判程序来实现最大化保护公共利益的目的，是每一个公益诉讼参与者都需要思考的根本问题。当下公益诉讼案件中常见的诉讼请求，也均是围绕着"最有利于公益保护"这一核心思想而展开的。

最有利于公益保护原则的存在为检察机关和人民法院办理公益诉讼案件提供了指导。该原则的存在势必会影响公益诉讼活动中诉讼请求的具体内容。(1)当一般的补植复绿或惩罚性赔偿都无法挽回或弥补公共利益受到的损害时，该原则为非常规性诉讼请求的提出和法院认可提供了通道。(2)该原则赋予了针对某一公益损害现象同时提出多个诉讼请求的合理性。(3)该原则解决了行政处罚和公益诉讼的并存问题。

该原则作为公益诉讼的核心原则，与其他基本原则也存在千丝万缕的联系，只有优先遵循该原则，其余基本原则才有存在的必要性。预防原则、协同治理原则、职权主义原则、有限处分原则等公益诉讼特有的基本原则，都是建立在最有利于公益保护原则之上的。这些基本原则也只是在进一步地诠释和执行最有利于公益保护原则。同理，人民法院、人民检察院只有在充分认识到最有利于公益保护原则背后蕴含的价值取向时，才能真正地办理好每一起公益诉讼案件。

【思考题】
当公共利益和个人利益出现冲突时，如何正确理解和适用最有利于公益保护原则？

第三节 预 防 原 则

【主要知识点】

一般认为,预防原则起源于20世纪70年代德国的事前考虑原则,逐渐作为欧洲的环境政策发展起来。① 1992年《联合国里约环境与发展宣言》第十五条原则规定,为了保护环境,各国应按照本国的能力,广泛适用预防措施。这一规定虽没有直接使用"预防原则"的表述,但已清楚地揭示出其本质,成为世界范围内普遍接受的预防原则定义。1992年6月11日,时任国务院总理李鹏代表中国政府签署该公约,同年11月7日全国人大常委会予以批准,即该公约所规定的预防性原则对中国同样有效。首先,预防原则触发的前置条件是"风险"的存在,也就是指通过科学观测必然存在的某种可能发生的灾害。② 这是启动预防原则的必要前提。其次,必须存在科学认识上的不确定性,即某种产品或活动的危害后果不能被清楚而充分地认知。若不存在此不确定性,则可直接运用各种价值衡量方法对相关活动之损益进行估量以决定采取何种措施,如行政法上的比例原则以及成本收益分析方法等,均能指引规制措施的选择,不需要专门创设预防原则。再次,预防原则必然包含"预防",涉及预防措施的选择。治理者需要确定整体预防水平或强度,并决定采取何种具体的预防措施。最后,对风险的认识及预防措施的选择处于动态变化之中,只要风险活动的实施者(或类似的其他主体)能够令人信服地证明已不存在或可消除预期危害,治理者就可以变更或解除风险预防措施。

综上所述,预防原则作为公益诉讼的一项基本原则,其预防模式

---

① 参见王贵松:《风险行政的预防原则》,载《比较法研究》2021年第1期。
② 参见苏宇:《风险预防原则的结构化阐释》,载《法学研究》2021年第1期。

并非否定常规的损害控制模式,而是一种诉讼技术上的补强。可尝试在公益诉讼的各个领域建立风险预防机制,从而将公共利益可能面临的损害——阻拦。目前,我国有关民事公益诉讼预防原则的规定,主要集中在《最高人民法院关于审理环境民事公益诉讼案件适用法律若干问题的解释》《最高人民法院关于审理消费民事公益诉讼案件适用法律若干问题的解释》对诉讼请求以及诉讼目的的规定,以及《环境保护法》《食品安全法》等相关实体法律中。

【案例分析】

最高人民法院指导性案例 173 号:北京市朝阳区自然之友环境研究所诉中国水电顾问集团新平开发有限公司、中国电建集团昆明勘测设计研究院有限公司生态环境保护民事公益诉讼案①

【基本案情】

北京市朝阳区自然之友环境研究所诉中国水电顾问集团新平开发有限公司、中国电建集团昆明勘测设计研究院有限公司生态环境保护民事公益诉讼案又称"云南绿孔雀案",是中国首例濒危野生动物保护预防性公益诉讼。2017 年 3 月,环保组织"野性中国"在云南恐龙河自然保护区附近进行野外调查时,发现绿孔雀栖息地恰好位于在建的红河(元江)干流戛洒江一级水电站的淹没区,向原环保部发出紧急建议函,建议暂停红河流域水电项目,挽救濒危物种绿孔雀最后

---

① 参见《指导案例 173 号:北京市朝阳区自然之友环境研究所诉中国水电顾问集团新平开发有限公司、中国电建集团昆明勘测设计研究院有限公司生态环境保护民事公益诉讼案》,载最高人民法院官网 2021 年 12 月 3 日,https://www.court.gov.cn/shenpan/xiangqing/334691.html。

完整栖息地。2020年3月20日,昆明市中级人民法院对"云南绿孔雀案"作出一审判决:被告中国水电顾问集团新平开发有限公司立即停止基于现有环境影响评价下的戛洒江一级水电站建设项目。

【主要法律问题】

如何落实预防性环境民事公益诉讼制度?

【主要法律依据】

1.《最高人民法院关于审理环境民事公益诉讼案件适用法律若干问题的解释》第一条、第八条、第十八条、第十九条;

2.《环境保护法》第五条。

【学理分析】

"云南绿孔雀案"是我国首例野生动物保护预防性民事公益诉讼案件,案件的特点主要集中在"预防性"三个字上。在此之前在司法审判中更多侧重对环境发生损害事实之后的重建与修复,而较少考虑如何对事前的风险进行防控与预判,该案在司法实践中首次弥补了这一空白,在生物多样性司法保护中,体现"保护优先、预防为主"的司法保护原则。该案遇到的主要困难是案件审理之前并无可参照的模板和可供参考的案例,审判团队在综合理论及各方学者观点和司法实践的基础上,在法律适用上探索归纳出了认定"损害社会公共利益重大风险"的判断标准。预防性环境民事公益诉讼自2015年1月正式诞生,但是,从理论研究深度和实务案例数量来看仍处于探索阶段,与"预防为主"环保原则不相符合。这主要归因于当前"环境侵权诉讼的补充"的制度定位。为改善制度实施现状,树立"重预防"制度理念、充分发挥环境行政执法的主导作用、弥补环境行政执法的不足,应将制度定位调整为"环境行政执法的补充",打造执法诉讼。为落实新制度定位,应设置环境行政执法为诉前程序,并以环境行政执法措施来具体化诉求的责任承担方式。在民事、行政公益诉讼的二分设置下,应优先提起预防性环境行政公益诉讼。为此,需扩大其原告资格范围。尚需强调的是,虽将制度定位调整至"环境行政执法的补充"是更优方案,但这同时意味着我们应更积极地以"预防为主"理念指导完善环境保护法律体系,因为只有完善环境预防行政保护相关法律法规及执法手段,才能使作为补充定位的预防性环境民事公益诉讼真正成为后备手段,从而避免司法权与行政权的冲突,同时,也使预防性环境民事公益诉讼有更完备的法规依据。

【思考题】

1. 预防原则主要适用于哪些公益诉讼案件范围?
2. 公益诉讼的预防原则在公益诉讼中有哪些体现?

第四节 协同治理原则

【主要知识点】

协同治理原则是对"双赢多赢共赢"原则①的发展和超越。该原则强调,在公益诉讼过程中,人民检察院履行公益诉讼检察职责,人民法院履行公益诉讼审判职责,行政机关履行依法行政保护并实现公共利益的职责,环保组织在民事公益诉讼中行使公益诉讼诉权,被告民事主体负有依法履行判决、维护公共利益的义务。公益诉讼的各方参与主体之间并非对抗关系,公益诉讼制度所追求的也并非使一方利益减损、另一方获得收益,而是通过团结协作、相互配合依法履行各自职责义务,共同实现公共利益目标。作为公益诉讼案件范围之内的《妇女权益保障法》第三条第一款规定:"坚持中国共产党对妇女权益保障工作的领导,建立政府主导、各方协同、社会参与的保障妇女权益工作机制。"《反电信网络诈骗法》第七条规定:"有关部门、单位在反电

---

① 关于"双赢多赢共赢"原则的相关内容,参见张嘉军主编:《公益诉讼法》,中国检察出版社2022年版,第67-69页。

信网络诈骗工作中应当密切协作,实现跨行业、跨地域协同配合、快速联动,加强专业队伍建设,有效打击治理电信网络诈骗活动。"

在公益诉讼中,人民检察院、人民法院、行政机关、社会团体虽分工不同,但工作目标、追求效果完全一致,并非"零和博弈",不是以诉讼为目的,而是以公益最大化保护为目标。公益诉讼制度作为客观诉讼,其最根本的意图是对法律秩序和公共利益的修复和保护。这意味着,公益诉讼的参与诉讼不是为了实现私人利益而努力,人民检察院、人民法院、行政机关和社会团体之间不是直接的利益对抗,而是履行实现、维护公益的职责。因此,在客观诉讼的理念下,公益诉讼的实际是各参与主体以共同的目的,即能够有利于国家的利益和普惠广泛社会主体而相互协作履行职责的过程。① 在2023年9月21日最高人民检察院主办的检察公益诉讼立法会议上,应勇检察长就提出了"检察公益诉讼具有协同性"。② 这一论断成为公益诉讼基本原则设计的重要立法参考。

【案例分析】

检例第166号:最高人民检察院督促整治万峰湖流域生态环境受损公益诉讼案③

【基本案情】

万峰湖地处广西、贵州、云南三省(区)接合部,属于珠江源头南

---

① 参见王福华:《公益诉讼的法理基础》,载《法制与社会发展》2022年第2期。
② 应勇检察长在"检察公益诉讼立法专题研讨会"上的发言,参见"检察公益诉讼立法专题研讨会""文字实录",载最高人民检察院官网2023年9月21日,https://www.spp.gov.cn/jcgysslfztyth/jatxzb.shtml。
③ 参见《最高检发布第四十一批指导性案例(万峰湖专案)》,载最高人民检察院官网,https://www.spp.gov.cn/xwfbh/wsfbt/202209/t20220922_578583.shtml#1。

盘江水系,水面达816平方公里,是"珠三角"经济区的重要水源,其水质事关沿岸50多万人民群众的生产生活和珠江流域的高质量发展。多年来,湖区污染防治工作滞后,网箱养殖无序发展,水质不断恶化,水体富营养化严重,部分水域呈劣Ⅴ类水质,远超《地表水环境质量标准》(GB 3838—2002)相关项目标准限值。

2016年,第一轮中央生态环保督察第一批第六督察组在广西督察时发现:"2015年全区11个重点湖库中有5个水质下降明显",其中包括万峰湖的广西水域。2017年,第一轮中央生态环保督察第一批第七督察组在贵州督察时发现,珠江流域万峰湖库区网箱面积7072亩,超过规划养殖面积2.48倍。贵州省黔西南州、广西壮族自治区百色市政府就督察发现的问题分别组织了整改,但相关问题并未从根本上解决。此外,万峰湖流域还存在非法网箱养殖污染,水面浮房、钓台等污染,船舶污染,沿岸垃圾污染,生活和养殖污水直排,企业偷排、乱排废水,破坏水文地质环境等问题,损害了公共利益。

【主要法律问题】

涉及多个行政机关层级和行政区域,检察机关难以确定具体监督对象的,如何立案、办案?

【主要法律依据】

1.《人民检察院组织法》第二十四条;

2.《环境保护法》第六条、第十条、第五十一条;

3.《渔业法》第十一条、第四十条;

4.《水污染防治法》第四条、第九条、第十九条、第三十三条、第三十八条、第四十二条、第四十九条、第八十五条;

5.《人民检察院公益诉讼办案规则》第十七条、第二十九条。

【学理分析】

最高人民检察院将非法网箱养殖污染等七类问题线索交由省(区)院交沿湖市(州)、县(市)两级检察院具体办理。相关检察机关在收到交办和指定管辖的案件线索后,经进一步调查,共依法立案45件,其中行政公益诉讼案件44件,民事公益诉讼1件。在办理行政公益诉讼案件过程中,地方检察机关严格落实"诉前实现公益保护是最佳司法状态"的办案要求,优先与有关行政机关就其存在违法行使职权或者不作为、公共利益受到侵害的后果、整改方案等事项进行磋商。在磋商不能解决问题的情况下,对于行政机关不依法履行职责,致使公共利益受到侵害的情形,依法制发检察建议。44件行政公益诉讼案件均在诉前程序中得到解决,其中通过磋商解决8件,通过制发检察建议解决36件。该案涉及的万峰湖面临的七大问题全部得到了妥善的解决。

在该案中,检察机关面临着多重现实困境与制度梗阻,最终通过开创性的方式方法达成了公益保护的目的,这无疑是对协同治理原则的一种诠释。对于案情复杂、一时难以确定监督对象的公益损害线索,检察机关可以基于公益损害事实立案。生态环境和资源保护领域中的重大公益受损问题往往涉及多个侵权违法主体,还可能涉及多地多层级多个行政机关,一时难以确定具体监督对象,如果查证清楚再行立案,难免迁延时日,使公益损害继续扩大,影响公益保护的及时性、有效性。人民检察院即使尚未查明具体违法履职的行政机关,或者实施具体侵害公益的民事违法主体,也可以基于公益损害事实及时立案。对于江河湖泊流域性生态环境治理或者跨行政区划重大公益损害案件线索,上级人民检察院可以依法直接立案。跨两个以上省、市、县级行政区划的生态环境和自然资源公益损害,被公认为治理难题,各地执法标准不一,治理进度和力度不同,由具有管辖权的各个基层人民检察院直接办案难度较大,对此,所涉行政区划共同的上级人民检察院可以直接立案。发挥检察一体化优势,上、下级人民检察院统分结合,充分发挥各自的职能作用。上级人民检察院可以采用检察一体化办案模式,依法统一调用辖区的检察人员组成办案组,或者在下级人民检察院设立办案分组。发挥检察听证作用,评估办案成效,凝聚治理共识,提升办案效果。检察机关办理公益诉讼案件,往往关系行政执法监管、经济社会管理的主要事项,具体涉及案件当事人以外的多元利益主体,包括行政管理对象,特别是可能涉及不特定多数的利益群体和社会民众,或者涉及不同区域之间重大利益关系的调整等。对于公益诉讼的阶段性治理成效,通过公开听证会等方式征询相关主体代表的意见,对公益损害救济状况、办案成效进行评估,有利于达成共识,增强公益保护工作的实效。

【思考题】

从协同治理原则的理论角度出发,如何评价目前检察行政公益诉讼案件中诉前程序占比过大的情况?

第五节 职权主义原则

【主要知识点】

公益诉讼中的职权主义原则要求人民法院主导公益诉讼审判程序,完全查清公益诉讼损害事实、行政机关或其他民事主体的违法情况,同时要求法院作出最有利于公共利益保护的裁判。在事实证明阶段,人民法院若认为诉讼参与人的事实主张和证据无法证明公共利益损害情况的相关事实或者其证据的真实性存疑,可以依据自身职权,主动采取现场收集证据、制作或调取证人证言以及启动司法鉴定程序的方式,以查清与公益诉讼案件有关的事实。

职权主义原则同时赋予人民法院超越诉讼请求进行裁判的职权。具体表现为,人民法院如果认为公益诉讼案件中提出的诉讼请求无法最大化实现对公益的保护,应当向起诉主体释明,告知其变更或增加诉讼请求。如果在告知诉讼方变更或增加诉讼请求之后,起诉主体并未作回应或者未按照法院的告知内容变更诉讼请求,人民法院可以超越诉讼请求的限制,依法作出最有利于保护国家利益和社会公共利益的判决或裁定。法院的释明义务主要是指在诉讼过程中,出现当事人主张和陈述的意思不明确、不充分、不适当的情况下,法院应对当事人进行询问、提醒,启发当事人对不准确的内容予以澄清,对不充分的内容予以补充,对不适当的内容予以排除、更正。①《行政诉讼法》第五十一条第三款规定:"起诉状内容欠缺或者有其他错误的,应当给予指导和释明,并一次性告知当事人需要补正的内容。不得未经指导和释明即以起诉不符合条件为由不接收起诉状。"《最高人民法院关于审理环境民事公益诉讼案件适用法律若干问题的解释》第十四条规定:"对于审理环境民事公益诉讼案件需要的证据,人民法院认为必要的,应当调查收集。对于应当由原告承担举证责任且为维护社会公共利益所必要的专门性问题,人民法院可以委托具备资格的鉴定人进行鉴定。"上述内容都证明了职权主义原则对公益保护的重要性,人民法院和行政机关在公益诉讼中并不只是简单地扮演裁判者和执行者的角色,二者都有义务根据职权主义原则行使法定职责,以达到最大化保护公共利益的目的。

【案例分析】

陈某贵非法捕捞水产品刑事附带民事公益诉讼案②

【基本案情】

2019 年 4 月 7 日凌晨 3 时许,被告人陈某贵来到大洪河位于重庆市渝北区大盛镇东河村 5 社长明电站附近河段,使用蓄电瓶、升压器

---

① 参见徐夕峰:《环境民事公益诉讼的释明权研究》,载《中国环境管理干部学院学报》2016 年第 6 期。

② 参见重庆市渝北区人民法院刑事判决书,(2019)渝 0112 刑初 1704 号。

等工具在该河段捕捞鲤鱼 2 条共计 13.34 千克,后被民警当场查获。刑事附带民事公益诉讼起诉人诉请陈某贵实施增殖放流成鱼及鱼苗共 6150 尾。经鉴定,陈某贵非法捕捞行为导致渔业资源直接损失约 24,012 元、间接损失约 42,000 元,建议以增殖放流成鱼及鱼苗共 6150 尾并布设人工鱼巢 200 平方米的方式补偿非法捕捞行为破坏的渔业资源。附带民事公益诉讼起诉人仅诉请陈某贵实施增殖放流,法院经审查认为该诉讼请求不足以保护环境公共利益,经释明,刑事附带民事公益诉讼起诉人增加要求陈某贵设置人工鱼巢的诉讼请求。

重庆市渝北区人民法院经审理认为,被告人陈某贵违反保护水产资源法律法规,在禁渔区、禁渔期使用禁用的方法捕捞水产品,情节严重,其行为已构成非法捕捞水产品罪。被告人陈某贵非法捕捞水产品的行为破坏了渔业资源与水生态环境,损害了社会公共利益,依法应当承担民事责任。关于刑事附带民事公益诉讼起诉人的诉讼请求,由于通过增殖放流、布设人工鱼巢的方式可弥补陈某贵非法捕捞行为导致的渔业资源损失,增殖放流增加了该流域鱼类种群数量,布设人工鱼巢有利于鱼类及其他生物繁殖,修复该流域生态环境,故对该项请求法院予以支持,陈某贵应按照司法鉴定意见实施增殖放流和布设人工鱼巢。

【主要法律问题】

1. 设置人工鱼巢这类新型诉讼请求是否具有相应的法理基础?

2. 人民法院在公益诉讼案件中释明增加变更诉讼请求的行为是否会导致诉权与审判权的失衡?

【主要法律依据】

1.《最高人民法院、最高人民检察院关于检察公益诉讼案件适用法律若干问题的解释》第十八条;

2.《最高人民法院关于审理环境民事公益诉讼案件适用法律若干问题的解释》第二十条。

【学理分析】

该案系非法捕捞水产品刑事附带民事公益诉讼案。保护环境是国家的基本国策,生态文明建设是关系中华民族永续发展的根本大计,也是关系民生的重要方面。人民法院应当充分发挥环境司法职能,传递生态文明正能量。该案具有两个方面的典型意义:一是创新修复方式,在增殖放流的同时还要求根据修复方案设置人工鱼巢的方式修复栖息地,有利于为水生生物创造良好的水生生境,促进水生生物种群恢复;二是法院通过行使正当职权,结合该案被告人对渔业资源与水生态环境构成的破坏事实,对刑事附带民事公益诉讼起诉人的诉讼请求进行了增加,从而实现了对公共利益的最大化保护。

从该案中人民法院对诉讼请求进行释明并增加的最终效果来看,法院释明诉讼请求的行为并非对裁判中立原则的叛离,其作出释明行为的出发点和落脚点均是为了实现对公共利益的最大化保护。人对事物的认知能力是有限的,提起公益诉讼的机关和社会组织虽然具备一定的专业知识,但其非法律专业人士,且公益诉讼属于新生事物,对于诉讼目的、程序规则等的理解和把握尚处于摸索阶段,如果缺乏必要的引导和控制,有可能出现诉讼请求偏离保护公共利益的初衷的情况,导致公共利益无法得到充分有效的保护。相对于公共利益的侵害者而言,提起民事公益诉讼的社会组织通常处于弱势地位,在缺少足够资金聘请律师或进行司法鉴定的情况下,很难在攻防能力上与被告达到相对平衡的状态,而法官的释明可以帮助这类社会组织合理地提出诉讼主张,正当地处分自己的权利。[①]

【思考题】

1. 依照职权主义原则,人民法院能否作出超出诉讼请求的判决?
2. 职权主义审判原则在公益诉讼案件中有哪些体现?

---

① 参见最高人民法院环境资源审判庭编著:《最高人民法院 最高人民检察院检察公益诉讼司法解释理解与适用》,人民法院出版社 2021 年版,第 254 页。

袁某、晋某非法采矿罪刑事附带民事公益诉讼案[①]

【基本案情】

2023年7月，云霄县人民检察院对袁某、晋某提起的非法采矿罪刑事附带民事公益诉讼案开庭审理。被告人未经许可，向非法采砂船过驳运输海砂6790.5立方米，经评估造成海域生态服务功能损失价值达15,817.9元。由于被破坏的海域生态无法进行原地修复，而鉴定机构给出的异地海滩回填海砂方案成本很高，且查扣的海砂已被依法处置，无法回填。云霄县人民检察院遂聘请公益诉讼技术官进行论证，提出以补植红树林替代性修复生态的方案。

在案件审理过程中，云霄县人民法院聘请陈鹭真教授对红树林补植方案开展进一步论证。陈鹭真认为，替代性修复方案具有可操作性，修复费用也较合理，但补植方案较为简单，建议进一步明确红树林的种植物种、苗龄、种植密度和种植时间，细化费用项目，确定技术指导单位和验收监管单位。据此，在依法承担刑事责任的基础上，袁某、晋某缴纳生态环境损害赔偿费用13.5万元，委托第三方机构在漳江入海口补植红树林30余亩，以履行生态环境修复责任。经技术调查官论证，该补植方案预计未来3年内可增加38吨蓝碳碳汇量。

【主要法律问题】

1. 法院在公益诉讼案件中是否有主动调查取证的必要？
2. 如何看待该案中法院聘请专家进行论证的做法？

【主要法律依据】

1.《民事诉讼法》第五十八条；

[①] 参见《媒体聚焦｜〈福建日报〉头版头条报道漳州法院全国首创生态环境审判技术调查官制度》，载漳州市中级人民法院官网2024年7月24日，http://fy.fjzzcourt.gov.cn/article/detail/2024/07/id/8038714.shtml。

2.《最高人民法院关于适用〈中华人民共和国民事诉讼法〉的解释》第九十六条;

3.《最高人民法院关于审理环境民事公益诉讼案件适用法律若干问题的解释》第十四条。

【学理分析】

职权主义原则赋予了人民法院依据自身职权,主动采取现场收集证据、制作或调取证人证言以及启动司法鉴定程序的方式以查清与公益诉讼案件有关事实的权力。在实践中,福建省漳州市中级人民法院于2020年已开始尝试在环境公益诉讼中引入技术调查官制度,并制定出台了《关于生态环境审判领域技术调查官管理办法(试行)》《关于生态环境审判领域技术调查官工作规则(试行)》两部规范性文件。该案也是全国首例运用"检察公益诉讼技术官+法院生态环境审判技术调查官"模式审结的涉生态刑事附带民事公益诉讼案件,入围"新时代推动法治进程2023年度十大案件"。

依据法院在民事诉讼程序中不同阶段所起到的作用,职权主义又可分为职权干预主义、职权进行主义以及职权探知主义。[1] 职权干预主义在我国民事公益诉讼相关立法中具体表现为法院释明权的行使与反诉权的禁止。职权进行主义主要体现在调解与和解、撤诉、执行程序这三个方面。职权探知主义在民事公益诉讼中主要体现为法院依职权调查取证与自认限制。[2] 社会组织作为原告提起民事公益诉讼时,受限于经济能力与专业能力水平,其事实查明与调查取证能力相对不足。相较于普通民事诉讼,民事公益纠纷中侵权人对社会公益的损害行为与损害结果之间的因果关系往往较为复杂、多元。"在证

---

[1] 参见张卫平:《民事诉讼基本模式:转换与选择之根据》,载《现代法学》1996年第6期。

[2] 参见阮崇翔:《民事公益诉讼职权主义诉讼模式研究》,载《河北法学》2023年第11期。

据的收集上,当事人双方的特殊性及特定性,导致证据偏在,原告方举证困难。"①可以确定的是,基于民事公益诉讼中被侵害的社会利益具有离散性、专业性的特质,在司法实践中经常需要对专门性问题进行鉴定。为了弥补民事公益诉讼原告存在的天然缺陷,法院对案件的专门性问题是否需要鉴定或专家论证获得了强制性职权。

【思考题】

若人民检察院通过支持起诉的方式帮助社会组织提起民事公益诉讼并在调查取证环节提供帮助,人民法院是否还有主动调查取证的必要?

第六节 有限处分原则

【主要知识点】

有限处分原则,是指公益诉讼中检察机关和人民法院有权对实体性权利和程序性权利进行处分,但是这种处分权应当受到一定限制,即在法律允许的范围内,以不损害公共利益为前提。该原则确立的依据在于公益诉讼立法目的和诉讼主体权利来源,前者为确保最有利于保护公共利益,后者为减少诉讼当事人处分行为对诉讼以及社会公共利益的影响。检察机关之所以能够具有提起公益诉讼的主体资格,不仅在于其是法定监督机关,还源自国家对其的委托,检察机关的诉讼行为有碍或有损公共利益实现时,可以被视为一种权力的滥用。②

检察机关就处分权具有应然性,这种应然性是检察机关诉讼参与主体资格使然,公益诉讼目的使然,公益诉讼的特殊性使然,利益的可

---

① 吴伟华、李素娟:《民事诉讼证据收集制度的演进与发展——兼评环境公益诉讼证明困境的克服》,载《河北法学》2017年第7期。

② 参见张嘉军主编:《公益诉讼法》,中国检察出版社2022年版,第70-72页。

实现性使然以及司法的必要性使然。① 在诉讼过程中,检察机关对实体权利的处分和对程序权利的处分常常是交织在一起的,当事人对实体权利的处分往往是通过处分诉讼权利来实现的。在整个公益诉讼制度中,有限处分与国家干预的目标都是保护公共利益,国家干预和检察机关处分是彼此制约、相辅相成、并行不悖的,它们共同服务于公共利益的保护和实现。

【案例分析】

江苏省无锡市惠山区长安金文办公用品商行未成年人保护民事公益诉讼案②

【基本案情】

2024年4月,无锡市惠山区人民检察院发现金某经营的晨光文具店向不特定的未成年人群体销售洞洞乐、抽奖券等彩票游戏形式的"一元小彩票",损害了社会公共利益。惠山区人民检察院根据《未成年人保护法》第一百零六条相关规定,发出公益诉讼公告。公告期满后,无社会组织或团体提起公益诉讼,无锡市人民检察院遂正式进行起诉。经无锡市人民检察院查明,被告金某自2023年5月以来,通过向不特定未成年人销售"一元小彩票"共获利3500元。鉴于此,无锡市人民检察院提出三项诉讼请求:(1)判令被告立即停止向未成年人销售抽奖类游戏彩票的行为;(2)判令被告在市级媒体或平台上对其向未成年人销售抽奖类游戏彩票的行为公开赔礼道歉;(3)判令被告支付赔偿金3500元。无锡市中级人民法院受理此案。

---

① 参见田凯:《人民检察院提起公益诉讼立法研究》,中国检察出版社2017年版,第80—95页。
② 参见江苏省无锡市中级人民法院民事判决书,(2024)苏02民初234号。

2024年7月,无锡市中级人民法院就该案发布了调解公告,公告中显示,通过无锡市中级人民法院组织的调解,双方已自愿达成了调解协议。被告确认立即停止向未成年人销售抽奖类游戏彩票的行为,并承诺日后不再进行该类销售行为。被告在调解协议签订的10日内于无锡市市级媒体平台上就其向不特定未成年人销售抽奖彩票的行为进行公开道歉,道歉内容需经过无锡市中级人民法院和人民检察院的审核。被告退回其销售"一元小彩票"获得的价款3500元。

【主要法律问题】

1. 人民法院在公益诉讼案件调解中的作用是什么?
2. 从处分有限原则出发,如何看待公益诉讼案件经调解结案?

【主要法律依据】

1.《最高人民法院关于适用〈中华人民共和国民事诉讼法〉的解释》第二百八十七条;

2.《人民检察院公益诉讼办案规则》第九十九条。

【学理分析】

公益诉讼的目的在于维护和保障环境公益,其诉讼价值具有公共性,确保公益诉讼承载的保护公共利益的核心价值最大化实现,最直接的方法就是在诉讼中合理限制当事人(主要是公益诉讼提起主体,包括检察机关、行政机关和社会组织)减损公共利益的处分权。基于公益保护目的的需要,不能随意撤诉或者私自和解(调解或和解是程序处分。当事人通过程序处分,选择诉讼、仲裁、调解或者和解程序),这也是对最有利于公益保护原则的一种诠释和追求。

《最高人民法院关于适用〈中华人民共和国民事诉讼法〉的解释》第二百八十七条规定:"对公益诉讼案件,当事人可以和解,人民法院可以调解。当事人达成和解或者调解协议后,人民法院应当将和解或者调解协议进行公告。公告期间不得少于三十日。公告期满后,人民法院经审查,和解或者调解协议不违反社会公共利益的,应当出具调解书;和解或者调解协议违反社会公共利益的,不予出具调解书,继续对案件进行审理并依法作出裁判。"该条款的内容主要基于以下两个方面的考虑:一方面,民事公益诉讼与一般民事诉讼的当事人构造不同,其实体权利享有人与诉讼权利实施人处于分离状态,而和解、调解的内容一般会涉及实体权利的处分。若允许两造完全自由地达成调解、和解,则存在社会公共利益受损的可能性。另一方面,法院作为国家司法机关,维护公共利益是宪法赋予其的核心职责。因此法院应当对民事公益诉讼中两造所达成的调解、和解协议进行严格审查。若法院经审查认为两造所达成的调解、和解协议损害了社会公共利益,则应当依据案件所查明的事实与证据,待判决条件成就时径行判决,行使法院应当履行的宪法职责。此外,考虑到社会公共利益的复杂性、多元性,对未损害社会公益的调解、和解协议,也要严格执行公告程序,法院应当待公示期满并经原告、被告同意后方可出具调解书。①在该案中,金某的行为固然侵害了未成年人的公共利益,但经过人民法院组织的调解,金某已经完全接受了无锡市人民检察院提出的所有诉讼请求。《最高人民法院关于审理环境民事公益诉讼案件适用法律若干问题的解释》第二十六条规定:"负有环境资源保护监督管理职责的部门依法履行监管职责而使原告诉讼请求全部实现,原告申请撤诉的,人民法院应予准许。"那么同理,人民检察院的诉讼请求全部实现时,再进行诉讼显然是对司法资源的一种浪费。

在检察公益诉讼实务中,"诉前解决"已经成为绝对的主流,少有行政公益诉讼案件可以进入诉讼阶段。② 这种现象的出现源自行政机关和检察机关在保护公共利益问题上的不断协商和互相配合。虽

---

① 参见阮崇翔:《民事公益诉讼职权主义诉讼模式研究》,载《河北法学》2023年第11期。

② 在行政公益诉讼中,绝大多数案件通过诉前程序督促行政机关纠正或履职得以解决,诉前整改率达到99.1%。参见最高人民检察院《公益诉讼检察工作白皮书(2023)》。

然民事公益诉讼中的原告仅是社会公共利益的"诉讼担当人",对社会公共利益没有实体处分权,但经过特殊程序设计后的调解、和解也可以同审判程序一样实现公平正义的司法价值。① 在民事公益诉中,由于诉讼主体之间不对等,这种协调工作难以开展和延续,人民法院从中组织调解是无可非议的。诚然,在司法实务中存在大量社会组织或团体通过提起公益诉讼的方式向被告攫取利益,但尽量通过调解方式来解决诉讼问题仍是司法追求的目标,有限处分原则正是基于此诞生的。社会公共利益有别于一般的私人利益,其与原告之间不存在直接的利益关系。因此,对社会公共利益的保护需要包括人民法院、人民检察院、行政机关以及社会团体之间的共同努力,而通过有限处分原则的相关精神内容,对上述这些机构和组织在案件处分权上加以限制,才是最有利于保护公共利益的方式。

山东省济南市槐荫区人民检察院诉槐荫区应急管理局、区消防救援大队不履行消防监管职责公益诉讼案②

【基本案情】

泰山国际大厦是一幢位于济南市槐荫区的24层建筑,产权人为某物业管理公司,有多家酒店、教育培训机构、娱乐场所等在此经营,其中多层建有儿童活动场所。2016年3月,槐荫区消防救援大队在执法检查中指出该建筑存在火灾隐患。同年11月,某科技公司承包了该建筑的消防水系统改造工程,改造工程完工后未经竣工验收。此

---

① 参见曲昇霞:《论环境民事公益诉讼调解之适用》,载《政法论丛》2016年第3期。

② 参见《【人民法院报】行政公益诉讼典型案例之七》,载平邑县人民法院官网2023年12月20日,http://www.sclcourt.gov.cn/lypyfy/404074/404081/146357281/index.html。

后,该建筑陆续出现消防水泵出水管路漏水和自动喷水灭火系统、消火栓系统未设置稳压泵等质量问题,消防设备无法正常使用,存在重大安全事故隐患。2019年之后,槐荫区消防救援大队对该建筑进行多次消防监督检查,认定某物业管理公司存在影响消防安全违法行为,责令其限期改正,但该公司长期未予改正。槐荫区应急管理局、区消防救援大队存在怠于履行消防监管职责的情形。

槐荫区人民检察院对槐荫区应急管理局、区消防救援大队立案调查,于2021年5月11日分别向两单位发出检察建议,建议前者依法履行消防监督管理职责,建议后者依法对相关违法责任主体进行查处等。后经跟进调查,两单位均未按检察建议履行职责,公益侵害仍在持续。槐荫区人民检察院遂以槐荫区应急管理局、区消防救援大队为被告,于2022年1月21日向槐荫区人民法院提起行政公益诉讼,请求判令区应急管理局依法履行对泰山国际大厦消防安全隐患的监督管理职责,判令区消防救援大队依法履行对该大厦消防安全隐患的监督检查及违法行为查处职责,确保将消防安全隐患整改到位。

槐荫区人民法院审理期间,两被告均明确表示将尽快整改。法院与检察院、两被告保持持续沟通,了解整改进展情况。槐荫区应急管理局于2022年4月通过向区消防救援大队发出督办单,要求其立即采取措施,消除安全隐患。区消防救援大队对某物业管理公司进行立案调查并罚款6000元。该公司通过租用应急发电车解决消防用电设备供电负荷问题,组织对消防给水设施进行维修等,后委托第三方机构进行安全检测,结论为合格。法院与检察院就整改标准充分交流,共同赴现场实地察看,并组织召开消防安全隐患整改效果公开听证会。后槐荫区人民检察院以安全隐患已全部消除为由,决定撤回起诉。槐荫区人民法院经审查认为,被告已整改到位,公益诉求已实现,故裁定准予撤诉。

【主要法律问题】

1. 该案中,检察机关和人民法院分别行使了什么职责?

2. 公益诉讼的原告可以随意撤诉吗?

【主要法律依据】

1.《最高人民法院关于适用〈中华人民共和国民事诉讼法〉的解释》第二百八十八条;

2.《最高人民法院关于审理环境民事公益诉讼案件适用法律若干问题的解释》第二十五条、第二十六条、第二十七条。

【学理分析】

"处分原则和实体法上的'私权自治'原则密切相关,是自由主义私法理念在诉讼法上的投射。"[①]当事人能够行使撤诉权的正当性基础源于处分原则在民事诉讼中的贯彻。然而,由于所争讼的实体利益属于社会公众或国家,民事公益诉讼在处分原则的贯彻与适用上同普通民事诉讼存在差别。民事诉讼的处分原则与辩论原则应当基于公益诉讼的特性而受到一定程度的限制。[②] 消防工作事关社会安定和人民群众生命财产安全,酒店、商店、娱乐设施等公共场所的防范更是重中之重。未按国家消防技术标准设置灭火系统或火灾自动报警系统会埋下重大隐患。对此,应急管理部门和消防救援机构应各司其职,发挥好督促与监管职能。该案中,针对上述单位履责不到位问题,检察机关通过依法提出检察建议、跟进调查和提起诉讼等方式,发挥了有力监督作用;人民法院发挥司法能动性,在审理过程中积极介入,把握时机适时协调,避免就案办案,与检察机关共同查看现场、组织听证会,最终促成隐患的消除,公益保障到位。

---

① 张陈果:《论公益诉讼中处分原则的限制与修正——兼论〈新民诉法解释〉第289、290条的适用》,载《中外法学》2016年第4期。

② 参见张卫平:《民事公益诉讼原则的制度化及实施研究》,载《清华法学》2013年第4期。

我国公益诉讼的相关立法仅规定了可以提起公益诉讼的原告资格范围，而在公共利益受损后，对原告是否应当提起公益诉讼并无强制性规定。由于法院不能依职权强行介入原告未起诉的公益纠纷，若法律再赋予原告自由撤诉的权利，则会使本就受损的公共利益雪上加霜，变相增加了维护公共利益的程序性障碍。民事公益诉讼中的被告多以从事生产经营活动、以营利为目的的企业为主。行政公益诉讼中的被告则为国家行政机关。在民事公益诉讼中，若原告可以自由地行使撤诉权，虽然短期来看被告免于承担诉累，也不会直接面临不利的诉讼风险。但公益纠纷已经产生，公共利益实质上处于受损状态。在行政公益诉中，若原告可以自由撤诉，则无法达成最有利于公益保护的目的，同时也有损国家行政机关的公信力。

【思考题】
如何判定和解行为是否损害社会公共利益？

第二编
行政公益诉讼

第二章

行政公法关系

第一章 行政公益诉讼的案件范围

第一节 生态环境和资源保护领域行政公益诉讼

党的十八大以来,党中央高度重视生态文明的传承、存续和发展,将生态文明建设纳入"五位一体"总体布局,习近平总书记围绕生态文明建设作出一系列重要论断,生态文明建设在新时代党和国家事业发展中的重要性持续显现。习近平总书记深刻指出:"我国生态环境保护中存在的突出问题大多同体制不健全、制度不严格、法治不严密、执行不到位、惩处不得力有关。"①在生态环境与资源保护领域,行政公益诉讼在习近平生态文明思想中"如何建设生态文明"②这一关键环节中发挥积极能动的司法保护作用。

【主要知识点】

生态环境和资源保护领域是最早被纳入行政公益诉讼案件范围的领域之一。早在2015年7月,全国人大常委会通过的《关于授权最

---

① 《推动我国生态文明建设迈上新台阶》,载习近平:《论坚持人与自然和谐共生》,中央文献出版社2022年版,第13页。
② 习近平生态文明思想的内在逻辑遵循"为什么—什么样—如何建"的三维递进环境政治哲学进路。参见福建省习近平新时代中国特色社会主义思想研究中心:《新时代建设社会主义生态文明的强大思想武器》,载《学习时报》2022年5月27日,A3版。

高人民检察院在部分地区开展公益诉讼试点工作的决定》(以下简称《公益诉讼授权决定》)授权试点检察机关可在生态环境和资源保护领域提起公益诉讼。随后,在检察公益诉讼试点工作结束后,2017年6月,全国人大常委会作出修改《行政诉讼法》的决定,在《行政诉讼法》第二十五条增加全新款目①,授权检察机关开展行政公益诉讼的同时,规定"生态环境和资源保护"作为检察机关行政公益诉讼履职领域,这一领域在行政公益诉讼案件范围不断拓展过程中被称为行政公益诉讼"四大法定领域"之一,始终占据原初性和重要性地位。

【案例分析】

检例第 166 号:最高人民检察院督促整治万峰湖流域生态环境受损公益诉讼案②

【基本案情】

万峰湖地处广西、贵州、云南三省(区)接合部,属于珠江源头南盘江水系,水面达 816 平方公里,是"珠三角"经济区的重要水源,其水质事关沿岸 50 多万人民群众的生产生活和珠江流域的高质量发展。多年来,湖区污染防治工作滞后,网箱养殖无序发展,水质不断恶化,水体富营养化严重,部分水域呈劣Ⅴ类水质,远超《地表水环境质量标准》(GB 3838—2002)相关项目标准限值。该流域主要存在非法

---

① 《行政诉讼法》第二十五条第四款规定:"人民检察院在履行职责中发现生态环境和资源保护、食品药品安全、国有财产保护、国有土地使用权出让等领域负有监督管理职责的行政机关违法行使职权或者不作为,致使国家利益或者社会公共利益受到侵害的,应当向行政机关提出检察建议,督促其依法履行职责。行政机关不依法履行职责的,人民检察院依法向人民法院提起诉讼。"

② 参见《第四十一批指导性案例(万峰湖专案)》,载最高人民检察院官网,https://www.spp.gov.cn/spp/jczdal/202209/t20220922_578616.shtml。

网箱养殖污染、水面浮房、钓台等污染、船舶污染、沿岸垃圾污染、生活和养殖污水直排、企业偷排、乱排废水等环境污染问题。

2019年11月,贵州省人民检察院向最高人民检察院反映了万峰湖流域生态环境污染公益诉讼案件线索。最高人民检察院认为,万峰湖流域污染问题涉及重大公共利益,流域生态环境受损难以根治的重要原因在于地跨三省(区),上下游、左右岸的治理主张和执行标准不统一,仅由一省(区)检察机关依法履职督促治理难以奏效。为根治污染,有必要由最高人民检察院直接立案办理。鉴于该案违法主体涉及不同地区不同层级不同行政机关,数量较多,如采取依监督对象立案的方式,不仅形成一事多案,且重复劳动、延时低效,公共利益难以得到及时有效保护。综合考虑该案实际,2019年12月11日,最高人民检察院决定基于万峰湖流域生态环境受损的事实直接进行公益诉讼立案。

【主要法律问题】

万峰湖流域生态环境受损问题及资源受损问题是否可以行政公益诉讼立案?

【主要法律依据】

1.《行政诉讼法》第二十五条第四款;

2.《环境保护法》第六条、第十条、第五十一条;

3.《渔业法》第十一条、第四十条;

4.《水污染防治法》第四条、第九条、第十九条、第三十三条、第三十八条、第四十九条、第八十五条;

5.《固体废物污染环境防治法》第二十条;

6.《土壤污染防治法》第五条、第七条、第八十七条。

【学理分析】

关于生态环境和资源保护领域行政公益诉讼具体涵括哪些类型的案件,2018年3月,最高人民检察院民事行政检察厅印发《检察机关行政公益诉讼案件办案指南(试行)》(以下简称《行政公益诉讼办案指南》),作为检察机关办理行政公益诉讼案件的指引。《行政公益诉讼办案指南》把"案件范围"列为生态环境和生态保护领域行政公益诉讼案件重点问题进行详细梳理和划分,规定"生态环境领域的行政公益诉讼案件,主要指对生态环境负有监管职责的行政机关对污染环境的事实违法行使职权或者不作为,致使国家利益或者社会公共利益受到侵害的案件"。需要说明的是,法律规范表述中并未将"生态"和"环境"予以明确区分,在实践中基于生态和环境保护目的的努力也无将二者辨明的必要。因此,此处的生态环境保护应以保护最大化的视角做行政公益诉讼在生态领域和环境领域的扩大适用解释,将自然因素和人为因素造成的破坏生态、污染环境的案件类型都涵盖其中。具体来说,可因破坏和污染对象的不同分为大气、水、土壤、固体废物等保护类别。

《行政公益诉讼办案指南》规定,"资源保护领域的行政公益诉讼案件,主要指对资源保护负有监督管理职责的行政机关对破坏资源的事实违法行使职权或者不作为,致使国家利益或者社会公共利益受到侵害的案件"。根据资源的种类,该指南将案件类型大体分为土地资源类、矿产资源类、林业资源类、草原资源类。事实上,以上分类规定多为总结和固定试点时期在资源保护行政公益诉讼领域开展较多、实践成熟且有迫切保护需要的案件类型,并未将资源保护的全部内容予以列明。随着行政公益诉讼在资源保护领域所发挥的作用愈加明显,关于水资源保护、海洋资源保护以及动物资源保护等类型的行政公益诉讼案件也在不断探索和发展,并取得了良好的保护效果。

具体到该案中,万峰湖流域因自然地理位置跨域三省,在长期环境污染累积和生态资源破坏过程中,污染和破坏面积已经遍及全流域。梳理基本案情中的污染和破坏情况可知:其一,该案涉及非法养殖网箱、违建水面浮房及钓台、无排污处理或净化装置的船舶、沿岸垃圾堆积以及企业废水排放等所造成的水污染、土壤污染等环境污染，万峰湖流域环境受损问题的确客观存在。其二，该案涉及流域内非法施工，使流域水文情况改变，流域沿岸坡地泥土松动，存在水土流失、泥石流等灾害风险，打破了生态平衡，万峰湖流域生态破坏①问题同样实际存在。其三，该案涉及非法捕捞、非法开采以及非法排污等行为，造成水资源、渔业资源、矿产资源以及土地资源等遭到严重破坏，万峰湖流域资源损害问题也现实存在。以上各种情况交织、各类行为交错，共同对被誉为"西南明珠"的万峰湖库区的生态环境和各类资源造成不可小觑的损害，使国家利益和社会公共利益处于严重受损状态。鉴于万峰湖流域生态环境受损问题具有"大江大湖在治理主张和执行标准方面上下游不同行、左右岸不同步"②的典型特征，其流域共跨三省（区）五县市，"相关责任主体涉及水务、环境保护、农业农村等多个行政部门"③，最高人民检察院决定突破传统"以人立案"模式，探索"以事立案"规则，基于万峰湖流域生态环境和资源受损的事实进行公益诉讼立案，有效解决了因责任主体众多、情况复杂所导致的立案难问题④，形成了"万峰湖专案"。其中行政公益诉讼案件44件，在清理湖区全部非法网箱养殖的同时，对水面浮房和钓台的生活污水、沿岸垃圾污染、船舶污染、上游河流工矿企业违法排放以及其他破

---

① 生态破坏，是指不合理的环境资源开发利用活动，改变了生态系统的组成、结构、状态和内在关系，打破了生态平衡，致使原有的生态功能下降、退化乃至消失，进而对生物的生存繁衍乃至人类的生产生活造成不利影响的现象。参见杨朝霞：《环境公益诉讼制度的诉因检视：从解释论到立法论——以"生态"与"环境"的辨析为中心》，载《中国政法大学学报》2021年第5期。

② 张雪樵：《万峰湖公益诉讼指导性案例的价值启示》，载《人民检察》2022年第21期。

③ 秦天宝：《跨行政区划公益诉讼环境治理的"中国方案"——最高人民检察院第41批指导性案例评析》，载《人民检察》2022年第21期。

④ 参见刘家璞、董长青、庞文远：《生态环境和资源保护领域检察公益诉讼大案办理思路——以"万峰湖流域生态环境受损公益诉讼专案"为例》，载《人民检察》2021年第12期。

坏水文地质环境等流域性问题也进行了同步治理。

【思考题】

1. 生态环境保护领域行政公益诉讼有哪些类型？
2. 资源保护领域行政公益诉讼有哪些类型？

云南省嵩明县人民检察院督促保护耕地资源行政公益诉讼案①

【基本案情】

2021年12月以来，云南省嵩明县杨桥街道办上禾社区居民委员会某公司等22家单位及个人，未经批准占用耕地堆土、建厂房、建设种植看守房，导致160余亩耕地"非农化""非粮化"。2022年4月4日，云南省嵩明县人民检察院以行政公益诉讼立案调查，经现场勘查、走访询问、调取行政执法卷宗等方式，发现嵩明县自然资源局对违法行为人存在的未经批准占地进行场地平整、占地建设养鸡养鸭棚、堆填土等情况下发了《责令改正违法行为通知书》，但耕地被非法占用的状态未能及时消除，被破坏的耕地未能及时复垦，公共利益持续处于受侵害状态，嵩明县自然资源局未全面履行法定责任。

2022年4月5日至18日，嵩明县人民检察院依据查明的事实，针对占用耕地建设养鸡养鸭棚、堆填土等不同违法行为，向嵩明县自然资源局发出多份检察建议，督促自然资源主管部门依法全面履职，责令违法行为人退还被非法占用的土地，恢复耕地种植条件，并对辖区内同类问题进行排查整治。

针对检察机关发出的检察建议，嵩明县自然资源局高度重视，及

---

① 参见《耕地保护检察公益诉讼典型案例》，载最高人民检察院官网，https://www.spp.gov.cn/xwfbh/dxal/202309/t20230927_629459.shtml。

时与检察机关沟通,因涉案耕地拆除难度大等难以在规定期限内整改完毕,嵩明县自然资源局制定了具体可行的整改方案,及时向检察机关说明情况。2022 年 12 月 19 日,嵩明县自然资源局向嵩明县人民检察院书面回复称,违法占用耕地已全部退还,涉案 160 余亩耕地得到复耕。

【主要法律问题】

耕地被占用和破坏是否属于资源保护类行政公益诉讼范畴?

【主要法律依据】

1.《行政诉讼法》第二十五条第四款;

2.《土地管理法》第三条、第四条、第五条、第十七条、第三十条、第三十七条、第六十七条、第七十五条;

3.《土地管理法实施条例》第十一条、第十二条、第十三条。

【学理分析】

耕地,即用于耕作的土地,是"通过社会生产活动和自然因素的综合作用而形成的土地"[1],由自然土壤发育而成,具备种植农作物的自然环境,经人类的种植劳作,能够产出粮食以及其他农作物。从国家生存与发展的意义来看,耕地是最基本的物质基础;从国家战略安全的角度来看,耕地是粮食生产的根本条件,是实现粮食安全的重要前提。但从我国耕地资源总体情况来看,虽耕地资源总量较大且种类丰富,但囿于人口基数庞大,人均耕地资源严重不足。因此,对于同为人口大国和农业大国的我国而言,加强耕地资源的保护和利用,对于社会经济可持续发展至关重要,对于保障我国粮食安全、稳定国际粮食价格也具有战略意义。[2]

---

[1] 夏早发、雷春:《关于如何界定耕地概念的研究》,载《中国土地科学》1999 年第 3 期。

[2] 参见陈美球、刘桃菊:《新时期提升我国耕地保护实效的思考》,载《农业现代化研究》2018 年第 1 期。

2019年3月8日，习近平总书记在参加十三届全国人大二次会议河南代表团审议时强调，"耕地是粮食生产的命根子"。党的二十大报告也明确指出，要"牢牢守住十八亿亩耕地红线"①。可见，加强耕地保护不仅要落实最严格的耕地保护制度，更要多方位实现和提高耕地资源保护的有效性。

具体到该案中，耕地资源是土地资源的类型之一，根据土地管理相关法律的规定，"禁止占用耕地建窑、建坟或者擅自在耕地上建房、挖砂、采石、采矿、取土"。而案涉单位和个人在耕地上堆土、建厂房、建设种植看守房等占用和破坏耕地的行为，已经对耕地资源造成了严重损害，该县自然资源局对此负有监督管理责任，应当整治违法占用和破坏耕地行为，要求违法行为人退还其非法占用的耕地且按照相关规定进行复垦。但该县自然资源局并未充分、全面履行监督管理职责，案涉耕地"非农化""非粮化"现象并未得到纠正，耕地资源被破坏情况未得以改善，社会公共利益也因此持续处于受侵害状态。因此，检察机关可以行政公益诉讼立案，协同自然资源管理部门，共同实现耕地资源保护这一系统性工作。

第二节　食品药品安全领域行政公益诉讼

【主要知识点】

在2017年修正的《行政诉讼法》中，"食品药品安全"通过第二十五条第四款被明确列举为检察机关开展行政公益诉讼的"四大法定领域"之一。但相较于其他三个领域，食品药品安全的独特性体现在

---

① 《习近平:高举中国特色社会主义伟大旗帜　为全面建设社会主义现代化国家而团结奋斗——在中国共产党第二十次全国代表大会上的报告》，载中国政府网，https://www.gov.cn/xinwen/2022-10/25/content_5721685.htm。

其虽归属于社会性规制范畴①,相关行政机关在其中的监督管理职责表现为因第三人侵害行为或其他非人为风险所产生的主动或被动防范义务,但又因食品药品安全所涉案件常显现具体化特征,多数情况下存在具体的权益被侵害人,因果关系也较为直观。因此,对于检察机关是否可以对食品药品安全领域案件提起行政公益诉讼曾存在不同观点,检察机关对食品药品安全案件的行政公益诉权的确立过程也能体现该争议。虽然在《公益诉讼授权决定》中,食品药品安全领域被纳入授权开展公益诉讼的范围,但在随后原中央全面深化改革领导小组第十二次会议审议通过的《检察机关提起公益诉讼试点方案》中,食品药品安全被限定在民事公益诉讼范围,行政公益诉讼范围为生态环境和资源保护、国有资产保护、国有土地使用权出让三个领域。在试点期间,扩大行政公益诉讼案件范围的呼声较高,其中有学者提出,食品药品安全案件在深层次问题上都或多或少存在相关部门监管不力的现象,督促其依法履职确有必要,应将食品药品安全案件囊括在行政公益诉讼案件范围内。② 2017 年《行政诉讼法》修正时吸收了上述建议,食品药品安全领域被列入行政公益诉讼的案件范围。

---

① 社会性规制是以确保国民生命安全、防止灾害、防止公害和保护环境为目的的规制,主要包括安全性规制、健康规制和环境规制等。参见湛中乐、郑磊:《分权与合作:社会性规制的一般法律框架重述》,载《国家行政学院学报》2014 年第 1 期。

② 参见李洪雷:《检察机关提起行政公益诉讼的法治化路径》,载《行政法学研究》2017 年第 5 期。

【案例分析】

浙江省杭州市富阳区人民检察院督促保护冷鲜禽食品安全行政公益诉讼案[①]

【基本案情】

2020年下半年以来,浙江省杭州市富阳区某家庭农场养殖的家禽通过某网络交易平台销售并经快递冷链运输至全国各地。该家庭农场销售的"冷鲜禽"未按规定屠宰检疫,"一证两标"(动物检疫合格证、检疫合格脚环标志、企业产品标识标志)缺失,快递公司在承运时也未按规定进行查验,上述行为造成了食品安全风险隐患,损害消费者合法权益。

2021年1月,浙江省杭州市富阳区人民检察院(以下简称富阳区检察院)在浙江省人民检察院组织开展的"冷鲜禽"食品安全公益诉讼专项行动中发现,位于辖区某乡镇的家庭农场在某网络交易平台上注册店铺,发布"农村散养土鸡现杀冷链运输"等销售链接,页面显示所销售的"冷鲜禽类"月销量数百只,但缺少"一证两标"等检疫信息,可能存在食品安全隐患。2021年1月27日,富阳区检察院决定立案调查。经过调查确认,案涉家庭农场违规销售"一证两标"缺失的"冷鲜禽"产品,而相关快递企业未查验检疫证明即予以承运等违法行为。

2021年1月29日,富阳区检察院依法分别向杭州市富阳区市场监督管理局和杭州市富阳区农业农村局制发检察建议,建议对案涉家

[①] 参见《最高检发布"公益诉讼守护美好生活"专项监督活动典型案例》,载最高人民检察院官网, https://www.spp.gov.cn/spp/xwfbh/wsfbh/202109/t20210909_529071.shtml。

庭农场以及快递企业的上述违法行为依法进行调查和处理,强化对"冷鲜禽"屠宰检疫、线上经营、运输等环节的监管。

【主要法律问题】

该案中的动物检疫问题是否属于行政公益诉讼范围?

【主要法律依据】

1.《行政诉讼法》第二十五条第四款;

2.《食品安全法》第二条、第四条、第三十三条、第三十五条、第三十六条、第一百一十四条、第一百二十二条和第一百二十六条;

3.《动物防疫法》第三条、第七条、第九条、第十七条、第二十五条和第二十七条;

4.《网络食品安全违法行为查处办法》(2021年修改)第二条、第三条、第四条和第十六条。

【学理分析】

"民以食为天,食以安为先。"近年来,食品安全问题日益成为社会各界关注的重点。从本质上来说,食品安全是社会经济发展和社会治理理念变革的产物,准确界定"食品安全"这一基础性概念,是食品安全监管相关制度有效执行的前提。行政公益诉讼作为行政执法监管的补充手段,客观理解和正确适用"食品安全"的内涵和外延,是恪守行政公益诉讼诉权边界的基石。根据《食品安全法》第一百五十条的规范定义,"食品安全,指食品无毒、无害,符合应当有的营养要求,对人体健康不造成任何急性、亚急性或者慢性危害",其中的用语多为不确定性描述。行政公益诉讼中,在对涉嫌安全问题的食品进行界定时,需要将抽象的概念置于具体的情境中,结合具体的标准,考虑公共利益影响的因素和程度,作出是否成案的决定。

食品从开始生产到摆上人民群众的餐桌,经过若干环节,每个环节都与食品安全息息相关,行政公益诉讼对于食品安全领域的司法保护也要相应触及源头、全程以及末端,实现全流程的督促、协同监管。

关于涉及食品安全的行政公益诉讼案件的类型,《行政公益诉讼办案指南》作出指引性规定,指出"食品安全的案件主要涉及:食品生产和加工,食品销售和餐饮服务;食品添加剂的生产经营;用于食品的包装材料、容器、洗涤剂、消毒剂和用于食品生产经营的工具、设备(以下称食品相关产品)的生产经营;食品生产经营者使用食品添加剂、食品相关产品;食品的贮存和运输等",覆盖食品生产、加工、流通及经营的全过程。

具体到该案中,随着互联网技术的迅速普及和网络购物行业的迅猛发展,"冷鲜禽"产品网络销售兴起,食品销售从线下延伸至网络空间。只是销售场域和方式的变化,并不会降低强制性要求和技术标准或"逃遁"食品安全相关法律法规的要求。同时,消费者群体对于互联网领域的食品安全问题尚缺乏防范意识,往往仅以较低价格、商家的宣传以及一些不客观的"好评"等作为购买的参考,并不关注销售行为是否触犯食品安全否定性评价规范,需要来自政府的社会性规制手段来切实保障消费者群体以及社会公众的健康和安全。[①] 但食品网络销售相较于传统食品销售渠道而言,存在违法行为隐蔽、监管体系滞后以及监管力量薄弱等明显弊端。并且,案涉"冷鲜禽"产品违规网络销售行为在销售前端涉及农产品生产屠宰检疫,在销售后端涉及冷链物流运输,涉及的行政监管部门在监管理念上会存在"未能突破自成体系、独立作战的狭窄视野"[②]的问题,难以构建互联互通、协同有效的配合机制,行政公益诉讼则可在此时发挥补充规制作用。案涉家庭农场未按规定屠宰检疫、缺少"一证两标"检疫信息,冷链运输环节存在不规范问题,上述违法行为涉及的食品不符合安全性规则,

---

[①] 参见刘艺:《我国食药安全类行政公益诉讼制度实践与理论反思》,载《南京工业大学学报(社会科学版)》2021年第3期。

[②] 李春雷主编:《食药安全行政执法与刑事司法》,研究出版社2019年版,第91页。

可能存在对人体健康和生命安全构成危险的物质或者因素，属于行政公益诉讼案件范围。针对上述食品安全隐患的情况，检察机关通过制发检察建议，督促负有监管职责的行政机关履职尽责、协同治理，规范"冷鲜禽"网络销售行为，消除疫病传播隐患，保障禽类产品安全，切实维护消费者合法权益，维护人民群众"舌尖上的安全"。

陕西省咸阳市秦都区人民检察院督促整治医疗美容机构违法经营行政公益诉讼案[①]

【基本案情】

陕西省咸阳市秦都区某医美门诊部在对消费者进行医美整形过程中，未严格执行无菌操作、重复使用一次性注射器，使用过期的"硫酸庆大霉素注射液""盐酸肾上腺素注射液""地塞米松磷酸钠注射液"等药品，使用过期的医疗器械"注射用交联透明质酸钠凝胶"用于面部五官塑形，使用过期的医用免洗消毒凝胶、甲紫液等消毒用品，存在医疗安全隐患，威胁消费者生命健康安全。

2022年3月，陕西省咸阳市秦都区人民检察院在开展小诊所医疗安全整治专项监督活动中发现该案线索，并于3月21日立案。其后经调查查明，某医美门诊部重复使用一次性注射器、使用过期药品和消毒产品，侵害消费者合法权益，相关行政机关未依法履行职责。3月25日，秦都区人民检察院针对某医美门诊部的违法行为，向咸阳市秦都区市场监督管理局提出检察建议，建议其依法履行药品、医疗器械监管职责；向咸阳市秦都区卫生健康局提出检察建议，建议其依法

---

① 参见《最高检发布检察机关食品药品安全公益诉讼典型案例关注解决食品安全领域新业态新问题》，载河南省郑州市人民检察院官网2023年3月20日，http://www.zhengzhou.jcy.gov.cn/sitesources/zzsrmjcy/page_pc/jwgk/dxal/article0zd894d3dcf44ff594ff0a100db8c66.html。

履行医疗机构消毒工作监管职责。

【主要法律问题】

该案是否属于行政公益诉讼范围?

【主要法律依据】

1.《行政诉讼法》第二十五条第四款;

2.《药品管理法》第九十八条、第一百一十七条、第一百一十八条、第一百一十九条;

3.《医疗机构管理条例》第五条、第二十四条、第三十五条;

4.《医疗美容服务管理办法》第二条、第三条、第四条、第十七条;

5.《医疗器械监督管理条例》第五十五条。

【学理分析】

长久以来,药品在预防和治疗人类疾病、维持人类生命健康方面发挥重要作用,但同时药品作为一种特殊物质,[①]会存在一定安全隐患,由此也产生了药品安全问题。如何对药品安全进行规制以及如何实现良好的规制效果,直接影响国家的社会稳定、经济发展和全体国民的切身利益。习近平总书记提出并多次强调药品安全监管领域要适用"四个最严"要求,即"最严谨的标准、最严格的监管、最严厉的处罚、最严肃的问责"[②],党的二十大报告也明确强调,"把保障人民健康放在优先发展的战略位置"[③]。因此,药品安全这项关乎广大人民群众身体健康的重要民生工作,是 2017 年《行政诉讼法》修正时确定的行政公益诉讼的法定领域,也是近年来行政公益诉讼实践较为集中的重点领域。

---

① 参见刘畅:《论我国药品安全规制模式之转型》,载《当代法学》2017 年第 3 期。

② 《习近平主持中共中央政治局第二十三次集体学习》,载新华网,http://www.xinhuanet.com/politics/2015－05/30/c_1115459659.htm。

③ 《习近平:高举中国特色社会主义伟大旗帜 为全面建设社会主义现代化国家而团结奋斗——在中国共产党第二十次全国代表大会上的报告》,载中国政府网,https://www.gov.cn/xinwen/2022－10/25/content_5721685.htm。

《行政公益诉讼办案指南》并未对涉及药品安全的行政公益诉讼案件类型作出罗列和归类，只是对药品作出定义和概括分类，指出药品包括"中药材、中药饮片、中成药、化学原料药及其制剂、抗生素、生化药品、放射性药品、血清、疫苗、血液制品和诊断药品等"，将药品安全监管的应用场景界定为"药品研发、生产、流通、使用全环节"，强调药品安全监管的全流程性，旨在构筑"从实验室到医院的每一道防线"。

　　具体到该案中，随着社会经济发展，公众对于"美"的追求增加，关于"美"的消费需求也日益增长，医疗美容行业不断受到消费者的青睐，但虚假广告、非法用药、违规行医等问题也呈现多发高发态势，给消费者的生命健康带来了极大的安全隐患。医疗美容行业利润巨大，有极大的逐利性因素，"颜值经济"又归于新兴业态，监管体制相对滞后，监管力量相较薄弱，如此一"反"一"正"的悬殊比对，使医疗美容行业药品安全事件难以在短时期内得到根本缓解。案涉美容机构违反医疗操作规范，使用不符合质量标准的药品、医疗器械、医疗用品等，使接受其医美整形的消费者处于明显伤害或潜在危害状态。药品安全"包括质量是否符合标准、不良反应是否可接受、临床使用有无用药错误以及药品的可及性四个方面"[1]，案涉美容机构的违法行为已经违反质量标准，且可能带来严重不良反应，给消费者的生命和健康带来实质伤害和安全隐患，属于行政公益诉讼的受案范围。需要注意的是，检察机关对于药品安全领域的补充监管侧重于事中监管，即"对已制成药品的质量实行动态控制"[2]，可以通过提出检察建议，督促负有监管职责的相关行政机关依法履职，查处案涉美容机构的违

---

[1] 尚鹏辉等：《中国药品安全综合评价指标体系研究》，载《中国卫生政策研究》2013年第10期。
[2] 孔祥稳：《公共安全视角下药品致害救济机制重构》，载《法治研究》2016年第5期。

法经营行为。

【思考题】

1. 是否所有的社会治理领域都应当纳入行政公益诉讼受案范围？
2. 如何理解食品药品安全领域行政公益诉讼的界限？

第三节 国有财产保护领域行政公益诉讼

【主要知识点】

国有财产保护领域曾是较早开展公益诉讼的"试验田"和"实践地"。国有资产流失现象作为国有企业改革的"副产品"，在20世纪八九十年代相当严重。1997年，河南省南阳市方城县人民检察院办理的一起国有资产流失案件，为我国改革开放以来的公益诉讼第一案。① 随后，全国范围内多地检察机关效仿跟进，为国家挽回数额不小的经济损失。但自2005年起，最高人民法院因检察机关的公益诉讼原告资格尚于法无据，作出"不再受理检察机关作为原告提起的国有资产流失案件"的批复，国有财产公共利益司法保护陷入停滞阶段。随着全面深化改革的持续推进，党和国家以及社会公众对国有资产这一关涉国计民生的公共利益的关注度也不断提高，通过行政公益诉讼增加这一领域监督力度的讨论、提议也在不断增多。2015年，国有财产保护行政公益诉讼进入制度化阶段，《公益诉讼授权决定》将"国有资产保护"作为行政公益诉讼试点领域，并在试点工作中取得了良好的抑制和阻止国有资产流失的效果，产生了"威慑效应"②。2017年，《行政诉讼法》第二十五条第四款正式通过立法确认了"国有

---

① 参见汤维建：《检察机关提起民事公益诉讼势在必行》，载《团结》2009年第3期。

② 步晓宁、潘晓珊、张少华：《检察行政公益诉讼制度能有效保护国有资产吗——基于国有企业并购行为的讨论》，载《经济学动态》2022年第7期。

财产保护"①是行政公益诉讼法定开展领域之一。

【案例分析】

检例第183号：浙江省嵊州市人民检察院督促规范成品油领域税收监管秩序行政公益诉讼案②

【基本案情】

2019年8月，嵊州市人民检察院发现：部分物流运输、工程基建等用油企业大量违规购买、使用"非标油"，并以非成品油增值税发票进行违规抵扣；部分加油站则通过"无票销售"、账外走账等方式大量销售"非标油"，逃避税收监管。

2019年12月，嵊州市人民检察院对无证无照加油点损害公共利益问题进行立案调查，锁定72家用油企业使用非成品油增值税发票进行抵扣，涉案货值共计6200余万元，造成国家税收流失，损害了国家利益。2020年3月20日，嵊州市人民检察院向税务部门送达检察建议书，建议对非成品油发票不符合实际用途、品名的违法现象进行整治，切实防控税收风险。

嵊州市人民检察院经调查还发现，部分加油站在销售"非标油"过程中，通过"无票销售"、账外走账等方式逃避监管，造成国家税收大量流失。通过监督模型排查某加油站，嵊州市人民检察院核算出2021年1月至8月，该加油站自行申报应税销售收入与实际应税销

---

① 《行政诉讼法》将《公益诉讼授权决定》中的"国有资产"改为"国有财产"，原因可能是在经济学概念中，有区分资产和财产的必要；资产是财产的一部分，指通过持有和配置能够产生增值的财产。在法学概念中，无须区分资产和财产，在法律规范中使用"财产"更能体现国有财产保护的全面性。

② 参见《第四十六批指导性案例》，载最高人民检察院官网，https://www.spp.gov.cn/spp/jczdal/202308/t20230803_623811.shtml。

售收入存在较大差距。针对新发现的加油站销售"非标油"偷逃税款损害国家利益的情形,嵊州市人民检察院向税务部门发出检察建议书,建议采取有效措施追缴加油站偷逃税款,规范加油站纳税申报工作等。

【主要法律问题】

1.该案是否属于行政公益诉讼范围?

2.该案中哪些行为对国家利益造成了损害?

【主要法律依据】

1.《行政诉讼法》第二十五条第四款;

2.《税收征收管理法》第五条、第二十五条第一款、第六十三条第一款;

3.《发票管理办法》(2019年修订)第四条、第二十二条;

4.《发票管理办法实施细则》(2019年修正)第二十八条、第三十四条。

【学理分析】

税收在国家财政体系中占据重要地位,发挥着重要作用,作为国家财政收入的主要组成部分,是国家赖以存在和持续发展的经济基础。现代社会中,若把国有财产比作国家治理的支柱,税收则在其中发挥着基础性、稳固性和保障性作用。纳税人依法纳税,征税人依法征税,是税收制度运行过程中希望达到的理想状态。但被动纳税心理以及其他影响纳税因素的存在,导致不同类型的抗税、逃税行为始终难以杜绝,税收流失现象也一直存在,这不仅会直接导致财政收入减少,还会制约税收在调控资源配置、调节国民收入分配、促进经济社会发展和改善民生方面的功能发挥。① 其中,偷逃税现象自古有之,其表现形式也随着时间、地域和制度的不同而不断演化,已然成为"世

---

① 参见李平:《税收支持高质量发展的作用空间及实现路径》,载《税收经济研究》2022年第6期。

界性难题"。① 因此,督促整治偷逃税款违法行为也是国有财产保护领域公益诉讼案件类型的一个重要方面。

《行政公益诉讼办案指南》将税收类国有财产和费用类国有财产,也即通常所说的税费,共同归并于"基于国家行政权力行使而取得的应属于国家所有的财产"。对于该类案件,《行政公益诉讼办案指南》还细分和列举了表现情形,如"违反法律、行政法规、规章的规定开征、停征、多征、少征、免征税款,或者擅自决定税收优惠,截留、挪用、私分应当入库的税款、罚款和滞纳金等"。

根据《税收征收管理法》第六十三条第一款的规定,偷逃税行为表现为四种手段:"纳税人伪造、变造、隐匿、擅自销毁帐簿、记帐凭证""在帐簿上多列支出或者不列、少列收入""经税务机关通知申报而拒不申报""进行虚假的纳税申报"。

该案中主要涉及两类偷逃税款行为,分别发生在成品油消费端和成品油销售端。其一,案涉用油企业用非成品油发票充作成品油发票,当作该企业的经营成本入账,违规进行税款抵扣,案涉货品价值高达6000余万元,案涉企业本应缴纳的税款大幅减少,造成了国家应收税款流失,严重损害了国家利益。其二,案涉加油站在销售油品时,通过销售"非标油"后不开具发票、不在账簿上记录"非标油"销售等方式,减少所申报的应税销售收入,不当避税,少缴纳实际应税数额,使国家利益处于受损状态。因此,检察机关对于案涉用油企业和案涉加油站偷逃税款损害公共利益的违法行为可以进行行政公益诉讼立案,向税收部门制发检察建议,以法律监督助力行政机关依法行政,保护国有财产安全。

---

① 参见陈平路:《基于行为经济理论的个人偷逃税模型》,载《财贸经济》2007年第11期。

检例第 186 号：浙江省杭州市拱墅区人民检察院督促落实电价优惠政策行政公益诉讼案①

【基本案情】

转供电是指电网企业不直接供电、抄表和收费，而由其直供户转供给终端用户并代为抄表、收费的情形。自 2018 年起，国家多次下调一般工商业用电价格。2020 年年初，为减轻企业负担、提振市场主体信心，国家又陆续推出一系列阶段性降低企业用电成本的惠民助企政策。国家发展和改革委员会发布通知，要求电网企业在计收一般工商业及其他电价类别的电力用户电费时，按原到户电价水平的 95% 结算。浙江省杭州市拱墅区内作为转供电主体的多个产业园区、商业综合体和物业公司违反规定，在与电力终端用户结算时，未对终端用户实施电费降价、未执行阶段性电费优惠政策，涉及款项巨大。

2020 年 4 月，拱墅区人民检察院在履行职责中发现上述案件线索后开展初步调查，并于同年 6 月立案调查，查实 6 家转供电企业违反规定，未对终端用户实施电费降价、未执行阶段性九五折结算电费的国家优惠政策。同年 8 月 21 日，拱墅区人民检察院向拱墅区市场监管局发出检察建议，建议对案涉 6 家转供电企业的违法行为进行查处，对辖区内所有转供电企业开展专项排查。拱墅区市场监管局制定了清理转供电环节加价的工作方案，对检察建议涉及的 6 家转供电企业立案调查，依法开展电费清退工作；集体约谈辖区内多个产业园区、商业综合体和物业公司的经营者，引导转供电企业自主退费；加大政策宣传力度，采取联合宣讲、发放告知书、现场检查等方式，扩大政策

---

① 参见《第四十六批指导性案例》，载最高人民检察院官网，https://www.spp.gov.cn/spp/jczdal/202308/t20230803_623811.shtml。

及其优惠措施的知晓度。截至 2021 年 6 月,检察建议所涉的 6 家转供电企业清退多收费用共计 290 万余元,罚没款项 240 万余元。

【主要法律问题】

1. 该案是否属于行政公益诉讼范围?

2. 案涉转供电企业的行为是否侵害了公共利益?

【主要法律依据】

1.《行政诉讼法》第二十五条第四款;

2.《电力法》第四十四条第一款;

3.《价格法》第十二条、第三十三条、第三十九条;

4.《电力供应与使用条例》第二十条第二款。

【学理分析】

近年来,随着我国经济快速发展、民主进程加快以及社会全面进步,人民群众对于美好生活的向往愈加明显,对于政府治理的要求也不断提高,不仅涉及政府职能转变、政府结构优化、政府自身建设,还需要致力建设"人民满意的服务型政府",人民群众的利益被放在越来越突出和重要的位置,由此,一系列、"一揽子"、一整套惠民政策纷纷出台。惠民政策,作为由政府主导,以惠及民众为目标,涉及多个领域的措施,往往"与国有财产密切相关,涉及国有财产的使用或国家利益的让渡"[①]。从学理意义上分析,国有财产是国家所有的一切财产以及财产权利之加总,[②]其中,财产主要包括国家依权力和依法取得、认定以及形成的各种财产、物资以及收益等,财产权利主要涉及国有财产的使用、收益以及再分配过程。而政策作为一项政府举措,虽

---

① 徐全兵、刘东斌、彭溪:《以检察公益诉讼守护国有财产、国有土地助推惠民政策落实——最高人民检察院第四十六批指导性案例解析》,载《人民检察》2023 年第 16 期。

② 参见童之伟:《当代我国财产与权利、权力之关系——结合相关资产负债表的研究》,载《政治与法律》2023 年第 9 期。

具有"认知性、建构性特质"[1],但具体政策内容的推行、政策要求的落实以及政策目标实现一般需要国有财产的支撑和使用。

具体到该案中,在 2020 年新冠疫情发生之初,国家发展和改革委员会出台在疫情防控期间采取阶段性降低电价的惠民政策,减少企业的用电成本,帮助和支持企业共渡停工停产难关。[2] 其中一项重要举措内容即为减免非高耗能一般工商业企业电费的 5%,按照原到户电价水平的 95% 结算。[3] 该项惠民政策的实质为通过降低电价,将本应由国家收取的非税收入让渡给实际用电户,[4]国家电网企业原本的经营性财产收入实质发挥着类似"补贴"电费的作用,是国家在行使对于该项经营性国有财产的使用和处分权利,通过电费降价、电费优惠政策,帮扶中小微企业纾困解难,实现经济平稳健康发展。而案涉转供电主体却违背该助企惠民政策降低用电成本的政策初衷,在代电网企业抄录电表数据、收取用电费用时,未执行电费降价收取的政策,相当于利用其作为转供电主体的优势地位,截取国家政策优惠资金,导致电费降价红利未能足额传导至不特定多数的终端用户,非法侵占了国家政策红利补贴,阻碍了国家为企业减负的政策目的实现,损害了与国有财产使用、国民经济秩序稳定有关的国家利益。对此,检察机关作为保护国家利益的重要力量,可以进行行政公益诉讼立案,督促相关监督管理部门堵住惠民政策施行漏洞,助力行政机关保障和增进民生福祉。

---

[1] 蒋晓平:《惠民政策如何塑造利益表达——对一起保障房配售价格事件的分析》,载《华中科技大学学报(社会科学版)》2018 年第 5 期。

[2] 参见《国家发改委要求在疫情防控期间采取支持性电价政策降低企业用电成本》,载《中国电业》2020 年第 2 期。

[3] 参见《国家发展改革委关于阶段性降低企业用电成本支持企业复工复产的通知》(发改价格〔2020〕258 号)。

[4] 参见朱婳、沈逸凡:《检察机关办理涉惠民公共政策落实公益诉讼案件的相关问题》,载《中国检察官》2023 年第 20 期。

【思考题】

1. 国有财产领域行政公益诉讼案件主要涉及哪些方面？

2. 在国有财产保护领域行政公益诉讼案件中，应当如何认定国有财产损失？

第四节 国有土地使用权出让领域行政公益诉讼

【主要知识点】

国有土地使用权出让领域在 2015 年至 2017 年试点时期就经《公益诉讼授权决定》授权，被纳入行政公益诉讼诉权行使范围。2017 年，国有土地使用权出让领域又经《行政诉讼法》第二十五条第四款规定，被确定为行政公益诉讼四大法定领域之一，其根本目的在于遏制国有土地使用权出让领域土地主管部门未依法履职行为，保护国家利益和社会公共利益免遭损害。《城镇国有土地使用权出让和转让暂行条例》第八条第一款对国有土地使用权出让作出规范定义，即"国家以土地所有者的身份将土地使用权在一定年限内让与土地使用者，并由土地使用者向国家支付土地使用权出让金的行为"。可见，出让是国有土地使用权进入流通领域的前提，亦是关键步骤，也深层次反映了国有土地所有者，即国家与土地使用者之间的直接经济关系。① 换言之，通过国有土地所有者的出让行为将国有土地使用权"解绑"成为商品，在取得土地对价的同时，倍增国有土地使用率，提高土地经济价值。但伴随理想制度设计而生的还有负面"附属品"，如出让方违规出让国有土地、受让方长期拖欠土地出让金、土地交易

---

① 参见朱谢群：《论国有土地使用权出让的法律性质》，载《法律科学（西北政法大学学报）》1999 年第 2 期。

市场不规范不透明等,①严重损害了国家利益。以上问题不仅使国有土地使用权出让领域行政公益诉讼有了更加正当的基础,也是国有土地使用权出让领域行政公益诉讼的主要"发力点"。

【案例分析】

检例第 184 号:江苏省扬州经济技术开发区人民检察院督促整治闲置国有土地行政公益诉讼案②

【基本案情】

2009 年 9 月至 2014 年 9 月,江苏省扬州经济技术开发区 A 公司、B 公司、C 公司、D 公司、E 公司共取得 326 亩国有土地使用权,一直未动工开发或投产,造成土地闲置。2021 年 10 月,江苏省扬州经济技术开发区人民检察院(以下简称经开区人民检察院)在履行职责中发现上述线索后,对涉案土地闲置的历史成因、企业经营状况、行政机关履职情况等进行了初步调查,查明造成 326 亩土地闲置的原因比较复杂,上述五家公司仍然没有具体使用意向。用地企业与行政机关签订的《国有土地使用权出让合同》均载明违反土地管理法律法规及出让合同的违约责任、法律适用及争议解决的条款,但相关行政机关未依法依规依约对企业的用地情况开展监督管理工作。2021 年 12 月 10 日,经开区人民检察院以行政公益诉讼立案。经调查查明,经济技术开发区招商部门负责项目洽谈、招引,自然资源部门负责向企业供地,工业和信息化部门负责服务企业。供地后,自然资源部门负有

---

① 参见唐守东:《国有土地使用权出让行政公益诉讼的实践反思》,载《中国检察官》2020 年第 20 期。

② 参见《第四十六批指导性案例》,载最高人民检察院官网,https://www.spp.gov.cn/spp/jczdal/202308/t20230803_623811.shtml。

会同招商部门、工业和信息化部门建立信用监管、动态巡查,加强对建设用地供应交易和供后开发利用的监管职责;招商部门、工业和信息化部门负有跟踪管理、建立诚信档案、配合自然资源部门处置闲置土地的职责。但上述职能部门对企业用地情况没有全面履行后续监管职责,且未形成监管合力,导致土地资源长期闲置。

2022年2月11日,经开区人民检察院向自然资源、招商、工业和信息化等部门发出检察建议,督促自然资源部门对326亩闲置土地启动调查程序,督促招商部门、工业和信息化部门积极配合自然资源部门开展调查,并加强土地市场动态监测与监管。

【主要法律问题】

土地资源长期闲置是否侵害了国家利益?

【主要法律依据】

1.《行政诉讼法》第二十五条第四款;

2.《土地管理法》第三条、第五十六条;

3.《土地管理法实施条例》第五十条;

4.《最高人民法院、最高人民检察院关于检察公益诉讼案件适用法律若干问题的解释》第二十一条;

5.《闲置土地处置办法》第二条、第四条、第八条、第十二条。

【学理分析】

《行政公益诉讼办案指南》对国有土地使用权出让领域行政公益诉讼案件作出了较为完整的规范描述,即"在国有土地供应、土地使用权出让收入征收、出让土地使用监管等环节负有监督管理职责的行政机关违法履行职权或者不作为,造成国家利益或者社会公共利益受到侵害的案件"。根据土地违法行为方式以及土地权益侵害结果的不同,相关行为细分为国有土地使用权出让收入流失类①、土地闲置类②、违法使用土地类③、违法审批许可类④。

土地资源是固有性、稀缺性资源,只存在定量开发,不存在增量扩张,相应地,土地资源利用也只能更注重高效性、挖潜性、持续性,如此才能消解土地紧缺与社会发展加速之间的张力。⑤但土地资源又内含价值属性,特别是在城市化进程中,因与政府绩效、土地财政、用地指标以及房地产价格等诸多涉及宏观背景、中观制度以及微观管理的因素交织,⑥国有土地使用权人违规用地和囤地、炒地的行为频发,扰乱了土地市场秩序,同时造成了土地资源的刻意浪费与低效利用,不

---

① 此类行为主要包括:行政机关违法低价出让土地使用权;行政机关应以招标、拍卖、挂牌和协议等出让方式供地,却违法以划拨方式供地;行政机关违法以土地换项目、先征后返、补贴等形式变相减免土地使用权出让金;土地使用者未按照出让合同约定足额支付土地使用权出让金,行政机关未依法处理;土地成交后,土地使用者既不在规定时间内签订出让合同,也不足额支付土地使用权出让金,行政机关未依法处理;土地使用者转让划拨土地使用权应当缴纳土地使用权出让金而不缴纳,行政机关未依法处理;土地使用者改变出让合同约定的土地用途、容积率等土地使用条件应当补缴土地使用权出让金而不补缴,行政机关未依法处理;其他与土地使用权出让或变更有关的收入流失的情形。

② 此类行为主要包括:土地使用者以出让方式依法取得土地使用权后,超过出让合同约定的动工开发日期满1年未动工开发,或者已动工开发但开发建设用地面积、投资额占比达不到法定要求并且中止开发建设满1年,造成土地闲置的,行政机关不依法采取处置措施。

③ 此类行为主要包括:土地使用者未经批准擅自改变合同约定的土地用途、容积率等土地使用条件,行政机关未依法处理;土地使用者在未依法足额支付土地使用权出让金、土地尚未交付,或者未获得相关部门审批、许可的情况下,即擅自使用土地,行政机关未依法处理;土地使用者存在其他违法使用土地行为,行政机关未依法处理的情形。

④ 此类行为如在土地使用者未缴清土地使用权出让金的情况下,行政机关违法办理国有建设用地使用权登记等。

⑤ 参见陈卓等:《中国市域建设用地资源稀缺与土地利用效率互动关系变迁的实证研究》,载《经济地理》2023年第11期。

⑥ 参见谭永忠、姜舒寒、吴次芳:《闲置土地的形成原因与类型划分》,载《中国土地》2016年第2期。

利于经济社会的健康发展。因此,需要相关监督管理部门加强市场监管,规范用地行为,通过将闲置的国有土地使用权强制收回,达到惩罚和威慑作用,避免和阻止闲置土地的形成。随着闲置土地使用权收回法律制度与实践的不断发展,闲置土地已经成为一个"具有确定含义的法律概念"[1]。《闲置土地处置办法》第二条规定,"本办法所称闲置土地,是指国有建设用地使用权人超过国有建设用地使用权有偿使用合同或者划拨决定书约定、规定的动工开发日期满一年未动工开发的国有建设用地。已动工开发但开发建设用地面积占应动工开发建设用地总面积不足三分之一或者已投资额占总投资额不足百分之二十五,中止开发建设满一年的国有建设用地,也可以认定为闲置土地"。土地被闲置一般多因土地使用权人而起。[2] 对于闲置土地,土地主管部门应当依据相关法律规定,履行国有土地使用监督管理义务,及时发现土地闲置情况并予以有效、高效的处置,给土地使用权人持续形成监督管理压力,使其"不能""不敢"闲置土地。但在执法实践中,土地主管部门的监督管理效果并不尽如人意,大量国有土地仍然处于未被利用或者利用不充分的状态。

具体到该案中,案涉 A 公司、B 公司、C 公司、D 公司、E 公司的土地违法行为可定性为各种主观因素长期拖延开发或不开发已取得国有土地使用权的土地,导致国有土地长期、大量闲置。虽然造成上述国有土地闲置的原因比较复杂,既有土地规划、国家政策调整原因,也有企业自身原因,但相关行政机关未依照土地管理相关法律依法履行监管职责,未依照《闲置土地处置办法》启动调查程序,使国家利益长期处于受侵害状态,其行为可归结为违法不作为,检察机关可以督促整治闲置国有土地情况。

---

[1] 宋才发:《关于闲置土地依法处置的再探讨》,载《河北法学》2018 年第 6 期。
[2] 参见赵凌峰:《闲置土地行政公益诉讼中诉讼请求的精准化审查》,载《法治现代化研究》2023 年第 2 期。

检例第 185 号：湖南省长沙市检察机关督促追回违法支出国有土地使用权出让收入行政公益诉讼案[①]

【基本案情】

2017 年 12 月 27 日，某地产集团公司在湖南省某市竞得五宗地块的国有建设用地使用权，并以其子公司某置业公司名义签订《国有建设用地使用权出让合同》五份。合同签订后，预交的保证金 15.24 亿余元转入某市财政局非税收入汇缴结算户（以下简称非税账户）。2018 年 2 月至 11 月，某市财政局以"退保证金"名义两次将已进入非税账户的国有土地使用权出让收入（以下简称土地出让收入）支出给某置业公司 2.9 亿余元。某置业公司用该笔资金缴清五宗地块契税及其中一地块剩余土地价款，并办理了该地块不动产权证，申请了抵押贷款 26.5 亿余元。截至 2019 年 9 月 4 日，某市财政局未追回违法支出给某置业公司的土地出让收入 2.9 亿余元。

2019 年 6 月，湖南省人民检察院在开展全省国有土地使用权出让领域公益诉讼专项监督行动中发现该线索，遂交办至湖南省长沙市人民检察院。因该案系辖区内重大复杂案件，长沙市检察院决定自办该案，于 8 月 21 日立案调查。查明财政部门违法支出土地出让收入造成国有财产损失的上述违法情形后，长沙市人民检察院于 9 月 9 日向某市财政局发出检察建议，督促其依法履行法定职责，及时追回违法支出的土地出让收入 2.9 亿余元。

【主要法律问题】

1. 该案是否属于行政公益诉讼范围？

[①] 参见《第四十六批指导性案例》，载最高人民检察院官网，https://www.spp.gov.cn/spp/jczdal/202308/t20230803_623811.shtml。

2.该案中,土地出让收入是否发生流失?

【主要法律依据】

1.《行政诉讼法》第二十五条第四款;

2.《城镇国有土地使用权出让和转让暂行条例》第五十条;

3.《国有土地使用权出让收支管理办法》第四条、第三十三条。

【学理分析】

按照相关法律规定,土地出让收入,是指政府以出让等方式配置国有土地使用权取得的全部土地价款,具体包括以招标、拍卖、挂牌和协议方式出让国有土地使用权所取得的总成交价款(不含代收代缴的税费);转让划拨国有土地使用权或依法利用原划拨土地进行经营性建设应当补缴的土地价款;处置抵押划拨国有土地使用权应当补缴的土地价款;转让房改房、经济适用住房按照规定应当补缴的土地价款;改变出让国有土地使用权土地用途、容积率等土地使用条件应当补缴的土地价款,以及其他和国有土地使用权出让或变更有关的收入等。从用途上理解,土地出让收入是地方政府财政收入的重要来源部分,相较于其他地方财政收入,土地出让收入具有稳定性、易得性以及广泛增长性,且在近年来已然接近峰值水平。但当前,由于土地交易市场还存在不规范、不透明现象,相关部门对于土地出让收入的资金收支监管力度尚需加强。① 如在许多地方,国有土地在历经开发、出让、抵押融资时,其中的多个环节并未得到地方政府、土地管理部门以及土地出让收入征收部门的有力、有效、全面的监管。

具体到该案中,关键性的问题在于确定"2.9亿余元"资金的属性以及国有财产是否遭受了损失。案涉2.9亿余元资金的转换过程为先进入非税账户,转化为土地出让收入,后以"退还保证金"的名义转出到案涉某置业公司,也即成为该公司私有财产,最终以企业所缴纳

---

① 参见唐守东:《国有土地使用权出让行政公益诉讼的实践反思》,载《中国检察官》2020年第20期。

契税和土地价款的形式再次进入国库。从资金最终归属上看，2.9亿余元还是收归国库，从国有财产总数额上看，2.9亿余元这一数字也并未出现任何减损和灭失。但土地出让收入是否发生流失的认定并不能只从结果理解，其计算过程也并不是简单的数字相加，而是需要结合资金使用过程进行综合判断。办案人员通过调取土地出让协议、支付凭证等书证、询问相关人员及咨询财务专家等方式展开调查，查明转入非税账户的竞买保证金系某置业公司缴纳的五宗地块费用，成交确认书签订后已自动转作土地价款，应定性为土地出让收入。土地出让收入在资金性质上属于非税收入，应该严格遵守"收支两条线"的规定，即对已经进入非税账户的土地出让收入，支出要严格按照财政预算管理规定执行，无法定理由不得返还。而某市财政局作为所在地人民政府财政部门和非税收入主管部门，未将收缴的土地出让收入及时足额上缴国库，违规设立收入过渡户滞留、挪用、坐支，无正当理由向案涉某置业公司违法支出已进入非税账户的土地出让收入，其违法行为使国有资金性质变成了企业可支配的自有资金，客观上造成了大量土地出让收入流失，已经损害了国家利益。案涉某置业公司还将该笔资金用于缴纳契税和土地尾款，进而办理了土地权属证书，且通过抵押该土地贷款26.5亿余元，使本应由企业另行缴纳的契税和土地价款并未"实际"支付，国库应收账款总额虽无变化，但变相降低了所应缴纳的保证金，剥夺了其他市场主体的竞买资格，扰乱了国有土地出让秩序。因此，该案属于行政公益诉讼范围，检察机关应当依法提起行政公益诉讼。

【思考题】

1. 国有土地使用权出让领域行政公益诉讼案件类型主要涉及哪些方面？

2. 应当如何区分生态环境和资源保护、国有财产保护、国有土地使用权出让领域行政公益诉讼案件？

第五节 其他单行法特别规定的行政公益诉讼

【主要知识点】

2017年全国人大常委会通过修正《行政诉讼法》的方式明确了在生态环境和资源保护、食品药品安全、国有财产保护和国有土地使用权出让四个领域的检察行政公益诉讼。2020年9月《最高人民检察院关于积极稳妥拓展公益诉讼案件范围的指导意见》发布，2021年6月《中共中央关于加强新时代检察机关法律监督工作的意见》等与检察公益诉讼制度有关的顶层设计，均提出要积极稳妥拓展检察公益诉讼案件范围。截至2023年12月31日，明确规定了行政公益诉讼制度的其他单行法包括：《英雄烈士保护法》《未成年人保护法》《军人地位和权益保障法》《安全生产法》《个人信息保护法》《反电信网络诈骗法》《农产品质量安全法》《妇女权益保障法》《无障碍环境建设法》。本节选取各单行法特别规定的行政公益诉讼典型案例，归纳案例中的核心法律问题、主要法律依据以及法理依据。

从理论上来看，《行政诉讼法》第二十五条在列举基础上用"等领域"为检察行政公益诉讼案件范围的扩展预留了空间。[1] 与此同时，国内学界也不断探讨拓展行政公益诉讼案件范围，例如，有观点认为，行政公益诉讼范围中对公共利益的选择性处理使行政公益诉讼片面化、形式化和无序化；[2] 也有观点认为，拓展行政公益诉讼案件范围是

---

[1] 参见李岩峰：《环境行政公益诉讼诉前程序研究》，郑州大学2023年博士学位论文。

[2] 参见关保英：《行政公益诉讼中的公益拓展研究》，载《政治与法律》2019年第8期。

检察行政公益诉讼制度走向成熟后的必然选择;①还有观点认为,行政公益诉讼案件范围应从利益代表回归到法律监督等。② 总体而言,学界对于拓展行政公益诉讼案件范围基本达成共识。

【案例分析】

甘肃省榆中县兴隆山烈士纪念设施
保护行政公益诉讼案③

【基本案情】

位于榆中县城关镇兴隆山卧龙湾的兴隆山革命烈士陵园于1986年由榆中县人民政府拨款建造,占地38,628平方米,陵园安葬着解放兰州及对越自卫反击战中牺牲的314名烈士。陵园西南方建有无名烈士纪念碑,纪念碑周围掩埋着615名无名烈士遗骨。由于管理维护不到位,兴隆山革命烈士陵园整体环境脏乱差,墓群、纪念碑等设施自然损毁十分严重,烈士纪念亭面临垮塌的危险。由于兴隆山烈士纪念设施位于兴隆山自然保护区内,修缮维护需得到林业部门同意,且存在主管部门修缮维护资金缺口较大、人员短缺等困难,榆中县人民检察院采取前期沟通、跟进监督、协同整改的办案模式,与兰州军事检察院、榆中县退役军人事务局实地召开联席会议积极磋商,听取各方意见,找准问题症结。磋商会后,榆中县人民检察院及时向榆中县退役军人事务局制发诉前检察建议。

---

① 参见张琦:《检察行政公益诉讼案件范围拓展的现状、问题及进路》,载《新疆大学学报(哲学社会科学版)》2022年第3期。

② 参见梁鸿飞:《拓展行政公益诉讼案件范围以解决实质性地方治理问题》,载《兰州大学学报(社会科学版)》2022年第4期。

③ 参见《烈士纪念设施保护行政公益诉讼典型案例》,载最高人民检察院官网,https://www.spp.gov.cn/xwfbh/wsfbt/202109/t20210929_531298.shtml#2。

检察建议发出后,榆中县退役军人事务局高度重视,召开会议成立保护工作小组,开展对烈士陵园的整改落实工作,并制定专门的整改方案,上报省、市退役军人事务部门。同时,兰州市人民检察院第六检察部会同兰州军事检察院积极协调兰州市退役军人事务局就陵园破损及维护修缮情况召开座谈会,进行沟通磋商,落实资金问题。

【主要法律问题】

1. 该案涉及的烈士纪念设施是否属于公共利益的范畴?
2. 该案中如何确定检察机关的监督对象?

【主要法律依据】

《英雄烈士保护法》第四条、第十条、第二十五条。

【学理分析】

英雄烈士的人格利益包含社会公共利益的属性。《英雄烈士保护法》第二十五条第一款规定,"对侵害英雄烈士的姓名、肖像、名誉、荣誉的行为,英雄烈士的近亲属可以依法向人民法院提起诉讼";第二十五条第二款是检察公益诉讼条款,其内容与第一款紧密相连,规定"英雄烈士没有近亲属或者近亲属不提起诉讼的,检察机关依法对侵害英雄烈士的姓名、肖像、名誉、荣誉,损害社会公共利益的行为向人民法院提起诉讼",学界一般将上述利益概括归纳为英雄烈士的人格利益。① 虽然英雄烈士的姓名、肖像、名誉、荣誉等人格利益从形式上看具有典型的私法特征,但此种利益与一般民法学意义上的"死者"的人格利益不同,英雄烈士的身份是基于其生前为人民利益奋斗、献身所获得的特殊称号,这种身份独具公共性和权益性,②彰显和承载着社会公共利益,因此英雄烈士的人格利益是兼具私法权益属性和社会公益属性的复合性利益。

---

① 参见康天军:《英烈保护司法实务问题探析》,载《法学论坛》2018年第6期。
② 参见王春梅:《英烈人格利益保护的请求权规范基础及其裁判路径》,载《东北师大学报(哲学社会科学版)》2022年第1期。

英烈保护检察公益诉讼也不仅局限于民事公益诉讼。虽然英雄烈士的人格利益更多呈现私法权益的属性，但《英雄烈士保护法》在立法目的与规范内容上具有明显的社会公共属性，大量条款规定了各级人民政府及其相关职能部门、军队等公权力主体在英雄烈士保护方面的法定监管职责。此外，《英雄烈士保护法》第二十五条第二款使用"损害社会公共利益的行为"的表述，事实上就涵盖了上述公权力主体不依法履行监管职责而损害社会公共利益的情形，因此检察机关当然可以对因不依法履职而造成英雄烈士社会公共利益损害的行为提起行政公益诉讼。

英雄烈士保护工作通常涉及多个职能部门，检察机关如何确定具体的监督对象成为办案的关键问题。检察机关首先应当根据《英雄烈士保护法》对照各类公权力主体的职责定位，判断造成社会公共利益受损的直接原因，对直接负有监管职责的行政机关开展法律监督；如果同时涉及多个行政机关不依法履职的情形，根据《人民检察院公益诉讼办案规则》第六十九条的规定，可以对数个行政机关分别立案开展法律监督。

浙江省诸暨市人民检察院督促履行电竞酒店监管职责行政公益诉讼案[①]

【基本案情】

2021年，浙江省诸暨市人民检察院发现，在网吧等单一业态的互联网营业场所监管日益规范的背景下，电竞酒店以"住宿+上网"的混业经营模式，以酒店住宿的方式接纳多名未成年人无限制上网，并

---

① 参见《新兴业态治理未成年人保护检察公益诉讼典型案例》，载最高人民检察院官网，https://www.spp.gov.cn/xwfbh/dxal/202302/t20230225_604036.shtml。

引发多起涉未成年人违法犯罪的案件。发现线索后,诸暨市人民检察院于2022年2月以行政公益诉讼立案,在全市范围内采取实地踏勘、询问入住及服务人员、发放问卷调查等方式开展梳理调查,发现电竞酒店持有旅馆业特种行业许可证,但均以配置高端电脑、可多人玩网游等互联网上网服务作为主要招揽手段;部分电竞酒店为方便未成年人入住电竞酒店和随意上网,存在他人代开房、一人开房多人上网等现象;部分电竞酒店存在违规向未成年人出售烟酒等违法行为。诸暨市人民检察院召开公开听证会,邀请市文化广电旅游局、市市场监督管理局等行政机关代表、专家学者、人大代表、政协委员、公益诉讼观察员担任听证员,听证员围绕法律适用争议及实践困境等方面充分发表意见。诸暨市人民检察院向市文化广电旅游局制发行政公益诉讼诉前检察建议,向市公安局制发社会治理检察建议,建议其依法全面履行监管职责,在对电竞酒店住宿进行监管的同时,重点对电竞酒店接纳未成年人无限制上网问题加强监管。收到检察建议后,相关职能部门及时督促整改,2022年4月,均回复诸暨市人民检察院,积极采纳、全面落实检察建议内容。

【主要法律问题】

1. 如何判断案件中的违法行为是否涉及侵害未成年人的社会公共利益?

2. 对损害哪些公共利益的行为可以提起未成年人保护行政公益诉讼?

【主要法律依据】

《未成年人保护法》第五十七条、第五十八条、第五十九条、第六十八条、第一百零六条。

【学理分析】

从《未成年人保护法》第一百零六条规定的内容来看,该条款事实上并未明确未成年人行政公益诉讼的具体领域,甚至会产生如该案中部分电竞酒店违法行为是否对不特定多数人的合法权益造成损害，即是否真正造成社会公共利益的损害的疑问。事实上，这种疑问也是对包括未成年人保护、英雄烈士保护、军人地位和权益保障、妇女权益保障以及无障碍环境建设对残疾人群的倾斜保护等针对特定人群的单行法中公益诉讼条款合理性的"拷问"。以未成年人保护行政公益诉讼为例，对于涉及未成年人的社会公共利益存在多种学理解读。例如，有观点认为，只有某一行为涉及不特定多数未成年人合法权益时，才可被认为是社会公共利益的范畴并可提起公益诉讼；①也有人基于未成年人保护的特殊性进而提出了未成年个体利益公益化的观点；②还有观点认为，只要存在众多未成年人利益受到侵害的情况即可认定为社会公共利益受损，不必然要求符合严格的不特定多数人标准。③事实上后两种观点都是对不特定多数人的社会公共利益判断标准的实践修正。由于公共利益概念本身的不确定性以及公益诉讼本身相对私益诉讼的补充性质，在特定场域下，应该适度允许公共利益概念的弹性运用，将众多特定私益主体的利益总和纳入社会公共利益概念范畴内，将不特定多数人的利益视为社会公共利益的常态，结合具体领域和特殊群体法益保护的现实需要，将众多特定私益主体的利益总和作为公共利益概念的特殊形态。④正因如此，司法实践中就需要更加立体地看待单行法中所规定的社会公共利益以及检察公益诉讼制度。

《未成年人保护法》中的公益诉讼条款仅进行了概括性规定，事

---

① 参见王广聪：《未成年人公益诉讼与少年司法国家责任的拓展》，中国检察出版社2021年版，第28页。

② 参见党瑜、张垚：《未成年人检察公益诉讼的权力边界探析——从一起"4A级景区儿童票"公益诉讼案谈起》，载《预防青少年犯罪研究》2019年第4期。

③ 参见陈萍：《未成年人行政公益诉讼初探》，载《中国检察官》2020年第12期。

④ 参见何挺、王力达：《未成年人保护公益诉讼中的公共利益》，载《国家检察官学院学报》2023年第3期。

实上并未明确未成年人行政公益诉讼的涉案领域,那么未成年人行政公益诉讼的涉案领域是否也要严格限定在《行政诉讼法》所规定的自然资源和生态环境保护等四个传统领域呢?这个问题事实上也同样存在于其他对公益诉讼进行概括性规定的单行法。

以该案为例,电竞酒店的违法行为事实上就不属于《行政诉讼法》列举的行政公益诉讼案件领域。从规范依据的视角来看,2020年《最高人民检察院关于加强新时代未成年人检察工作的意见》规定未成年人公益诉讼范围包括食品药品安全、产品质量、烟酒销售、文化宣传、网络信息传播以及其他领域。从未成年人公共利益概念的特性来看,各个领域的违法行为都可能对不特定多数或众多未成年人造成侵害。① 因此未成年人公益诉讼案件涉及领域的扩张不可避免,但司法机关也应警惕未成年人公益诉讼的泛化使用。检察机关提起未成年人权益保护行政公益诉讼首先应秉持立法优先原则,对照《未成年人保护法》保护的未成年人合法权益类型和相应行政机关的法定职责,对不依法履职的行政机关可以启动法律监督;其次,检察机关应秉持突出重点、有序扩张的原则,着重把可能侵害未成年人重大利益的情形作为案件领域扩张的优先选择。

湖南省长沙市望城区人民检察院督促保护个人生物识别信息行政公益诉讼案②

【基本案情】

湖南省长沙市望城区卫生健康局(以下简称区卫健局)为推进数

---

① 参见高志宏:《未成年人公益诉讼受案范围:实践扩张、理论逻辑与制度选择》,载《政法论坛》2023年第5期。
② 参见《个人信息保护检察公益诉讼典型案例》,载最高人民检察院官网,https://www.spp.gov.cn/spp/xwfbh/wsfbt/202303/t20230330_609756.shtml#2。

字化门诊建设,自 2019 年 7 月 12 日起,要求长沙市望城区辖区内 17 家医疗卫生机构陆续使用电子签核系统推送疫苗接种知情告知书,疫苗受种者或监护人点击"同意"时系统自动采集指纹和人脸识别信息,电子数据的存储及收集数据的主机均由各社区卫生服务中心管理。2022 年 2 月 11 日,湖南省长沙市望城区人民检察院接到群众举报,反映自己和孩子的指纹和人脸等个人生物识别信息被医疗卫生机构过度收集,存在泄露风险,望城区人民检察院经初步调查确认属实,遂于 2022 年 3 月 19 日、5 月 16 日分别对区卫健局、长沙市公安局望城分局立案调查。望城区人民检察院通过现场勘验、委托第三方单位对电子签核系统进行安全检测等方式初步调查后,分别向区卫健局、公安局望城分局送达行政公益诉讼诉前检察建议,建议区卫健局改进征求知情同意的方式,避免过度收集指纹或人脸识别信息等个人生物识别信息;完善技术和管理措施,防止未经授权的访问及个人信息泄露、篡改、丢失。建议公安局望城分局对 17 家医疗卫生机构未履行网络安全等级保护责任的行为依法处理。区卫健局、公安局望城分局收到检察建议后高度重视,部署开展了专项行动。区卫健局认真进行调研,研究解决方案,并向长沙市卫生健康委员会(以下简称市卫健委)进行专题汇报,市卫健委以望城整改方案为蓝本推进全市医疗卫生机制规范、合法处理个人信息。

【主要法律问题】

行政机关是否可以作为个人信息处理者的身份被提起行政公益诉讼?

【主要法律依据】

《个人信息保护法》第五条、第六条、第二十八条、第二十九条、第三十条。

【学理分析】

行政机关作为个人信息处理者时,如果违反作为个人信息处理者应当遵守的法定义务,检察机关应当可以对其提起行政公益诉讼,督促其履行自身职责。目前学界对于《个人信息保护法》第七十条公益诉讼条款是否包含行政公益诉讼存在不同看法。例如,有观点认为,针对国家行政机关作为或者不作为侵害众多个人信息权益的,《个人信息保护法》及相关法律已经规定了公益诉讼外的解决路径,因此不应当针对国家机关违反个人信息保护相关法律规定的行为提起检察行政公益诉讼;①也有观点直接将《个人信息保护法》中的公益诉讼等同于民事公益诉讼进行解读等。② 事实上,无论是从规范依据的视角还是从个人信息保护治理的现实需要来看,检察行政公益诉讼都不应被排除适用。③ 从规范依据的视角来看,《个人信息保护法》第七十条并未明确禁止行政公益诉讼制度的适用;相反,该条列举的公益诉讼起诉主体中包含检察机关,而检察机关本身既可以提起民事公益诉讼,也可以提起行政公益诉讼。从个人信息保护治理的现实需要来看,行政机关作为个人信息处理者通常是以履行特定的公共职能为出发点,选择信息时代其履行自身法定职责的方式、途径。因此当行政机关在处理个人信息过程中违法行使职权或不作为时,必然造成国家或社会公共利益受损,检察机关作为宪法明确的法律监督机关,当然应对时代发展造成的行政机关履职方式变革展开法律监督。

部分观点认为,行政机关作为个人信息处理者,违反相关法律规定时,《个人信息保护法》已经规定了诸如上级机关责令改正、对直接责任人员依法给予处分等其他法律责任规定,因此不应再适用检察行政公益诉讼。事实上,我国对于行政机关的法律监督是多主体、多层

---

① 参见张新宝、赖成宇:《个人信息保护公益诉讼制度的理解与适用》,载《国家检察官学院学报》2021年第5期。
② 参见龙卫球主编:《中华人民共和国个人信息保护法释义》,中国法制出版社2021年版,第331页。
③ 参见蒋红珍:《个人信息保护的行政公益诉讼》,载《上海交通大学学报(哲学社会科学版)》2022年第5期。

次等的，既包括行政机关上下级之间的内部监督，又包括权力机关、法律监督机关等的外部监督。在个人信息保护领域规定行政机关内部监督并不排斥检察机关作为法律监督机关的外部监督作用。此外，无论是在生态环境等传统行政公益诉讼领域，还是在个人信息保护等公益诉讼新领域，行政公益诉讼制度特别是诉前程序，能够督促行政机关及时履行自身监管职责，相较于民事公益诉讼必须通过完整司法程序实现公益救济而言，其更能够及时矫正国家利益或社会公共利益的受损状态，实现对国家利益和社会公共利益的维护。

【思考题】

1. 我国单行立法中的公益诉讼条款是否应当明确区分民事公益诉讼和行政公益诉讼？

2. 我国单行立法中公益诉讼条款是否应明确可以提起公益诉讼的具体情形？

海南省人民检察院督促整治液化天然气安全隐患行政公益诉讼案[①]

【基本案情】

海南省人民检察院在履行公益诉讼职责中发现，海南省某市政府（以下简称市政府）引进海南某清洁能源有限公司等8家LNG（液化天然气）点供企业对某加工产业企业实施"煤改气"，使用LNG作为锅炉燃料，并建成48个LNG气化站。市政府及相关职能部门未对LNG点供企业及气化站的进驻程序和生产经营进行规范、有序管理，存在履职不充分、监管不到位等问题。检察机关经调查发现，LNG气

---

① 参见《安全生产领域检察公益诉讼典型案例》，载最高人民检察院官网，https://www.spp.gov.cn/xwfbh/wsfbt/202212/t20221216_595705.shtml#2。

化站存在诸多重大安全隐患,如气化站没有实体围堰、围墙,围堰设置不符合规范要求,储罐、放散管之间及与站外建构筑物(厂房)之间防火间距不足,站点选址紧邻乡镇道路,罐区离高压线太近等。海南省人民检察院于2021年10月20日决定与万宁市人民检察院实行一体化办案,将该案作为自办案件提级办理。海南省人民检察院和万宁市人民检察院分别向市政府及相关职能部门制发检察建议,建议其依法全面履行安全生产监管职责,及时消除安全隐患。收到检察建议后,市政府及相关职能部门高度重视,成立领导小组,制定整治方案并召开专题会议。其间,海南省编制部门向全省各市县下发通知,明确相关职能部门对LNG点供的监管职责。市政府根据该文件进一步细化和明确辖区LNG点供监管主管部门和监管责任,组织相关职能部门对之前未落实整改的LNG点供企业及其安全隐患问题进行复查,并依法移送相关执法部门查处。

【主要法律问题】

安全生产领域的行政公益诉讼的启动标准是什么?

【主要法律依据】

《安全生产法》第九条、第十条、第十七条、第六十二条、第七十条、第七十四条。

【学理分析】

安全生产领域虽然通过立法的形式确立了公益诉讼制度,但在司法实践中的案件数量却相对较少,根源在于法律对启动安全生产领域公益诉讼设置了较高的门槛。《安全生产法》第七十四条第二款规定,"因安全生产违法行为造成重大事故隐患或者导致重大事故,致使国家利益或者社会公共利益受到侵害的,人民检察院可以根据民事诉讼法、行政诉讼法的相关规定提起公益诉讼"。该条事实上设置了诸如"安全生产违法行为造成重大事故隐患或者导致重大事故""国家利益或者社会公共利益受到侵害"等不确定性因素,特别是如何理解"重大事故""重大事故隐患""国家利益或者社会公共利益受到侵害"等,都对安全生产领域公益诉讼的全面开展造成一定阻碍。此外,《安全生产法》一方面确认了造成重大事故隐患即可启动公益诉讼,另一方面却又要求安全生产违法行为必须具备造成国家利益或社会公共利益受到侵害的结果要件,在逻辑上存在一定的矛盾。

  学术界对安全生产领域公益诉讼的启动标准也存在一定争议。有部分观点认为检察机关在安全生产领域中应关注高危行业、重点环节的重大事故或隐患;①也有观点认为,在安全生产领域中,检察机关相较于行政机关而言在专业性上并不具备优势,因此检察机关应以重大安全生产隐患类的预防性检察公益诉讼为重点;②还有观点认为,检察机关在安全生产领域应该进行全面监督。③ 事实上,上述学术观点争议的核心仍在于检察法律监督与行政执法之间的关系,表现在具体的司法实践中,即《安全生产法》第七十四条规定的两个"重大"应理解为立案标准还是起诉标准。④ 从新时代检察法律监督的内涵来看,检察公益诉讼制度所期望的应当是检察机关在涉及国家利益和社会公共利益的全领域均承担起监督职能,而不仅仅局限于少数领域。⑤ 因此检察机关在安全生产领域公益诉讼中,不应被两个"重大"的限定所局限,特别是对于有重大风险可能性的违法行为,检察机关

---

  ① 参见林鸿潮、赵艺绚:《安全生产行政公益诉讼制度——浙江省海宁市人民检察院督促整治加油站扫码支付安全隐患行政公益诉讼案》,载《劳动保护》2022年第9期。

  ② 参见武汉铁路运输检察院公益诉讼办案团队:《安全生产领域预防性公益诉讼实践探索》,载《中国检察官》2021年第6期。

  ③ 参见刘杭诺:《安全生产和消防公益诉讼制度设计之探讨》,载《中国应急管理科学》2020年第6期。

  ④ 参见张彬:《安全生产领域公益诉讼启动标准探析——基于〈安全生产法〉第七十四条第二款的理解与省思》,载《河南财经政法大学学报》2024年第3期。

  ⑤ 参见苗生明:《新时代检察权的定位、特征与发展趋向》,载《中国法学》2019年第6期。

应及时启动公益诉讼诉前程序。此外,安全生产领域的公益诉讼中,应更加注重发挥行政公益诉讼所具有的法律监督职能,通过督促行政机关依法履行职责,防范相应的风险,同时也尽可能避免检察机关以法律监督之名过度干预行政执法,导致检察法律监督与行政执法的边界模糊。

【思考题】

1. 安全生产公益诉讼与生态环境保护公益诉讼是否可能同时产生?

2. 未来安全生产公益诉讼条款中的两个"重大"限定是否有必要保留?

第六节　行政公益诉讼案件新领域探索

【主要知识点】

从2019年开始,陆续有25个省级人大常委会出台了关于检察公益诉讼专项决定,①其中大部分专项决定都对检察行政公益诉讼的办案领域进行了拓展,如上海的"金融秩序""历史风貌区和优秀历史建筑保护"、福建的"国防军事"、海南的"旅游消费"、云南的"农业农村"等。地方层面在拓展检察行政公益诉讼案件领域方面的先行先试,一方面实现了原有案件领域的精细化,为检察机关实现社会公共利益救济的精准化进行了有益探索;另一方面为有序拓展检察行政公益诉讼的案件范围积累了有益经验。检察行政公益诉讼案件范围的扩大不仅是因为《行政诉讼法》修正时留下了制度探索空间,②也是出

---

① 参见胡卫列:《检察公益诉讼地方立法研究——以25个省级人大常委会关于检察公益诉讼专项决定为样本》,载《国家检察官学院学报》2023年第3期。

② 参见黄学贤、李凌云:《论行政公益诉讼受案范围的拓展》,载《江苏社会科学》2020年第5期。

于国家利益和社会公共利益救济的现实所需，①更是基于新时代检察法律监督内涵不断丰富的内在要求。②

【案例分析】

安徽省歙县人民检察院督促保护滩培村等中国传统村落行政公益诉讼案③

【基本案情】

安徽省歙县是徽文化的主要发祥地、重要承载地和集中展示地，具有中国传统村落167个，安徽省歙县人民检察院在"公益诉讼守护美好生活"专项监督活动中发现部分古民居濒临倒塌、新建房屋破坏村落整体风貌等问题，社会公共利益受到侵害。检察机关经初步调查后于2023年8月29日立案，通过运用无人机航拍、联合"益心为公"志愿者实地调查等形式查明，滩培村内存在濒临倒塌的古民居23处，破坏村落整体风貌的新建房屋3处、构筑物5处，以及消防设施不足、卫生环境不佳等问题。2023年9月8日，歙县人民检察院邀请人大代表、政协委员、"益心为公"志愿者等，围绕各相关部门监管职责、监管必要性等方面进行公开听证。2023年9月11日、13日，歙县人民检察院分别向歙县住房和城乡建设局(以下简称县住建局)、歙县杞梓里镇人民政府(以下简称杞梓里镇政府)制发检察建议，建议县住建局履行对滩培村等传统村落风貌统一的整改监管职责，加强古民居危

---

① 参见王春业：《论行政公益诉讼对公益保护的创新与制度再完善》，载《浙江社会科学》2022年第10期。

② 参见李傲、侯皓瀚：《检察机关提起公益诉讼职能定位的理论溯源与现实困境》，载《理论月刊》2023年第11期。

③ 参见《文物和文化遗产保护检察公益诉讼典型案例》，载最高人民检察院官网，https://www.spp.gov.cn/xwfbh/wsfbt/202312/t20231227_638285.shtml#2。

房修缮工作;建议杞梓里镇政府对传统村落风貌保护、危房修缮与警示、卫生整治、消防安全等问题及时监管。2023年11月9日,县住建局回复称,已争取传统村落保护专项资金对传统村落古民居进行了修缮和风貌整治;出台规定加强对传统村落内部新建、改建房屋风貌统一性的审批管控;修订完善送审的相关规范性文件,科学规划了传统村落的保护利用工作。杞梓里镇政府回复称,已向该村补充了消防器材、监控设备,设立了古民居危房警示标志,并将该村纳入环境卫生整治项目长期监管。

歙县人民检察院通过大数据检察监督模型对全县传统村落的风貌变化、固体废弃物排放、土地违规占用情况进行对比监测,形成《歙县传统村落疑似风貌变化等线索报告》,推送县住建局和27个乡镇政府进行"清单+闭环式"监管。2023年11月7日,歙县人民检察院牵头与县住建局、县文化旅游体育局等7家单位签订《歙县传统村落保护利用工作协作机制》,形成齐抓共管长效机制。

【主要法律问题】

文物保护公益诉讼是否应当成为独立的公益诉讼案件领域?

【主要法律依据】

1.《消防法》第八条;

2.《文物保护法》第二十一条;

3.《安徽省皖南古民居保护条例》第五条、第八条。

【学理分析】

《文物保护法》尚未明确规定文物保护领域的公益诉讼制度,但从党和国家相关制度的顶层设计、关于公益诉讼制度的地方实践以及对文物保护所涉及公共利益的学理讨论来看,文物保护公益诉讼纳入法定检察行政公益诉讼案件范围的趋势已基本确定。首先,党和国家近年来有关文物保护的一系列重大决策部署,为文物保护公益诉讼制度的确立提供了顶层指引。例如,2018年中共中央办公厅、国务院办公厅印发了《关于加强文物保护利用改革的若干意见》,提出"修改文物保护法及相关配套行政法规";2020年最高人民法院出台了《关于为黄河流域生态保护和高质量发展提供司法服务与保障的意见》(已被修改),提出"发挥公益诉讼的特殊作用,有效释放社会组织保护黄河文化的潜力活力,支持检察机关提起民事和行政公益诉讼";同时最高人民检察院近年来也多次发布文物和文化遗产保护公益诉讼典型案例。其次,截至2020年11月,全国已有17个省级人大常委会通过地方立法的方式将文物和文化遗产保护纳入公益诉讼案件范围之内,并进行了大量的实践探索。最后,理论一般认为文物的利益属性包括文化资源、财产资源和环境资源在内的多重利益属性,其中文化资源是文物的核心属性,其指向一个国家和民族能够在精神上、意识上和行动力上同频共振的精神代码,①而环境资源则是文物(主要针对古村落、古建筑等不可移动文物)与周边生态环境紧密关联,进而形成的生态环境整体,因此文物本身就具有典型的公共利益特征。②综上,将文物保护公益诉讼纳入检察行政公益诉讼范畴具有正当性、合理性和必要性。2020年11月《文物保护法(修订草案)》(征求意见稿)确立了文物公益诉讼条款,即"国家鼓励通过公益诉讼制止破坏文物的行为。对于破坏文物致使社会公共利益受到损害的行为,县级以上人民政府文物主管部门、依法设立的以文物保护为宗旨的社会组织,可以依法向人民法院提起诉讼"。

---

① 参见陈冬:《文物保护公益诉讼与环境公益诉讼之辨析——以公共利益为中心》,载《政法论丛》2021年第2期。
② 参见邢鸿飞、杨婧:《文化遗产权利的公益透视》,载《河北法学》2005年第4期。

贵州省关岭县人民检察院诉关岭县人力资源和社会保障局不履行农民工劳动报酬权益监管职责公益诉讼案

【基本案情】

贵州省安顺市关岭布依族苗族自治县（以下简称关岭县）西南旺府建设项目的两家施工单位一直未依法存储农民工工资保证金，亦未提供保函，长期拖欠农民工工资，被拖欠工资的人数达200余名。2020年8月、2021年1月，关岭县人力资源和社会保障局（以下简称关岭县人社局）对两家施工单位多次作出劳动保障监察责令改正指令书，责令其限期存储工资保证金，支付拖欠的农民工工资，逾期不履行将予以处罚，但迟迟未到。随后关岭县人民检察院对关岭县人社局立案调查，并向该局发出检察建议，建议对涉案建设项目未存储农民工工资保证金的违法行为履行监管职责。该局书面回复已向施工单位下达责令改正指令，要求其于2021年6月前存储农民工工资保证金或者提供保函。后关岭县人民检察院对整改情况全程监督并组织"回头看"，发现施工单位直至同年9月仍未存储保证金，且尚有100余名农民工在工地务工，其合法权益处于持续受侵害状态。其后，按当地管辖权分工，关岭县人民检察院以关岭县人社局为被告，向镇宁县人民法院提起行政公益诉讼，请求判决责令该局依法履行监管职责。镇宁县人民法院审理期间，关岭县人民检察院主动召集关岭县人社局、关岭县住房和城乡建设局、施工单位负责人、劳务总包责任人共同磋商解纷方案。关岭县人社局于2022年3月督促施工单位提供担

---

① 参见《行政公益诉讼典型案例》，载最高人民检察院官网，https://www.spp.gov.cn/xwfbh/wsfbt/202312/t20231213_636665.shtml#2。

保公司保函。鉴于该局已依法履职且诉求目的基本实现,关岭县人民检察院于2022年3月16日决定变更诉讼请求为确认违法。人民法院认为行政机关在诉讼期间已采取切实有效的措施履行法定职责,遂当庭宣判支持检察机关的诉讼诉求。

【主要法律问题】

检察机关是否可以针对特定农民工权益受损提起行政公益诉讼？

【主要法律依据】

《保障农民工工资支付条例》第七条、第三十二条、第三十九条。

【学理分析】

我国农民工人数庞大,依法保障其劳动报酬权益事关社会和谐稳定大局,检察机关通过公益诉讼督促相关行政机关依法履行职责,保障农民工合法权益,是新时代检察机关法律监督工作积极推动国家治理体系和治理能力现代化的突出表现。该案中检察机关针对因行政机关未依法履职而造成特定农民工群体合法权益受损的情形提起行政公益诉讼,事实上也反映了我国公益诉讼制度功能的拓展延伸,在本质上与《未成年人保护法》《妇女权益保障法》等单行法中所确立的检察公益诉讼制度趋同,都是针对某一特定主体权益保护而提起公益诉讼。我国检察行政公益诉讼案件范围向特殊群体权益保护方向不断拓展的理论根基包括以下内容:首先,新时代检察机关法律监督内涵不断拓展,检察机关的法律监督职能与维护国家安全和社会大局稳定、服务保障经济社会高质量发展、切实加强民生等社会治理紧密相连,充分体现了我国检察机关法律监督蕴含的政治性、法治性和一体性的内在特征。① 其次,对于特殊群体利益的特殊保护已经成为公共利益概念的外延,目前对于公共利益外延的归纳至少包括了国家利益、不特定多数人的利益和需要特殊保护界别的利益,如妇女、儿童、

---

① 参见王祺国:《论确立整体检察监督观》,载《法治研究》2019年第3期。

残疾人等特殊群体的利益,①而检察机关通过公益诉讼制度介入特殊群体的利益保障,也符合新时代对检察机关法律监督"切实加强民生司法保障"的新要求。

在司法实践中,检察行政公益诉讼案件范围涉及领域不断拓宽,虽然延续了我国公益诉讼"地方先试、实践先行"的总体特征,②但仍需注意检察法律监督特别是行政公益诉讼在国家治理中的监督性、补位性和谦抑性。③ 因此,司法机关在积极拓展检察行政公益诉讼案件范围的过程中,自身也应警惕公共利益的泛化解读以及公益诉讼制度的泛化适用,在司法实践的基础上完善公共利益的认定标准和检察行政公益诉讼案件的启动标准,④以期实现检察行政公益诉讼制度的法治化、规范化和可持续发展。

【思考题】
1. 未来我国检察行政公益诉讼案件范围应向哪些领域拓展?
2. 我国检察行政公益诉讼案件范围拓展应遵循什么标准?

---

① 参见韩波:《公益诉讼制度的力量组合》,载《当代法学》2013 年第 1 期。
② 参见梁增然:《我国环境行政公益诉讼制度演变的三条主线》,载《环境保护》2020 年第 16 期。
③ 参见邓可祝:《论环境行政公益诉讼的谦抑性——以检察机关提起环境行政公益诉讼为限》,载《重庆大学学报(社会科学版)》2021 年第 5 期。
④ 参见高志宏:《行政公益诉讼制度优化的三个转向》,载《政法论丛》2022 年第 1 期。

第二章　行政公益诉讼诉前程序

行政公益诉讼诉前程序,是指人民检察院在依法向人民法院提起行政公益诉讼之前,向在特定领域内负有监督管理职责的行政机关提出检察建议,督促其依法履行职责,以便维护国家利益和社会公共利益的前置性程序。[①]

行政公益诉讼诉前程序具有三个特征:一是启动程序主体唯一,即只能是人民检察院。二是具有法定属性。根据《行政诉讼法》第二十五条第四款和《最高人民法院、最高人民检察院关于检察公益诉讼案件适用法律若干问题的解释》第二十一条的规定,作为行政公益诉讼诉前程序的重要内容,检察建议的提出和落实情况,是行政公益诉讼起诉程序启动的法定前置程序。三是提起诉讼是行政公益诉讼诉前程序的刚性保障。尽管行政公益诉讼的制度目的是维护国家利益和社会公共利益,但是实现目的的手段可以多元化,提起诉讼只是穷尽其他纠错机制之后的最后一道防线。综上,行政公益诉讼诉前程序的制度设计体现了司法的"谦抑性",既是对行政机关的尊重,即对行政机关自我纠错能力的肯定,也是一种案件分流机制,旨在减轻人民法院的审判压力,有节约有限司法资源的立法意图。实践证明,行政公益诉讼诉前程序具有统筹协调、督促多个职能部门综合治理的独特优势,保护公益效果十分明显,能够以最小的司法投入达到维护公益的

---

① 参见张嘉军主编:《公益诉讼法》,中国检察出版社2022年版,第112页。

目的,彰显中国特色社会主义司法制度的优越性,是"诉前实现公益保护目的是最佳司法状态"理念的生动实践。解决公益保护问题不必诉至法庭,这也是公益诉讼与普通民事诉讼、行政诉讼的重要不同之处。①

第一节 诉前程序的立案标准

【主要知识点】

目前,法律法规未对行政公益诉讼诉前程序立案标准作出明确规定。一般来讲,行政公益诉讼诉前程序立案需满足两个条件:(1)国家利益或者社会公共利益受到侵害;(2)对保护国家利益或者社会公共利益负有监督管理职责的行政机关可能违法行使职权或者不作为。

同时,对于国家利益或者社会公共利益受到严重侵害,人民检察院经初步调查仍难以确定不依法履行监督管理职责的行政机关或者违法行为人的,也可以立案调查。这是对行政公益诉讼诉前程序立案标准的特殊规定。

【案例分析】

检例第113号:河南省人民检察院郑州铁路运输分院督促整治违建塘坝危害高铁运营安全行政公益诉讼案②

【基本案情】

京广高铁上行 K595+288m(卫共特大桥1145#墩)处,有一违法

---

① 参见第十三届全国人大常委会第十四次会议上的《最高人民检察院关于开展公益诉讼检察工作情况的报告》。

② 参见《第二十九批指导性案例》,载最高人民检察院官网,https://www.spp.gov.cn/spp/jczdal/202109/t20210902_528296.shtml。

建筑四层楼房,严重危及高铁运营安全。2019年1月,郑州铁路公司将该问题作为一级外部环境安全隐患先后向相关部门进行通报,一直未得到解决。2022年2月,河南省人民检察院郑州铁路运输分院接到郑州铁路公司移交的线索后,立即开展调查工作。经现场核查,询问村民及相关证人,向铁路企业和政府职能部门调阅执法资料,查明卫辉市汲水镇村民违法加盖房屋威胁高铁安全。郑州铁路公司向新乡市住房和城乡建设局、新乡市城市管理局及新乡市人民政府、卫辉市人民政府进行通报,请求解决。住建、城市管理部门先后作出行政处罚,但该违法建筑仍未拆除,危及京广高铁运营的安全隐患持续存在。2022年3月,河南省人民检察院郑州铁路运输分院以卫辉市人民政府为监督对象予以立案,并与卫辉市人民政府及相关职能部门召开磋商会。卫辉市人民政府成立由多部门组成的工作专班,立即开展调查及处置等工作。3月29日,卫辉市人民政府向检察机关书面反馈高铁安全隐患整改情况。经河南省人民检察院郑州铁路运输分院、郑州高铁基础设施段现场核查,确认该处重大安全隐患已彻底消除,社会公共利益得到及时有效保护。

【主要法律问题】

1. 该案中,检察机关在立案前开展了哪些调查工作?

2. 违法建筑危及高铁运营安全,并未造成实际损害,能否作为行政公益诉讼监督范围?

【主要法律依据】

1. 《行政诉讼法》第二十五条第四款;

2. 《人民检察院公益诉讼办案规则》第二十七条、第二十八条、第六十七条;

3. 《安全生产法》第七十四条第二款。

【学理分析】

根据《人民检察院公益诉讼办案规则》,检察机关经过对行政公益诉讼案件线索进行评估,认为同时存在以下情形的,应当立案:一是国家利益或者社会公共利益受到侵害;二是在生态环境和资源保护、食品药品安全、国有财产保护、国有土地使用权出让、未成年人保护等领域对保护国家利益或者社会公共利益负有监督管理职责的行政机关可能违法行使职权或者不作为。以上为检察机关进行行政公益诉讼立案的一般条件。①

实践中,行政违法行为监督与行政公益诉讼可能存在领域和方式上的交叉,需深刻理解公益诉讼维护国家利益和社会公共利益这一立法原意,从"领域"加"公益"两方面进行区分。②

理论上,检察机关提起行政公益诉讼的立案标准可以细化为三个,即公益性、违法性、因果关联性。一是公益性,即必须存在生态环境和资源保护等领域的国家利益或社会公共利益遭受侵害的情形。二是违法性,即行政主体可能存在违法行使职权或者不作为。三是因果关联性,即行政违法行为与公益损害之间存在因果关系。据此,行政公益诉讼诉前程序案件立案前一般应评估或查明三项内容,即公益受损情形、负有监督管理职责的行政机关及行政机关可能存在违法履职或者怠于履职导致公益受损的初步证据。

该案中,河南省人民检察院郑州铁路运输分院在立案前及时开展初步调查工作,根据郑州铁路公司移交的线索进行现场核查,询问村民及相关证人,向铁路企业和政府职能部门调阅执法资料。河南省人民检察院郑州铁路运输分院经过评估认定,卫辉市汲水镇村民违法加盖房屋的行为威胁高铁安全,新乡市住建、城市管理部门虽然作出行政处罚,但未排除该违法建筑的安全隐患,二者之间存在因果关系。

---

① 参见张雪樵、万春主编:《公益诉讼检察业务》,中国检察出版社2022年版,第68页。

② 参见王磊:《行政违法行为监督与行政公益诉讼的"同"与"不同"》,载《检察日报》2022年6月1日,第7版。

以上事实具有公益性、违法性和因果关联性,符合行政公益诉讼诉前程序立案标准。该案中的违法建筑虽并未造成实际损害,但是对高铁运营具有严重的安全隐患,属于预防公益诉讼保护的公共利益范围,应当予以监督。

山西省晋中市人民检察院督促保护土地资源行政公益诉讼案[①]

【基本案情】

山西某建材有限公司(以下简称建材公司)未经批准,非法占用山西省寿阳县温家庄乡大兴庄村集体土地16.412亩建造办公楼、宿舍楼和彩钢环保棚,造成土地资源严重破坏。山西省晋中市人民检察院依法立案调查后,于2019年11月29日,向寿阳县自然资源局提出检察建议。经督促,寿阳县自然资源局对建材公司作出行政罚款和限期拆除违章建筑、恢复土地原貌的行政处罚决定。在罚款已收缴、违章建筑拆除事项已依法申请寿阳县人民法院强制执行的情形下,晋中市人民检察院认为寿阳县自然资源局在其法定职权内已充分履职,依法终结案件。

虽然案件已经终结,但非法占地事实仍存在,国家利益仍处于受侵害状态。晋中市人民检察院持续跟进监督,多次与寿阳县政府、县人民法院会商推进解决公益损害问题。2020年12月25日,寿阳县人民法院裁定准予强制执行,责令建材公司在裁定生效之日起15日内自行拆除、恢复土地原貌;逾期不履行的,将依法采取强制措施,由寿阳县自然资源局报请寿阳县政府,由寿阳县温家庄乡政府组织实施。

---

① 参见《检察公益诉讼"回头看"跟进监督典型案例》,载最高人民检察院官网,https://www.spp.gov.cn/spp/xwfbh/wsfbh/202203/t20220303_546704.shtml。

裁定生效后,建材公司未自行拆除,寿阳县温家庄乡政府亦未组织实施强制执行。2021年7月28日,寿阳县人民检察院就寿阳县温家庄乡政府怠于履职问题进行行政公益诉讼立案,向其提出检察建议,督促依法履职,拆除建材公司非法占地的违章建筑,恢复土地原貌。经接续监督,2021年12月16日,非法占地的办公楼、宿舍楼、环保棚全部拆除并恢复土地原貌。

【主要法律问题】

1.行政公益诉讼案件立案办理的特殊情形有哪些?

2.寿阳县人民检察院对寿阳县温家庄乡政府立案是否符合行政公益诉讼诉前程序立案标准?

【主要法律依据】

1.《行政诉讼法》第二十五条第四款;

2.《人民检察院公益诉讼办案规则》第六十七条、第六十八条。

【学理分析】

实践中,行政违法行为监督与行政公益诉讼可能存在领域和方式上的交叉,需深刻理解公益诉讼维护国家利益和社会公共利益这一立法原意,从"领域"加"公益"两方面进行区分。① 针对行政非诉执行监督中涉及公益保护的内容,《人民检察院公益诉讼办案规则》第六十八条对行政强制执行中应当作为行政公益诉讼案件立案办理的特殊情形予以了明确。

一是对于行政机关作出的行政决定,行政机关有强制执行权而怠于强制执行,或者没有强制执行权而怠于申请人民法院强制执行的。对于行政机关有强制执行权而怠于强制执行的情形,检察机关可以直接监督,督促行政机关强制执行。对于行政机关没有强制执行权而怠于申请人民法院强制执行的情形,如果没有强制执行权的行政机关仍

---

① 参见王磊:《行政违法行为监督与行政公益诉讼的"同"与"不同"》,载《检察日报》2022年6月1日,第7版。

可以申请法院强制执行,检察机关可以督促行政机关向法院申请强制执行;如果已超过申请法院强制执行期限,检察机关可以调查行政机关是否根据《行政强制法》的规定,采取加处罚款等措施;如果行政机关手段用尽,检察机关可以考虑是否可以通过民事公益诉讼的方式实现对公益的保护。

二是在人民法院强制执行过程中,行政机关违法处分执行标的的。根据《最高人民法院关于适用〈中华人民共和国行政诉讼法〉的解释》第一条第二款第(七)项的规定,行政机关根据人民法院的生效裁判、协助执行通知书作出的执行行为不属于人民法院行政诉讼的受案范围,但行政机关扩大执行范围或者采取违法方式实施的除外。根据该条款的规定,行政机关依照法院生效裁判作出的行为,本质上属于履行生效裁判的协助行为,并非行政机关依自身职权主动作出的行为,因此不属于可诉的行为,也不能成为检察监督的对象。但是,如果行政机关在执行时扩大了生效裁判确定的范围或者违法采取措施处分执行标的,造成国家利益和社会公共利益损害,其行为属于可诉的行为,该行政机关也能够成为行政公益诉讼检察监督的对象。

三是根据地方裁执分离规定,人民法院将行政强制执行案件交由有强制执行权的行政机关执行,行政机关不依法履职的。所谓裁执分离,是指作出裁决的机关(机构)与执行裁决的机关(机构)应当分离,从而体现权力的监督与制约,防止权力滥用而侵害相对人合法权益。人民法院将行政强制执行案件交由有强制执行权的行政机关执行,行政机关依然不依法履行职责的,可以作为行政公益诉讼案件立案监督。①

在该案中,建材公司未经批准,非法占用土地,造成土地资源严重破坏。寿阳县人民法院将行政强制执行案件交由寿阳县温家庄乡政

---

① 参见张雪樵、万春主编:《公益诉讼检察业务》,中国检察出版社2022年版,第68-70页。

府负责执行,寿阳县温家庄乡政府怠于履职,致使国家利益仍处于受侵害状态,二者之间存在因果关系。寿阳县人民检察院对寿阳县温家庄乡政府立案具有公益性、违法性和因果关联性,符合行政公益诉讼诉前程序立案标准。该案情况属于上述第三种地方裁执分离情形,寿阳县人民法院作出裁决,责令建材公司自行拆除违章建筑;建材公司逾期不履行的,由寿阳县温家庄乡政府强制执行。寿阳县温家庄乡政府不依法履行职责,寿阳县人民检察院可以依法通过行政公益诉讼督促温家庄乡政府履行职责。

检例第166号:最高人民检察院督促整治万峰湖流域生态环境受损公益诉讼案①

【基本案情】

万峰湖地处广西、贵州、云南三省(区)接合部,属于珠江源头南盘江水系,水面达816平方公里,是"珠三角"经济区的重要水源。2019年11月,贵州省人民检察院向最高人民检察院反映了万峰湖流域生态环境污染公益诉讼案件线索。最高人民检察院初步调查查明,万峰湖流域污染问题由来已久,经中央生态环境保护督察,近年来,贵州省黔西南州部署开展了专项活动,云南省、广西壮族自治区所辖湖区也陆续开展了治理行动,但由于三省(区)水域分割管理、治理标准、步调不一等,流域污染问题未能根治,不时反弹蔓延。

最高人民检察院认为,万峰湖流域污染问题涉及重大公共利益,且地跨三省(区),上下游、左右岸的治理主张和执行标准不统一,有必要由最高人民检察院直接立案办理。鉴于该案违法主体涉及不同

---

① 参见《最高检发布第四十一批指导性案例(万峰湖专案)》,载最高人民检察院官网,https://www.spp.gov.cn/xwfbh/wsfbt/202209/t20220922_578583.shtml#1。

地区不同层级不同行政机关,数量较多,如采取依监督对象立案的方式,不仅形成一事多案,且重复劳动、延时低效,公共利益难以得到及时有效保护。2019年12月11日,最高人民检察院决定基于万峰湖流域生态环境受损的事实直接进行公益诉讼立案。

最高人民检察院启动一体化办案机制,整合四级检察机关办案力量,充分发挥不同层级检察机关的职能作用,通过办案督促整治,万峰湖生态环境污染问题得到有效整改,湖面非法养殖、沿湖岸线及干支流污染等问题得到有效解决,水质持续好转。

【主要法律问题】

跨行政区域的公益受损案件,如何确定管辖检察机关?

【主要法律依据】

1.《行政诉讼法》第二十五条第四款;

2.《最高人民法院、最高人民检察院关于检察公益诉讼案件适用法律若干问题的解释》第二十一条第一款;

3.《人民检察院公益诉讼办案规则》第十五条、第十七条第二款、第二十九条、第六十七条。

【学理分析】

对于国家利益或者社会公共利益受到严重侵害,但致损原因复杂多样,可能涉及多个违法行使职权或不作为的行政主体,或者行政主体之间职能交叉,人民检察院经初步调查仍难以确定不依法履行监督管理职责的行政机关或者违法行为人的,也可以立案调查。这通常称为以事立案。

无论是民事领域公共利益受到侵害的案件,还是行政领域国家利益和社会公共利益受到侵害的案件,公益受损的事实是客观存在的。一般情况下,案件线索指向的"违法行为人"或者"负有监督管理职责的行政机关",也是比较明确的,或者经过初步调查比较容易确定。刑事附带民事公益诉讼领域的案件,经过刑事侦查程序查明事实后,

"违法行为人"更为明确。因此,人民检察院办理公益诉讼案件,在立案环节原则上以被监督对象立案。但是,公益受损严重,案件情况比较复杂,仅根据案件线索和初步调查情况,难以确定"违法行为人",或者难以确定应隶属于哪个行政机关的监督管理职责范围的,对被监督对象无法立案调查,受损公益将难以得到保护。比如,"生态环境和资源保护领域中的重大公益受损问题往往涉及多个侵权违法主体,还可能涉及多地多层级多个行政机关,一时难以确定具体监督对象,如果查证清楚再行立案,难免迁延时日,使公益损害继续扩大,影响公益保护的及时性、有效性。人民检察院即使尚未查明具体违法履职的行政机关,或者实施具体侵害公益的民事违法主体,也可以基于公益损害事实及时立案"①,立案后应及时查清负有监管职责的行政机关。

在该案中,万峰湖流域生态环境受损,地跨三省(区),涉及多个违法行使职权或不作为的行政主体,仅靠初步调查情况,难以确定损害原因和违法履职的行政机关。生态环境损害发生后,如果不及时治理,会造成损害的进一步扩大,甚至会造成难以挽回的后果。为了及时有效地保护国家利益和社会公共利益,即使最高人民检察院没有查明具体违法履职的行政机关,仍可以基于环境公益损害事实及时立案,在立案后及时查清负有监管职责的行政机关或者实施具体侵害行为的民事违法主体,通过有针对性的监督推动问题解决。

【思考题】
1. 实践中,预防性公益诉讼可以在哪些领域发挥积极作用?
2. 基于"高质效办好每一个案件"的价值追求,如何把握公共利益受损的严重程度与行政公益诉讼诉前程序立案标准的关系?

---

① 检例第166号案件的指导意义部分。

第二节　诉前程序中的检察建议

【主要知识点】

在行政公益诉讼诉前程序中，经调查，人民检察院认为行政机关不依法履行职责，致使国家利益或者社会公共利益受到侵害的，应当向行政机关提出检察建议。

提出检察建议是人民检察院依法行使法律监督职权的重要方式。提出检察建议是行政公益诉讼诉前程序的核心环节，也是随后向人民法院提起行政公益诉讼的前置程序和关键步骤，发挥着承上启下的制度功效。可以说，整个诉前程序主要就是围绕检察建议的提出和回复展开的。①

【案例分析】

检例第 113 号：河南省人民检察院郑州铁路运输分院督促整治违建塘坝危害高铁运营安全行政公益诉讼案②

【基本案情】

自 2016 年 2 月起，三门峡市陕州区菜园乡、湖滨区交口乡部分村民在郑州到西安高速铁路南交口大桥桥梁南北两侧距桥墩不足 100 米处，分别修路筑坝、填土造田，造成桥梁南侧（上游）塘坝内蓄水约 1

---

① 参见张嘉军主编：《公益诉讼法》，中国检察出版社 2022 年版，第 132 页。
② 参见《第二十九批指导性案例》，载最高人民检察院官网，https://www.spp.gov.cn/spp/jczdal/202109/t20210902_528296.shtml。

万立方米,存在汛期溃坝冲击桥梁的风险;北侧(下游)形成堰塞湖,浸泡高铁桥墩,造成高铁运营重大安全隐患。经河南省防汛抗旱指挥部协调,三门峡市相关部门采取了开挖排洪渠、人工抽水等临时性解决措施,但仍未从根本上解决高铁桥梁防洪安全隐患问题。

2018年1月8日,河南省人民检察院指定河南省人民检察院郑州铁路运输分院管辖该案。河南省人民检察院郑州铁路运输分院查明事实后,经研判认为:三门峡市人民政府具有保障铁路安全职责,三门峡市陕州区、湖滨区人民政府和市区两级水利部门、原国土资源部门、原安全生产部门等相关职能部门未依法全面履行安全生产监督管理、防洪和保障铁路安全职责,造成高铁运营重大安全隐患,国家和社会公共利益受到严重威胁。

2018年3月7日,河南省人民检察院郑州铁路运输分院依法向三门峡市人民政府发出行政公益诉讼检察建议:一是督促行政主管部门、原国土资源主管部门和原安全生产监督管理部门全面履行法定职责,对上下游填土筑坝、修建影响高铁桥梁安全设施的行为依法进行处罚。二是制定符合铁路安全标准的根本性整治方案,消除高铁运营安全隐患。

检察建议发出后,三门峡市人民政府对下属两个区级政府、多个职能部门进行统筹调度,成立专项整治工作组进行施工。2018年汛期前,堰塞湖除险工程如期完成。2018年6月14日,河南省人民检察院及河南省人民检察院郑州铁路运输分院同相关部门共同验收,一致认为重大风险已得到排除。

【主要法律问题】

1. 检察机关提出的行政公益诉讼检察建议有哪些特征?
2. 行政公益诉讼检察建议撰写时应注意哪些要求?

【主要法律依据】

1.《行政诉讼法》第二十五条第四款;

2.《人民检察院公益诉讼办案规则》第七十五条；

3.《人民检察院检察建议工作规定》第十六条。

【学理分析】

行政公益诉讼检察建议具有双重性质。一是作为诉前程序，即在提起诉讼之前必须履行的一种法定前置程序，检察机关通过发出检察建议的方式，依法督促有关行政机关主动及时纠正违法行政行为、履行法定职责；二是具有法律监督性质，检察机关通过检察建议对行政机关不依法履行职责的情形进行监督。

行政公益诉讼检察建议具有四个特征。一是主体和对象范围特定。有权发出行政公益诉讼检察建议的只能是检察机关，而不能是其他机关；检察建议的对象是在生态环境和资源保护、食品药品安全、国有资产保护、国有土地使用权出让等领域负有监督管理职责的行政机关。由于行政公益诉讼案件一般涉及国家利益和社会公共利益，可能牵扯多个职能部门，因此，对于同一个案件接受检察建议的可能不止一个行政机关。二是发生时间特定。行政公益诉讼检察建议发生在检察院向法院起诉前，只有在规定时间内行政机关不依法履行职责，人民检察院才能依法向人民法院提起诉讼。三是必经性特定。检察机关在掌握行政机关存在相关违法行为的证据后，不能直接向法院提起诉讼，而是必须先向行政机关发出检察建议书，督促其主动整改，依法履行监督管理职责。也就是说，检察建议是行政公益诉讼启动的前提程序。这也使诉前实现保护公益目的成为行政公益诉讼的一项独特优势。四是后果特定。如果行政机关积极采取措施恢复或保护遭到侵犯的法益，就不会引起行政公益诉讼程序；如果行政机关的行为符合《人民检察院公益诉讼办案规则》第八十二条规定的情形之一，则会启动行政公益诉讼程序。[1]

---

[1] 参见张雪樵、万春主编：《公益诉讼检察业务》，中国检察出版社2022年版，第77-78页。

行政公益诉讼检察建议的撰写需要注意完整性、针对性、匹配性的要求。完整性，是指检察机关在给行政机关发出检察建议的时候，应当对行政机关未依法履职的行为和公益受到侵害的状况进行完整的调查。针对性，是指建议内容应当与行政机关未依法履职的行为相对应，既要明确行政机关未依法履职的事实，提出有针对性的建议，也需要尊重行政权的行使，不能越权。匹配性，是指检察建议书中列明的每一项建议要与以后可能提出的行政公益诉讼请求相匹配，这也是检察建议作为公益诉讼必经程序的体现，即检察建议的内容要涵盖可能提出的诉讼请求；检察建议书中未提出的建议内容，就不宜在之后的诉讼请求中提出来。①

在该案中，三门峡市人民政府及相关职能部门未依法全面履行安全生产监督管理、防洪和保障铁路安全职责，造成高铁运营重大安全隐患，属于行政公益诉讼检察建议的对象。针对三门峡市人民政府仅采取临时性解决措施，未根本解决高铁运营安全隐患的行为，河南省人民检察院郑州铁路运输分院提出针对性检察建议，督促三门峡市人民政府依法履行监督管理职责推动问题整改，符合行政公益诉讼检察建议应当具有的完整性、针对性、匹配性要求。三门峡市人民政府收到检察建议后，积极整改，排除了高铁运营安全隐患，因此检察机关不必启动行政公益起诉程序。

---

① 参见张雪樵、万春主编：《公益诉讼检察业务》，中国检察出版社2022年版，第78页。

河南省郑州市惠济区"法莉兰童话王国"违法建设破坏生态环境案[①]

【基本案情】

2017年8月,河南省郑州某旅游开发公司在未办理规划、用地等行政审批的情况下,擅自在黄河滩区建设一个占地370.68亩的"法莉兰童话王国"儿童游乐公园,对滩区生态系统造成严重影响,且威胁黄河行洪安全。

2019年2月27日,河南省人民检察院指定郑州铁路运输分院办理。2019年3月21日,河南省人民检察院郑州铁路运输分院查明事实、厘清行政机关职责和履职情况后,依法向古荥镇政府、惠济区原环保局、惠金黄河河务局公开送达了检察建议书,督促其全面履行监管职责,切实保护黄河滩区环境资源。

检察建议发出后,河南省人民检察院郑州铁路运输分院积极与相关责任主体沟通联络,取得当地党委、政府的理解与支持,跟踪督导行政机关及时全面履职。该院先后数次与区政府组织相关职能部门召开圆桌会议,组织区政府及河长制办公室、镇政府、生态环境局等到现场查看整改进度,并向涉案企业释法明理,争取让其积极配合整改。

在惠济区政府统一协调指挥下,2019年3月底,该主题公园主体建筑16处砖混结构房屋被拆除;6月底,6万余平方米硬化地面全部拆除,游乐设施、建筑垃圾及倾倒的渣土全部清理并进行复绿,370余亩被占用土地恢复原有生态地貌。

[①] 参见《"携手清四乱 保护母亲河"专项行动检察公益诉讼典型案例》,载最高人民检察院官网,https://www.spp.gov.cn/spp/xwfbh/wsfbh/201908/t20190829_431571.shtml。

【主要法律问题】

1. 行政公益诉讼检察建议送达方式有哪些？

2. 检察机关可采取哪些措施跟进监督确保行政公益诉讼检察建议落实到位？

3. 行政公益诉讼检察建议落实标准有哪些？

【主要法律依据】

1.《行政诉讼法》第二十五条第四款；

2.《人民检察院公益诉讼办案规则》第七十六条、第七十七条、第七十八条；

3.《人民检察院检察建议工作规定》第十八条、第二十四条。

【学理分析】

关于行政公益诉讼检察建议的送达。根据《人民检察院公益诉讼办案规则》第七十六条第一款的规定，人民检察院决定提出检察建议的，应当在3日以内将《检察建议书》送达行政机关。《检察建议书》的送达是督促行政机关整改的重要交流方式，也是落实"诉前实现公益保护目的是最佳司法状态"理念的具体办案手段，因此一般应当采用当面送达的方式。行政机关拒绝签收的，应当在送达回证上记录，把检察建议书留在其住所地，并采用拍照、录像等方式记录送达过程，即留置送达。实践中，根据实际情况也可以采取宣告方式向行政机关送达，必要时，可以邀请人大代表、政协委员、人民监督员等参加。①

关于行政公益诉讼检察建议的落实。根据《人民检察院检察建议工作规定》第二十四条的规定，人民检察院应当积极督促和支持配合被建议单位落实检察建议。督促落实工作由原承办检察官办理，可以采取询问、走访、不定期会商、召开联席会议等方式。而判断行政公

---

① 参见张雪樵、万春主编：《公益诉讼检察业务》，中国检察出版社2022年版，第79页；张嘉军主编：《公益诉讼法》，中国检察出版社2022年版，第133页。

益诉讼检察建议是否落实到位的标准,一般可以从四个方面考虑:一是时间上,必须在规定期限内整改,即行政机关应当在2个月内或紧急情况下15日内整改完毕并回复。当然,考虑到个案成因及复杂程度不同,可能出现整改难度大、范围广、周期长及不可抗力等特殊情况,行政机关应当在回复中说明详细的整改方案,检察机关综合评估整改方案的合法性与合理性后,督促行政机关在合理期限内完成整改。二是行为上,行政机关必须对违法行为或不作为采取了相应的纠错、履职行为。三是结果上,国家利益和社会公共利益必须得到有效维护或救济。这也是评价行政公益诉讼检察建议是否落实到位的关键。四是形式上,行政机关必须采取书面方式回复。①

在该案中,河南省人民检察院郑州铁路运输分院公开送达了检察建议书,督促古荥镇政府、惠济区原环保局、惠金黄河河务局全面履行监管职责,切实保护黄河滩区环境资源。该院在发出检察建议后,为确保检察建议的落实,积极督促和支持配合被建议单位开展工作,如数次与区政府组织相关职能部门召开圆桌会议,组织查看现场整改进度,并向涉案企业释法明理,争取让其积极配合。被建议单位积极采取措施,在合理期限内完成整改,被占用土地恢复原有生态地貌,符合检察建议落实到位的标准,同时也体现了"诉前实现公益保护目的是最佳司法状态"的理念。

【思考题】

1. 如何精准确定行政公益诉讼检察建议对象?
2. 行政公益诉讼检察建议内容与提起诉讼的诉讼请求如何衔接?
3. 行政公益诉讼检察建议与社会治理检察建议的区别?
4. 如何完善行政公益诉讼检察建议成效评价机制?

---

① 参见崔念、李廷明:《明确标准促进诉前检察建议真正落实》,载《检察日报》2021年9月30日,第7版。

第三节　诉前程序中行政机关的回复与履职

【主要知识点】

行政机关收到检察建议后，应当依法履职，并在法定期限内书面回复检察机关。但应注意，回复不是目的，行政机关根据检察建议依法履行职责、修复公益才是目的。一般来讲，经行政公益诉讼检察建议督促，行政机关依法履职，国家利益或者社会公共利益已经得到有效保护、侵害状态或者受到侵害的危险已经消除的，检察机关应当终结案件。

【案例分析】

河南省信阳市浉河区人民检察院督促履行林业资源监管职责行政公益诉讼起诉案[①]

【基本案情】

2018年以来，信阳市浉河区林业和茶产业局对辖区内盗伐、滥伐林木类的43件行政处罚案件中，仅执行了对当事人的罚款内容，而责令当事人补种树木的处罚内容均未执行到位，既没有代履行，也没有向人民法院申请强制执行，并致部分案件超过强制执行时效；在已办理的10件盗伐、滥伐林木类刑事案件中，该局在当事人被刑事处罚后，未再责令当事人进行补种树木。该局作为林业主管部门，未依法履行责令补种树木的林业执法监督管理职责，致使生态环境遭到破坏

[①] 参见《最高检发布检察公益诉讼起诉典型案例　公益诉讼全面开展4年提起诉讼近2万件》，载最高人民检察院官网，https://www.spp.gov.cn/spp/xwfbh/wsfbt/202109/t20210915_529543.shtml#1。

的状况长期未得到修复,国家利益和社会公共利益受到侵害。信阳市浉河区人民检察院在办理刑事案件时发现该案线索,于2020年4月16日立案调查,于4月29日向浉河区林业和茶产业局发出检察建议,建议该局对涉案的共计43件行政处罚案件和10件刑事处罚案件中滥伐、盗伐林木造成的林业生态环境损害情况,责令违法当事人补种;不能补种的要求其缴纳代为补种树木所需的费用,并代为履行。6月29日,浉河区林业和茶产业局书面回复,称检察建议书中所列事实客观存在,但由于现行法律对履行补植补种处罚义务没有操作流程以及费用标准难以认定等客观原因未能整改。浉河区人民检察院经跟进调查,确认该局仍未实际履行责令违法行为人补种林木的职责,国家利益和社会公共利益仍处于受侵害状态,遂于2020年8月31日向浉河区人民法院提起行政公益诉讼,诉请确认被告未依法履行林业执法监管职责的行为违法,并判令被告依法履行林业执法监管职责,确保被破坏的林业生态环境得到修复。2020年10月22日,浉河区人民法院判决支持了检察机关的全部诉讼请求。

【主要法律问题】

1.行政公益诉讼诉前程序中,如何确定行政机关的回复期限?

2.行政机关按期回复后,检察机关如何开展跟进调查工作?

【主要法律依据】

1.《最高人民法院 最高人民检察院关于检察公益诉讼案件适用法律若干问题的解释》第二十一条;

2.《人民检察院公益诉讼办案规则》第七十七条。

【学理分析】

根据《最高人民法院 最高人民检察院关于检察公益诉讼案件适用法律若干问题的解释》第二十一条第二款的规定,行政机关应当在收到检察建议书之日起2个月内依法履行职责,并书面回复人民检察院。出现国家利益或者社会公共利益损害继续扩大等紧急情形的,行政机关应当在15日内书面回复。

2019年10月23日,时任最高人民检察院检察长张军在十三届全国人大常委会第十四次会议上作《最高人民检察院关于开展公益诉讼检察工作情况的报告》时提出,检察公益诉讼办案应树立"持续跟进监督"理念,并将其作为与"双赢多赢共赢"理念、"诉前实现保护公益目的是最佳司法状态"理念并列的理念之一,三者共同构成了公益诉讼检察工作的理念体系。①

跟进调查是行政公益诉讼检察建议发出后的必经程序,是审查起诉的基础。不能在没有核查整改落实效果的情况下,仅以行政机关提交的书面回复作为结案依据;书面回复不能代替现场调查核实。检察机关提出检察建议后,是终结案件还是提起诉讼都需要根据跟进调查的结果决定。无论行政机关收到检察建议后在整改期限内书面回复还是未书面回复,检察机关在回复期满后都应进一步调查。跟进调查不能仅仅审查行政机关的回复,而要收集行政机关是否纠正违法行为或者全面依法履行职责情况以及国家利益或者社会公共利益是否得到有效保护的情况的相关证据。应注意的是,跟进调查应当按照《人民检察院公益诉讼办案规则》关于调查的规定进行,必要时,检察机关可以及时就有关情况与行政机关进行沟通,听取意见,也可以要求有关专业人员对整改的效果进行评估、鉴定、检验、检测。②

在该案中,浉河区人民检察院于2020年4月29日向浉河区林业和茶产业局发出检察建议;在2个月回复期限内,浉河区林业和茶产业局于6月29日进行书面回复。浉河区人民检察院在收到回复后,持续跟进调查,核查整改落实效果,其不仅需要核查浉河区林业和茶

---

① 参见张军:《最高人民检察院关于开展公益诉讼检察工作情况的报告——2019年10月23日在第十三届全国人民代表大会常务委员会第十四次会议上》,载《中华人民共和国最高人民检察院公报》2019年第6期(总期173号)。

② 参见最高人民检察院第八检察厅编:《〈人民检察院公益诉讼办案规则〉理解与适用》,中国检察出版社2022年版,第112–113页。

产业局的回复，还需要收集行政机关是否依法履行责令补种树木的林业执法监督管理职责以及被破坏的林业生态环境的修复情况的相关证据。浉河区人民检察院跟进调查后确认该局仍未实际履行职责，国家利益和社会公共利益仍处于受侵害状态后，依法提起行政公益诉讼。

河南省汤阴县人民检察院督促保护基本农田行政公益诉讼案[①]

【基本案情】

2019年10月，汤阴县甲农村专业合作社(以下简称甲合作社)未经批准在汤阴县宜沟镇段庄村南非法占用基本农田建设养殖场，占地面积2196平方米，养殖场对部分地面进行硬化，使基本农田丧失耕种条件，破坏耕地资源，损害社会公共利益。

2022年12月28日，汤阴县人民检察院发现线索并立案后，查明：2021年3月10日，汤阴县自然资源局针对甲合作社作出行政处罚。因甲合作社未履行处罚决定，汤阴县自然资源局于2021年6月3日向汤阴县人民法院申请强制执行。汤阴县人民法院裁定由属地宜沟镇政府组织实施拆除违法建筑养殖场。截至2022年12月，该镇政府仍未执行，社会公共利益持续受到侵害。

2022年12月30日，汤阴县人民检察院依法向该镇政府发出检察建议，督促其执行法院裁定，依法履职，组织实施拆除违法建筑养殖场。检察建议发出后，汤阴县人民检察院持续跟进监督，但在法定期限内，该镇政府未回复检察建议且未采取有效措施对违法建筑养殖场

[①] 参见《耕地保护检察公益诉讼典型案例》，载最高人民检察院官网，https://www.spp.gov.cn/spp/xwfbh/wsfbt/202309/t20230927_629403.shtml#2。

进行拆除,社会公共利益持续处于受侵害状态。

2023年3月17日,汤阴县人民检察院向汤阴县人民法院提起行政公益诉讼,请求判令宜沟镇政府依法全面履行基本农田保护管理职责。4月24日,汤阴县人民法院支持了检察机关的诉讼请求,判决宜沟镇政府在判决生效后20日内履行职责。判决生效后,汤阴县人民检察院持续跟进,该镇政府对违法建筑养殖场进行了拆除并完成复耕。

【主要法律问题】

1. 检察机关如何判断行政机关是否全面依法履职?
2. 针对行政机关未全面依法履职的情形,检察机关应当怎么做?

【主要法律依据】

1. 《最高人民法院、最高人民检察院关于检察公益诉讼案件适用法律若干问题的解释》第二十一条;
2. 《人民检察院公益诉讼办案规则》第八十二条。

【学理分析】

《人民检察院公益诉讼办案规则》第八十二条列举了七种认定行政机关未依法履行职责的情形。认定行政机关未依法履行职责,实际上是对行政机关是否依法全面履职的判断,直接关系行政公益诉讼案件经过检察建议后能否提起公益诉讼。

2019年最高人民检察院会同生态环境部等九部委会签的《关于在检察公益诉讼中加强协作配合依法打好污染防治攻坚战的意见》和2020年最高人民检察院会同中央网信办等十单位会签的《关于在检察公益诉讼中加强协作配合依法保障食品药品安全的意见》都明确了判断行政机关履职是否尽责的标准:以法律规定的行政执法机关的法定职责为依据,以是否采取有效措施制止违法行为,是否全面运用法律法规、规章和规范性文件规定的行政监管手段,国家利益和社会公共利益是否得到了有效保护为标准。

检察机关经跟进调查,对于因客观原因无法在规定期限内完成整改的,应持续跟进监督,严格遵守结案程序规范,对尚不符合结案条件的不应作结案处理;避免出现因未跟进监督或跟进监督不到位,对行政机关整改落实情况监督失效,从而出现结案之后公益损害问题持续存在,或反弹回潮的问题,致使公益损害问题得不到及时有效解决。①但对于符合《人民检察院公益诉讼办案规则》第八十二条规定的情形的,检察机关也要敢于通过诉的确认维护国家利益、社会公共利益。

同时,实践中,有时国家利益或者社会公共利益客观上还没有得到有效保护,但是行政机关已经依法全面运用法律法规、规章和规范性文件规定授权的行政监管手段,由于法律体系的不完善或者立法的漏洞,行政机关基于法无明文规定不得为的权力运行规则没有强有力的监管手段;在这种情形下,不能认定行政机关不依法履行职责,而应当终结案件。对于发现的立法漏洞或者行政监管方面存在的问题,检察机关根据《人民检察院检察建议工作规定》第十一条之规定,向相关部门发出社会治理类检察建议。对于没有得到保护的社会公共利益,可以考虑采用民事公益诉讼的方式救济。②

在该案中,宜沟镇政府收到检察建议后在整改期限内未书面回复,汤阴县人民检察院在回复期满后应进一步调查。汤阴县人民检察院在跟进调查过程中发现该镇政府既没有采取有效措施对违法建筑养殖场进行拆除,也没有依法进行行政监管,社会公共利益持续处于受侵害状态。基于此,汤阴县人民检察院针对宜沟镇政府未能全面依法履职的情况,应当通过提起行政公益诉讼来维护国家利益和社会公共利益。汤阴县人民检察院依法提起行政公益诉讼,并在判决后持续

---

① 参见吕洪涛、易小斌、孙淼森:《检察公益诉讼"回头看"跟进监督典型案例解析》,载《人民检察》2022年第10期。
② 参见张雪樵、万春主编:《公益诉讼检察业务》,中国检察出版社2022年版,第80页。

跟进,督促宜沟镇政府积极依法履行职责,有效地维护了国家利益和社会公共利益。

【思考题】

1.行政机关在规定的整改期限内已依法作出行政决定或者制定整改方案,但因突发事件等客观原因不能全部整改到位,或者整改方案确定的工作周期较长,检察机关能否终结案件?如终结案件后,问题迟迟未整改到位,检察机关该如何进行监督?

2.行政机关回复后,检察机关经现场核查确认整改到位,终结案件后开展"回头看"发现问题反弹,可以采取哪些措施跟进监督,确保问题彻底整改?

3.检察建议发出后,行政机关依法履职,但未按期回复,检察机关可否终结案件?

第三章　行政公益诉讼的管辖

　　行政公益诉讼的管辖,是指各级检察机关、法院之间以及同级不同地域的检察机关、法院之间在受理行政公益诉讼案件上的权限分工。① 其主要包括行政公益诉讼中的检察管辖和审判管辖以及二者之间的衔接问题。其中,行政公益诉讼中的检察管辖,是指不同层级、不同地域的检察机关在办理公益诉讼案件时的权限和分工,②检察管辖可分为一般管辖与特殊管辖。一般管辖主要是指《人民检察院公益诉讼办案规则》第十三条第一款确立的一般管辖规则;③特殊管辖是按照法律的特别规定,确立管辖检察机关的制度,包括指定管辖、跨行政区划管辖、提级管辖和移送管辖等。④ 行政公益诉讼的审判管辖分为级别管辖、地域管辖和裁定管辖;级别管辖包括基层人民法院的管辖与中级及以上人民法院的管辖;地域管辖包括一般地域管辖、特殊地域管辖和跨行政区划管辖;裁定管辖分为移送管辖、指定管辖与管辖权的转移三种类型。⑤

---

① 参见张嘉军主编:《公益诉讼法》,中国检察出版社2022年版,第138页。
② 参见张嘉军主编:《公益诉讼法》,中国检察出版社2022年版,第140页。
③ 参见张嘉军主编:《公益诉讼法》,中国检察出版社2022年版,第142页。
④ 参见张嘉军主编:《公益诉讼法》,中国检察出版社2022年版,第143页。
⑤ 参见张嘉军主编:《公益诉讼法》,中国检察出版社2022年版,第151页。

第一节　行政公益诉讼的检察管辖

一、行政公益诉讼检察管辖中的一般管辖

【主要知识点】

一般管辖，是指行政公益诉讼检察管辖的一般规定。《人民检察院公益诉讼办案规则》第十三条第一款规定："人民检察院办理行政公益诉讼案件，由行政机关对应的同级人民检察院立案管辖。"据此，行政公益诉讼检察管辖以同级对应管辖为原则。

同级管辖形成了纵向分工，对应管辖形成了横向分工。所谓同级，是指行政公益诉讼案件原则上由与违法行使职权或者不履行职权行政机关同级别的检察机关管辖。[①] 检察机关作为公权力机关，遵循职权法定原则，原则上不能超出辖区范围受理案件。因此，行政公益诉讼检察管辖机关与被监督行政机关原则上应当属于同一行政区划。[②]

本节主要通过实例分析行政公益诉讼检察管辖的该条规定，讨论同级对应管辖原则在行政公益诉讼中的内涵、适用和规范意义等问题。

---

① 参见张嘉军主编：《公益诉讼法》，中国检察出版社2022年版，第142页。
② 参见张嘉军主编：《公益诉讼法》，中国检察出版社2022年版，第142页。

【案例分析】

内蒙古自治区呼和浩特市赛罕区人民检察院督促履行环境保护监管职责行政公益诉讼起诉案[①]

【基本案情】

从 2010 年开始，呼和浩特市玉泉区世纪十九路道路两侧长期违法堆放大量建筑垃圾形成渣土堆，严重污染周围环境。

2018 年 10 月 9 日，内蒙古自治区呼和浩特市人民检察院立案。2018 年 10 月 18 日，呼和浩特市人民检察院向呼和浩特市城市管理综合执法局（以下简称市城管局）发出诉前检察建议，建议该局依法全面履行职责，及时清理案涉地块上堆放的建筑垃圾渣土堆，并加强对市区内建筑垃圾乱堆乱放问题的全面严格监管。2018 年 12 月 18 日，市城管局书面回复称，该地块 2015 年划入城区范围，以前形成的建筑垃圾不属于其监管职责，其后并未形成新的"增量"。

根据《行政诉讼法》地域管辖相关规定，该案应当由呼和浩特市玉泉区人民检察院管辖。呼和浩特市人民检察院在综合考虑办案力量、办案经验的基础上，经与呼和浩特市中级人民法院协商，将该案交由呼和浩特市赛罕区人民检察院办理。2019 年 5 月 27 日，赛罕区人民检察院向呼和浩特市赛罕区人民法院提起行政公益诉讼。2019 年 6 月 13 日，赛罕区人民法院开庭审理该案。

2019 年 7 月 23 日，赛罕区人民法院作出一审判决，判决支持了检察机关的诉讼请求，认为市城管局具有对案涉建筑垃圾渣土堆进行清

[①] 参见《最高检发布检察公益诉讼起诉典型案例　公益诉讼全面开展 4 年提起诉讼近 2 万件》，载最高人民检察院官网，https://www.spp.gov.cn/spp/xwfbh/wsfbt/202109/t20210915_529543.shtml#1。

理的法定监管职责。虽然该局已将综合整治城区存量渣土山的工作列入下一步工作计划,但并未在收到检察建议后积极履行职责,履职监管不到位。综上,法院判决责令市城管局于判决生效后60日内对建筑垃圾违法堆放行为履行监管职责。

【主要法律问题】

1. 行政公益诉讼中实施同级对应管辖的原因是什么?
2. 该案中同级对应管辖的协调是否符合诉讼法原理?

【主要法律依据】

1.《行政诉讼法》第二十五条第四款;

2.《最高人民法院、最高人民检察院关于检察公益诉讼案件适用法律若干问题的解释》第五条、第二十一条;

3.《人民检察院公益诉讼办案规则》第二条、第十三条、第十六条;

4.《城市建筑垃圾管理规定》第三条。

【学理分析】

在同级管辖方面,检察机关行使职权的基本立足点和出发点应当是履行法律监督职责。行政公益诉讼中检察机关行使职权体现对行政机关是否依法履行法定职责的监督,其背后蕴含着检察权与行政权的运行规则:应当由哪一级别的检察机关对特定行政机关进行监督,能既符合检察职权配置的基本原理,又确保检察机关在立案后能够调配和投入足够的检察资源,实现案件办理政治效果、社会效果、法律效果的统一。实施同级管辖的具体原因如下:首先,同级管辖可以有效实现监督。法院、检察院和行政机关在行使权力的过程中分工负责、相互配合、相互制约。其次,同级管辖符合司法均衡原则。我国司法资源整体上仍旧紧缺,全国范围内都面临案多人少的矛盾,而同级管辖的划分充分考虑到了各级检察机关之间的合理分工,平衡不同级别人民检察院之间的行政公益诉讼案件负担。最后,检察管辖同级管辖与审判管辖相互衔接。行政公益诉讼涉及检察院的管辖权,也涉及法院的管辖权,二者的顺畅对接是行政公益诉讼从检察机关到审判机构、从诉前程序到提起诉讼顺利进行的重要保障。

根据《行政诉讼法》地域管辖相关规定,该案应当由呼和浩特市玉泉区人民检察院立案管辖,然而,司法均衡不仅是案件数量上的均衡,还要将不同级别检察院的工作人员专业能力、业务水平纳入考虑,因此,在综合研究办案力量、办案经验的基础上,呼和浩特市人民检察院经与呼和浩特市中级人民法院协商,将该案交由呼和浩特市赛罕区人民检察院办理。同时,该案还存在诉前程序与审判程序级别上的不一致:呼和浩特市人民检察院向市城管局发出诉前检察建议,而后由赛罕区人民检察院办理该案。针对这一问题,有学者直言不必坚持诉前程序检察院和起诉检察院的一致,不必为了形式上的一致性而破坏诉讼的原理,[①]而且由不同的检察院分别履行诉前程序和起诉职责,符合检察一体化的要求,即无论是由哪一级的检察机构,也无论是由哪一位检察官作出的检察活动,都视为检察机关作出的决定,共同为有关的活动或决定负责。[②] 上下级检察院一体化办案实际上已有实例,上级检察院通过指导下级检察院工作,实现对公共利益的有效保护。[③] 大量的刑事附带民事公益诉讼案件的司法实践表明,基层检察机关、基层人民法院具备办好公益诉讼案件的能力。[④] 从这个角度来说,该案为了便于公益诉讼案件的调查取证,促进管辖制度合理化改

---

① 参见周虹、王栋:《检察机关提起行政公益诉讼制度构建中的问题》,载《中国检察官》2018 年第 3 期。

② 参见陈云生:《论检察一体化建制和管理模式的创新》,载《法治研究》2013 年第 8 期。

③ 参见胡婧、张琨蓓:《我国行政公益诉讼立案管辖的实践逻辑与理论反思》,载《西部法学评论》2021 年第 6 期。

④ 参见胡卫列、解文轶:《〈人民检察院公益诉讼办案规则〉的理解与适用》,载《人民检察》2021 年第 18 期。

革,应当允许公益诉讼管辖权下放。

在对应管辖方面,确定行政公益诉讼检察管辖时,应当为检察机关进行诉讼提供便利,为实现行政公益诉讼目的提供条件。① 对应管辖的意义在于:首先,由同一辖区内的检察机关履行监督职责,能够保障检察机关及时发现公益诉讼案件线索和调查取证、沟通协调。其次,对应管辖可以确保规范的一致性。不同地区为更好地执行上位法的规定或者根据本地区实际情况对上位法作出调整,会制定地方性法规或地方性规章。对应管辖可以确保当地检察机关更为了解当地的法律规范体系,在办案时充分尊重法律法规规章效力的地方性,保证在诉讼过程中与被诉行政机关援引一致的法规,避免出现区域规范之间的冲突。

该案中,确有协调对应管辖的必要。第一,环境行政公益诉讼具有一定的专业性,特别是在污染检测、污染溯源、修复评价等多方面需要专门知识和专家人才的共同参与。该案中,呼和浩特市人民检察院就曾经委托测绘公司对建筑垃圾渣土堆进行测量,查明案涉垃圾占地面积和体量。第二,确定对应管辖需要考虑行政诉讼发展现状;这是指受限于司法体制,以本辖区内行政机关为被告的案件难以保证独立、公开审判。② 第三,生态环境污染涉及地域广泛,可能牵涉多地多个行政机关的责任和义务,③被诉行政机关所在地检察机关并不一定在调查取证等方面具备优势,可以交由联系最密切的检察机关办理。因而,综合考虑环境行政公益诉讼的管辖协调必要性和诉讼目的,确有必要对对应管辖做出调整的,通过与上级检察机关协商,交由更具

---

① 参见田凯:《初论探索行政公益诉讼的制度供给路径》,载《中国检察官》2015年第5期。

② 参见李红枫:《行政诉讼管辖制度现状及对策分析》,载《行政法学研究》2003年第1期。

③ 参见张永胜等:《检察机关提起行政公益诉讼实践研究》,载《上海法学研究》集刊2019年第5卷(总第5卷)。

办案力量和办案经验的检察机关办理,可以更全面地保护公共利益,修复生态环境。同时,该案中呼和浩特市人民检察院与赛罕区人民检察院在对应管辖方面进行协调还可以避免地方保护的干预。

【思考题】

1. 检察机关的诉前程序与审判程序在级别上适当分离是否合理?
2. 除环境行政公益诉讼外,其他类型的行政公益诉讼是否可以协调同级对应管辖?

二、行政公益诉讼检察管辖中的特殊管辖

【主要知识点】

特殊管辖也称特别管辖,是指不依据行政公益诉讼检察管辖的一般原则,而是按照法律的特别规定,确立管辖检察机关的制度。特殊管辖主要包括指定管辖、跨行政区划管辖、提级管辖、移送管辖、管辖权的转移等。

指定管辖,是指上级检察机关以指定的方式,将特定行政案件交由辖区内的其他检察机关办理。指定管辖主要包括两种情形:一是上级检察机关根据办案实际需要指定管辖;二是人民检察院发生管辖权争议时,上级人民检察院可以指定管辖。

跨行政区划管辖,是指通过指定等方式,确立某一检察机关跨行政区划办理行政公益诉讼案件。

提级管辖,是指行政机关为人民政府,由上一级人民检察院管辖更为适宜的,也可以由上一级人民检察院立案管辖。

移送管辖,是指因上级检察院不具有管辖权或与审理行政公益诉讼案件法院管辖级别、地域不对应,而将案件移送至有管辖权的检察院的制度。移送管辖制度有两种不同的类型:一是案件线索的同级、上下级移送;二是诉讼环节的线索移送。

管辖权的转移,是指基于上级检察机关的决定,将上级检察机关

办理的公益诉讼案件交由下级检察机关办理,或者将下级检察机关办理的案件提级由上级检察机关办理。管辖权的转移主要包括两种类型:一是管辖权的自上至下转移;二是管辖权的自下至上转移。

【案例分析】

吉林省白城市洮北区人民检察院诉洮北区林业和草原局行政公益诉讼案①

【基本案情】

白城市洮北区青山镇的一处国有天然牧草地被非法开垦。2020年6月,白城市人民检察院在开展草原生态检察监督专项行动时发现该线索,并指定由镇赉县人民检察院办理。镇赉县人民检察院于2020年10月22日对该线索进行行政公益诉讼立案,经调查,白城市某兽药公司因非法开垦破坏天然牧草地1713亩。

2020年11月4日,镇赉县人民检察院向白城市洮北区林业和草原局(以下简称洮北区林草局)制发检察建议,责令某兽药公司违法责任人恢复被其破坏的草原植被。2020年12月8日,洮北区林草局书面回复称,已于2020年12月1日对违法责任人下达了《责令恢复草原原状通知书》,责令违法责任人于2020年12月30日前停止耕种,恢复草原原状。

收到回复后,检察机关经跟进监督发现该地块与周围草原影像对比仍存在较大差异。洮北区林草局称该地块已停止耕种,正采取自然恢复的方式进行恢复。检察机关经调查后确认自然恢复方式无法恢

---

① 参见《吉林省白城市洮北区人民检察院对洮北区林业局不依法履职行为提起行政公益诉讼》,载最高人民检察院官网,https://www.spp.gov.cn/xwfbh/wsfbh/201611/t20161101_171184.shtml。

复草原植被及生态功能。根据起诉管辖规定，2021年6月30日，该案由洮北区人民检察院提起行政公益诉讼。

白城市洮北区人民法院于8月11日开庭审理此案。2021年8月31日，洮北区人民法院作出判决：判令洮北区林草局依法履行监督管理职责，恢复被某兽药公司破坏的草原植被。收到判决后，洮北区林草局立即督促某兽药公司通过平整土地、清除设施、播种草籽等措施恢复案涉草原。

【主要法律问题】

该案中的管辖是否属于指定管辖？如果是，该案属于指定管辖的哪种类型？

【主要法律依据】

《人民检察院公益诉讼办案规则》第十七条。

【学理分析】

该案中的管辖属于指定管辖。所谓指定管辖，是指上级检察机关以指定的方式，将特定行政案件交由辖区内的其他检察机关办理。白城市人民检察院在开展草原生态检察监督专项行动时发现该线索，将线索移送至镇赉县人民检察院并指定由镇赉县人民检察院办理。因此，该案属于指定管辖，符合《人民检察院公益诉讼办案规则》第十七条第二款"最高人民检察院、省级人民检察院和设区的市级人民检察院可以根据跨区域协作工作机制规定，将案件指定或移送相关人民检察院跨行政区划管辖。基层人民检察院可以根据跨区域协作工作机制规定，将案件移送相关人民检察院跨行政区划管辖"关于指定管辖的规定。

根据《人民检察院公益诉讼办案规则》的相关规定，行政公益诉讼案件指定管辖主要包括以下两种情形：

一是上级检察机关根据办案实际需要指定管辖。《人民检察院公益诉讼办案规则》第十七条第一款规定："上级人民检察院可以根据办案需要,将下级人民检察院管辖的公益诉讼案件指定本辖区内其他人民检察院办理。"《人民检察院公益诉讼办案规则》赋予了上级检察机关较大的裁量权,凡是出于办理行政公益诉讼案件的需要,均可以将某一特定行政公益诉讼案件指定由本辖区内的其他人民检察院办理。

二是人民检察院在发生管辖权争议时,上级人民检察院可以指定管辖。《人民检察院公益诉讼办案规则》第十七条第三款规定:"人民检察院对管辖权发生争议的,由争议双方协商解决。协商不成的,报共同的上级人民检察院指定管辖。"管辖权的争议包括两种情形:(1)两个以上的人民检察院都认为自己有管辖权,相互争夺管辖权,这是管辖权的积极争议;(2)两个以上的人民检察院都认为自己没有管辖权而相互推诿,这是管辖权的消极争议。造成管辖权争议的原因有很多,包括对管辖规定的理解不一致、行政案件跨区划管辖的影响、行政公益诉讼案件自身的复杂性等。当出现管辖权的争议时,应当由发生争议的检察机关先协商解决;协商不成的再报共同的上级检察机关指定管辖。属于同一辖区范围内的两个基层检察机关发生管辖权争议且协商不成的,应当由当地的设区的市级检察机关指定管辖;属于同一个省级区划内的不同设区的市级检察机关发生管辖权争议且协商不成的,应当由该省级检察机关指定管辖;跨省级行政区划的两个检察机关发生争议的,参照法院管辖权争议处理办法,应当先由省级检察机关协商解决,协商不成的再报最高人民检察院指定管辖。

该案中,指定管辖属于上述第一种情况,上级检察机关根据办案实际需要指定管辖。白城市人民检察院在开展草原生态检察监督专项行动时发现该线索,并指定由镇赉县人民检察院办理。镇赉县人民检察院对该线索进行行政公益诉讼立案。该指定管辖的行为可能是由于回避原则或者镇赉县人民检察院具有更高的专业性。在检察管辖的指定管辖中,上级检察机关具有较大的裁量权,只要是出于满足办理行政公益诉讼的需要,上级检察机关即可指定本辖区内的其他人民检察院进行管辖,符合《人民检察院公益诉讼办案规则》对于指定管辖的相关规定。

【思考题】

1. 移送管辖与指定管辖之间具有什么关系?
2. 在哪些情形下,需要进行指定管辖?

重庆市人民检察院第一分院诉长寿区水利局、长寿区农业农村委员会行政公益诉讼案①

【基本案情】

龙溪河系长江一级支流,重庆市长寿区但渡镇河段河道有7处围堰未及时拆除,其侵占龙溪河河道及水域、岸线资源,影响河道行洪,并存在污染饮用水水源的风险。

2022年2月,重庆市长寿区人民检察院经群众举报发现该案线索,因涉及历史遗留问题,遂将线索上报重庆市人民检察院第一分院。重庆市人民检察院第一分院于2022年5月5日对长寿区水利局、长寿区农业农村委员会(以下简称长寿区农委)进行立案调查。

2022年5月,重庆市人民检察院第一分院分别向长寿区农委、长寿区水利局发出检察建议,建议对围堰养鱼等情况进行综合治理。同年10月,重庆市人民检察院第一分院跟进调查发现,整改工作未取得实质性成效,经督促后仍未得到实质性整改。

2022年12月,重庆市人民检察院第一分院分别对长寿区水利局、长寿区农委向重庆市第一中级人民法院提起行政公益诉讼,请求判令

---

① 参见《生态环境保护检察公益诉讼典型案例》,载最高人民检察院官网,https://www.spp.gov.cn/xwfbh/wsfbt/202308/t20230815_624952.shtml#2。

长寿区水利局、长寿区农委对案涉违法围堰渔业养殖进行监管治理。

诉讼过程中，长寿区水利局、长寿区农委于2023年3月完成7处围堰养鱼塘拆除工作。4月，重庆市人民检察院第一分院经现场勘查确认其已完成拆除整改工作。

2023年5月，重庆市第一中级人民法院分别对两案件公开开庭审理。重庆市人民检察院第一分院变更诉讼请求为确认长寿区水利局、长寿区农委未依法履职行为违法。

重庆市第一中级人民法院经审理认为，检察机关变更诉讼请求于法有据，且可进一步督促行政机关依法履职，于2023年6月判决支持检察机关诉讼请求。

【主要法律问题】

1. 该案管辖权的转移属于哪种类型？
2. 该案中的移送管辖与行政诉讼移送管辖有什么区别？

【主要法律依据】

《人民检察院公益诉讼办案规则》第十六条、第十七条、第十八条。

【学理分析】

检察管辖中的管辖权的转移，是指基于上级检察机关的决定，将上级检察机关办理的公益诉讼案件交由下级检察机关办理，或者将下级检察机关办理的案件提级由上级检察机关办理。

管辖权的转移主要包括两种类型：

第一，管辖权的自下至上转移。该种类型的转移路径有两种：一是上级检察机关在认为确有必要的情况下，将下级检察机关办理的案件提级管辖；这是上级检察机关主动作出的提级管辖行为。二是下级检察机关在认为需要由上级检察机关办理时，报请上级检察机关决定；这是经报请后的管辖权自下至上转移。

第二，管辖权的自上至下转移。上级检察机关认为确有必要的情况下,可以将本院管辖的案件交由下级检察机关办理。检察机关将本院办理的案件交由下级检察机关办理应当慎重,在作出管辖权转移决定时应当着重考虑被监督对象级别、社会影响程度、案件复杂程度等因素。

该案中,管辖权的转移属于管辖权的自下至上转移。重庆市长寿区人民检察院发现该案线索,将线索上报重庆市人民检察院第一分院。重庆市人民检察院第一分院于2022年5月5日对长寿区水利局、长寿区农委立案调查。重庆市长寿区人民检察院基于历史遗留原因,将有关线索上报至重庆市人民检察院第一分院,属于经报请后的管辖权自下至上转移,符合《人民检察院公益诉讼办案规则》第十八条第二款"下级人民检察院认为需要由上级人民检察院办理的,可以报请上级人民检察院决定"的规定。

行政公益诉讼检察管辖中的移送管辖与行政诉讼移送管辖最大的区别是:行政诉讼中移送管辖的前提是移送案件的法院已经进行了立案,在立案后发现自己没有管辖权,是对错误立案的纠错程序;而行政公益诉讼检察管辖中的移送主要是指案件线索的移送,既可能发生在检察机关立案前,也可能发生在立案后,并不一定是对错误立案的纠错。

该案中,重庆市长寿区人民检察院经群众举报发现该案线索,因涉及历史遗留问题,将线索上报重庆市人民检察院第一分院。重庆市人民检察院第一分院于2022年5月5日对长寿区水利局、长寿区农委进行立案调查。这体现了行政公益诉讼检察管辖中的移送管辖与行政诉讼移送管辖的不同:该案中,重庆市长寿区人民检察院对案件线索进行移送,发生在检察机关立案之前,而在行政诉讼中,移送管辖则必须发生在检察机关已经立案之后。

【思考题】

1. 移送管辖有哪几种类型?
2. 管辖权的转移需要符合哪些条件?
3. 该案是否属于提级管辖所规定的情形?

第二节　行政公益诉讼的审判管辖

【主要知识点】

行政公益诉讼的审判管辖主要涉及级别管辖、地域管辖以及裁定管辖。

级别管辖包括基层人民法院的管辖和中级以上人民法院的管辖。原则上一审行政案件由基层法院进行管辖。《行政诉讼法》第十五条、第十六条、第十七条有关中级以上法院管辖的第一审案件的适用范围应适用于行政公益诉讼案件管辖。

一个案件确定其级别管辖后,还需确定其地域管辖,才能最终确定有管辖权的法院。地域管辖可分为一般地域管辖、跨行政区域管辖、特殊地域管辖和共同管辖四种。

尽管法律对管辖做了级别上的和地域上的划分,有时仍会出现一些不确定的情况,这时就必须通过法院的裁定确定管辖。这就是裁定管辖,它可分为三种类型:移送管辖、指定管辖和管辖权的转移。

【案例分析】

贵州省六盘水市六枝特区人民检察院诉贵州省镇宁布依族苗族自治县丁旗镇人民政府环境行政公益诉讼案[1]

【基本案情】

2015年1月,六盘水市六枝特区人民检察院在开展"生态、环境

---

[1] 参见《贵州省六盘水市六枝特区人民检察院诉贵州省镇宁布依族苗族自治县丁旗镇人民政府环境行政公益诉讼案》,载中国法院网2017年3月9日,https://www.chinacourt.org/article/detail/2017/03/id/2574755.shtml。

保护"专项行动中接到群众反映，自2014年起，安顺市镇宁布依族苗族自治县丁旗镇政府将该镇的生活垃圾收集后，集中运输至与其接壤的六枝特区木岗镇产业园区原龙岩飞机制造厂地块，倾倒后未做任何处理，致使该区域环境遭受严重破坏，当地群众生产生活受到严重影响。2015年11月23日，六枝特区人民检察院向丁旗镇政府提出检察建议，督促其将倾倒的垃圾进行清理，恢复地块原状，并对在辖的丁旗镇龙潭村在该地块倾倒垃圾的行为进行有效制止。检察建议发出后，丁旗镇政府既未予以回复，亦未对已倾倒的垃圾进行清理，龙潭村仍在该地块倾倒垃圾。为保护生态环境，维护社会公共利益，2016年1月19日，六枝特区人民检察院以丁旗镇政府为被告向清镇市人民法院提起行政公益诉讼，请求确认丁旗镇政府把原龙岩飞机制造厂选址为临时垃圾堆放场的行政行为违法，责令丁旗镇政府履行监管职责，对其辖区内龙潭村在原龙岩飞机制造厂倾倒垃圾的行为进行制止，责令丁旗镇政府对其违法行政行为采取补救措施。3月16日上午，清镇市人民法院生态环保法庭在安顺市中级人民法院依法公开开庭审理该案。

【主要法律问题】

1.该案涉及哪种管辖类型？

2.跨区划管辖应当坚持哪些原则？

【主要法律依据】

1.《行政诉讼法》第十八条；

2.《最高人民法院关于审理环境民事公益诉讼案件适用法律若干问题的解释》第六条；

3.《人民检察院公益诉讼办案规则》第二十九条；

4.《最高人民法院、最高人民检察院关于检察公益诉讼案件适用法律若干问题的解释》第五条；

5.《固体废物污染环境防治法》第四十九条。

【学理分析】

2015年7月1日,第十二届全国人大常委会第十五次会议作出了《公益诉讼授权决定》①,授权最高人民检察院在北京等13个省、自治区、直辖市内共846家基层、市级检察院开展提起民事和行政公益诉讼两年的试点工作。2015年7月2日,最高人民检察院发布《检察机关提起公益诉讼改革试点方案》②。

该案是试点期间检察机关提起的第三件环境行政公益诉讼案件,也是人民法院跨区划管辖并当庭宣判的第二件环境行政公益诉讼案件。除此之外,该案还创造了多项"第一":是第一件由省级人民检察院指定基层检察院办理的环境行政公益诉讼案件;是第一件被人民法院驳回一项诉讼请求的行政检察公益诉讼案件;是第一件诉基层人民政府的行政公益诉讼案件。该案引发了关于检察行政公益诉讼起诉条件、行政公益诉讼证明责任分配、乡镇人民政府环境管理职能内涵、跨行政区划管辖原则与办案权限的协同及确定标准以及在行政公益诉讼中人民法院应该有哪些审判职责等问题的讨论,为试点中后期同类型案件的办理提供了宝贵思路。作为一个以环境正义为目标的案件,该案还提供了反思司法治理与行政治理关系的绝佳范本。

该案中,人民法院和人民检察院都采取了跨区划指定管辖与办理。2015年,经最高人民法院批准,贵州省人民法院对环境案件采取"145"集中管辖模式:1个高级人民法院,4个中级人民法院和5个基层人民法院设立生态环境审判庭或人民法庭实行跨地级行政区域管

---

① 参见《授权发布:全国人民代表大会常务委员会关于授权最高人民检察院在部分地区开展公益诉讼试点工作的决定》,载新华网,http://www.xinhuanet.com/politics/2015-07/01/c_1115784894.htm。

② 参见高鑫:《最高检:检察机关提起公益诉讼免缴诉讼费 设有诉前程序》,载最高人民检察院官网,https://www.spp.gov.cn/zdgz/201507/t20150702_100585.shtml。

辖贵州省9个地州市88个县市区的环资案件。①

清镇市人民法院环境资源审判庭管辖贵阳市、安顺市和贵安新区。该案被告为安顺市镇宁自治县丁旗镇人民政府。根据《行政诉讼法》第十八条跨区划管辖原则与一般地域管辖原则，该案应由清镇市人民法院环境资源审判庭管辖。而清镇市人民法院环境资源审判庭一直坚持环资案件巡回审判模式，坚持到案发地甚至是田间地头去开庭。该案选择在安顺市中级人民法院开庭审理，正是遵循了这一原则。从庭审的效果看，该案在案发地审判的宣传教育效果很好，实现了"审理一案教育一片"的效果。

贵州省人民检察院参照《行政诉讼法》第十八条的规定，突破了行政诉讼法的一般地域管辖原则，指定了本辖区内无管辖权的试点检察院办理公益诉讼案件，让该案呈现公益诉讼人、被告和受理法院所在地都完全不同的局面，加上法院采取了异地开庭方式，该案出现"四分离"的情形。另外，跨区域指定管辖或者办理之后，会出现同一案件人民法院和人民检察院指定的法院和检察院辖区不同的问题。该案实践也说明，跨行政区划人民法院、人民检察院改革以及检察公益诉讼改革应统筹协调改革步伐，系统构建跨行政区划管辖的司法体制。

该案证明对环境公益诉讼案件实行跨行政区划管辖，有利于克服地方保护、督促行政机关依法履职，对于保护生态环境具有积极的作用。在该案审理过程中，被告积极履行其行政管理职能，公益诉讼人的诉讼目的部分得以实现，人民法院在公益诉讼人未明确申请撤回该部分诉讼请求的情况下，对该部分诉讼请求未予支持，符合《行政诉讼法》的规定。该案对于人民法院在《行政诉讼法》、《民事诉讼法》和

---

① 参见《【十大行政诉讼案例判析】六盘水市六枝特区人民检察院诉丁旗镇人民政府环境行政公益诉讼案》，载中国政法大学法治政府研究院网2019年7月31日，http://fzzfyjy.cupl.edu.cn/info/1075/10918.htm。

《公益诉讼授权决定》的框架下依法稳妥有序审理检察机关提起的公益诉讼案件,具有示范意义。

检例第 32 号:锦屏县环保局行政公益诉讼案①

【基本案情】

2014 年 8 月 5 日,贵州省黔东南州锦屏县环保局在执法检查中发现鸿发石材公司、雄军石材公司等七家石材加工企业均存在未按建设项目环保设施"同时设计、同时施工、同时投产"要求配套建设,并将生产中的污水直接排放至清水江,造成清水江出现悬浮物和油污污染的后果。锦屏县环保局责令鸿发石材公司、雄军石材公司等七家石材加工企业立即停产整改。鸿发石材公司等七家石材加工企业在收到停产整改通知后,在未完成环境保护设施建设和报请验收的情形下,仍擅自开工生产并继续向清水江排污。2016 年 1 月 13 日,福泉市人民法院依法作出一审判决,确认被告锦屏县环保局 2014 年 8 月 5 日至 2015 年 12 月 31 日对鸿发石材公司、雄军石材公司等企业违法生产的行为怠于履行监督管理职责的行为违法。

【主要法律问题】

指定集中管辖模式有什么优点?

【主要法律依据】

1.《民事诉讼法》第三十九条;

2.《行政诉讼法》第十八条;

3.《环境保护法》第十条、第四十一条;

4.《最高人民法院关于审理环境民事公益诉讼案件适用法律若干问题的解释》第七条;

---

① 参见《第八批指导性案例》,载最高人民检察院官网,https://www.spp.gov.cn/spp/jczdal/201701/t20170104_177552.shtml。

5.《最高人民法院关于行政案件管辖若干问题的规定》(已失效)第五条、第九条。

【学理分析】

环境公益诉讼被认作对公共环保问题进行司法救济的有效途径。贵州省锦屏县人民检察院诉锦屏县环保局行政公益诉讼案是全国人大常委会授权最高人民检察院在部分地区开展公益诉讼试点工作后，在贵州受理的首例，也是全国范围内首例审结的检察机关提起的生态环保行政公益诉讼案件。该案从受理到一审宣判不到1个月，经最高人民检察院于2015年12月17日批复后，锦屏县人民检察院于12月18日向福泉市人民法院起诉，该院层报至贵州省高级人民法院，贵州省高级人民法院通过开启审批"绿色通道"，对该案的受理及时批复，实现了案件当日起诉并当日受理。同时，该案从起诉到审结，仅用时26天。案件的及时审结，体现了贵州各级人民法院充分运用审判职能，对贵州省委、省政府提出的在发展中坚守发展与生态"两个底线"战略予以司法保护，及时有效地保护了贵州的"绿水青山"。该案起诉之后，锦屏县已经对案件中涉及的鸿发石材公司等石材加工企业实施停产整顿；同时，对全县非煤矿山进行为期3个月的集中整治，对违法违规生产企业从重处罚，从源头上遏制违法排污和破坏生态现象发生，①展示了司法救济途径在公共环保问题上强大的影响力。

作为改革试点后检察机关提起的贵州首例跨行政区管辖的生态环保行政公益诉讼案件，该案的成功审理也展现了司法体制改革探索成果。贵州省高级人民法院针对环境污染跨区域性、扩散性的特点，通过确立统一的司法政策，推动各主体对环境污染进行综合施策、科学治理，探索在贵州省境内实行跨行政辖区的司法管辖模式。2014

---

① 参见王治国：《贵州锦屏县检察院诉县环保局怠于履职行政公益诉讼案一审胜诉》，载最高人民检察院官网，https://www.spp.gov.cn/zdgz/201601/t20160114_110977.shtml。

年,贵州省高级人民法院出台了《关于环境保护案件指定集中管辖的规定》,根据贵州大江大河流域及山脉走势,将全省划定为5个生态司法保护板块。为克服地方干预,同时综合考虑各地法院审判力量分布、地理距离和交通条件等因素,贵州省探索设置了与行政区划适当分离的环保审判专门机构,通过集中管辖的模式,选择在清镇市、仁怀市、遵义县、福泉市、普安县五个基层法院,以及与五个基层法院对应的贵阳市、遵义市、黔南州、黔西南州四个中级人民法院和省高级人民法院设立生态环境审判庭或人民法庭。贵州省高级人民法院通过指定管辖的方式,指定上述4个中级人民法院和5个人民法庭在划定的生态环境司法保护板块内,实行生态环境保护民事、行政案件跨市、州级行政区域的集中管辖,即贵州省法院司法环境保护审判"145"集中管辖模式。① 其中,黔南州中级人民法院及福泉市人民法院管辖黔南、黔东南的环境保护民事、行政案件。

采取此种管辖模式,优点在于:一是有利于避免对跨行政区划环境污染分段治理、各自为政、治标不治本的问题。二是有利于在针对区域内污染情况进行整体评估的基础上,统一司法政策和裁判尺度,实现司法裁判法律效果和社会效果的统一。三是有利于避免按行政区划管辖案件带来的地方保护主义弊端。因此该案也是贵州省法院生态环保案件集中管辖审判模式的现实成果。

同时,为了当事人诉讼和法院审理的便利性,贵州省高级人民法院统一协调,在辖区内管辖法院及当事人所在地法院之间建立了有效的协调配合机制,由受案人民法院到案发地或当事人所在地开展巡回审理,以此达到方便诉讼和方便当事人的"两便"目的。该案中,福泉市人民法院将庭审开到当事人所在地和案发地的黔东南州锦屏县,正

---

① 参见金晶:《贵州首例环境行政公益诉讼案背后的司法创新——访贵州省高级人民法院生态环境保护审判庭负责人罗朝国》,载中国法院网2016年1月14日,https://www.chinacourt.org/article/detail/2016/01/id/1790846.shtml。

是充分运用巡回法庭的方式审理案件的表现。笔者认为,在辖区内法院之间开展巡回审理的协调配合机制符合我国的国情、社情、民情,值得推广。

【思考题】

1. 跨区划受理行政诉讼案件的基本模式有哪些?
2. 人民法院如何跨行政区划受理案件?

第三节 检察管辖与审判管辖的对接

【主要知识点】

行政公益诉讼中的管辖不仅要解决检察机关、法院各自系统内的分工,还要协调检察管辖和审判管辖的关系。检察机关的管辖与法院的管辖应该保持同步性与协调性,如此才能实现全力保障司法公正与提升公益司法保护效率的双重目标。[①] 根据《最高人民法院、最高人民检察院关于检察公益诉讼案件适用法律若干问题的解释》第五条第二款的规定,基层检察院提起的第一审行政公益诉讼案件,由被诉行政机关所在地基层法院管辖。《最高人民法院、最高人民检察院关于检察公益诉讼案件适用法律若干问题的解释》第二十六条规定,该解释未规定的其他事项,适用《民事诉讼法》、《行政诉讼法》以及相关司法解释的规定,即无特别规定的情形下,行政公益诉讼适用《行政诉讼法》的规定。最高人民检察院出台的《行政公益诉讼办案指南》中也规定了"管辖权协商"的问题:"上级人民检察院指定改变级别管辖或者地域管辖的,可以在提起民事公益诉讼前与同级人民法院协商管辖的相关事宜,共同指定。"

---

① 参见张嘉军主编:《公益诉讼法》,中国检察出版社2022年版,第138页。

【案例分析】

湖南省花垣县人民检察院诉龙山县自然资源局不履行收缴土地出让违约金职责公益诉讼案[①]

【基本案情】

2017年12月18日,某房地产公司竞拍到龙山县一宗68,670平方米的国有建设用地使用权。该公司与龙山县自然资源局于2018年1月15日签订土地使用权出让合同,约定出让金共计2.3亿元,分别在2018年2月、2019年1月前缴纳1.3亿元、1亿元,未按时缴纳的违约金标准为日均1‰。某房地产公司按期足额缴纳第一笔款后,第二笔款到期仅缴纳4500万元,之后分五次陆续缴清欠缴的本金5500万元,由此产生违约金341.6万元未缴。龙山县自然资源局遂于2020年12月21日向某房地产公司下达《催缴告知书》,要求该公司15日内缴齐上述违约金,逾期将申请人民法院强制执行。其后,该公司仍未缴纳相应款项,该局亦未向法院提出申请。该局存在怠于履行收缴土地出让违约金职责的情形,损害了国家利益。

龙山县人民检察院对龙山县自然资源局立案调查,于2021年8月31日向该局发出检察建议,建议依法履行职责,将违约金收缴到位,并告知两个月履职期限。该局逾期未书面回复亦未收缴。按照《湖南省高级人民法院关于开展全省基层人民法院一审行政案件集中管辖工作的实施方案》,花垣县人民法院集中管辖龙山县、吉首市、保靖县、永顺县一审行政案件。根据《人民检察院公益诉讼办案规则》相关规定,需要提起诉讼的,应当将案件移送有管辖权人民法院

[①] 参见《行政公益诉讼典型案例》,载最高人民检察院官网,https://www.spp.gov.cn/xwfbh/dxal/202312/t20231213_636700.shtml。

对应的同级人民检察院。龙山县人民检察院遂将案件移送花垣县人民检察院起诉。同年11月17日,花垣县人民检察院以龙山县自然资源局为被告,向花垣县人民法院提起行政公益诉讼,请求判令被告履行收缴涉案违约金341.6万元的职责。花垣县人民法院立案后,及时与龙山县自然资源局和花垣县人民检察院沟通,努力做督促协调工作,促使该局于2021年11月18日收齐了某房地产公司欠缴的涉案违约金,并提交了收款凭证。花垣县人民检察院遂以行政公益诉求已全部实现为由,决定撤回起诉。花垣县人民法院经审查,最终裁定准予撤诉。

【主要法律问题】

1. 集中管辖制度在行政公益诉讼中有何体现?
2. 起诉阶段检察机关移送管辖应遵循什么规定?
3. 实务中,检察管辖与审判管辖如何有效衔接?

【主要法律依据】

1.《人民检察院公益诉讼办案规则》第十六条、第四十六条、第四十七条第一款、第八十一条、第八十二条、第八十三条、第八十四条;

2.《最高人民法院、最高人民检察院关于检察公益诉讼案件适用法律若干问题的解释》第二十三条、第二十四条。

【学理分析】

2013年,《最高人民法院关于开展行政案件相对集中管辖试点工作的通知》要求各高级人民法院应当结合本地实际,确定1~2个中级人民法院进行试点。试点中级人民法院要根据本辖区具体情况,确定2~3个基层人民法院为集中管辖法院,集中管辖辖区内其他基层人民法院管辖的行政诉讼案件。集中管辖不同于专属管辖、指定管辖或异地管辖,其更倾向于一定时期内为了优化司法资源配置、完善法律统一适用而对某些类型案件采取的灵活机动的管理规则。① 集中管辖在实践中主要表现为相对集中管辖、跨区域集中管辖、设立跨区域行政区划法院和设立专门法院管辖四种形式。与其他管辖方式不同,集中管辖具有能够有效克服地方保护主义、优化司法资源配置和提升案件质量的优势。但是集中管辖产生的异地管辖问题一定程度上增加了当事人诉讼成本以及法院司法成本,同时也会增大公安机关、人民检察院与集中管辖的法院之间的工作协调难度。

行政公益诉讼集中管辖是集中管辖制度在行政公益诉讼领域的具体化。根据《最高人民法院、最高人民检察院关于检察公益诉讼案件适用法律若干问题的解释》第二十六条的规定,该解释未规定的其他事项,适用《民事诉讼法》、《行政诉讼法》以及相关司法解释的规定。即无特别规定的情形下,行政公益诉讼适用《行政诉讼法》的规定。因此,行政公益诉讼中也适用行政诉讼中集中管辖的有关规定。该案中,行政公益诉讼被告为龙山县自然资源局,根据《湖南省高级人民法院关于开展全省基层人民法院一审行政案件集中管辖工作的实施方案》的有关规定,花垣县人民法院集中管辖龙山县、吉首市、保靖县、永顺县一审行政案件,故该案应当由花垣县人民法院管辖。根据《人民检察院公益诉讼办案规则》第十六条之规定,龙山县人民检察院与花垣县人民法院地域不对应,龙山县人民检察院虽已立案,但需提起诉讼时应将案件移送给与花垣县人民法院对应的同级人民检察院即花垣县人民检察院,由花垣县人民检察院提起诉讼。

行政公益诉讼检察管辖中的移送管辖,是指因上级检察院不具有管辖权或与审理行政公益诉讼案件法院管辖级别、地域不对应,而将案件移送至有管辖权的检察院的制度。《人民检察院公益诉讼办案规则》规定了两种不同类型移送管辖制度:案件线索的同级、上下移

---

① 参见游劝荣:《司法专门化视域下涉碳案件集中管辖研究》,载《法学评论》2024年第1期。

送和诉讼环节的线索移送。关于诉讼环节的移送管辖,《人民检察院公益诉讼办案规则》第十六条规定:"人民检察院立案管辖与人民法院诉讼管辖级别、地域不对应的,具有管辖权的人民检察院可以立案,需要提起诉讼的,应当将案件移送有管辖权人民法院对应的同级人民检察院。"也就是说,人民检察院对案件有立案管辖权,即使已经立案的人民检察院与对案件有管辖权的人民法院之间在诉讼管辖级别或者地域方面不对应,仍不影响诉前程序中已经立案的人民检察院对案件的管辖权。只有当案件需进入审判程序时,已经立案的人民检察院才需将案件移送给有管辖权人民法院对应的同级人民检察院,由同级人民检察院向人民法院提起诉讼。这样的规定意在实现诉讼环节检察管辖与审判管辖的有效衔接。需强调的是,最初立案的人民检察院并非无管辖权,但基于行政案件跨区域管辖等原因,可能出现受案检察院与法院不在同一行政区域等情形,出于顺利办理案件的考量,因而将案件移送至有管辖权法院对应的同级检察院。

该案中,由于湖南省实施对行政案件的集中管辖制度,产生了龙山县人民检察院与花垣县人民法院在地域上不对应的情形,出于顺利办理案件的考虑,龙山县人民检察院根据《人民检察院公益诉讼办案规则》第十六条之规定,将案件移送至花垣县人民检察院,由花垣县人民检察院向花垣县人民法院提起诉讼,促进了检察管辖与审判管辖的顺利对接。

文昌市农业农村局与文昌市人民检察院确认不履行海洋行政公益诉讼上诉案[①]

【基本案情】

海南省文昌市人民检察院在文昌市冯家湾调查时发现海域内有大量违法定置网,于 2018 年 4 月向文昌市原海洋与渔业局发出检察建议,要求文昌市原海洋与渔业局依法对非法捕捞行为进行处罚。虽然文昌市原海洋与渔业局为此开展了专项清理行动,但海南省文昌市人民检察院在跟进监督时发现文昌部分海域内仍有违法定置网,遂于 2019 年 1 月诉至海口海事法院,请求确认文昌市原海洋与渔业局对其辖区海域内的违法定置网未完全履行法定职责的行为违法,并在 6 个月内继续履行法定职责。海口海事法院于同日立案后,于 2019 年 1 月 14 日向文昌市原海洋与渔业局送达了起诉状副本及应诉通知书。文昌市原海洋与渔业局在答辩期间提出管辖权异议,认为该案属于行政公益诉讼,根据《最高人民法院、最高人民检察院关于检察公益诉讼案件适用法律若干问题的解释》第五条第二款的规定,应由被诉行政机关所在地基层人民法院管辖。这是专属管辖的特别性规定,因此该案应由文昌市人民法院管辖。海口海事法院依法审查后认为根据《最高人民法院关于海事诉讼管辖问题的规定》关于海事行政案件管辖的规定,海事法院审理第一审海事行政案件,海事行政案件由最初作出行政行为的行政机关所在地海事法院管辖,文昌市原海洋与渔业局异议理由不成立,以(2019)琼72 行初 20 号行政裁定驳回其异议。文昌市原海洋与渔业局不服,上诉至海南省高级人民法院。其间,文昌市原海洋与渔业局因机构改革、职能分立,其在该案中的诉讼

[①] 参见海南省高级人民法院行政裁定书,(2019)琼行辖终 15 号。

权利义务由文昌市农业农村局承继。2019年5月20日,海南省高级人民法院以(2019)琼行辖终15号行政裁定驳回上诉,维持原裁定。

【主要法律问题】

1. 如何理解《最高人民法院、最高人民检察院关于检察公益诉讼案件适用法律若干问题的解释》第五条第二款的规定？

2. 应如何厘清检察公益诉讼中一般管辖与其他特殊专门管辖之间的关系？

【主要法律依据】

1.《最高人民法院、最高人民检察院关于检察公益诉讼案件适用法律若干问题的解释》第五条第二款；

2.《最高人民法院关于海事诉讼管辖问题的规定》第二条第一款；

3.《最高人民法院关于适用〈中华人民共和国行政诉讼法〉的解释》第十条第二款；

4.《行政诉讼法》第二十五条第四款、第八十九条；

5.《最高人民法院关于海事法院受理案件范围的规定》第七十九条、第八十条、第八十一条、第八十二条。

【学理分析】

《最高人民法院、最高人民检察院关于检察公益诉讼案件适用法律若干问题的解释》第五条第二款规定,基层检察院提起的第一审行政公益诉讼案件,由被诉行政机关所在地基层法院管辖。该条款可视为对行政公益诉讼审判管辖中一般管辖的基本规定,也是检察管辖与审判管辖得以有效衔接的重要规定。该条款不仅从法院内部分工权限方面明确规定了被诉行政机关所在地基层法院对一审行政公益诉讼的管辖权,而且也与检察机关的管辖建立了联系,即只有对基层检察院提起的第一审行政公益诉讼案件,基层法院才有管辖权。结合《行政公益诉讼办案指南》"检察机关提起行政公益诉讼的案件,一般由违法行使职权或者不作为的行政机关所在地的基层人民检察院管辖。违法行使职权或者不作为的行政机关是县级以上人民政府的案件,由市(分、州)人民检察院管辖"的规定,可进一步明确基层法院对行政公益诉讼案件具有一般管辖权;对于由市一级人民检察院提起的一审行政公益诉讼案件,基层法院则无管辖权。

此外,《人民检察院公益诉讼办案规则》第十六条规定:"人民检察院立案管辖与人民法院诉讼管辖级别、地域不对应的,具有管辖权的人民检察院可以立案,需要提起诉讼的,应当将案件移送有管辖权人民法院对应的同级人民检察院。"该条要求起诉阶段无管辖权的人民检察院提起诉讼的,应将案件移送有管辖权人民法院对应的同级人民检察院,结合《最高人民法院、最高人民检察院关于检察公益诉讼案件适用法律若干问题的解释》第五条第二款与上述《行政公益诉讼办案指南》的有关规定,不难看出在行政公益诉讼案件中,法检双方都在积极寻求起诉检察院与管辖法院的级别对等,这种对等能够一定程度上降低法检双方工作衔接的难度,方便案件办理,提高司法工作效率。

该案中,文昌市原海洋与渔业局认为该案管辖应当适用《最高人民法院、最高人民检察院关于检察公益诉讼案件适用法律若干问题的解释》第五条第二款的规定,由文昌市人民法院管辖。其异议理由并不成立,文昌市原海洋与渔业局对该条款的适用产生了错误的理解。其管辖权异议被驳回的原因之一就在于该案属于涉海事的行政公益诉讼案件,《最高人民法院、最高人民检察院关于检察公益诉讼案件适用法律若干问题的解释》第五条第二款的规定是对行政公益诉讼案件管辖权的一般性规定,而《最高人民法院关于海事诉讼管辖问题的规定》规定:"海事行政案件由最初作出行政行为的行政机关所在地海事法院管辖……"该规定是关于海事法院对海事行政案件专门管辖的规定,一般性规定并不能排除适用专门管辖的规定,应优先适用专门管辖规定。

【思考题】

1. 我国公益诉讼法律制度中,对检察管辖与审判管辖的对接都有哪些规定?

2. 在办理行政公益诉讼案件时,检察管辖和审判管辖之间应如何衔接?

第四章　行政公益诉讼当事人

第一节　行政公益诉讼起诉人

一、行政公益诉讼起诉人的概念和特征

【主要知识点】

行政公益诉讼起诉人,是指认为行政机关的行政行为对国家利益、社会公共利益或者他人利益造成侵害,而以自己的名义向人民法院提起诉讼的国家机关或社会组织。

行政公益起诉人有以下四个特征。

(一)行政公益诉讼起诉人以自己的名义向人民法院提起诉讼

行政公益诉讼起诉人为他人利益,在没有诉的利益或者与自己的利益非常间接的情况下,基于法律的明文规定以自己的名义提起诉讼。

(二)行政公益诉讼起诉人目前主要指人民检察院

为了保护国家利益和社会公共利益,法律往往会对一些特定的国家机关和社会组织进行明确授权。《行政诉讼法》第二十五条第四款赋予了检察机关在特定领域内提起行政公益诉讼的权力。

(三)行政公益诉讼起诉人是认为行政行为侵犯国家利益、社会公共利益的组织

在行政公益诉讼中,公益侵害案件涉及不特定权利主体;正是在直接利害人缺位时,国家利益和社会公共利益存在被侵害危险的前提下,人民检察院出于保护公益的考虑,而提起行政公益诉讼。《行政诉讼法》第二十五条第四款规定的"致使国家利益或者社会公共利益受到侵害",明确表达了检察机关提起公益诉讼是出于维护国家利益、公共利益的需要。

(四)行政公益诉讼起诉人是主动参加诉讼的当事人

行政公益诉讼起诉人为了保护国家利益、社会公共利益而向人民法院起诉,是主动地参加诉讼的人,其主动性体现在起诉行为。

【案例分析】

检例第 185 号:湖南省长沙市检察机关督促追回违法支出国有土地使用权出让收入行政公益诉讼案[①]

【基本案情】

2017 年 12 月 27 日,某地产集团公司在湖南省某市竞得五宗地块的国有建设用地使用权,出让金总价为 42.98 亿余元,约定竞买保证金自动转作受让地块的出让金。由负责开发受让地块的该集团公司子公司——某置业公司与该市原国土资源局签订《国有建设用地使用权出让合同》五份,保证金 15.24 亿余元从公共资源中心转入某市

---

① 参见《第四十六批指导性案例》,载最高人民检察院官网,https://www.spp.gov.cn/spp/jczdal/202308/t20230803_623811.shtml。

财政局非税账户。2018年2月、11月,某市财政局以"退保证金"名义两次将已进入非税账户的土地出让收入支出给某置业公司2.9亿余元。某置业公司用该笔资金缴清五宗地块契税及072号地块剩余土地价款,办理了072号地块不动产权证,申请抵押贷款26.5亿余元。截至2019年9月4日,某市财政局未依法追回违法支出给某置业公司的土地出让收入2.9亿余元。

长沙市人民检察院立案调查。办案人员调查查明:转入非税账户的竞买保证金系某置业公司缴纳的五宗地块费用,成交确认书签订后已自动转作土地价款,应定性为土地出让收入,属于国有财产。某市财政局作为所在地人民政府财政部门和非税收入主管部门,未将收缴的土地出让收入及时足额上缴国库,向某置业公司违法支出已进入非税账户的土地出让收入2.9亿余元,损害了国家利益。

长沙市人民检察院依法向某市财政局发出检察建议,督促其依法履行法定职责,及时追回违法支出;省、市两级检察院持续跟进监督发现,检察建议回复期满,某市财政局未依法全面履职,违法支出的土地出让收入仍未追回。经湖南省人民检察院批准,长沙市人民检察院指定长沙市岳麓区人民检察院起诉管辖,后诉讼请求全部实现,经岳麓区人民检察院提交撤回起诉决定书,长沙铁路运输法院裁定准予撤诉。

【主要法律问题】

如何理解检察机关在国土公益诉讼案件中的职责与作用?

【主要法律依据】

1.《行政诉讼法》第二十五条第四款;

2.《城镇国有土地使用权出让和转让暂行条例》第五十条;

3.《国有土地使用权出让收支管理办法》第四条、第三十三条。

【学理分析】

充分发挥检察一体化工作机制优势,排除办案阻力。国财国土领域公益诉讼案件往往重大敏感、疑难复杂,办案过程中,需要共同分析研判,上下联动发力。省、市检察院要通过直接办理重大复杂的国财国土公益诉讼案件,发挥示范引领作用,要针对有普遍性的问题发出社会治理检察建议,助推国有财产保护。检察机关针对办案中发现的土地出让收入收支管理不规范、存在监管漏洞、部门协同配合不足等问题,可以向地方政府提出改进工作的社会治理检察建议,推动政府统筹协调,健全制度机制,加强行政监管,提升治理能力。

检察机关是提起行政公益诉讼的法定主体。在上述案件中,土地出让金属于国库收入,某市财政局违法支出,损害了国家利益;检察机关提出检察建议督促履行职责;回复期满,某市财政局未依法全面履职且公益仍受侵害,检察机关遂依法提起诉讼。国财国土领域公益诉讼案件往往重大敏感、疑难复杂,在办案过程中,湖南省人民检察院和长沙市检察院充分发挥检察一体化优势,追回违法支出的土地出让金。

检察机关办理土地出让收入公益诉讼案件,应加强跟进监督,督促行政机关依法全面履职,确保应征收的款项全部上缴国库。对于基层检察院管辖可能存在干扰和阻力的,上级检察院可以提级办理;符合提起行政公益诉讼条件的,可以指定基层检察院向同级法院提起诉讼。

检察机关对损害公益的违法行为应当坚持全流程监督,依法保障国有财产安全。在办理国有土地使用权出让领域公益诉讼案件中,检察机关既要监督征收环节,督促征收部门及时收缴土地出让收入,也要监督征收资金划缴国库环节,确保"应缴尽缴、及时入库",防止土地出让收入不当滞留、坐支、挪用造成国有财产损失。

检察机关在办案过程中要注重通过诉讼的方式来推动问题解决。检察建议回复期满,行政机关仍未依法全面履职且公益仍受侵害的,检察机关应依法提起行政公益诉讼,发挥审判程序、司法裁判增强监督刚性、推动问题解决、引领社会价值的功能作用。提起诉讼后,检察机关诉讼请求全部实现的,可以撤回起诉;确有必要的,可以变更诉讼请求,请求法院判决确认行政行为违法。

【思考题】

1. 根据《行政诉讼法》及相关司法解释的规定,行政公益诉讼的起诉条件是什么?与一般的行政诉讼有何区别?

2. 检察机关在公益诉讼当中具有如何的身份地位,能否体现法律监督身份?

二、行政公益诉讼起诉人的诉讼权利和义务

【主要知识点】

公益诉讼的核心目的是维护公共利益,督促行政机关严格依法行政,履行好自身的法定职责。提起行政公益诉讼,实际上是在其他法律手段不起作用的情况下才采取的最后一种司法手段。

(一)行政公益诉讼起诉人的诉讼权利

检察机关代表国家利益和社会公共利益提起行政公益诉讼,享有一般诉讼中原告的各项诉讼权利,包括起诉权、提供证据和申请证据保全的权利、申请回避权、补充变更诉讼请求权、申请财产保全和先予执行的权利、申请强制执行权、上诉权以及申请查阅补正庭审笔录权;除此之外,根据其固有的职权和法律授权,其享有调查核实权、检察建议权等权利。

1. 调查核实权

检察机关在履行行政公益诉讼职责过程中,因办理案件的需要,收集证据、核实案情的权力是检察机关获取办理行政案件证据材料的主要途径,也是检察机关发出诉前检察建议或提起行政公益诉讼的制度保障。《人民检察院公益诉讼办案规则》第三十五条规定了人民检察院开展调查和收集证据的方式;第七十一条规定了调查事项的

范围。

2. 检察建议权

在行政公益诉讼中,人民检察院经过调查,发现生态环境和资源保护、食品药品安全、国有财产保护、国有土地使用权出让等领域负有监督管理职责的行政机关违法行使职责或者不作为,致使国家利益或者社会公共利益受到侵害的,应当向涉案单位、本级主管机关以及其他有关单位提出检察建议,督促其依法履行职责。

(二)行政公益诉讼起诉人的主要诉讼义务

检察机关作为行政公益诉讼起诉人,要依法行使诉权,遵守诉讼规则,服从法院指挥,自觉履行人民法院作出的发生法律效力的判决、裁定。

【案例分析】

西安铁路运输检察院诉陕西省西咸新区某管理委员会不履行环境监管职责行政公益诉讼案[①]

【基本案情】

战国时期的望夷宫遗址位于陕西省西咸新区,遗址总面积30余万平方米。因望夷宫遗址保护范围内一处东西走向的沟道内存在大量建筑垃圾,沟道南侧填埋的建筑垃圾为3万余立方米,沟道西北侧填埋的建筑垃圾约6000立方米,不仅污染周边生态环境,还对文物保护单位造成侵害,西安铁路运输检察院以陕西省西咸新区某管理委员会(以下简称某管理委员会)不履行环境监管职责为由提起行政公益

---

① 参见《人民法院依法审理固体废物污染环境典型案例》,载中国法院网2022年3月1日,https://www.gov.cn/zixun/xiangqing/347801.html。

诉讼。诉讼过程中,经法院督促,某管理委员会邀请环保专家及文物保护专家对现场进行了实地察看,委托具有相关资质的机构完成涉案地块的土壤分析调查,并根据专家意见制定了《望夷宫遗址专项整治行动工作方案》。依据该工作方案,某管理委员会牵头,组织文物局、生态环境局、城市管理和交通运输局、自然资源和规划局、公安部门及街道办事处等职能部门,按照"清、运、填、覆、绿"的程序,进行清理整治,使局部环境得到改善,扬尘污染得到根本性治理。西安铁路运输检察院认为其诉讼请求已得到实现,遂撤回起诉。西安铁路运输法院一审认为,管理委员会在诉讼过程中清运整治建筑垃圾,消除文物保护潜在危险,有效保护遗址本体,达到预期目标,裁定准许西安铁路运输检察院撤回起诉。

【主要法律问题】

行政公益诉讼原告检察机关提起行政公益诉能否撤回起诉?撤诉的条件是什么?

【主要法律依据】

1.《行政诉讼法》第二十五条第四款;

2.《最高人民法院、最高人民检察院关于检察公益诉讼案件适用法律若干问题的解释》第二十四条。

【学理分析】

该案是因行政机关未履行环境监管职责引发的行政公益诉讼案件。行政公益诉讼的目的,在于督促行政机关积极正确履行法定职责,维护国家利益、社会公共利益和人民群众权益。该案中,望夷宫遗址保护范围内填埋大量建筑垃圾,不仅污染周边生态环境,还影响遗址文物保护。为妥善保护遗址文物、整治环境,人民法院在案件审理过程中积极延伸审判职能,推动行政机关积极作为,通过现场勘查、征询专家、确定方案、多方联动、集中整治、现场验收等程序,实现了有效治理环境、消除文物潜在危险、保护遗址本体的诉讼目的,有效保护了文物遗址生态环境,充分体现了生态环境多元共治的积极作用,取得了良好的法律效果和社会效果。

检察机关的宪法定位是国家法律监督机关,其行使的是法律监督权,即维护法律统一正确实施的权力,不是直接的执法权,而是监督、督促公权力主体正确执法、私权利主体正确适法的权力。这也是检察公益诉讼制度诉前程序设计的内在逻辑。在党的十八届四中全会上,习近平总书记指出,由检察机关提起公益诉讼,有利于优化司法职权配置、完善行政诉讼制度,也有利于推进法治政府建设。① 从中也可以看出,促进依法行政,推进法治政府建设是这项制度设计暗含的、非常重要的出发点。最高人民检察院在关于开展公益诉讼检察工作情况的报告中也明确指出,"公益诉讼检察的本质是助力依法行政,共同维护人民根本利益"。检察公益诉讼制度是基于检察机关法律监督职能衍生的,本质上是超越诉讼制度的一项特殊司法制度。

《最高人民法院关于审理环境民事公益诉讼案件适用法律若干问题的解释》第二十七条规定,"法庭辩论终结后,原告申请撤诉的,人民法院不予准许,但本解释第二十六条规定的情形除外"。该解释第二十六条规定,"负有环境资源保护监督管理职责的部门依法履行监管职责而使原告诉讼请求全部实现,原告申请撤诉的,人民法院应予准许"。

因此,《最高人民法院关于审理环境民事公益诉讼案件适用法律若干问题的解释》规定法庭辩论终结后,不许原告撤诉是原则,但有例外情形,即原告的诉讼请求全部实现。诉讼请求全部实现,原告起诉的公益目的已经达到,继续诉讼没有必要。如不准许原告撤诉,只会浪费司法资源和当事人的时间和钱财。

在该案中,某管理委员会在诉讼过程中,经法院督促,邀请环保专

---

① 《检察机关提起公益诉讼:促进依法行政 助推法治政府建设》,载最高人民检察院官网,https://www.spp.gov.cn/tt/201706/t20170621_193577.shtml。

家及文物保护专家对现场进行了实地察看,委托具有相关资质的机构完成涉案地块的土壤分析调查,并牵头组织文物局、生态环境局、城市管理和交通运输局、自然资源和规划局、公安部门及街道办事处等职能部门,进行清理整治,使局部环境得到改善,扬尘污染得到根本性治理,做到了清运整治建筑垃圾,消除文物保护潜在危险,有效保护遗址本体。西安铁路运输检察院认为其诉讼请求已得到实现,撤回起诉实现了政治效果、社会效果和法律效果的统一。

检例第32号:锦屏县环保局行政公益诉讼案①

【基本案情】

2014年8月5日,贵州省黔东南州锦屏县环保局在执法检查中发现鸿发石材公司、雄军石材公司等七家石材加工企业均存在未按建设项目环保设施"同时设计、同时施工、同时投产"的要求配套建设,并将生产中的污水直接排放至清水江,造成清水江出现悬浮物和油污污染的后果。锦屏县环保局责令鸿发石材公司、雄军石材公司等七家石材加工企业立即停产整改。鸿发石材公司等七家石材加工企业在收到停产整改通知后,在未完成环境保护设施建设和报请验收的情形下,仍擅自开工生产并继续向清水江排污。

2014年8月15日,锦屏县人民检察院在开展督促起诉工作时发现上述七家企业没有停产整改,于是向锦屏县环保局发出检察建议。2015年4月16日,锦屏县人民检察院发现鸿发石材公司和雄军石材公司仍未修建环保设施却一直生产、排污,遂再次向锦屏县原环保局发出检察建议,督促县原环保局履行监督管理职责,对鸿发石材公司和雄军石材公司的违法行为进行制止和处罚并书面回复。2015年12

---

① 参见《第八批指导性案例》,载最高人民检察院官网,https://www.spp.gov.cn/spp/jczdal/201701/t20170104_177552.shtml。

月 18 日,锦屏县人民检察院以公益诉讼人身份向福泉市人民法院提起行政公益诉讼,诉求判令:(1)确认锦屏县环保局对鸿发石材公司、雄军石材公司等企业违法生产怠于履行监督管理职责的行为违法。(2)判令锦屏县环保局履行行政监督管理职责依法对鸿发石材公司、雄军石材公司进行处罚。

2016 年 1 月 13 日,福泉市人民法院依法作出一审判决,确认被告锦屏县环保局怠于履行监督管理职责的行为违法。

【主要法律问题】

环境民事、行政案件可以指定集中管辖吗?

【主要法律依据】

1.《民事诉讼法》第三十八条;

2.《行政诉讼法》第十八条;

3.《环境保护法》第十条。

【学理分析】

行政相对人违法行为是否停止可以作为判断行政机关履行法定职责是否到位的一个标准。行政机关违法作为或不作为是人民检察院提起行政公益诉讼的前提条件。实践中,环境保护执法是一项连续性、持续性强的执法工作,检察机关在判断行政机关是否尽到生态环境和资源监管保护的法定职责时,可以将行政相对人违法行为是否停止作为一个判断标准。行政机关虽有执法行为,但没有依照法定职责执法到位,导致行政相对人的违法行为仍在继续,造成生态环境和资源受到侵害的后果,经人民检察院督促依法履职后,行政机关在一定期限内仍然没有依法履职到位,国家和社会公共利益仍处在被侵害状态的,人民检察院可以将行政机关作为被告提起行政公益诉讼。

环境民事、行政案件可以指定集中管辖。根据《民事诉讼法》第三十八条,《行政诉讼法》第十八条第二款,《最高人民法院关于审理环境民事公益诉讼案件适用法律若干问题的解释》第七条,《最高人民法院关于行政案件管辖若干问题的规定》(已失效)第五条、第九条的规定,环境民事、行政案件可以根据审判工作的实际情况指定集中管辖。

该案中,作为改革试点后检察机关提起的贵州首例跨行政区管辖的生态环保行政公益诉讼案件,贵州省高级人民法院针对环境污染存在的跨区域性、扩散性的特点,通过确立统一的司法政策,推动各主体对环境污染进行综合施策、科学治理,探索在贵州省境内实行跨行政辖区的司法管辖模式。采取此种管辖模式,其优点在于:一是有利于避免对跨行政区划环境污染分段治理、各自为政、治标不治本的问题。二是有利于在针对区域内污染情况进行整体评估的基础上,统一司法政策和裁判尺度,实现司法裁判法律效果和社会效果的统一。三是有利于避免按行政区划管辖案件带来的地方保护主义弊端。因此该案也是贵州法院生态环保案件集中管辖审判模式的现实成果。同时通过这类案件的审理,可以倒逼政府履行职能、依法行政。

【思考题】

1. 行政公益诉讼当中如何认定适格被告?
2. 如何解释公益诉讼法定案件范围的不断扩张?

三、检察机关作为行政公益诉讼起诉人

【主要知识点】

关于检察机关作为行政公益诉讼起诉人的身份地位及其职权功能,存在以下四种代表性观点:一是"原告"说。其认为行政公益诉讼与一般公益诉讼无异,检察机关的地位是"原告"。二是"公益代表人"说。其认为检察机关在行政公益诉讼中的身份应是公共利益的代表主体。三是"公诉人"说。其认为局限于刑事公诉的传统公诉权已经不能满足当代社会维护社会公共利益的迫切需要,要重构现代公诉权,即从刑事公诉扩展至行政公诉,在提起行政公益诉讼时检察机关应担任"行政公诉人"角色。四是"法律监督者"说。其认为检察机

关提起行政公益诉讼是履行法定监督职责的体现。

检察机关的身份不同，不仅是称谓不同，更为关键的是权利与义务不同，适用的审判程序规则也不尽相同。最终，我国创造了"行政公益诉讼人"身份，从而区别于"公诉人"和"原告"，并以"上诉"方式启动行政公益诉讼二审程序，但同时规定检察机关可以基于"国家法律监督者"身份对生效公益诉讼裁决提起"抗诉"。

检察机关作为行政公益诉讼起诉人，提起行政公益诉讼既是其履行宪法赋予的国家监督职能的体现，也是其履行公共利益代表人客观义务的体现，因而兼具"法律监督者"和"公益代表人"双重身份。

在行政公益诉讼中，法律监督和公益保护并非对立关系。法律监督是直接目的，公益保护是最终目的，在行政公益诉讼不同阶段，检察机关的角色定位也有差异。在诉前阶段，检察机关的角色定位主要是法律监督；在诉讼阶段，检察机关的角色定位主要是公益保护。不应当将检察机关提起公益诉讼的权力与其享有的法律监督权割裂开来，提起诉讼也是检察机关进行法律监督的一种方式。

【案例分析】

湖北省宜昌市西陵区人民检察院诉湖北省利川市林业局不履行法定职责行政公益诉讼案①

【基本案情】

溜子湾公司在申请续办使用林地手续尚未获得审批期间，违法占用林地进行矿石开采作业。利川市林业局在专项清查中发现溜子湾公司违法占用林地，遂作出林业行政执法行为，督促溜子湾公司停止露天焚烧煤矸石，并恢复所占林地的林业生产条件和植被。2015 年

---

① 参见湖北省宜宾市西陵区人民法院行政判决书,(2017)鄂 0502 行初 1 号。

12月14日,利川市人民法院针对溜子湾公司法定代表人朱某刚非法占用林地犯罪作出刑事判决。在办理刑事案件过程中,利川市人民检察院发现溜子湾公司除非法占用林地进行开采外,还违反建设项目环境影响报告表和利川市原环境保护局审批意见的要求,采用露天焚烧煤矸石的生产工艺,直接向空气中排放大量气体污染物,导致开采区及周边影响区林木死亡及受损。但利川市林业局实施的行政执法行为和对朱某刚的刑事处罚均仅限于溜子湾公司违法占用林地的开采区内,并未针对因煤矸石露天焚烧熏死的影响区林木采取任何行政执法措施。利川市人民检察院于2016年10月14日向利川市林业局发出检察建议书。利川市林业局收到检察建议后虽多次组织相关单位和人员到开采区检查、督办煤矸石熄灭和植被恢复等工作,但对影响区林木的损毁问题仍未依法履行职责。由于溜子湾公司开采区燃烧的煤矸石未熄灭且持续向周边林木散发有害气体,仍有大片被有害气体熏死的林木,2016年12月28日,宜昌市西陵区人民检察院经指定管辖提起行政公益诉讼。最终法院责令利川市林业局对溜子湾公司非法烧矿毁坏森林的行为依法履行职责。

【主要法律问题】

跨行政区划审理的行政公益诉讼案件中,作为起诉人的检察机关具体如何履行监督职责?

【主要法律依据】

1.《行政诉讼法》第二十五条第四款;

2.《森林法》第三十九条、第六十六条;

3.《大气污染防治法》第九十九条。

【学理分析】

湖北省宜昌市西陵区人民法院一审认为:溜子湾公司露天烧矿的行为致使影响区森林资源受到毁坏,涉及生态环境和林业资源保护,使国家利益和社会公共利益受到侵害;利川市人民检察院发出检察建议书履行诉前程序后,利川市林业局未履行监管职责,焚烧煤矸石的火源仍未熄灭,并持续向空中散发有害气体,导致国家利益和社会公共利益持续处于受侵害的状态。据此,宜昌市西陵区人民检察院经指定管辖提起行政公益诉讼符合相关法律法规的规定。根据《森林法》和《大气污染防治法》的相关规定,因露天焚烧煤矸石分别造成大气污染和森林、林木受到毁坏的,系违反不同法律规定,造成不同损害后果,理应由林业主管部门和生态环境主管部门各司其职,依法履行其相应的管理和监督职责。该案影响区的森林属于利川市林业局的管辖范围,监管该片被毁林地及督促植被恢复系利川市林业局的职责。溜子湾公司焚烧煤矸石产生的物质与影响区林木的死亡存在因果关系,利川市林业局仅就开采区作出处理,却未针对被毁坏的影响区林木作出林业行政管理和监督,而仅仅将之移送原环境保护主管部门查处的行为,构成怠于履行监管职责。

该案系跨行政区划审理的环境行政公益诉讼案件,对于污染行为涉及多个行政主管部门职责情况下督促行政机关依法履行各自监管职责具有示范意义。该案依据《森林法》和《大气污染防治法》的相关规定,明确了当同一违法行为对不同性质的环境、资源造成损害时,不同行政部门应在各自的管辖范围内承担监管职责,对特定资源负有监管职责的行政机关推诿塞责、简单将案件移送其他部门处理的行为亦属于行政不作为的范畴。尽管利川市林业局曾经针对涉案开采区作出过行政执法行为,但因其未继续、全面地履行监管职责,致使影响区的森林环境仍持续受到侵害,该案判决认定其未完全履行法定职责并判令其继续履职,对促进行政机关依法、及时、全面履行行政职责,切实维护国家利益和社会公共利益具有积极作用。

对于《行政诉讼法》第十八条第二款规定的行政案件跨行政区域管辖,《最高人民法院、最高人民检察院关于检察公益诉讼案件适用法律若干问题的解释》并没有作相应规定。由于行政公益诉讼也应被理解为行政案件的一种,理应受该条款约束和规范。实践中,在某些实施行政案件跨行政区域管辖的地区,行政公益诉讼案件管辖也相应实行跨区域管辖。有些地方为适应行政公益诉讼案件法院跨区域管辖,对检察院跨区域提起行政公益诉讼作出相应调整,行政公益诉讼案件管辖的衔接有向检察院起诉案件管辖延伸的趋势。

跨行政区划公益诉讼检察协作,是近年来最高人民检察院指导推进破解生态环境和资源保护等重点领域治理"老大难"问题的重要举措。跨区域协作的公益诉讼办案方式与环境保护法的理念一脉相承。《环境保护法》第二十条第一款规定:"国家建立跨行政区域的重点区域、流域环境污染和生态破坏联合防治协调机制,实行统一规划、统一标准、统一监测、统一的防治措施。"《人民检察院公益诉讼办案规则》对跨区域管辖予以正式确认,其第十七条第二款明确指出,最高人民检察院、省级人民检察院和设区的市级人民检察院可以根据跨区域协作工作机制规定,将案件指定或移送相关人民检察院跨行政区划管辖。基层人民检察院可以根据跨区域协作工作机制规定,将案件移送相关人民检察院跨行政区划管辖。

【思考题】

1. 如何保障公益诉讼中检察机关调查核实权?
2. 如何更好地发挥检察建议的作用?

第二节 行政公益诉讼被告

一、行政公益诉讼被告的概念和特点

【主要知识点】

行政公益诉讼被告,是指被行政公益诉讼起诉人认为行使职权或者不履行职责的行为侵犯了国家利益或者社会公共利益而诉至法院,

由法院通知应诉的行政机关或者法律法规、规章授权的组织。

行政公益诉讼的被告有以下几个特征。

一是被告只能是行政机关和法律法规及规章授权的组织。也就是说,被告只能是行政主体。

二是被告必须是作出行政行为的行政机关以及法律法规或规章授权的组织。此处的行政行为既包括积极行使职权的作为行为,也包括消极履职的行政不作为。

三是被告必须是人民法院通知应诉的人。

【案例分析】

贵州省江口县人民检察院诉铜仁市原国土资源局、贵州梵净山国家级自然保护区管理局行政公益诉讼案[①]

【基本案情】

2005年,铜仁市原国土资源局(以下简称铜仁市原国土局)向紫玉公司颁发采矿许可证,许可其在梵净山国家级自然保护区进行采矿,梵净山保护区管理局亦对紫玉公司的采矿行为予以认可。紫玉公司在没有办理环境影响评价、安全生产许可、占用林地许可、生物多样性影响评价的情况下,边建设边生产,置报批的开采方案于不顾,采取爆破方式破坏性开采,造成资源巨大浪费、生态环境严重破坏,保护区内堆积长数百米、宽数十米、深度难以测算的尾矿废渣,压覆植被,形成地质灾害隐患。2016年6月采矿权期限届满,铜仁市原国土局接收了紫玉公司延续采矿权的申请并收取了相应费用。

2016年10月26日,江口县人民检察院向铜仁市原国土局和梵净山国家级自然保护区管理局(以下简称梵净山保护区管理局)发出检

---

① 参见贵州省遵义市中级人民法院行政判决书,(2017)黔03行终291号。

察建议书。2016年11月29日,江口县人民检察院工作人员进行实地察看,发现该公司未拆除土地上建筑物和对矿区进行恢复原状,导致国家和社会公共利益仍处于受侵害状态。

江口县人民检察院遂向遵义市播州区人民法院提起行政公益诉讼,请求:(1)确认采矿许可行为违法;(2)确认铜仁市原国土局、梵净山保护区管理局怠于履行监督管理法定职责的行为违法;(3)责令铜仁市原国土局、梵净山保护区管理局履行环境治理监管职责。遵义市播州区人民法院经审理认为:铜仁市原国土局和梵净山保护区管理局均怠于履行监督管理法定职责,并有滥用职权许可紫玉公司违法开采的行为,应确认违法。宣判后,第三人紫玉公司不服判决提起上诉。二审判决驳回上诉,维持原判。

【主要法律问题】

铜仁市原国土局、梵净山保护区管理局都负有监管职责,如何确定责任主体?

【主要法律依据】

1.《行政诉讼法》第二十五条第四款;

2.《自然保护区条例》第八条、第二十一条。

【学理分析】

根据《行政诉讼法》第二十六条第四款的规定,两个以上行政行为作出同一行政行为,相对人不服起诉的,共同作出行政行为的行政机关是共同被告。在行政公益诉讼中,如果公益损害行为涉及两个以上行政主体职责,应当由各行政主体作共同被告。

铜仁市原国土局、梵净山保护区管理局违法发放采矿许可证并怠于履行监管职责,致使自然保护区生态环境遭到严重破坏,矿产资源遭到极大浪费。该案判决确认铜仁市原国土局、梵净山保护区管理局违法并要求其依法履行职责,监督紫玉公司修复受损生态环境,对于加强自然保护区生态环境和自然资源保护,矫正"靠山吃山""牺牲环境谋发展"的错误发展观,树立绿色发展理念,坚守生态红线,还自然以宁静、和谐、美丽具有重要意义。

关于在涉及多个负有监管职责的行政机关的情况下责任主体的确定。由于生态环境类行政公益诉讼涉及的法律法规繁杂,对某一生态环境损害,极有可能存在多个负有监管职责的行政机关;该案就属于这种情况。紫玉公司是招商引资企业,享受当地较多的优惠政策,负有监督管理职责的保护区管理局、原国土部门、水务部门、原环保部门、安全生产监督管理部门以及当地政府对其开发利用并没有从严依照法律法规进行监督和管理,致使紫玉公司在无证或行政许可手续办理不全及无生物多样性评估、环境影响评价和未缴纳植被恢复费、矿山修复治理费、水土保持费等情况下仍能大量开采,且是破坏性、浪费性开采。

由于现有规范没有对负有监管职责行政机关的数量作出规定,本着抓主要矛盾的策略,实践中检察公益诉讼大多选择起诉单一行政主体,但这并非一定之规,还应因事而异,出发点是公益保护的最大化,以实现公益诉讼的多赢。根据法律的规定,检察行政公益诉讼的程序运行有明显的两阶性:一方面要充分发挥诉前程序的功能,如果多个行政机关对生态损害负有责任,可向多家行政机关发出检察建议,督促其依法履职。另一方面也要考虑诉前与起诉的承接性。通过诉前程序,已履职到位的行政机关,可不列入起诉被告,但被诉行政机关必须经过诉前程序。该案在调查方面的亮点是:在有两个主要行政责任主体,且有第三人的情况下,检察机关通过细致调查,厘清了行政机关各自的法定职责,并根据其职责和履职情况,以公益保护为目标提出检察建议。检察建议期满后,检察机关跟踪调查发现公益损害仍在持续状态,于是决定提起诉讼。从裁判结果看,分别针对两机关提出的确认违法、要求履职的诉讼请求全部获得了法院支持。

检察机关的诉讼请求和人民法院的判决内容既包含确认违法的

情形,又包含督促铜仁市原国土局、梵净山保护区管理局继续履行职责的内容,确认违法和督促履职两种诉讼请求的并用,既起到了督促行政机关依法行政的警示作用,也能督促其依法继续履行监管职责,体现了检察公益诉讼确保法律统一正确实施的客观诉讼的属性。

二、行政公益诉讼被告的条件

【主要知识点】

行政公益诉讼必须遵循行政诉讼制度的一般原理,由适格的被告参加诉讼。适格的公益诉讼被告,是指符合法定条件的被告。根据《行政诉讼法》的基本精神和有关法律和司法解释的规定,行政公益诉讼被告的实质条件有以下两个。

(一)被告应当具有行政主体资格,负有监督管理职责

行政主体,是指依法享有国家行政权,能够以自己的名义行使行政权,并独立承担由此产生的法律责任的组织。行政公益诉讼中监督管理职责的范围,应当将制度设计初衷作为出发点进行认识。行政公益诉讼的目标,是通过督促行政机关依法履行监督管理职责来维护国家利益和社会公共利益。行政公益诉讼应当聚焦受损的公共利益,督促行政机关按照法律法规、行政规章以及其他规范性文件的授权,对违法行为进行监督管理,对受损公益督促修复;同时督促行政机关在无法查明违法主体等特殊情形下,自行组织修复,发挥其综合性管理职责。

(二)导致国家利益或者社会公共利益受损的行政行为是被告作出的

行政公益诉讼被告必须是具有行政诉讼权利能力和行为能力的行政主体,必须是行政行为效力的归属主体。违法行为的发生往往与

行政机关违法行使职权或者不作为具有关联性；若行政主管部门对违法行为置之不理、任其发展，违法行为得不到及时制止，将导致公共利益受到侵害甚至其损害后果持续。

【案例分析】

检例第 162 号：吉林省检察机关督促履行环境保护监管职责行政公益诉讼案[①]

【基本案情】

松花江作为吉林省的母亲河，串联起吉林省境内 80% 的河湖系统，相关流域生态系统保护十分重要。吉林省德惠市朝阳乡辖区内某荒地垃圾就地堆放，形成两处大规模垃圾堆放场，截至 2017 年已存在 10 余年。该垃圾堆放场位于松花江两岸堤防之间，占地面积巨大，该垃圾堆放场未做防渗漏、防扬散及无害化处理，常年散发刺鼻气味，影响松花江水质安全和行洪安全。德惠市人民检察院于 2017 年 3 月 31 日立案调查。2017 年 4 月 18 日，德惠市人民检察院向朝阳乡政府发出检察建议，督促其对违法堆放的垃圾进行处理。因该案同时涉及河道安全，德惠市人民检察院同步向德惠市水利局制发检察建议，督促其依法履行河道管理职责，对擅自倾倒、堆放垃圾的行为依法进行处罚，恢复河道原状。6 月 5 日至 23 日，德惠市人民检察院对整改情况跟进调查发现，环境污染未得到有效整治，公益持续受损。

2017 年 6 月 27 日，德惠市人民检察院向德惠市人民法院提起行政公益诉讼，请求：(1) 确认被告朝阳乡政府对垃圾堆放处理不履行监管职责违法；(2) 判令朝阳乡政府立即依法履行职责，对违法形成

[①] 参见《最高人民检察院第四十批指导性案例》，载最高人民检察院官网，https://www.spp.gov.cn/xwfbh/wsfbt/202209/t20220926_579039.shtml#2。

的垃圾堆放场进行处理,恢复原有的生态环境。

2017年12月26日,德惠市人民法院作出一审行政裁定认为,朝阳乡政府只对该事项负有管理职责,不是该案的适格被告,裁定驳回德惠市人民检察院的起诉。2018年1月4日,德惠市人民检察院提出上诉,长春市中级人民法院作出二审裁定,驳回检察机关上诉,维持原裁定。吉林省人民检察院经审查,于2018年6月25日向吉林省高级人民法院提出抗诉,吉林省高级人民法院判决:确认朝阳乡政府原不依法履行生活垃圾处理职责违法。

【主要法律问题】

朝阳乡政府对垃圾堆放处理是否有监管职责?

【主要法律依据】

1.《行政诉讼法》第十三条、第二十五条第四款;

2.《环境保护法》第六条第二款、第十九条。

【学理分析】

关于正确理解行政机关的"监督管理职责"。《行政诉讼法》第二十五条第四款规定的"监督管理职责",不仅包括行政机关对违法行为的行政处罚职责,也包括行政机关为避免公益损害持续或扩大,依据法律法规、行政规章和规范性文件的相关授权,运用公共权力、使用公共资金等对受损公益进行修复等综合性治理职责。检察机关提起行政公益诉讼,目的是通过督促行政机关依法履行监督管理职责来维护国家利益和社会公共利益。行政公益诉讼应当聚焦受损的公共利益,督促行政机关按照法律法规、行政规章以及其他规范性文件的授权,对违法行为进行监管,对受损公益督促修复,督促行政机关在无法查明违法主体等特殊情形下,自行组织修复,发挥其综合性管理职责。《地方各级人民代表大会和地方各级人民政府组织法》《环境保护法》等法律赋予基层人民政府对辖区环境的综合性管理职责,对于历史形成的农村垃圾堆放场,基层人民政府应当主动依法履职进行环境整治,而不能将自身履职标准仅仅限缩于对违法行为的行政处罚。

检察机关提起行政公益诉讼后,行政机关认为其不负有相应履职义务,即使对受损公益完成修复或治理,检察机关仍可以诉请判决确认违法。《最高人民法院关于适用〈中华人民共和国行政诉讼法〉的解释》第八十一条对于行政机关在诉讼过程中履行作为义务下适用确认违法的情形作了规定。《最高人民法院、最高人民检察院关于检察公益诉讼案件适用法律若干问题的解释》第二十四条规定:"在行政公益诉讼案件审理过程中,被告纠正违法行为或者依法履行职责而使人民检察院的诉讼请求全部实现,人民检察院撤回起诉的,人民法院应当裁定准许;人民检察院变更诉讼请求,请求确认原行政行为违法的,人民法院应当判决确认违法。"该规定进一步明确了行政公益诉讼中确认违法的适用情形。据此,在行政公益诉讼案件审理过程中,行政机关认可检察机关起诉意见并依法全面履行职责,诉讼请求全部实现的,检察机关可以撤回起诉。但若行政机关对其法定职责及其行为违法性认识违背法律规定,即使依照诉讼请求被动履行了职责,检察机关仍可以诉请判决确认违法,由人民法院通过裁判明确行政机关的行为性质,促进达成行政执法与司法共识。

环境是典型的公共产品,环境卫生的"监督管理职责"具有一定的复杂性,并非某一行政部门或某级人民政府独有的行政职责。

该案中,对于垃圾堆放等破坏辖区范围内环境卫生的行为,乡级人民政府应当依法履行"监督管理职责"。案涉垃圾堆放地点位于朝阳乡辖区,朝阳乡政府具有"监督管理职责",德惠市人民检察院提起的公益诉讼符合《行政诉讼法》规定的起诉条件,应予实体审理。法律法规、规章或其他规范性文件是行政机关职责或行政作为义务的主要来源,其中无论是明确式规定,或者是概括式规定,都属于行政机关的法定职责范畴,二审法院沿用"私益诉讼"思路审理"公益诉讼"案件,忽略了环境保护的特殊性,对乡级人民政府环境保护"监督管理职责"作出限缩解释,不具有妥当性。

【思考题】

1. 如何认定被告具有行政主体资格?
2. 如何认定国家利益或者社会公共利益受损?

三、行政公益诉讼被告的判定

【主要知识点】

依据《行政诉讼法》第二十五条第四款、《人民检察院公益诉讼办案规则》第六十七条至第七十四条的规定,检察机关可以在法定的受案范围内对保护国家利益和社会公共利益负有监督管理职责的行政机关违法行使职权或者不作为进行监督。对这里的行政机关应做扩大解释,包括作出行政行为的派出机关、法律法规和规章授权的行政机构以及作出行政行为的法律法规和规章授权的具有公共管理职能的组织。但是个人或者组织接受行政机关的委托作出行政行为的,由委托机关作为被告,因为委托行为并不发生职权、职责的转移。

当公益损害的结果由多个部门共同违法履职或者不履行法定监管职责造成时,可能会有多个监管主体符合被告资格,为共同被告。行政机关被撤销或者职权变更的,继续行使其职权的行政机关是被告。行政机关职权变更是指特定的行政机关因机构改革或行政管理需要,其职能由其他行政机关加以承接。无论是被撤销还是职权发生变更,都由继续行使其职权的行政机关作为被告。但行政机关被撤销或职权变更后,没有承接机关的,则由其上级机关来担任被告。

【案例分析】

最高人民法院指导性案例 137 号：云南省剑川县人民检察院诉剑川县森林公安局怠于履行法定职责环境行政公益诉讼案①

【基本案情】

2013 年 1 月，剑川县居民王某全受玉鑫公司的委托在国有林区开挖公路，被剑川县红旗林业局护林人员发现并制止，剑川县林业局接报后交剑川县森林公安局进行查处。根据《森林法实施条例》第四十三条第一款的规定，公安局决定对王某全及玉鑫公司给予如下行政处罚：(1) 责令限期恢复原状；(2) 处非法改变用途林地每平方米 10 元的罚款，即 22,266.00 元。2013 年 3 月 29 日玉鑫公司缴纳了罚款后，剑川县森林公安局即对该案予以结案。其后直到 2016 年 11 月 9 日，剑川县森林公安局没有督促玉鑫公司和王某全履行"限期恢复原状"的行政义务，所破坏的森林植被没有得到恢复。

2016 年 11 月 9 日，剑川县人民检察院向剑川县森林公安局发出检察建议，建议依法履行职责，认真落实行政处罚决定，采取有效措施恢复森林植被。2016 年 12 月 8 日，剑川县森林公安局回复称自接到《检察建议书》后，即刻进行认真研究，采取了积极的措施，并派民警对责令限期恢复原状进行催告，鉴于王某全死亡，执行终止。对玉鑫公司，剑川县森林公安局没有发出催告书。

云南省剑川县人民法院于 2017 年 6 月 19 日作出 (2017) 云 2931 行初 1 号行政判决：(1) 确认被告剑川县森林公安局怠于履行剑林罚书字 (2013) 第 (288) 号处罚决定第一项内容的行为违法；(2) 责令被

---

① 参见云南省剑川县人民法院行政判决书，(2017) 云 2931 行初 1 号。

告剑川县森林公安局继续履行法定职责。

【主要法律问题】

1. 该案中,剑川县森林公安局是不是行政公益诉讼适格被告?
2. 行政授权需要什么条件?

【主要法律依据】

1.《行政诉讼法》第二十五条第四款、第七十四条;
2.《森林法》第六十六条。

【学理分析】

公益诉讼起诉人提起该案诉讼符合《人民法院审理人民检察院提起公益诉讼案件试点工作实施办法》(此前还有《人民检察院提起公益诉讼试点工作实施办法》,现已失效)规定的行政公益诉讼受案范围,符合起诉条件。《行政诉讼法》第二十六条第六款规定:"行政机关被撤销或者职权变更的,继续行使其职权的行政机关是被告。"2013年9月27日,《云南省人民政府关于云南省林业部门相对集中林业行政处罚权工作方案的批复》授权各级森林公安机关相对集中行使林业行政部门的部分行政处罚权,因此,根据规定剑川县森林公安局行使原来由剑川县林业局行使的林业行政处罚权,是适格的被告。该案中,剑川县森林公安局在查明玉鑫公司及王某全擅自改变林地的事实后,以剑川县林业局名义作出对玉鑫公司和王某全责令限期恢复原状和罚款22,000余元的行政处罚决定符合法律规定,但在玉鑫公司缴纳罚款后3年多时间里没有督促玉鑫公司和王某全对破坏的林地恢复原状,也没有代为履行,致使玉鑫公司和王某全擅自改变的林地没有恢复原状,且未提供证据证明有相关合法、合理的事由,其行为显然不当,是怠于履行法定职责的行为。行政处罚决定没有执行完毕,剑川县森林公安局依法应该继续履行法定职责,采取有效措施,督促行政相对人限期恢复被改变林地的原状。

环境行政公益诉讼中,人民法院应当以相对人的违法行为是否得到有效制止,行政机关是否充分、及时、有效采取法定监管措施,以及国家利益或者社会公共利益是否得到有效保护,作为审查行政机关是否履行法定职责的标准。

《最高人民法院关于适用〈中华人民共和国行政诉讼法〉的解释》第二十条第二款规定:"法律、法规或者规章授权行使行政职权的行政机关内设机构、派出机构或者其他组织,超出法定授权范围实施行政行为,当事人不服提起诉讼的,应当以实施该行为的机构或者组织为被告。"行政机构是行政机关内设的或派出的组织,原则上不具有行政主体资格,也就不能成为被告。但是有些行政机构依法享有行政权,从而取得行政主体资格,能以自己的名义作出行政行为,相对人不服起诉的,该行政机构就是被告。

行政授权具有准确的含义,必须有明确的法律依据。《最高人民法院关于适用〈中华人民共和国行政诉讼法〉的解释》第二十条第三款规定:"没有法律、法规或者规章规定,行政机关授权其内设机构、派出机构或者其他组织行使行政职权的,属于行政诉讼法第二十六条规定的委托。当事人不服提起诉讼的,应当以该行政机关为被告。"在行政管理实践中,有些行政机关滥用行政授权的概念。如县政府制定文件"授权"他人行使某种行政权,由于县政府的规范性文件不是行政授权的合法依据,因此,这种授权只能当作行政委托来处理。

海南省儋州市人民检察院诉儋州市自然资源和规划局、儋州市农业农村局行政公益诉讼案①

【基本案情】

2007年5月,陈某诰、陈某道在海域使用权及水域滩涂养殖证到期后,未经批准继续占用儋州市峨蔓镇黄沙港湾海域养殖,占用面积分别为114.2亩、43.8亩,属Ⅰ类近岸海域生态红线区,后陈某诰成立浩某合作社继续经营。2019年1月,儋州市原海洋与渔业局对两人作出行政处罚决定,责令其自行拆除养殖设施,恢复海域原状。陈某诰提起行政复议和行政诉讼,法院判决维持行政处罚决定。其间,儋州市原海洋与渔业局被撤销,海域使用管理职责划归儋州市自然资源和规划局(以下简称儋州市资规局),海洋渔业管理职责划归儋州市农业农村局。两人非法占用海域养殖长达14年,海域生态环境和资源遭受严重破坏。

2019年7月,海南省儋州市人民检察院依法立案。2019年9月,儋州市人民检察院分别向儋州市资规局、儋州市农业农村局发出检察建议,建议对浩某合作社、陈某诰、陈某道的违法行为依法作出行政处理。2020年11月,儋州市人民检察院多次回访,发现案涉养殖池仍持续生产。2020年12月,儋州市人民检察院向海口海事法院提起行政公益诉讼,请求:判令确认被告儋州市资规局、儋州市农业农村局未履行监督管理职责行为违法;判令被告立即制止占用海域养殖行为,依法履行监督管理职责。

一审法院于2021年9月26日作出判决,判令两被告在判决生效

---

① 参见《生态环境保护检察公益诉讼典型案例》,载最高人民检察院官网, https://www.spp.gov.cn/xwfbh/wsfbt/202308/t20230815_624952.shtml#2。

之日起 2 个月内依法履行监督管理职责。两被告不服,提起上诉。2022 年 3 月 31 日,二审法院作出判决,驳回两被告的上诉,维持原判。

【主要法律问题】

行政机关被撤销之后,该如何认定行政公益诉讼的适格被告?

【主要法律依据】

1.《行政诉讼法》(1990 年施行)第二十五条第四款、第五款;

2.《最高人民法院关于适用〈中华人民共和国行政诉讼法〉的解释》第二十三条。

【学理分析】

非法占用海域、违规建设用海设施、违法养殖排污等行为持续时间长、处置难度大,严重破坏海洋生态环境和资源。检察机关围绕行政机关的法定职责,厘清履职各环节的作为义务和标准,查明行政机关未全面履行代履行等法定职责,未穷尽法律手段制止违法行为、消除公益侵害等事实,依法提起行政公益诉讼。判决生效后,检察机关、人民法院发挥协同联动工作机制优势,协调地方政府落实解决方案,协同纪检监察部门共同监督,确保生效裁判的执行,推动解决公益侵害顽疾,强化海洋生态环境和资源保护。

行政机关被撤销包括行政机关的合并和分立。行政机关合并,是指两个以上的行政机关被合并为一个新的行政机关或合并在一个或数个行政机关之中。行政机关分立,是指一个行政机关分立为数个行政机关,保留其中一个或不再保留原行政机关。

行政机关职权变更,是指特定的行政机关因机构改革或行政管理需要,其职能由其他行政机关加以承接。

行政机关无论是被撤销还是职权发生变更,都由继续行使其职权的行政机关作为被告。但行政机关被撤销或职权变更后,没有承接机关的,则由其上级机关来担任被告。《最高人民法院关于适用〈中华人民共和国行政诉讼法〉的解释》第二十三条规定:"行政机关被撤销或者职权变更,没有继续行使其职权的行政机关的,以其所属的人民政府为被告;实行垂直领导的,以垂直领导的上一级行政机关为被告。"《行政诉讼法》(1990年施行)第二十五条第五款规定:"行政机关被撤销的,继续行使其职权的行政机关是被告。"行政机关被撤销以后,继续行使其职权的行政机关可能有两种情况:一种情况是一个行政机关被撤销后,它原有的职权被并入另一个行政机关,这时,这一被并入职权的行政机关属于"继续行使其职权的行政机关",被告得由它来担任。另一种情况是一个行政机关被撤销之后,它的职权没有被明确并入另一个行政机关,这时,应由撤销其的行政机关作为"继续行使其职权的行政机关",承担被告的职责。

该案中,儋州市原海洋与渔业局被撤销,海域使用管理职责划归儋州市资规局,海洋渔业管理职责划归儋州市农业农村局。儋州市资规局和儋州市农业农村局作为继续行使其职权的行政机关,是该案的适格被告。

【思考题】
1. 在行政公益诉讼案件当中应当如何认定共同被告?
2. 行政公益诉讼和行政公益诉讼复议后被告的认定有何区别?

第五章　行政公益诉讼的证据与证明

　　行政公益诉讼是对行政私益诉讼的一种补充,后者的证据要求、证明责任及其分配规则不可当然平移到前者。2017年修正的《行政诉讼法》正式赋予检察机关依法开展行政公益诉讼工作的职能,第二十五条第四款明确了行政公益诉讼的诉讼主体、适用范围以及适用程序,但并没有涉及行政公益诉讼证据及证明的相关问题。2018年3月1日发布的《最高人民法院、最高人民检察院关于检察公益诉讼案件适用法律若干问题的解释》第二十二条也仅仅就人民检察院提起行政公益诉讼时应当提交的材料做了粗略的规定,也未明确证据及证明相关内容。同年3月12日,最高人民检察院发布了《行政公益诉讼办案指南》,该文件对检察机关在何种情况下提起诉讼、提交何种材料进行了较为详尽的规定且明确了行政机关的举证责任,但对于检察机关应当对何种事项承担举证责任亦未曾规定。自2021年7月1日起施行的《人民检察院公益诉讼办案规则》第三章对检察机关立案与调查的条件、公告内容、提起诉讼的条件进行了专门规定,但也未对证据及证明进行说明。

　　依据相关规定,检察机关可在法定或授权的受案范围对保护国家利益或社会公共利益负有监督管理职责的行政机关违法行使职权或者不作为进行监督。这就要求行政公益诉讼的证明体系包括:第一,对国家利益或社会公共利益负有监督管理职责的行政机关或者法律法规规章授权的组织证据,即主体要件证据,或称适格被告要件证据;

第二,违法行使职权或者不作为的证据,即客观行为证据;第三,国家利益或社会公共利益处于受侵害状态的证据,即客观后果证据;第四,违法行使职权或者不作为与国家利益或社会公共利益受损之间因果关系的证据。

本章尝试借鉴学界和司法界的相关论述及最高人民法院、最高人民检察院发布的关于公益诉讼的指导性案例和典型案例等对行政公益诉讼证据与证明进行阐释。

第一节 证据类型

【主要知识点】

基于行政公益诉讼诉前程序和审判程序的承继性,以及证据合法性的内在要求,诉前程序和审判程序在证据问题上,只有证据来源、证明对象和认定主体等方面的不同,所有证据材料都要以书证、电子数据等证据种类和形式予以展现。《人民检察院公益诉讼办案规则》第三十四条对人民检察院办理公益诉讼案件的证据种类进行了规定,与《行政诉讼法》的相关规定基本一致。《行政诉讼法》第三十三条第一款规定:"证据包括:(一)书证;(二)物证;(三)视听资料;(四)电子数据;(五)证人证言;(六)当事人的陈述;(七)鉴定意见;(八)勘验笔录、现场笔录。"《人民检察院公益诉讼办案规则》第三十四条规定:"人民检察院办理公益诉讼案件的证据包括书证、物证、视听资料、电子数据、证人证言、当事人陈述、鉴定意见、专家意见、勘验笔录等。"其中,现场笔录是行政诉讼特有证据形式,[1]是行政主体在行政执法时收集的。而专家意见是《人民检察院公益诉讼办案规则》规定的证

---

[1] 参见《行政法与行政诉讼法学》编写组编:《行政法与行政诉讼法学》,高等教育出版社2017年版,第471页。

据类型,公益诉讼办案中运用的专家意见,是指专业技术人员或该行业、领域的专家、学者、教授等,根据检察机关提供的各种材料,通过咨询、座谈、会商、调查等对案件事实深入研究,并按照一定的程序和规范,对公益损害情况运用专业知识和科学理论进行分析、论证并出具结论性意见的统称。

【案例分析】

贵州省人民检察院督促保护红枫湖、百花湖饮用水水资源行政公益诉讼案①

【基本案情】

贵州省红枫湖和百花湖(以下简称"两湖")存在以下情形:上游及沿岸安顺、贵阳两地七县区部分企业和村民违规取水生产生活;周边企业和城镇污水管网建设不全、维护不力,导致污水溢流和污水直排;企业未落实环保设施建设要求,导致粉尘污染水体;沿岸生活垃圾、厨余垃圾、固体垃圾、养殖污染未规范管理收运处置,导致沿岸固体废物及畜禽养殖废弃物直排入河入库;"两湖"保护区标识标志设置不规范等。这些问题严重破坏"两湖"饮用水水资源,给人民群众饮水安全带来较大安全隐患。

【主要法律问题】

在行政公益诉讼中,检察机关应当如何调查取证?

【主要法律依据】

1.《人民检察院公益诉讼办案规则》第三十五条;

---

① 参见《"高质效办好每一个公益诉讼案件,更高水平守护人民群众美好生活"典型案例》,载最高人民检察院官网,https://www.spp.gov.cn/xwfbh/wsfbh/202402/t20240228_645279.shtml。

2.《贵州省红枫湖百花湖水资源环境保护条例》第六条第三款、第二十八条。

【学理分析】

根据《行政诉讼法》的规定,在一般行政诉讼程序上即主观行政诉讼程序中,证据收集和获得途径有三种:一是原告提交的初步证据材料;二是负主要举证责任的被告"提交作出行政行为的证据和所依据的规范性文件";三是人民法院依职权调查的证据。

行政公益诉讼证据收集或者获得方式可分为两个阶段,即诉前程序和审判程序。就诉前程序阶段而言,证据来源有两个途径:第一,行政机关在履职和回复中提交的证据;第二,检察机关依法调查的证据。在审判程序阶段,行政公益诉讼与一般行政诉讼的证据获得途径并无实质性差别:第一,只是将一般行政诉讼中证据材料的提交者"原告",替换为行政公益诉讼的"起诉人"即检察机关而已;第二,由于是客观诉讼,为了公益维护的高效性,行政公益诉讼也必将强化人民法院的依职权调取证据的权力。

《人民检察院检察建议工作规定》第十四条规定:"检察官可以采取以下措施进行调查核实:(一)查询、调取、复制相关证据材料;(二)向当事人、有关知情人员或者其他相关人员了解情况;(三)听取被建议单位意见;(四)咨询专业人员、相关部门或者行业协会等对专门问题的意见;(五)委托鉴定、评估、审计;(六)现场走访、查验;(七)查明事实所需要采取的其他措施。进行调查核实,不得采取限制人身自由和查封、扣押、冻结财产等强制性措施。"《人民检察院公益诉讼办案规则》第三十五条第一款规定:"人民检察院办理公益诉讼案件,可以采取以下方式开展调查和收集证据:(一)查阅、调取、复制有关执法、诉讼卷宗材料等;(二)询问行政机关工作人员、违法行为人以及行政相对人、利害关系人、证人等;(三)向有关单位和个人收集书证、物证、视听资料、电子数据等证据;(四)咨询专业人员、相关部门或者行业协会等对专门问题的意见;(五)委托鉴定、评估、审计、检验、检测、翻译;(六)勘验物证、现场;(七)其他必要的调查方式。"《最高人民法院、最高人民检察院关于检察公益诉讼案件适用法律若干问题的解释》第六条规定:"人民检察院办理公益诉讼案件,可以向有关行政机关以及其他组织、公民调查收集证据材料;有关行政机关以及其他组织、公民应当配合;需要采取证据保全措施的,依照民事诉讼法、行政诉讼法相关规定办理。"据此可知,行政公益诉讼证据获取途径主要包括两种:一是检察机关在诉前程序和审判程序中行使调查权获得证据;二是人民法院作为行政公益诉讼中公益维护的重要国家机关,依据强化了的依职权调查权获得补强性证据。

  需要说明以下几个问题:一是检察机关办理行政公益诉讼案件,在调查收集证据过程中,如确有必要,也可以约谈行政机关负责人。二是有些省市人大出台的支持检察机关公益诉讼的决定赋予检察机关在调查中查询有关单位和个人的存款、汇款、债券、股票、不动产等财产的权力,但目前尚没有全国性的规定。三是人民检察院开展调查和收集证据不得采取限制人身自由或者查封、扣押、冻结财产等强制性措施。

  具体到该案而言,贵州省人民检察院通过现场走访、询问相关人员、开展水质取样检测、调阅相关材料等方式开展调查取证,并借助"城市非法排污取水"大数据法律监督模型、无人机等收集证据,查明"两湖"饮用水水资源受损的事实,均是检察机关行使调查权获取证据的体现。

四川省荣县人民检察院诉原国土资源局
不依法全面履职案①

【基本案情】

2014年10月,四川省荣县鸿康农业有限公司(以下简称鸿康公司)在荣县旭阳镇石碓窝村以种、养殖业及农业经济开发的名义流转了石碓窝村集体27.738亩土地(其中耕地8.3亩,其他土地19.438亩)。2015年3月,鸿康公司以该宗地不利于花卉苗木种植为由,向荣县原国土资源局申请对该宗地倾倒土石方进行土地平整,并承诺缴纳2亩土地的耕地复垦费和占补平衡费1.732万元。荣县原国土资源局审批同意后,鸿康公司缴纳了相关费用,但其后续并未实际平整土地,也未用于种、养殖业和农业经济开发,而是长期在该宗地上倾倒建筑渣土,以此营利,致使土地荒芜无法耕种,耕地资源遭到破坏。

2018年3月,荣县人民检察院立案开展调查。5月10日,荣县人民检察院向荣县原国土资源局发出检察建议,建议其对鸿康公司的违法行为依法作出行政处罚,并责令、监督鸿康公司将破坏的耕地复垦。7月5日,荣县原国土资源局对检察建议书面回复称:对鸿康公司进行了立案调查,组织了土地整理工作座谈会、流转土地村民代表会,责令鸿康公司60日内按要求进行土地复垦,并适时组织复垦现场检查,保证监督土地复垦整改到位。收到回复后,荣县人民检察院进一步查明:荣县原国土资源局先后两次违规同意鸿康公司编制的不符合要求继续压占土地的复垦方案,对其借复垦为名持续倾倒建筑渣土没有作出任何处罚,鸿康公司压占土地面积增加到37.1025亩,其中压占的

---

① 参见《检察公益诉讼全面实施两周年典型案例》,载最高人民检察院官网,https://www.spp.gov.cn/spp/xwfbh/wsfbh/201910/t20191010_434047.shtml。

耕地面积增加到17.284亩。

2018年12月28日,荣县人民检察院向荣县人民法院提起行政公益诉讼,诉请确认荣县原国土资源局对鸿康公司非法压占土地的行为急于履行土地监督管理职责违法;判令荣县原国土资源局依法履行对鸿康公司复垦被其非法压占的土地的监督管理职责。2019年2月26日,荣县原国土资源局再次书面回复称已于2月22日组织对该宗土地复垦进行验收,证明按照复垦方案建设内容基本完成,验收组对边坡、排水、土壤质量等方面提出了整改建议。4月上旬,为核实整改究竟是否到位,荣县人民检察院再次组织无人机航拍,询问鸿康公司法定代表人,委托四川川法环境损害司法鉴定所出具专家意见,证实鸿康公司未按照验收组提出的建议对该宗土地进行任何整改。5月21日,荣县人民法院对该案作出一审判决,支持检察机关全部诉讼请求,并责令荣县原国土资源局在判决生效后90日内对该案所涉土地后续复垦事项依法履行职责。

【主要法律问题】

检察机关调查和收集证据是否应局限于诉前阶段?其能否在审判程序当中调查取证?

【主要法律依据】

1.《人民检察院公益诉讼办案规则》第三十五条;

2.《最高人民法院、最高人民检察院关于检察公益诉讼案件适用法律若干问题的解释》第六条。

【学理分析】

关于检察机关在公益诉讼案件中调查取证,现有规范中出现了"调查核实""调查和收集证据""调查收集证据""调查取证"四类表述方式。① 《人民检察院提起公益诉讼试点工作实施办法》(已失效)

---

① 参见练育强、林仪明、马慧颖:《公益诉讼中检察机关调查权的规范研究》,载《人民检察》2023年第21期。

第六条出现的概念是"调查核实",但试点改革结束后的立法并未继续采用这一概念。《最高人民法院、最高人民检察院关于检察公益诉讼案件适用法律若干问题的解释》第六条,《人民检察院公益诉讼办案规则》第三十二条、第三十五条分别采用了"调查收集证据材料""调查收集证据""调查和收集证据"的表述。而《人民检察院组织法》第二十一条,《民事诉讼法》第二百一十七条,《人民检察院行政诉讼监督规则》第四十七条和《人民检察院民事诉讼监督规则》第四十六条均采用了"调查核实"的概念。与此同时,《人民检察院公益诉讼办案规则》第一百零一条将"协助调查取证"作为检察机关支持起诉的方式。

对于行政公益诉讼,以提出检察建议、起诉为界分,调查活动可以分为提出检察建议前的调查、提出检察建议后起诉前的调查、起诉后的调查,《人民检察院公益诉讼办案规则》规定了检察机关提出检察建议前的"调查"与提出检察建议后起诉前的"跟进调查",但没有对检察机关提起行政公益诉讼后的调查作出规定。在审判程序中,检察机关能否继续调查和收集证据证明被监督对象未依法履职致使公共利益遭受侵害?检察机关继续举证是否背离应由被告承担举证责任的行政诉讼证据规则?司法实践中,检察机关往往将提起行政公益诉讼前调取的证据材料直接用于起诉,在部分案件中,进入诉讼阶段后仍会再次启动调查程序。具体到该案中,荣县人民检察院审前阶段通过多次现场勘验、无人机航拍等方式发现公益损害仍在发生,遂提起公益诉讼。在诉讼阶段,该县人民检察院再次调查和收集证据,采取无人机航拍、专家意见和现场勘验等方式对企业倾倒渣土情况进行调查核实,进一步证明行政机关未依法全面履行法定职责,最终诉讼请求得到全部支持。但应注意的是,进入审判程序以后,检察机关仍可以继续调查和收集证据,但并不因检察机关的继续举证免除被监督对象的举证责任,行政机关若要证明已经按照检察建议要求依法全面履职,应提交有关整改情况的证明材料,否则仍应承担不利的诉讼后果。

【思考题】

1. 对程序上单方发起的专家意见,如何保障其客观性、全面性?

2. 如何规范检察机关的调查取证工作,提高获取证据的证明效力?

3. 是否应当"调查"、"跟进调查"与"诉讼调查"区分以及如何区分?

第二节 证 明 内 容

【主要知识点】

在行政公益诉讼中,证明对象是复合型的,即"行政违法或者不作为+公益受损"。换言之,既要证明行政行为的合法性问题,也要证明公共利益受到的侵害及程度,还要证明违法行政或者不作为与公益损害之间存在因果关联。

(一)公共利益损失

公共利益受损结果的状态可以分为两类:一是破坏了抽象或精神层面的公共利益,如未依法征收土地出让金,本质是对征收土地出让金规则与秩序的违反。二是在公共利益方面有实质性损失的情形,对此进一步区分为直接公益损害与间接公益损害。直接公益损害,主要是指行政机关自身作为或不作为直接导致公共利益面临损害,损害的可能是大气环境、水环境、国家土地、林地、草场等公共资源;间接公益损害,是相对人的具体行为导致损害发生,行政机关与公益损害事实之间是一种间接牵连。

(二) 行政机关职责

对被告未依法履行法定职责提起的诉讼中,原告应证明行政公益诉讼被告适格,需要证明行政机关就公益损害事项负有监督管理职责。该项证明责任依托于上一项,确定了公共利益受到侵害的事实,所涉事项对应的具有监督管理职责的行政机关即为适格被告。具体的证明可以通过列举相应的法律法规、规范性文件等实现。

(三) 行政机关违法行使职权或者不作为

原告还要证明行政机关违法行使职权的情形、完全不履行职责及不完全履行职责的情形。在具体的行政公益诉讼法定领域,各行政机关违法行使职权、完全不履行职责及不完全履行职责的具体表现并不一致,要根据具体案件领域相对应的行政主体的职责范围而定。法律法规规章是检察机关认定行政机关监督管理职责的依据,政府机构编制部门制定的"三定"方案、权力清单或责任清单等可以作为认定的重要参考。判断行政机关是否依法履行职责,应当采用"职权要件+行为要件+结果要件"的判断标准进行考量。[①]

(四) 行政机关怠于依法履职导致公共利益受损(因果关系)

如果现有公益损害并非行政机关造成的,那么确认行政机关违法、责令行政机关履职没有任何意义。因此,在审前阶段,需证明违法行政行为与公益损害之间存在因果关系,这是行政机关具有实质违法性的关键指标。而对于审判程序,检察机关已履行前置程序即足以证明行政机关怠于依法履职导致公共利益受损,即已经向行政机关提出检察建议且行政机关仍未依法履行法定职责,使公共利益受损。

---

① 参见张雪樵、万春主编:《公益诉讼检察业务》,中国检察出版社2022年版,第72页。

【案例分析】

检例第 30 号：郧阳区林业局行政公益诉讼案[①]

【基本案情】

2013 年 3 月至 4 月，金某国、吴某、赵某强在未经县级林业主管部门同意、未办理林地使用许可证手续的情况下，在湖北省十堰市郧阳区杨溪铺镇财神庙五组、卜家河村一组、杨溪铺村大沟处，相继占用国家和省级生态公益林地 0.28 公顷、0.22 公顷、0.28 公顷开采建筑石料。2013 年 4 月 22 日、4 月 30 日、5 月 2 日，郧阳区林业局对金某国、吴某、赵某强作出行政处罚决定，责令金某国、吴某、赵某强停止违法行为，恢复所毁林地原状，分别处以 56,028 元、22,000 元、28,000 元罚款，限期 15 日内缴清。金某国、吴某、赵某强在收到行政处罚决定书后，在法定期限内均未申请行政复议，也未提起行政诉讼，仅分别缴纳 20,000 元、15,000 元、20,000 元，未将被毁公益林地恢复原状。郧阳区林业局在法定期限内既未催告三名行政相对人履行行政处罚决定所确定的义务，也未向人民法院申请强制执行，致使其作出的行政处罚未得到全部执行，被毁林未得到及时修复。

【主要法律问题】

1. 在行政公益诉讼当中，应当如何界定公共利益？
2. 该案中，郧阳区林业局如何损害了公共利益？

【主要法律依据】

1. 《人民检察院公益诉讼办案规则》第六十七条；
2. 《国家级公益林区划界定办法》第二条；

[①] 参见《第八批指导性案例》，载最高人民检察院官网，https://www.spp.gov.cn/spp/jczdal/201701/t20170104_177552.shtml。

3.《湖北省生态公益林管理办法》第二条。

【学理分析】

行政公益诉讼监督的首要目的在于维护国家及社会公共利益,这需要结合具体案件准确区分国家利益和社会公共利益,也不排除有同时侵害国家利益和社会公共利益的情形。

公共利益可以认为是"公众的利益""公共的利益"。公共利益概念的特殊之处在于其概念内容的不确定性,公共利益就是对不确定的多数人的需要的满足,公益诉讼检察围绕的核心就是"公益"。判断公共利益是否受侵害,不仅要看违法行政行为造成公共利益的实然侵害,还要注意具有损害公共利益重大风险的行为及间接损害公共利益的行为。

在法学上,公共利益为不确定的法律概念。对"公益"的法律界定是世界性的法律难题,要找到利益博弈的平衡点,界定范围过宽将损害物权稳定与安全秩序,界定过窄将影响公益事业的发展。[1]

具体到该案中,最高人民检察院以指导性案例的形式对行政公益诉讼中公共利益进行了界定,即从以下六个方面来把握:一是公共利益的主体是不特定的多数人。公共利益是一种多数人的利益,但又不同于一般的多数人利益,其享有主体具有开放性。二是公共利益具有基本性。公共利益是有关国家和社会共同体及其成员生存和发展的基本利益,如公共安全,公共秩序,自然环境和公民的生命、健康、自由等。三是公共利益具有整体性和层次性。公共利益是一种整体性利益,可以分享,但不可以分割。公共利益不仅有涉及全国范围的存在形式,也有某个地区的存在形式。四是公共利益具有发展性。公共利益始终与社会价值取向联系在一起,会随着时代的变化而变化,也会随着不同社会价值观的改变而变动。五是公共利益具有重大性。其

---

[1] 参见傅剑清:《论环境公益损害救济——从"公地悲剧"到"公地救济"》,中国社会科学出版社 2017 年版,第 13 页。

涉及不特定多数人,涉及公共政策变动,涉及公权与私权的限度,代表的利益都是重大利益。六是公共利益具有相对性。它受时空条件的影响,在此时此地认定为公共利益的事项,彼时彼地可能应认定为非公共利益。由此可见,符合上述概括特征的情形可以纳入公共利益范畴内。

该案中,最为明显的是公益林地被毁,郧阳区林业局虽作出行政处罚但未履行完毕。公益林有提供公益性服务的典型目的,为不特定多数人为享有,具有基本性、整体性、发展性、重大性等,非法改变公益林用途,上述几个方面分析均可以说明毁坏公益林地属于侵害公共利益范畴。而郧阳区林业局作为负有监督管理职责的行政机关,对侵害生态环境和资源保护领域的侵权人进行行政处罚后,怠于履行法定职责,既未依法履行后续监督、管理职责,也未申请人民法院强制执行,导致国家和社会公共利益未脱离受侵害状态,应当认定郧阳区林业局未依法全面履职的行为损害了公共利益。

检例第113号:河南省人民检察院郑州铁路运输分院督促整治违建塘坝危害高铁运营安全行政公益诉讼案①

【基本案情】

自2016年2月起,三门峡市陕州区菜园乡、湖滨区交口乡部分村民在郑州到西安高速铁路南交口大桥桥梁南北两侧距桥墩不足100米处,分别修路筑坝、填土造田,造成桥梁南侧(上游)塘坝内蓄水约1万立方米,存在汛期溃坝冲击桥梁的风险;北侧(下游)形成堰塞湖,浸泡高铁桥墩,造成高铁运营重大安全隐患。经河南省防汛抗旱指挥

---

① 参见《第二十九批指导性案例》,载最高人民检察院官网2021年9月2日,https://www.spp.gov.cn/spp/jczdal/202109/t20210902_528296.shtml。

部协调,三门峡市相关部门采取了开挖排洪渠、人工抽水等临时性解决措施,但仍未根本解决高铁桥梁防洪安全隐患问题。

2018年1月8日,河南省人民检察院指定郑州铁路运输分院管辖该案。河南省人民检察院郑州铁路运输分院根据《铁路法》《铁路安全管理条例》等规定,研判当地政府及其有关部门负有的监管职责和实际履职情况,认为:三门峡市陕州区、湖滨区人民政府和市区两级水利部门、原国土部门、原安全生产部门等相关职能部门未依法全面履行安全生产监督管理、防洪和保障铁路安全职责,造成高铁运营重大安全隐患,国家和社会公共利益受到严重威胁。三门峡市人民政府具有保障铁路安全职责,由其对下属两个区人民政府和相关职能部门进行统筹调度,更有利于高效解决问题。3月7日,河南省人民检察院郑州铁路运输分院依法向三门峡市人民政府发出行政诉前检察建议。2018年汛期前,堰塞湖除险工程如期完成。

【主要法律问题】

1.判断公共利益是否受侵害是否以受到实然侵害为必要条件?具有损害公共利益重大风险的情形能否纳入公益诉讼受案范围?

2.跨行政区划、涉及多领域多部门的行政公益诉讼案件中,应如何确定负有维护社会公共利益职责的行政机关?

【主要法律依据】

1.《安全生产法》(2014年修正)第五十九条;

2.《铁路法》第七条;

3.《防洪法》第七条、第八条、第三十四条;

4.《铁路安全管理条例》第四条、第三十七条、第九十一条。

【学理分析】

检察机关要按照党的十八届四中全会通过的《中共中央关于全面推进依法治国若干重大问题的决定》要求,对于行政机关违法行使职权或者不行使职权的行为,应该通过督促起诉、检察建议等方式督促其纠正。"同时,要探索对一些行政机关违法行使职权或者不作为造成对国家和社会公共利益侵害或者有侵害危险的案件,由检察机关提起公益诉讼,促进依法行政、严格执法,加强对公共利益的保护。"①安全生产事故往往会造成复杂的公益损害结果,安全生产领域公益诉讼的制度价值在于防患于未然,及时制止、消除隐患,避免造成无法挽回的严重后果。《安全生产法》第七十四条第二款明确了"造成重大事故隐患或者导致重大事故,致使国家利益或者社会公共利益受到侵害的",可以提起公益诉讼,就该案而言,最高人民检察院又以指导性案例的形式,明确了可以为消除重大安全风险隐患提起预防性公益诉讼。目前司法实践中,安全生产领域公益诉讼多为预防性诉讼,既能"治已病",也能"治未病",契合检察机关法律监督者和公共利益维护者的定位。②

当前安全生产领域还不同程度存在监管职能交叉、边界不清,监管缺位、不到位以及执法不严格等问题;不同层级之间职责不清,不同部门之间"多头执法""重复执法"等现象仍然存在。对跨行政区划、行政部门职能交叉的案件,涉及不同层级人民政府和多个职能部门的,人民检察院可以通过向其共同的上级行政机关发出检察建议推动问题解决。具体到该案中,根据《铁路法》《铁路安全管理条例》等规定,三门峡市湖滨区政府、陕州区政府,三门峡市政府及两级政府水利部门、原国土部门、原安全生产部门等职能部门具有本行政区域内安全生产监督管理、防洪和保障铁路安全的法定职责,相关行政机关未依法履行职责时,可以启动数个行政公益审判程序。但该案多个行政机关之间存在重叠或行政隶属关系,上层行政机关负有对下层行政机

---

① 曹建明:《形成严密法治监督体系 保证宪法法律有效实施》,载《求是》2014年第24期。

② 参见李瑰华:《充分发挥安全生产领域公益诉讼预防功能》,载《检察日报》2023年7月22日,第3版。

关的层级监督职责,可以由人民检察院对能够发挥统筹作用的市级人民政府发送检察建议,督促市级人民政府对下级政府及相关职能部门进行协调调度,以提高监督效果,节约司法成本。河南省人民检察院郑州铁路运输分院最终决定对其上级行政机关、具有保障铁路安全职责的三门峡市政府发出行政诉前检察建议,督促其全面履职,对下属两个区、多个职能部门进行统筹调度,高质量、"一揽子"解决相关安全隐患,收到了统筹调度、高效解决问题的良好效果。

检例第162号：吉林省检察机关督促履行环境保护监管职责行政公益诉讼案①

【基本案情】

吉林省德惠市朝阳乡辖区内某荒地垃圾就地堆放,形成两处大规模垃圾堆放场,截至2017年已存在10余年。该垃圾堆放场位于松花江两岸堤防之间,堆放物主要为破旧衣物、餐厨垃圾、农作物秸秆、塑料袋等生活垃圾和农业固体废物,也包括部分砖瓦、石块、混凝土等建筑垃圾。该垃圾堆放场未作防渗漏、防扬散及无害化处理,常年散发刺鼻气味,垃圾产生的渗滤液可能对地表水及地下水造成污染,散发的含有硫、氨等的恶臭气体污染空气。

德惠市人民检察院认为,德惠市朝阳乡政府对本行政区域环境保护负有监督管理职责,对违法堆放的垃圾有责任进行清运处理。德惠市人民检察院依法对朝阳乡政府立案、制发检察建议,督促其依法履行河道管理职责,对擅自倾倒、堆放垃圾的行为依法进行处罚,恢复河道原状。2017年5月,朝阳乡政府书面回复称已制定垃圾堆放场整

---

① 参见《第四十批指导性案例》,载最高人民检察院官网,https://www.spp.gov.cn/spp/jczdal/202209/t20220926_579088.shtml。

治方案。6月,德惠市人民检察院跟进调查发现,环境污染未得到有效整治,公益持续受损。

2017年6月27日,德惠市人民检察院向德惠市人民法院提起行政公益诉讼。12月26日,德惠市人民法院作出一审行政裁定认为,朝阳乡政府不是该案的适格被告,裁定驳回德惠市人民检察院的起诉。2018年1月4日,德惠市人民检察院提出上诉。4月20日,长春市中级人民法院作出二审裁定,驳回检察机关上诉,维持原裁定。6月25日,吉林省人民检察院向吉林省高级人民法院提出抗诉。12月30日,吉林省高级人民法院作出再审裁定:支持吉林省人民检察院的抗诉意见,撤销一审、二审裁定,指定德惠市人民法院重新审理。2020年9月18日,德惠市人民法院重新组成合议庭审理该案。其间,朝阳乡政府对案涉垃圾堆放场进行了清理,但因朝阳乡政府对其履职尽责标准仍然存在不同认识,德惠市人民检察院撤回第二项诉讼请求,保留第一项确认违法的诉讼请求。2020年12月28日,德惠市人民法院作出行政判决:确认朝阳乡政府原不依法履行生活垃圾处理职责违法。朝阳乡政府未提出上诉,该判决已生效。

【主要法律问题】

在行政公益诉讼当中,如何认定行政机关是否负有监督管理职责?

【主要法律依据】

1.《行政诉讼法》第二十五条第四款;

2.《最高人民法院、最高人民检察院关于检察公益诉讼案件适用法律若干问题的解释》第二十一条。

【学理分析】

从《行政诉讼法》第二十五条第四款来看,负有监督管理职责的行政机关违法行使职权或者不作为,属于行政公益诉讼的可诉行为。对比行政私益诉讼,人民法院仅仅针对行政机关是否正确行使对外管理职责进行审查,即只对行政机关是否履行法定职责进行审查,并不包括所有的行政管理职责。而从"监督管理职责"的内涵和外延看,范围上既包括《行政诉讼法》意义上的法定职责,也包括内部层级监督职责、宏观管理职责、行政决策职责、规范性文件制定职责等。因此,行政公益诉讼意义上的监督管理职责范围非常广泛,从内容上看,有宏观的领导、保障、服务等职能以及具体的政策制定、执行和管理职能。《行政诉讼法》第二十五条第四款的"监督管理职责"既包括抽象意义上的治理职责,也包括具体的行政执法职能;既包括宪法、组织法意义上的监督管理职责,也包括行政行为法意义上的监督管理职责;既包括社会秩序、公共安全保障的监督管理职责,也包括经济社会发展的监督管理职责。①

该案争议的焦点是朝阳乡政府是否为适格被告,即朝阳乡政府对其辖区范围内环境卫生是否负有监督管理职责,实质关涉对于《行政诉讼法》第二十五条第四款规定的"监督管理职责"的内涵和外延的认识。环境是典型的公共产品,环境卫生的"监督管理职责"具有一定的复杂性,并非某一行政部门或某级人民政府独有的行政职责。因此,对于垃圾堆放等破坏辖区范围内环境卫生的行为,乡级人民政府应当依法履行"监督管理职责"。

最高人民检察院在该指导性案例指导意义部分中,指出对行政机关"监督管理职责"的正确理解:《行政诉讼法》第二十五条第四款规定的"监督管理职责",不仅包括行政机关对违法行为的行政处罚职责,也包括行政机关为避免公益损害持续或扩大,依据法律法规、行政规章和规范性文件相关授权,运用公共权力、使用公共资金等对受损公益进行修复等综合性治理职责。检察机关提起行政公益诉讼,目的是通过督促行政机关依法履行监督管理职责来维护国家利益和社会

---

① 参见王红建:《行政公益诉讼适格被告认定的特殊规则——以监督管理职责为逻辑起点》,载《河南财经政法大学学报》2024年第3期。

公共利益。行政公益诉讼应当聚焦受损的公共利益,督促行政机关按照法律法规、行政规章以及其他规范性文件的授权,对违法行为进行监管,对受损公益督促修复;在无法查明违法主体等特殊情形下,督促行政机关自行组织修复,发挥其综合性管理职责。

  法律法规、规章或其他规范性文件是行政机关职责或行政作为义务的主要来源,其中无论是明确式规定,还是概括式规定,都属于行政机关的法定职责范畴。《地方各级人民代表大会和地方各级人民政府组织法》《环境保护法》等法律赋予基层人民政府对辖区环境的综合性管理职责,对于历史形成的农村垃圾堆放场,基层人民政府应当主动依法履职进行环境整治,而不能将自身履职标准仅仅限缩于对违法行为的行政处罚。因此,该案中吉林省高级人民法院指出,二审沿用"私益诉讼"思路审理"公益诉讼"案件,忽略了环境保护的特殊性,对乡级人民政府环境保护"监督管理职责"作出限缩解释,确有不妥。

最高人民法院指导性案例 216 号:睢宁县人民检察院诉睢宁县环境保护局不履行环境保护监管职责案[①]

【基本案情】

  2017 年 9 月、10 月,冯某康等人将从浙江省舟山市嘉达清舱有限公司等处非法收购的危险废物船舶清舱油泥委托他人运至江苏省睢宁县岚山镇陈集村一砖瓦厂内非法倾倒。案发后,睢宁县原环境保护局将清理出的油泥及油泥污染物 130 余吨转运至一停车场内。2018 年 7 月,徐州铁路运输检察院就被告人冯某康等人犯污染环境罪一案向徐州铁路运输法院提起公诉,并于同年 11 月提起刑事附带民事公

---

  ① 参见《指导性案例 216 号:睢宁县人民检察院诉睢宁县环境保护局不履行环境保护监管职责案》,载最高人民法院官网 2023 年 11 月 21 日,https://www.court.gov.cn/shenpan/xiangqing/418272.html。

益诉讼。徐州铁路运输法院发现涉案油泥被长期不规范贮存,为避免二次污染,要求睢宁县原环境保护局及时对涉案油泥组织代为处置。因睢宁县原环境保护局迟迟未对涉案油泥进行处置,且已有部分油泥渗漏对周边环境造成二次污染,睢宁县人民检察院于2019年5月27日向睢宁县原环境保护局发出检察建议,要求其依法履行环境保护监管职责,对涉案油泥进行依法规范贮存并及时移交有危废处置资质单位依法进行处置。睢宁县原环境保护局于2019年7月2日作出回复,认为涉案油泥的产生单位非在其辖区,其没有代为处置的法定职责,涉案油泥应由产废单位所在地环境保护主管部门进行代处置。

睢宁县人民检察院于2019年7月19日以睢宁县原环境保护局不履行环境保护监管职责为由提起行政公益诉讼,请求确认睢宁县原环境保护局对涉案危险废物的贮存不履行监管职责的行为违法,并责令其将涉案危险废物尽快移交有危废处置资质单位依法处置。案件审理期间,睢宁县原环境保护局于2019年10月将涉案油泥及其污染物交由有资质单位进行依法处置。睢宁县人民检察院经审查认为睢宁县原环境保护局已经履行涉案危险废物处置职责,遂申请将原诉讼请求变更为确认睢宁县原环境保护局对涉案危险废物的贮存不履行监管职责行为违法。

【主要法律问题】

1. 判断行政机关是否充分依法履职的标准是什么?

2. 该案中,睢宁县原环境保护局是否依法履行了环境保护监管职责?

【主要法律依据】

1.《环境保护法》第十条第一款;

2.《固体废物污染环境防治法》(2016年修正)第十条第二款、第十七条第一款、第五十二条、第五十五条、第七十六条。

【学理分析】

根据《人民检察院公益诉讼办案规则》的规定,判断行政机关是否充分履职标准包括"行为要件+结果要件+职权要件"三个要件标准:其一,行为要件方面,是否采取有效措施制止违法行为;其二,结果要件方面,国家利益和社会公共利益是否得到有效保护;其三,职权要件方面,若前两项不能实现,行政机关是否穷尽法定职能或手段,即是否全面运用法律法规、规章和规范性文件规定的行政监管手段。其中,"穷尽行政手段"是判断是否充分履职的最终标准,即如果前两者没有实现国家利益和社会公共利益的有效保护,但行政机关已经穷尽了法定履职手段,不宜再提起行政公益诉讼。这就要求检察机关在行政公益诉讼中,应当主要从行政机关的法定职权、法定措施手段、法定条件、法定程序等角度判断行政机关"不依法履职",不能仅仅追求国家利益或者社会公共利益受侵害的状态完全消除的结果。

具体到该案而言,睢宁县原环境保护局对涉案危险废物的贮存、处置具有法定监督管理职责。《环境保护法》第十条第一款规定,县级以上地方人民政府环境保护主管部门,对本行政区域环境保护工作实施统一监督管理;《固体废物污染环境防治法》(2016年修正)第十条第二款规定,县级以上人民政府环境保护主管部门对本行政区域内固体废物污染环境的防治工作实施统一监督管理;该法第五十二条、第五十五条均对环境保护主管部门对危险废物贮存和处置所负有的监管职责进行了具体规定。该案公益损害虽系违法行为人造成的,但违法行为人对造成的污染拒绝履行或者没有能力履行,导致环境污染持续发生,损害国家利益或者社会公共利益的,负有法定监督管理职责的行政机关应及时履行代处置职责,及时消除危险废物污染风险,预防污染扩散造成新的损害,从而有效保护生态环境和人民群众生命健康安全。冯某康等人因涉嫌刑事犯罪被公安机关采取强制措施,客观上不具备处置涉案危险废物的实际条件,危险废物所在地生态环境主管部门应履行属地环境保护监管职责,及时组织对涉案危险废物进行代处置,该监管职责并不应因危险废物的来源和产生单位不在其行政辖区而免除。

睢宁县原环境保护局未依法履行涉案环境保护监管职责。第一,睢宁县原环境保护局在明知涉案油泥系具有毒性、易燃性危险废物,需依法规范贮存并及时处置的情况下,对涉案油泥未依法寻找符合规定的场所进行规范贮存;涉案油泥贮存过程中未采取任何防流失、防渗漏等污染防治措施;涉案油泥的包装物及存放场所亦未依法设置相关危废识别、警示标志;涉案油泥贮存期间未进行有效的日常管护,在存放容器出现破损以致油泥出现流淌、渗漏已造成二次污染的情况下,亦未及时采取污染防治应急处理措施,上述情形均违反《环境保护法》《固体废物污染环境防治法》(2016年修正)的相关规定,明显存在行政监管缺失。第二,被告作为环境保护行政主管机关,明知涉案危险废物的特性及二次污染的危害,应当对涉案危险废物及时妥善处置,做好污染风险管控,使社会公共利益免受侵害。但其未依法积极履职作为,在涉案油泥存在滴落、流淌、渗漏已造成新的环境污染后果,且经审判机关多次风险提示、检察机关发出检察建议后,仍未对涉案油泥进行规范贮存并及时组织处置,放任污染后果持续扩大,导致社会公共利益长期处于受侵害状态,应确认其不履行法定职责行为违法。诉讼期间,睢宁县原环境保护局履行了对涉案油泥的代处置职责,睢宁县人民检察院申请撤回涉及危险废物处置的有关诉求,人民法院依法对睢宁县原环境保护局之前的不履职行为确认违法。

【思考题】

1. 在行政公益诉讼当中,如何避免"个人行为,政府买单"?
2. 行政公益诉讼当中,应当如何界定证明内容的"关联性"?

第三节 证 明 标 准

【主要知识点】

司法实践中,应根据何种标准认定当事人提交的证据是否达到足以证明案件事实的证明程度,涉及证明标准问题。关于行政公益诉讼的证明标准,目前主要有以下三种观点:一是应当采用"优势证明"标准。二是应当根据分层体系对不同层次的证明对象设置不同的证明标准,即检察机关对存在行政违法事实的证明要达到"合理可能性"的程度,对公共利益受损的证明应达到"高度盖然性"的程度,对检察机关自身已履行过检察监督职责的证明要达到"确信无疑"的程度;行政机关对行政行为合法性的证明要达到"清楚和有说服力"的程度。三是应当参照适用裁判标准,即要把人民法院的审判标准前移参照。[①]

本书笔者认为,合理设定行政公益诉讼的证明标准,需要兼顾诉讼性质、诉讼目的、可操作性、举证成本等多重因素,在众多价值中选取恰当的平衡点。具体而言,有两点:一是对于程序性事项的证明标准,如检察机关对其履行了诉前程序的证明,应当达到确信无疑的程度。二是对于实体性事项的证明标准,应有所区别。其中,对于行政机关证明其行为合法性、检察机关证明相应行政机关具有法定监管职责,应当达到确信无疑的程度。这是因为举证责任方只要出具相应的法律规定或法律授权文件即可完成举证责任,举证难度相对较小。对于检察机关证明国家利益和社会公共利益仍处于受侵害状态,应当达到高度盖然性的标准。这是因为对于公共利益受侵害的证明在实践

---

① 参见滕艳军:《检察机关一审败诉行政公益诉讼案件实证研究》,载《社会治理》2019 年第 9 期。

中有一定难度,往往需要通过司法鉴定或借助相应科技手段来固定证据,过高的证明标准会加重检察机关的取证负担,不利于国家利益和社会公共利益的保护,过低的证明标准则难以防止检察权对行政权的不当干预,而参照民事损害高度盖然的证明标准,则可以有效平衡公益保护、司法权控制与行政权监督三者的关系。

【案例分析】

检例第115号:贵州省榕江县人民检察院督促保护传统村落行政公益诉讼案①

【基本案情】

贵州省黔东南州有409个村入选《中国传统村落名录》,其中包括榕江县栽麻镇宰荡侗寨、归柳侗寨。2018年3月,黔东南州检察机关部署开展传统村落保护专项行动,榕江县人民检察院在专项行动中发现,栽麻镇宰荡、归柳两个侗寨的村民私自占用农田、河道、溪流新建住房,违规翻修旧房,严重破坏了中国传统村落的整体风貌,损害了国家利益和社会公共利益。

2018年4月,榕江县人民检察院对该案决定立案并进行调查核实,查明:栽麻镇宰荡、归柳两个侗寨部分村民未批先建砖混、砖木结构房屋的情况比较严重,导致大量修建的水泥砖房取代了民族传统木质瓦房;此外,加装墙壁瓷砖、铝合金门窗等新型建筑材料、加盖彩色铁皮瓦等现象,严重破坏了中国传统村落的整体格局和原始风貌,影响了侗寨这一民族文化遗产的保护和传承。贵州省颁布的《贵州省传统村落保护和发展条例》《黔东南苗族侗族自治州民族文化村寨保

---

① 参见《第二十九批指导性案例》,载最高人民检察院官网,https://www.spp.gov.cn/spp/jczdal/202109/t20210902_528296.shtml。

护条例》明确规定,乡镇人民政府负责本行政区域内传统村落保护和发展的具体工作。2018年5月7日,榕江县人民检察院向榕江县栽麻镇人民政府发出检察建议,建议对宰荡侗寨和归柳侗寨两个传统村落依法履行保护监管职责。榕江县栽麻镇人民政府未对违章建筑进行监管,未在规定的期限内对检察建议作出书面回复。2018年12月28日,经贵州省人民检察院批准,榕江县人民检察院根据行政诉讼集中管辖的规定,向黎平县人民法院提起行政公益诉讼。

【主要法律问题】

行政公益诉讼证明标准的设定有哪些考量因素?

【主要法律依据】

1.《环境保护法》第二条;

2.《城乡规划法》第六十五条。

【学理分析】

如前所述,行政公益诉讼中证明活动主要围绕行政机关是否合法履职展开,同时包括多个待证事实,即行政机关以作为或不作为方式作出具体行政行为的事实、行政机关造成公共利益受损的事实、行政行为合法性事实以及其他程序性事实等。

(一)行政机关行政行为的证明标准

在行政公益诉讼中,检察机关对行政机关存在违法行使职权或行政不作为的事实承担初步证明责任。所谓"初步证明责任",是指提出初步证据,无须达到确信无疑的程度,其功能是引发后续诉讼,即检察机关完成初步证明责任后,证明责任全部转移至行政机关一方,行政机关需要就其行政行为的合法性承担证明责任。在司法实践中,行政机关不作为案件占绝大多数。法院在判断行政机关是否构成不作为的问题上,已经形成"作为义务源自何处、有无现实作为可能、是否已经作为"的三重判断标准。① "作为义务来源"是法律问题,即行政机关的法定职责,应当达到确信无疑的程度,如该案中,榕江县人民检察院提供了贵州省颁布的《贵州省传统村落保护和发展条例》《黔东南苗族侗族自治州民族文化村寨保护条例》等,即只要出具相应的法律规定或法律授权文件就完成举证责任;"有无现实作为可能"是基于事实的推论,应当达到清楚而有说服力的标准;"是否已经作为"是事实问题,行政机关如果已经作为,则有能力也有义务对作为的时间、地点、方式、内容、效果等具体情形作出详细说明,应当达到确信无疑的程度,如该案中,栽麻镇人民政府对于未依法履职的事实予以认可,未提供证据证明其已履行法定监管职责,依据《行政诉讼法》第三十四条,视为没有相应证据,其当然承担败诉的不利后果。

(二)公共利益受到损害的证明标准

公共利益受损的事实是检察机关提起行政公益诉讼的前提性事实,相较于民事损害赔偿案件中对损害结果的证明,行政公益诉讼中对损害结果的证明在证明程度上有所变化。在民事诉讼中,对损害结果的证明标准为高度盖然性标准,特殊情况下,考虑到民事诉讼当事人举证能力的不足,可以适用优势证据标准。而在行政公益诉讼中,对公共利益受到侵害的事实由检察机关承担证明责任,虽不存在举证能力不足的问题,但鉴于公共利益受侵害的证明在实践中有一定难度以及过高或过低标准均不利于公共利益的保护,应适用高度盖然性的标准。该案中,榕江县人民检察院提供了现场调查图片、走访当地村民以及政府工作人员的调查笔录、《中国传统村落名录》等相关书证,加装墙壁瓷砖、铝合金门窗等新型建筑材料以及加盖彩色铁皮瓦等现象的材料,足以证明中国传统村落的整体格局和原始风貌遭受破坏的

---

① 参见章志远:《司法判决中的行政不作为》,载《法学研究》2010 年第 5 期。

高度盖然性。

(三)检察机关已履行督促职责事实的证明标准

检察机关已督促行政机关予以纠正违法行为且行政机关拒不改正,是检察机关提起行政公益诉讼的前置性程序。在行政公益审判程序中,制发检察建议是检察机关督促行政机关纠正违法行为的方式。作为公益诉讼起诉人的人民检察院有能力也有义务证明向行政机关发出督促的时间、方式、内容以及行政机关的回复情况,知悉行政机关具体负责人、履职过程等相关情况,该证明标准应达到确信无疑的程度。具体而言,该案中,榕江县人民检察院仅需将诉前程序中的立案决定书、检察建议书等法律文书及其送达回证,以及行政机关的回复内容等提交法院即可完成证明。

河北省保定市莲池区人民检察院诉保定市生态环境局莲池区分局行政公益诉讼案[①]

【基本案情】

保定市某医院为辖区内二级综合医院。该医院医疗机构执业许可证登记床位数100张。根据《排污许可管理办法》和《固定污染源排污许可分类管理名录》的相关规定,床位数在100张及以上、500张以下的综合医院的排污管理类别为简化管理类,该类医院应当办理排污许可证,但该医院自2004年成立以来未办理排污许可证,属于无排污许可证,违法向外界排放医疗污水,破坏生态环境,造成社会公共利益受损。

---

① 参见《生态环境保护检察公益诉讼典型案例》,载最高人民检察院官网,https://www.spp.gov.cn/spp/xwfbh/wsfbt/202308/t20230815_624952.shtml#2。

2020年8月,河北省保定市莲池区人民检察院对保定市生态环境局莲池区分局立案,并于9月24日发出检察建议,于11月5日收到书面回复称,保定市某医院实际使用床位79张,已于7月14日在全国排污许可管理信息平台完成排污登记工作。法律规定的期限届满后,该医院仍旧未依法办理排污许可证,违法排放污水,破坏生态环境,社会公共利益持续受到侵害。2020年12月25日,河北省保定市莲池区人民检察院依法向保定市竞秀区人民法院提起行政公益诉讼。案件起诉后,为了明确医疗机构排污许可分类管理的床位数是医疗机构执业许可证登记的床位数,检察机关向"名录"的制定部门生态环境部环境影响评价与排放管理司发出工作函;2021年1月7日,该司作出复函。4月22日,保定市竞秀区人民法院依法开庭审理此案。5月27日,保定市竞秀区人民法院判决确认被告保定市生态环境局莲池区分局行政行为违法。

【主要法律问题】

检察机关调查权的行使程度是否始终一致?其与证明标准的关系如何界定?

【主要法律依据】

1.《环境保护法》第十条;

2.《排污许可管理条例》第三条。

【学理分析】

公益诉讼是检察监督工作中更带有主动性的诉讼职能。调查核实是公益诉讼办案最核心的环节,最能体现公益诉讼主动性的职能特点,是认定违法事实、确定公益损害的基础。目前,检察公益诉讼的证明标准既受到"三大诉讼法"的约束,也受到《最高人民法院、最高人民检察院关于检察公益诉讼案件适用法律若干问题的解释》《人民检察院公益诉讼办案规则》的调整。后者规定中的检察机关向法院提交的材料与行使调查权而调查获取的材料并非等同,如针对损害公共利益这一事项，区分了"初步证明"与"查明"两类标准，这充分展现出证明标准的阶段性特征。

检察机关调查权的行使程度取决于不同程序阶段证明标准的高低。第一，立案阶段。检察机关只要收集资料判断是否能够启动诉讼即可，证明标准较低，调查的义务相应较少。该案中，莲池区人民检察院通过调取相关书证、实地走访调查，查明保定市某医院存在无排污许可证向外界排放医疗污水情况，以及根据相关法律法规，查明保定市生态环境局莲池区分局对辖区内生态环境资源保护和污染防治环境保护工作负有监督管理职责，这符合启动行政公益诉讼情况。第二，受理阶段。根据《最高人民法院、最高人民检察院关于检察公益诉讼案件适用法律若干问题的解释》，法院受理案件都需要检察机关提交三种证据：一是已经提出诉讼请求的证据，二是损害结果的证据，三是已经履行诉前程序的证据。除第二种证据会涉及实体标准的判断，另外两种证据都是形式性审查，证明标准相较前一阶段有所提高，对检察机关的调查要求有所提高。该案中，莲池区人民检察院向竞秀区人民法院提交检察建议书及书面回复等即可证明已经履行诉前程序，同时提供上述调查所获取的相关证据材料，并进一步固定损害结果和提出诉讼请求的依据即可。第三，审判阶段。《行政诉讼法》及司法解释没有直接涉及证明标准的条款，这使行政诉讼实践中形成了多元化的证明标准。① 而调查权的行使程度通常以证明标准的确立为前提，所以这一阶段对检察机关调查权要求进一步提高，且检察机关行使调查权存在裁量空间。该案中，莲池区人民检察院在向法院提起行政公益诉讼后，进一步向相关单位明确医疗机构排污许可分类管理的床位数是医疗机构执业许可证登记的床位数，这证明被告对政策理解有误，存在未依法履行环境监管职责的违法行为。

---

① 参见徐庭祥：《论建构我国行政诉讼的一般证明标准》，载《政治与法律》2019年第12期。

河南省郑州市惠济区"法莉兰童话王国"
违法建设破坏生态环境案①

【基本案情】

2017年8月,郑州某旅游开发公司未办理规划、用地等行政审批,擅自在黄河滩区建设一占地370.68亩的儿童游乐公园。公园内建造占地4508.89平方米的砖混结构房屋16处,硬化地面60,926.27平方米建设停车场,倾倒渣土34,840立方米,建设围墙2050米,并存放大量游乐设施。该公园建设过程中,惠济区原国土资源局于2018年4月至8月对郑州市某旅游开发公司立案查处4次,并已申请人民法院强制拆除违法建筑设施;古荥镇政府于2018年6月责令其停止施工1次;惠济区环境保护局于2018年6月立案查处1次,处以罚款427,789.14元;惠金黄河河务局于2017年9月至2018年9月立案查处3次,处以罚款148,000元。在相关行政机关处罚期间,该公园仍继续施工,并已建成投入运营。该公园占用370余亩农用地,固定建筑设施已破坏土地种植条件,对滩区生态系统的结构、性质与功能造成严重影响,且严重威胁黄河行洪安全。

2019年2月27日,河南省人民检察院将此案件指定郑州铁路运输检察院办理。郑州铁路运输检察院检察长主动承办,组成专案组,深入进行走访座谈、调查取证、认真研判,经调查查明,惠济区原国土资源局已依法全面履行监管职责,但古荥镇政府、惠济区环境保护局、惠金黄河河务局仅作出罚款或责令停工通知,未依法要求恢复土地原状,致使违法建筑设施对黄河行洪安全、滩区生态环境造成重大影响,

---

① 参见《"携手清四乱 保护母亲河"专项行动检察公益诉讼十大典型案例》,载最高人民检察院官网,https://www.spp.gov.cn/spp/zdgz/201908/t20190829_430279.shtml。

侵害了国家利益和社会公共利益。

【主要法律问题】

1. 如何认定行政机关未依法履行职责？

2. 该案中，惠济区环境保护区是否穷尽了履职手段维护国家利益和社会公共利益？

【主要法律依据】

1.《城乡规划法》第二十八条、第六十五条；

2.《郑州市城乡规划管理条例》第六十五条、第七十五条。

【学理分析】

如前文所述，判断行政机关是否充分履职包括"行为要件＋结果要件＋职权要件"三个要件标准。从行为要件上，查明行政主体是否通过履职行为实现了对国家利益和社会公共利益的合法保护；从结果要件上，查明受侵害的国家利益和社会公共利益是否已经得到了有效保护，是否存在针对国家利益和社会公共利益新的侵害事实；从职权要件上，应严格依照法律、法规的规定，对照行政机关权力清单和责任清单综合判断，在行政行为未能有效保护国家利益和社会公共利益的情况下，查明行政主体为保护国家利益和社会公共利益不受侵害是否已穷尽其行政手段。"穷尽手段"的标准，即行政机关应当全面运用法律、法规、规章和规范性文件规定的行政监管手段，行政机关只要仍然存在采用多种行政作为的可能性，就必须穷尽上述所有可能性，否则即判定行政机关未完全履行作为义务。这就要求检察机关在行政公益诉讼中，主要从行政机关的法定职权、法定措施手段、法定条件、法定程序等角度判断行政机关"不依法履行职责"，而非仅仅追求国家利益和社会公共利益受侵害的状态完全消除的结果。特别是环境资源领域内国家利益和社会公共利益的保护，如恢复植被、修复土壤、治理污染等需要一个客观的过程，极易受季节气候条件、施工条件、工期条件等客观原因的限制。因此，对于行政机关主观上有整改意愿，但上述客观障碍导致整改方案难以按期执行的,不宜认定为不依法履职,而应当持续跟进监督。在客观障碍消除后,行政机关仍未能及时恢复整改的,可以认定为不依法履职。

该案中,违章建设的儿童游乐园严重威胁黄河行洪安全,破坏滩区生态系统,严重损害国家利益和社会公共利益。古荥镇政府未依法履行监督检查建设工程、及时制止违法建设行为的职责,属于不作为。惠济区环境保护局在责令停工无效的情况下,未及时将案件移送公安机关查处。而且,该局此后仅作出罚款决定,并未责令涉案企业恢复土地原状。因此,惠济区环境保护局既未穷尽行政监督手段,也未有效制止违法建设行为,更未能切实维护受损的国家利益和社会公共利益,应属违法行使职权。惠金黄河河务局虽罚款3次,责令恢复土地原状2次,但未穷尽行政监管手段,依法申请人民法院强制拆除违法设施,应属未全面履行监管职责。

【思考题】

1. 如何理解行政公益诉讼的证明标准?

2. 行政公益诉讼证明标准最优分类是什么?按照立案阶段、审前监督阶段、提起诉讼阶段进行分类是否合理?

3. 行政公益诉讼证明标准与传统行政私益诉讼证明标准有何区别?

第四节 证 明 责 任

【主要知识点】

目前学界和司法界在举证责任分配问题上有不同的观点,归纳起来大致有如下三种:一是行政公益诉讼仍应遵守行政诉讼"举证责任倒置"规则。二是行政公益诉讼应当实行"谁主张,谁举证"原则。三是对不同的行政行为,举证责任应有所区别:被告行政机关对自身的作为类行政行为的合法性承担举证责任,不作为行政行为的举证责任由原告检察机关承担;据此分配举证责任后,公共利益仍不能得到有效保护的,由法院分配举证责任。在尚无"明确"法律规定及司法解释的情况下,司法实践自生自发的秩序应当是较为符合诉讼经济与现实需求的,下面具体阐述证明责任在诉前程序和审判程序两个阶段的具体应用。

(一)审前阶段的证明责任

诉前程序中检察机关应证明以下内容:一是案件属于法定领域;二是行政机关负有监督管理职责;三是行政机关违法行使职权或者不作为;四是有国家利益和社会公共利益受到损害的结果。上述证明内容,不仅是检察机关发起行政公益诉讼诉前程序的证明内容,也是在符合一定条件情况下向法院提起诉讼的要件,该证明责任应由检察机关承担,乃是程序法意义上的证明责任。在审前阶段,如果行政机关辩称不符合上述条件,则应由行政机关承担举证责任,即行政机关承担实体法上的举证责任。

(二)诉讼过程中的证明责任

诉讼过程中,检察机关应承担以下证明责任:一是行政机关违法行使职权或者不作为,致使国家利益和社会公共利益受到侵害;二是已经履行诉前程序,行政机关仍不依法履行职责或者纠正违法行为;三是案件属于行政公益诉讼的案件范围和符合起诉条件。

就行政机关而言,其负有对没有"不作为"或者"不依法履行职责"的证明责任。具体到司法实务中,行政公益诉讼案件主要包括完全不作为、不完全作为及违法作为三类。在完全不作为案件中,行政机关要进行举证,以证明自身不作为的合法性;在不完全作为案件中,行政机关应当提交证据证明自身全面履职;在违法作为案件中,行政机关应当提交证据证明自身行为合法有据。

【案例分析】

最高人民法院指导性案例 137 号:云南省剑川县人民检察院诉剑川县森林公安局怠于履行法定职责环境行政公益诉讼案[①]

【基本案情】

2013 年 1 月,剑川县居民王某全受玉鑫公司的委托在国有林区开挖公路,被剑川县红旗林业局护林人员发现并制止,剑川县林业局接报后交剑川县森林公安局进行查处。剑川县森林公安局于 2013 年 2 月 20 日向王某全送达了林业行政处罚听证权利告知书,并于同年 2 月 27 日向王某全送达了剑川县林业局剑林罚书字(2013)第(288)号林业行政处罚决定书,对王某全及玉鑫公司给予如下行政处罚:(1)责令限期恢复原状;(2)处非法改变用途林地每平方米 10 元的罚款,即 22,266.00 元。2013 年 3 月 29 日,玉鑫公司缴纳了罚款后,剑川县森林公安局即对该案予以结案。其后直到 2016 年 11 月 9 日,剑川县森林公安局没有督促玉鑫公司和王某全履行"限期恢复原状"的行政义务,所破坏的森林植被至今没有得到恢复。

2016 年 11 月 9 日,剑川县人民检察院向剑川县森林公安局发出检察建议,建议其依法履行职责,认真落实行政处罚决定,采取有效措施,恢复森林植被。2016 年 12 月 8 日,剑川县森林公安局回复称采取

[①] 参见《指导案例 137 号:云南省剑川县人民检察院诉剑川县森林公安局怠于履行法定职责环境公益诉讼案》,载人民法院案例库,https://rmfyalk.court.gov.cn/dist/view/content.html? id = R% 252BmLkmg2aqwqVsxZ7sFBeZGzM3ZDkgPiNGInYw%252BLs1w%253D&dib = zdx&qw = 137。

了积极措施，并派民警到王某全家对处罚决定第一项责令限期恢复原状进行催告，鉴于王某全死亡，执行终止。对玉鑫公司，剑川县森林公安局没有发出催告书。

剑川县森林公安局为剑川县林业局所属的正科级机构，2013年年初，剑川县林业局向剑川县森林公安局授权委托办理本县境内的所有涉及林业、林地处罚的行政处罚案件。2013年9月27日，云南省人民政府作出《关于云南省林业部门相对集中林业行政处罚权工作方案的批复》，授权各级森林公安机关在全省范围内开展相对集中林业行政处罚权工作；同年11月20日，经云南省人民政府授权，云南省人民政府法制办公室对森林公安机关行政执法主体资格单位及执法权限进行了公告，剑川县森林公安局是具有行政执法主体资格和执法权限的单位之一；同年12月11日，云南省林业厅发出通知，决定自2014年1月1日起，各级森林公安机关依法行使省政府批准的62项林业行政处罚权和11项行政强制权。

【主要法律问题】

检察机关提起行政公益诉讼时应承担哪些证明责任？

【主要法律依据】

1.《森林法》（2009年修正）第十三条、第二十条；

2.《森林法实施条例》第四十三条；

3.《行政诉讼法》第七十条、第七十四条。

【学理分析】

检察机关提起行政公益诉讼，其举证责任受到传统行政诉讼举证责任以及国家机关作为原告的特殊性的双重制约，需要证明国家或者公共利益受到侵害，并且该事项属于被告监督管理职责范围。如前所述，进入诉讼后，检察机关应承担以下证明责任：

1.行政机关违法行使职权或者不作为，致使国家利益和社会公共利益受到侵害。

公益受到侵害是提起行政公益诉讼的基础,检察机关需就此承担初步证明责任。在确定了公益受到侵害的事实后,所涉事项对应的具有监督管理职责的行政机关即为适格被告。该案中,剑川县森林公安局在查明玉鑫公司及王某全擅自改变林地的事实后,以剑川县林业局名义作出对玉鑫公司和王某全责令限期恢复原状和罚款22,266.00元的行政处罚决定符合法律规定;行政处罚决定没有执行完毕,剑川县森林公安局依法应该继续履行法定职责,采取有效措施,督促行政相对人限期恢复被改变林地的原状,但在玉鑫公司缴纳罚款后的3年多时间里没有督促玉鑫公司和王某全对被破坏的林地恢复原状,没有代为履行,致使玉鑫公司和王某全擅自改变的林地没有恢复原状,且未提供证据证明有相关合法、合理的事由,剑川县森林公安局的行为显然不当,是怠于履行法定职责的行为。

2. 已经履行诉前程序,行政机关仍不依法履行职责或者纠正违法行为。

诉前程序作为提起公益诉讼的前奏和基石,是检察机关调查固定证据,进而对行政行为进行初步判决的重要阶段。检察机关向行政机关发出检察建议是提起行政公益诉讼的必经前置程序。如果行政机关收到检察建议后,及时处理,积极依法履行职责,检察机关就无须再向法院提起行政公益诉讼。如果行政机关收到检察建议后,不进行回复或者处理后国家和社会公共利益仍处于受侵害的状态,检察机关便可以提起公益诉讼。该案中,剑川县人民检察院依法制发检察建议后,剑川县森林公安局虽按期回复,但未采取整改措施,这符合检察机关已经履行诉前程序,行政机关仍不依法履行职责或者纠正违法行为情形。

3. 该案属于行政公益诉讼的案件范围和符合起诉条件。

截至目前,检察公益诉讼受案范围已形成"4+N"格局,包括生态环境和资源保护领域、食品药品安全领域、国有财产保护领域、国有土地使用权出让领域、英雄烈士保护领域、军人地位和权益保障领域、安全生产领域、个人信息保护领域、反垄断领域、反电信网络诈骗领域、农产品质量安全领域、妇女权益保障领域、无障碍环境建设领域,并持续向文物和文化遗产保护、残疾人权益保障、国防军事等新领域拓展。该案属于生态环境和资源保护领域,系四大法定领域之一。《行政诉讼法》第二十六条第六款规定:"行政机关被撤销或者职权变更的,继续行使其职权的行政机关是被告。"2013年9月27日,云南省人民政府作出的《关于云南省林业部门相对集中林业行政处罚权工作方案的批复》授权各级森林公安机关相对集中行使林业行政部门的部分行政处罚权,因此,根据相关规定,剑川县森林公安局行使原来由剑川县林业局行使的林业行政处罚权,是适格的被告主体。

检例第63号:湖北省天门市人民检察院诉拖市镇政府不依法履行职责行政公益诉讼案[①]

【基本案情】

2005年4月,湖北省天门市拖市镇人民政府(以下简称拖市镇政府)违反《土地管理法》,未办理农用地转为建设用地的相关手续,未按照《环境保护法》开展环境影响评价,与天门市拖市镇拖市村村民委员会签订关于垃圾场征用土地的协议,租用该村5.1亩农用地建设垃圾填埋场,未建设防渗工程、垃圾渗滤液疏导、收集和处理系统,雨水分流系统,地下水导排和监测设施等必要的配套环境保护设施。该垃圾填埋场于2005年4月投入运行,至2016年10月停止运行。该垃圾填埋场在运行过程中,违反污染防治设施必须与主体工程同时设

---

① 参见《第十六批指导性案例》,载最高人民检察院官网,https://www.spp.gov.cn/spp/jczdal/202003/t20200305_455868.shtml。

计、同时施工、同时投产使用的"三同时"规定,未按照规范建设防渗工程等相关污染防治设施,对周边环境造成了严重污染。

2017年2月,天门市人民检察院立案审查。3月6日,天门市人民检察院向拖市镇政府发出检察建议。3月22日,拖市镇政府书面回复称:已将该垃圾填埋场的垃圾清运至天门市垃圾处理厂进行集中处理,并投入资金、落实专人对垃圾场周围进行了清理、消毒,运送土壤进行了回填处理,杜绝了垃圾污染,且在该处设立了禁止倾倒垃圾的警示牌。4月12日,天门市人民检察院对拖市镇政府的整改情况进行跟进调查时发现,虽然拖市镇政府采取了一些整改措施,但整改后的垃圾填埋场表层覆土厚度不到1米,覆土下仍有大量垃圾。6月29日,天门市人民检察院向天门市人民法院提起行政公益诉讼。

【主要法律问题】

对于涉及多个行政机关监管职责的公益损害行为,检察机关如何确立重点监督对象,并证明被监督对象怠于依法履职致使公益受损?

【主要法律依据】

1.《环境保护法》第六条、第十九条、第三十三条、第三十七条、第四十一条;

2.《土地管理法》第四十四条;

3.《村庄和集镇规划建设管理条例》第三十九条。

【学理分析】

生态环境、资源保护问题往往涉及多个行政机关,且不同行政机关还可能存在职能交叉,需要对不同行政机关的行政行为进行判断。在公共利益受损的情况下,最为关键的问题是如何正确识别、确定谁是负有监管职责的行政主体。这个问题实际上是解决法规竞合中交叉竞合问题或多个违法行为共存的法律问题。如该案中,农村违法建设垃圾填埋场可能涉及的行政监管部门包括规划、环保、国土、城建等方面的多个行政机关以及基层人民政府,检察机关根据需要可以同时督促多个部门共同发挥监管职责,以形成合力,促使环境污染行为得到有效纠正。检察机关可以综合考虑各行政机关的具体监管职责、履职尽责情况、违法行使职权或者不作为与公益受损的关联程度、实施公益修复的有效性等因素确定重点监督对象。

基层人民政府一般在农村环境治理、生活垃圾处置方面起主导作用,且《地方各级人民代表大会和地方各级人民政府组织法》《环境保护法》《村庄和集镇规划建设管理条例》等法律法规规定了基层人民政府对农村环境保护、农村环境综合整治等具有管理职责。加之该案系基层人民政府违法行使职权直接造成社会公共利益损害,符合《行政诉讼法》第二十五条第四款规定的情形,检察机关可以重点监督基层人民政府,督促其依法全面履职。该案中,天门市人民检察院向拖市镇政府制发检察建议后,拖市镇政府虽然采取了一些整改措施,但是仅清理及覆土处理,并未完全治理。天门市人民检察院积极跟进调查并委托检测,证明拖市镇政府怠于依法履职致使公益受损持续存在。

实践中,根据《人民检察院公益诉讼办案规则》的相关规定,对于同一侵害国家利益或者社会公共利益的损害后果,数个负有不同监督管理职责的行政机关均可能存在不依法履行职责情形的,人民检察院可以对数个行政机关分别立案,并分别发出诉前检察建议,督促其依法履职。但是如果诉前程序达不到应有的效果,在起诉阶段,检察机关是否能将这些行政职能部门作为共同责任主体列为共同被告?从中国裁判文书网公开的判决书中可以看出,司法实践中对此缺乏统一认识,检察机关大多只将一个责任主体列为被告,或者分别起诉;将共同不作为的行政机关列为共同被告的案例非常少见。最高人民检察院张雪樵副检察长认为,可以考虑从法定职责、履职能力、履职进展等角度,客观分析谁的职责对公共利益的保护更为关键,谁的履职能力更强、更能促成问题的解决,促进提升司法资源利用率。①

最高人民法院指导性案例211号:铜仁市万山区人民检察院诉铜仁市万山区林业局不履行林业行政管理职责行政公益诉讼案②

【基本案情】

2014年4月,被告人沈某祥投资设立一人公司,即武陵农木业公司并任法定代表人。2014年5月至7月,该公司以修建种植、养殖场为由,在没有办理林地使用许可手续的情况下,雇用施工队使用挖掘机械在贵州省铜仁市万山区茶店街道梅花村隘口山组及万山区大坪乡大坪村马鞍山等处林地剥离地表植被进行挖掘,致使地表植被毁坏,山石裸露。经鉴定,其行为毁坏林地276.17亩,其中重点公益林49.38亩,一般公益林72.91亩,重点商品林108.93亩,一般商品林44.95亩。涉案公益林功能设定为水土保持和水源涵养。

2015年1月,铜仁市万山区林业局以上述行为涉嫌构成非法占用农用地罪将行为人移送铜仁市公安局万山分局,但公安机关立案侦查后作撤案处理。万山区林业局遂对沈某祥和武陵农木业公司作出行政处罚决定:责令限期恢复原状(未载明期限),并处罚款1,841,134元,但被处罚人未履行该决定。2016年1月20日,铜仁市公安局万山分局重新立案侦查。次日,万山区林业局撤销上述行政处罚决定。2016年12月,铜仁市万山区人民法院以(2016)黔0603刑初67号刑事判决,认定被告人沈某祥犯非法占用农用地罪,判处有期徒刑2年,并处罚金人民币50,000元。判决生效后,铜仁市万山区人

---

① 参见张雪樵、万春主编:《公益诉讼检察业务》,中国检察出版社2022年版。
② 参见《最高人民法院关于发布第37批指导性案例的通知》(法〔2022〕277号)。

民检察院向万山区林业局发出诉前检察建议,建议其依法履行森林资源保护监管职责,责令沈某祥限期恢复原状,按每平方米10元至30元并处罚款。万山区林业局书面回复,因沈某祥在服刑,公司倒闭,人员解散,无法实施复绿;万山区林业局拟部分复绿造林,对其中难以复绿造林地块异地补植复绿;按一事不再罚原则不予罚款处罚。

【主要法律问题】

1. 对行政机关行为的合法性应由哪方承担举证责任?
2. 该案中,如何认定行政机关违法行使职权或者不作为?

【主要法律依据】

1.《森林法》(2009年修正)第十条、第四十四条;

2.《行政处罚法》(2017年修正)第二十八条。

【学理分析】

前文对证明责任的分配以及审前阶段和诉讼过程中检察机关和行政机关应承担的举证责任进行了分析,行政机关负有没有"不作为"或者"不依法履行职责"的证明责任,即由作为被告的行政机关对自身行为的合法性承担举证责任。该案中,万山区林业局的行为包含了完全不作为、不完全作为以及违法作为三种情形,且万山区林业局未能证明自身不作为的合法性以及违法作为的正当性,当然承担败诉的不利后果。具体而言:

一是万山区林业局不完全作为,未依法全面履行职责。万山区林业局作为万山区人民政府林业行政主管部门,依照《森林法》(2009年修正)第九条的规定,负责对万山区行政区域内森林资源保护、利用、更新的监督管理。万山区林业局应当依法履行职责,对违反林业管理法律法规占用、毁坏森林资源,改变林地用途的行为依法查处。万山区林业局将案件线索移送铜仁市公安局万山分局以及作出行政处罚均是在积极作为,但公安撤案以及被处罚人未履行行政处罚后,万山区林业局未继续履行自身职责,属于典型的不完全作为。另外,依照

《森林法》(2009年修正)第四十四条的规定,责令违法行为人停止违法行为并按法律规定补种树木,违法行为人拒不补种或者补种不符合国家有关规定的,由林业主管部门代为补种,所需费用向违法行为人追偿。万山区林业局回复诉前检察建议称部分复绿造林,对其中难以复绿造林地块异地补植复绿,虽已会同乡镇人民政府等在被毁坏的林地上种植了部分树苗,但效果较差,没有保证成活率;对于毁坏严重、形同戈壁的土地未进行治理复绿,没有达到环境修复的目的;且特殊功能区生态环境被破坏的,原则上应当原地修复,万山区林业局主张异地修复,但不能证明原地修复已不可能或者没有必要,仍未正确、全面履行职责。

二是万山区林业局违法作为:公安机关立案侦查后撤销行政处罚的决定违法。违法行为人的同一行为既违反行政法应受行政处罚,又触犯刑法应受刑罚处罚的情形下,行政执法机关在将案件移送司法机关之前已经作出的行政处罚,折抵相同功能的刑罚。依照《行政处罚法》(2017年修正)第二十八条"违法行为构成犯罪,人民法院判处拘役或者有期徒刑时,行政机关已经给予当事人行政拘留的,应当依法折抵相应刑期。违法行为构成犯罪,人民法院判处罚金时,行政机关已经给予当事人罚款的,应当折抵相应罚金",《行政执法机关移送涉嫌犯罪案件的规定》第十一条第三款"行政执法机关向公安机关移送涉嫌犯罪案件前,已经依法给予当事人罚款的,人民法院判处罚金时,依法折抵相应罚金"的规定,这种折抵是执行上的折抵,而不是处罚决定本身的折抵,且仅折抵惩罚功能相同的处罚,功能不同的处罚内容不能折抵。因此,对在刑事侦查立案前已经作出的行政处罚不应撤销。万山区林业局将涉嫌犯罪的行政违法行为移送公安机关,公安机关立案后,万山区林业局又撤销其在先已经作出的行政处罚决定时,不但撤销了与刑事裁判可能作出的罚金刑功能相同的罚款处罚,还一并撤销了不属于刑罚处罚功能的责令违法行为人补植复绿以恢复原状的行政处罚。万山区林业局这一撤销行为违反了法律规定。

三是万山区林业局完全不作为,刑事判决生效后未责令违法行为人恢复被毁坏林地。对刑事判决未涉及的处罚事项,行政机关在刑事判决生效后应作出行政处罚决定。责令犯罪人补植复绿以修复环境,不属于刑罚处罚范畴,而属于法律赋予行政主管机关的行政权,属于行政处罚范围。刑事判决生效后,在先没有作出行政处罚的,行政机关不得基于同一行为作出与刑罚功能相同的行政处罚。在对违法行为人追究刑事责任后,刑罚处罚未涉及环境修复责任的,行政机关应当依法作出决定,责令违法行为人按森林法要求种植树木、修复环境。因此,万山区林业局在刑事判决生效后应当依法作出责令违法行为人履行补植复绿义务的行政处罚决定并监督违法行为人履行;违法行为人拒不履行或者履行不合格的,万山区林业局应当代为补植复绿,并责令违法行为人承担费用。万山区林业局未作出责令沈某祥及武陵农木业公司补植复绿以恢复原状并监督履行的行为属于完全不作为。

【思考题】
1. 如何理解行政公益诉讼中检察机关的证明责任?
2. 如何理解行政公益诉讼中行政机关的举证责任配置?
3. 对于行政机关应当承担的举证责任,检察机关能否继续举证?其举证有无限制?

第六章 行政公益诉讼的审判程序

第一节 行政公益诉讼的起诉条件

【主要知识点】

　　检察机关已经履行了必要的诉前检察建议程序,但行政机关仍然没有依法履行职责,导致国家利益或者社会公共利益处于受侵害状态的,人民检察院依法提起行政公益诉讼。因此行政公益诉讼的启动条件包括:

　　1.有明确的被告。明确被告后,检察机关需要提交关于被告法定职责的法律规范。

　　2.有公益受损的初步证明。检察机关应提交被告行为造成国家利益和社会公共利益受到侵害的证明材料,包括照片、鉴定意见书、现场勘查笔录等证据。

　　3.已经履行了诉前程序。在提起行政公益诉讼时,检察机关需要提供证据证明其向行政机关发出了诉前检察建议。

　　4.属于受诉法院管辖。基层人民检察院提起的第一审行政公益诉讼案件,原则上由被诉行政机关所在地基层人民法院管辖,但可以通过上级法院指定管辖由异地基层人民法院或者跨区划人民法院受理。

　　5.有具体的诉讼请求。检察机关可以提出撤销或者部分撤销违法行政行为、在一定期限内履行法定职责、确认行政行为违法或者无效等诉讼请求。

【案例分析】

吉林省大安市人民检察院诉大安市林业局行政公益诉讼案①

【基本案情】

2015年8月，吉林省大安市发生了一起严重的生态破坏事件。林地使用权人陈某众，在未经合法审批的情况下，擅自采伐了约5500株杨树。随后，吉林省亿丰路桥有限公司与松江路桥建筑公司大通DT01标项目部，利用这片已被采伐的林地取土修路，导致四棵树乡双榆树村及新立村集体所有的3公顷防护林被彻底破坏，林地被深挖至13米之深，生态环境遭受重创。

这一事件直至2017年4月才被公益诉讼人通过行政执法检察监督工作所发现。为维护公共利益，公益诉讼人随即向被告——大安市林业局发出了检察建议，要求其立即行动，恢复受损林地。然而，大安市林业局仅回复称案件已移送至白城市森林公安部门处理，并未直接介入恢复工作。

虽然白城市森林公安局对涉及的施工队进行了林业行政立案调查，并作出了相应的处罚及恢复原状通知，但问题的核心——擅自采伐林木的行为，却未得到有效监管与处罚。公益诉讼人认为，大安市林业局作为森林资源保护的监管主体，未能充分履行职责，导致生态环境持续受损，遂依法提起了行政公益诉讼。

公益诉讼的核心诉求在于确认大安市林业局未依法履行监管职

---

① 参见吉林省大安市人民法院行政判决书，(2018)吉0882行初8号。

责的行为违法,并要求其采取必要措施,对擅自采伐林木的行为进行行政处理,同时恢复被毁林地的原状。一审法院以行政行为未过争议期且存在执行期限为由,认为检察机关的起诉不符合条件。但终审法院则持不同意见,认为检察机关的起诉完全符合《行政诉讼法》的相关规定,且检察机关提供了充分的证据支持其主张。

终审判决明确指出,大安市林业局在林地被破坏后未能有效履行监管职责,其行为违法,终审判决责令大安市林业局依法对擅自采伐林木的行为作出处理决定,同时依据相关法律法规,恢复受损林地的原状。这一判决不仅彰显了司法对生态环境保护的坚决态度,也为类似案件的处理提供了重要参考,强调了行政机关在生态环境保护中的责任与担当。

【主要法律问题】

如果行政行为尚未发生法律效力,是否符合起诉条件?

【主要法律依据】

1.《森林法》(2009年修正)第十三条;

2.《森林法实施条例》第四十三条;

3.《人民检察院提起公益诉讼试点工作实施办法》(已失效)第四十一条;

4.《行政诉讼法》第七十二条。

【学理分析】

根据《行政诉讼法》第四十九条的规定,提起诉讼应当符合下列条件:(1)原告是符合《行政诉讼法》第二十五条规定的公民、法人或者其他组织;(2)有明确的被告;(3)有具体的诉讼请求和事实根据;(4)属于人民法院受案范围和受诉人民法院管辖。根据《最高人民法院、最高人民检察院关于检察公益诉讼案件适用法律若干问题的解释》第二十二条的规定,人民检察院提起行政公益诉讼应当提交下列材料:(1)行政公益诉讼起诉书,并按照被告人数提出副本;(2)被告违法行使职权或者不作为,致使国家利益或者社会公共利益受到侵害的证明材料;(3)检察机关已经履行诉前程序,行政机关仍不依法履行职责或者纠正违法行为的证明材料。

被告大安市林业局已将此案移交给白城市林业局,白城市林业局已对行政违法行为作出行政处罚,行政行为经过争议期便具有确定力,不得再争议改变。此时,若行政处罚行为相对人按照处罚决定的要求恢复了生态资源,缴纳了罚款,公共利益便可恢复。如果相对人未依照处罚决定的要求履行义务,行政机关可申请法院强制执行,维护公共利益,因此该案中行政行为争议期尚未届满。

但是在案件受理阶段,不应对行政机关的履职行为争议期是否经过进行审查。行政行为未过争议期,检察机关可提起诉讼。行政机关收到审前建议后,对行政机关是否履职、履职效果这些实体问题,应在庭审中进行实质审查。① 行政机关是否履职包含如下内容:行政机关是否作出行政行为;行政行为是否生效;在有相对人的情况下,行政行为是否经过了争议期;相对人是否履行了行政行为设定的义务;相对人未履行义务,行政机关是否自行强制执行或在无强制执行权时申请法院强制执行。履职效果,是指行政机关的履职行为对受损公益的恢复程度。②

该案中,一审裁定涉及的行政行为未过争议期,行政行为实现诉讼目的问题均为实体问题,不应在起诉阶段进行审查。行政行为未过争议期,检察机关仍可提起诉讼。

【思考题】

行政公益诉讼当中的起诉期限能否作为起诉条件?

---

① 参见林孝文:《行政公益诉讼起诉要件研究——司法实践与制度回应》,载《江苏行政学院学报》2022 年第 1 期。

② 参见刘本荣:《行政公益诉讼的要件分析——以要件事实理论为视角》,载《北方法学》2020 年第 4 期。

第二节 起诉期限

【主要知识点】

行政公益诉讼起诉期限,是指检察机关提出诉前检察建议后,行政机关在法定的 2 个月或 15 日内不依法履行职责的,法定期间届满后多长时间内检察机关应当提起诉讼。

我国目前并没有针对行政公益诉讼设立专门的起诉期限。当前关于行政公益诉讼起诉期限的规定,只见于《行政诉讼法》及与行政诉讼相关的司法解释中。例如,《行政诉讼法》第四十六条、第四十七条、第四十八条规定了行政诉讼的一般起诉期限和最长起诉期限、依申请履职案件的起诉期限和起诉期限的扣除及延长;《最高人民法院关于适用〈中华人民共和国行政诉讼法〉的解释》第六十四条、第六十五条、第六十六条对行政诉讼法中的一般起诉期限和最长起诉期限的适用进行了解释。

为统一适用,《人民检察院公益诉讼办案规则》第四十七条第一款规定了"人民检察院办理行政公益诉讼案件,审查起诉期限为一个月,自检察建议整改期满之日起计算"。但是这只规定了检察院办理行政公益诉讼案件的审查起诉期限,未指明行政公益诉讼的起诉期限及起算日期。因此,行政公益诉讼应当遵循普通行政诉讼一般原则和规定的理念,设置起诉期限。①

---

① 参见张艳歌:《行政公益诉讼的起诉期限问题刍议》,载《中国检察官》2017 年第 15 期。

【案例分析】

湖北省钟祥市检察院诉人民防空办公室公益诉讼案[①]

【基本案情】

兴诚公司在建设"莫愁湖畔、梦湖壹品"工程项目时,于2012年11月27日向钟祥市住房和城乡建设局申请办理建设工程规划许可证,但一直未申报办理相关人防手续,既未修建防空地下室,亦未缴纳人防工程易地建设费。经钟祥市人民防空办公室核算,该项目建筑总面积为56,088.86平方米,应建防空地下室面积为1121.78平方米,应缴纳工程易地建设费897,422元。

2018年4月20日,公益诉讼起诉人作出检察建议书,建议被告依法履行人民防空工作管理职责,依法追缴兴诚公司欠缴的人防工程易地建设费。被告收到检察建议书后,于2018年7月9日向钟祥市人民检察院作出回复,称该项目人防工程易地建设费应实行减免。2018年4月27日,钟祥市人民防空办公室作出追缴通知书,限兴诚公司在2018年6月17日前到人防行政服务窗口缴清人防工程易地建设费。到期,兴诚公司未缴纳。2019年8月17日,钟祥市人民防空办公室向兴诚公司送达了责令限期补缴决定书,但对兴诚公司应缴人防工程易地建设费仍未追缴到位。

该案争议焦点之一即公益诉讼人的起诉是否超过了法定起诉期限。法院认为,根据《行政诉讼法》第四十六条第一款的规定,公民、法人或者其他组织直接向人民法院提起诉讼的,应当自知道或者应当知道作为行政行为之日起6个月内提出。《行政诉讼法》第四十七条第一款规定,公民、法人或者其他组织申请行政机关履行保护其人身

[①] 参见湖北省钟祥市人民法院行政判决书,(2019)鄂0881行初61号。

权、财产权等合法权益的法定职责,行政机关在接到申请之日起2个月内不履行的,公民、法人或者其他组织可以向人民法院提起诉讼。上述规定的起诉人不包含作为行政公益诉讼起诉人的人民检察院,同时,《行政诉讼法》第四十七条第一款规定的期限是基于当事人的申请,不是行政机关依职权履行法定职责的期限。检察机关作为公益诉讼起诉人代表国家行使保护国有资产的权利,将诉前检察建议期满之日起6个月作为检察院的起诉期限不符合行政公益诉讼的目的。

但钟祥市人民检察院在行使法律监督、法定职责督促权利时,应当连续、及时,因此法院支持了检察院的诉讼请求,责令被告钟祥市人民防空办公室继续履行追缴兴诚公司人防工程易地建设费的法定职责。

【主要法律问题】

1.行政公益诉讼是否有必要设置起诉期限?

2.行政公益诉讼能否直接适用现行行政诉讼的起诉期限?

【主要法律依据】

1.《人民防空法》第二十二条;

2.《行政诉讼法》第二十五条第四款、第四十六条第一款、第四十七条第一款、第七十二条;

3.《最高人民法院、最高人民检察院关于检察公益诉讼案件适用法律若干问题的解释》第二十一条第三款。

【学理分析】

行政公益诉讼虽因具有"公益性"而特殊,但其属性是一种行政诉讼,有起诉期限,只是因其以维护国家利益和社会公共利益为目的,其设置的起诉期限应当区别于一般公民、法人或其他组织提起行政诉讼的起诉期限,立法机关应当尽早出台关于行政公益诉讼起诉期限的专门规定。检察机关担负着维护国家利益或社会公共利益的职责,应在发现国家利益或社会公共利益受到侵害时及时制止,使利益维护得到最大化。因此,检察机关提起行政公益诉讼具有现实必要性和实效性，只有如此才能及时维护国家利益或社会公共利益。

但是目前从规范层面上来讲，行政公益诉讼案件审理起诉期限问题的过程中存在强行适用法律规范的现象，现行法律规定并不能解决行政公益诉讼中的起诉期限的问题。从制度层面上来讲，二者的诉讼主体与行为均不同。行政诉讼以具体行政行为为核心，连接行政机关和行政相对人，而行政公益诉讼以行政机关不依法履职法定职责、不维护公共利益为核心，连接行政机关与检察机关。

该案中，钟祥市人民检察院出于保护国有财产的目的提起行政公益诉讼，而非为私益救济起诉，因此不能简单适用行政诉讼的救济期限。且检察机关是特殊主体，行政机关怠于履行职责并无具体行政行为，行政机关对于检察建议的回复并非法律意义上的具体行政行为，检察机关向行政机关发出诉前检察建议并非申请行政机关履行职责，因此该案不适用《行政诉讼法》第四十六条、第四十七条规定起诉期限的规定。但是从诉讼效率、保护国有财产利益等原则出发，应设置行政公益诉讼起诉期限，便于监督检察机关履行职责，对检察权进行制约。

【思考题】

行政公益诉讼的起诉期限起算点如何确定？其是否与行政诉讼的起诉期限起算点一致？

李某等与南雄市财政局等不履行财产、保护财产权法定职责上诉案[1]

【基本案情】

南雄市人民检察院发现曾任畜牧局局长的曾某在 2007 年违规为

---

[1] 参见广东省韶关市中级人民法院行政判决书，(2017) 粤 02 行终 153 号。

不符合条件的生猪养殖户李某等3人申报国家补贴,收受贿赂后,使三人获得60万元专项补贴。2017年,检察院提起行政公益诉讼,其间刘某退还了部分资金。法院一审判决确认南雄市财政局在追回补贴过程中履职违法,并责令其继续追缴剩余45万元。

李某、叶某上诉,主张检察院起诉时已超过《行政诉讼法》规定的5年最长起诉期限,因为补贴项目自2007年审批至诉讼时已超过10年。检察院则辩称,因补贴资金持续未返还,国家利益受损状态未解除,且公益诉讼的起诉期限未有明确规定,从诉前检察建议发出至起诉未超过司法解释规定的期限。

二审法院审理后认为,该案确未超过法定起诉期限。首先,关于公益诉讼的起诉期限,相关法律及试点决定中并未明确设定;其次,从检察院介入到正式起诉,时间跨度符合司法解释的时效要求。因此,法院维持原判,要求南雄市财政局继续依法查处并追回剩余的国家专项补贴资金,以保障国家财政安全及公共利益不受侵害。此案彰显了检察机关在维护国家利益、促进依法行政方面的积极作用。

【主要法律问题】

1. 行政公益诉讼是否存在起诉期限以及行政公益诉讼起诉期限的时长是多少?

2. 起诉期限的起算点是什么?

【主要法律依据】

1.《最高人民法院关于执行〈中华人民共和国行政诉讼法〉若干问题的解释》(已失效)第四十一条;

2.《行政诉讼法》第四十六条。

【学理分析】

检察机关在履行职责中发现生态环境和资源保护、食品药品安全、国有财产保护、国有土地使用权出让等领域负有监督管理职责的行政机关违法行使职权或者不作为,致使国家利益或者社会公共利益受到侵害的,应当自发现或者应当发现之日起3年内提起行政公益诉讼。自行政机关违法行使职权的行政行为作出之日、行政相对人违法行为发生之日起超过20年提起诉讼的,人民法院不予受理。20年以后认为必须起诉的,须报请最高人民检察院核准。①

行政公益诉讼起诉期限因检察机关向行政机关发出诉前检察建议督促其依法履行职责、行政机关书面回复人民检察院办理情况而中断。从中断时起,起诉期限重新计算。

行政机关违法行使职权或者行政相对人的违法行为有连续或者继续状态,致使国家利益或者社会公共利益持续受到侵害的,从行政机关违法行使职权行为或者行政相对人违法行为终了之日起计算起诉期限。行政行为效力处于持续状态的,检察机关可以随时提起行政公益诉讼;行政行为效力终止的,从行政行为效力终止时起算起诉期限。

同一行政机关在同一行政管理活动中有两个以上行政行为的,前一行为的起诉期限从后一行为作出或不作为之日起计算。

检察机关因不可抗力或者其他不属于其自身的原因耽误起诉期限的,被耽误的时间不计算在起诉期限内。检察机关因前款规定以外的其他特殊情况耽误起诉期限的,在障碍消除后10日内,可以申请延长期限,是否准许由人民法院决定。

尽管设定行政检察公益诉讼起诉期限具有重要意义,但实践中,仍面临一些挑战和问题:

第一,起诉期限的确定标准不一。法律未对行政检察公益诉讼的起诉期限作出明确规定,各地检察机关在实践中往往根据具体情况自行确定起诉期限,这导致标准不一、操作不一。这不仅可能影响检察机关的监督效果,也可能引发法律适用的混乱。

---

① 参见赵智慧:《检察机关提起公益诉讼期限该如何确定》,载《检察日报》2018年4月8日,第3版。

第二，诉前程序与起诉期限的衔接问题。诉前检察建议在行政检察公益诉讼中发挥重要作用，是检察机关提起诉讼前的必经程序。然而，如何合理衔接诉前程序与起诉期限，确保检察机关在收到行政机关回复后能够及时作出是否起诉的决定，是一个亟待解决的问题。

第三，特殊情况下的起诉期限延长。在特殊情况下，不可抗力或其他非检察机关自身原因导致起诉期限被延误的，是否应当允许延长起诉期限？如何确定延长的条件和程序？这些问题在实践中缺乏明确的法律依据和操作规范。

因此，建议通过立法或司法解释的方式，对行政检察公益诉讼的起诉期限作出明确规定。可以参照行政诉讼的一般起诉期限，结合行政检察公益诉讼的特殊性，设定合理的起诉期限范围。同时，对于特殊情况下起诉期限的延长条件和程序应作出明确规定。建立健全诉前程序与起诉期限的衔接机制，确保检察机关在收到行政机关回复后能够及时作出是否起诉的决定。可以规定检察机关在收到回复后的一定期限（如1个月）内必须作出是否起诉的决定，并告知相关当事人。提高检察机关在行政检察公益诉讼中的监督能力和水平，确保检察机关能够及时、准确地发现行政机关的违法或不作为行为，并依法提起诉讼。同时，加强检察机关与其他国家机关和社会组织的沟通协调，形成保护国家利益和社会公共利益的合力。建立公益诉讼的激励机制和保障措施，鼓励检察机关积极履行公益诉讼职责。可以设立公益诉讼奖励基金，对在公益诉讼中作出突出贡献的检察机关和个人给予表彰和奖励。同时，加强公益诉讼的经费保障和人员配备，确保检察机关有足够的资源和力量开展公益诉讼工作。

总之，行政检察公益诉讼起诉期限的设定与适用是一个复杂而重要的问题。通过明确法律规定、优化程序衔接、加强监督能力建设和完善激励机制等措施，可以进一步完善行政检察公益诉讼制度，更好地发挥其在保护国家利益和社会公共利益方面的重要作用。

第三节 行政公益诉讼的诉讼请求

【主要知识点】

诉讼请求是起诉的一方通过诉讼向另一方当事人提出的请求,是人民法院受理并作出裁决的依据。行政诉讼类型可分为撤销之诉、确认之诉、履行之诉、给付之诉和变更之诉。

根据《行政诉讼法》第四十九条的规定,原告向法院提起行政诉讼应有具体的诉讼请求。检察机关提起行政公益诉讼应当有具体的诉讼请求,即根据诉的种类,对所追求的法律效果及对方当事人承担的责任在形式、内容予以明确和细化。诉讼请求的确定基于以下基础事实:国家利益或社会公共利益受到侵害;负有监督管理职责的行政机关违法行使职权或不作为,导致国家利益或社会公共利益受损状态持续或加剧;检察机关已经提出诉前检察建议但行政机关仍不依法履职。其中前两项是事实基础,第三项是前置程序。①

根据《最高人民法院、最高人民检察院关于检察公益诉讼案件适用法律若干问题的解释》第二十五条的规定,检察机关可以提出确认行政行为违法或无效、撤销或部分撤销违法行政行为、履行法定职责、变更行政行为等诉讼请求。

---

① 参见肖淑玲:《论检察机关提起行政公益诉讼制度的构建》,载《法制与经济》2016 年第 2 期。

【案例分析】

检例第 31 号：清流县环保局行政公益诉讼案[①]

【基本案情】

2014 年 7 月 31 日，福建省三明市清流县环保局会同县公安局现场制止刘某胜非法焚烧电子垃圾，当场查扣危险废物电子垃圾 28,580 千克并存放在附近的养猪场。2014 年 8 月，清流县环保局将扣押的电子垃圾转移至不具有贮存危险废物条件的东莹公司仓库存放。2014 年 9 月 2 日，清流县公安局对刘某胜涉嫌污染环境案刑事立案侦查，并于 2015 年 5 月 5 日作出扣押决定书，扣押刘某胜污染环境案中的危险废物电子垃圾。清流县环保局未将电子垃圾移交公安机关，于 2015 年 5 月 12 日将电子垃圾转移到不具有贮存危险废物条件的九利公司仓库存放。

清流县人民检察院于 2015 年 7 月 9 日向清流县环保局发出诉前检察建议，建议其对扣押的电子垃圾和焚烧后的电子垃圾残留物进行无害化处置。2015 年 12 月 16 日，清流县人民检察院得知清流县环保局逾期仍未对扣押的电子垃圾和焚烧后的电子垃圾残留物进行无害化处置。因此清流县人民检察院以公益诉讼人身份向清流县人民法院提起行政公益诉讼，请求法院确认清流县环保局怠于履行职责的行为违法并判决清流县环保局依法履行职责。鉴于清流县原环保局在诉讼期间已对刘某胜的违法行为进行行政处罚并依法处置危险废物，清流县人民检察院将诉讼请求变更为确认被告清流县环保局处置危险废物的行为违法。

---

① 参见《第八批指导性案例》，载最高人民检察院官网，https://www.spp.gov.cn/spp/zxjy/qwfb/201701/t20170104_362935.shtml。

【主要法律问题】

1. 行政公益诉讼中,检察机关主张"请求判决行政机关履行法定职责"的表述是否达到了"具体"的标准?

2. 行政公益诉讼过程中检察机关是否可以变更诉讼请求?

【主要法律依据】

《固体废物污染环境防治法》(2015年修正)第十条。

【学理分析】

在行政公益诉讼实践中,检察机关诉讼请求不具体的问题普遍存在。而行政公益诉讼旨在诉请法院判决行政机关依法履行职责,因此诉讼请求必须围绕行政机关应依法履行而违法履行或没有履行的职责提出。有多项应履行的职责但只有一项未履行的,可以诉请法院判决行政机关履行该项职责;如果有多项未履行,则诉请法院判决行政机关履行这几项职责。同时诉讼请求应当具体明确,不宜简单概括为要求行政机关依法履行职责。

该案中,清流县人民检察院要求法院确认清流县原环保局怠于履行职责违法并判令其依法履职,但对于履行职责的方式、限度、时限等都没有具体要求。若由法官来决定这些内容,那么判决的内容就会超过诉讼请求的范围,与不诉不理的原则相悖。因此检察机关的诉讼请求不够具体,实际上为法院依法裁判带来了难题。

行政公益诉讼中,诉讼请求的变更是诉权的当然内容之一,原诉讼请求不当或客观上已经实现,原告又不愿意撤诉的,则可以变更诉讼请求。根据《最高人民法院、最高人民检察院关于检察公益诉讼案件适用法律若干问题的解释》第二十四条的规定,在行政公益诉讼案件审理过程中,被告纠正违法行为或者依法履行职责而使人民检察院的诉讼请求全部实现,人民检察院撤回起诉的,人民法院应当裁定准许;人民检察院变更诉讼请求,请求确认原行政行为违法的,人民法院应当判决确认违法。

该案审理过程中,清流县环保局已对刘某胜的违法行为进行行政处罚并依法处置危险废物,因此行政机关客观上已经依法履行职责,清流县人民检察院的诉讼请求已经全部实现,因此检察院将诉讼请求变更为确认被告清流县环保局处置危险废物的行为违法。检察机关提出诉前检察建议和提起行政公益诉讼,目的都是督促涉案行政机关积极依法履行职责,有效维护国家和社会公共利益。此时更改诉讼请求为确认违法不仅能纠正违法行为,还能通过确认违法判决对之前的违法行为作出否定性评价,起到更大的警示作用。

【思考题】

诉讼请求与诉前检察建议应当如何保持一致?

武汉市硚口区人民检察院诉武汉市原国土资源和规划局行政公益诉讼案[①]

【基本案情】

2008年6月,武汉智铭公司未经国土资源管理部门批准,擅自占用武汉市硚口区中环线北侧东风村农用土地建设加油站及其他设施。该项目不符合土地利用总体规划,属未经批准非法占用土地。2010年11月22日,武汉市原国土资源和规划局(以下简称原国土规划局)对武汉智铭公司作出退还占用土地、拆除土地上建筑物以及罚款的行政处罚,但武汉智铭公司在收到行政处罚决定书后,在法定期限内未申请行政复议,未提起行政诉讼,且未履行行政处罚决定。被告原国土规划局在法定期限内未向人民法院提出强制执行申请,致使上述行政处罚决定未予执行。中国石油天然气股份有限公司湖北销售分公司有类似情况。

---

① 参见湖北省武汉市硚口区人民法院行政判决书,(2017)鄂0104行初32号。

公益诉讼人硚口区人民检察院在履行职责中发现被告原国土规划局不依法履职,经审查后进行立案调查,并向被告原国土规划局发出检察建议书,建议其依据法律相关规定,正确履行职责。被告原国土规划局书面回复称:正在积极办理相关用地审批手续,并已经与硚口区委、区政府组织相关部门多次召开专题会议,研讨案件后续处理情况。在案件审理期间,被告组织召开相关的整改工作会,就如何进一步落实生效行政处罚与相关职能部门进行商议,与行政处罚相对人进行约谈,并制定下一步的工作方案。后被告对该案所涉加油站项目现场违法建筑进行控制,并已开始下一步的没收和处置工作。

公益诉讼人硚口区人民检察院认为被告原国土规划局书面回复称正在积极履行职责,但实际上一直未充分履行职责,因此向法院提起诉讼。法院最终判决确认被告原国土规划局对武汉智铭公司、中国石油天然气股份有限公司湖北武汉销售分公司非法占用土地行为怠于履行法定职责违法;责令被告原国土规划局在法定期限内对两公司非法占用土地行为继续依法履行土地监督、管理职责。

【主要法律问题】

1. 如何判断行政机关收到诉前检察建议后,是否已充分履行职责?

2. 该案给了我们什么启示?

【主要法律依据】

1.《行政强制法》第五十条、第五十三条、第五十四条;

2.《行政处罚法》第五十一条;

3.《行政诉讼法》第七十二条、第七十四条第二款第一项、第七十六条。

【学理分析】

《行政诉讼法》第二十五条第四款和《最高人民法院、最高人民检察院关于检察公益诉讼案件适用法律若干问题的解释》第二十一条第一款均规定,人民检察院在履行职责中发现负有监督管理职责的行政机关违法行使职权或者不作为,致使国家利益或者社会公共利益受到侵害的,应当向行政机关提出诉前检察建议,督促其依法履行职责。行政机关不依法履行职责的,人民检察院依法向人民法院提起诉讼。判断行政机关是否履行了法定职责,第一步是看行政机关的行为,即从行为意义上是否履职,如果这一步都无法满足,则可以直接认定行政机关没有履行法定职责。

该案中,被告原国土规划局发现武汉智铭公司存在非法占用土地的行为,对其进行查处并依法作出行政处罚决定书,武汉智铭公司未申请行政复议,也未提起行政诉讼,且不履行行政处罚决定。在此情形下,被告原国土规划局未采取代履行措施或在法定期限内申请人民法院强制执行,致使已经发生法律效力的行政处罚决定未能得到执行,已经构成怠于履行法定职责的不作为行为。对中国石油天然气股份有限公司湖北武汉销售分公司的行政处罚亦是如此。

因此,该案中被告原国土规划局虽然已经采取了一定措施,但在应申请法院强制执行的情况下未申请,导致涉案非法占用土地上违法建设并没有完全拆除,土地也没有恢复原状,罚款亦未收缴完毕,违法事实仍然存在,国家利益和社会公共利益遭受侵害的状态持续存在。被告作为土地行政主管部门,具有对土地资源保护和土地用途管理的职责,应当采取有效措施对违法行为人非法占用土地行为依法作出处理,并督促整改到位。

针对司法实践中的此类情况,要进行学理分析。首先,要对行政机关土地监管职责进行法理分析。一是法定职责的明确性。根据《土地管理法》等相关法律法规,国土资源管理部门负有对土地资源的规划、管理、监督和保护的职责。具体到该案,原国土规划局作为土地行政主管部门,对非法占用土地的行为负有制止、查处和纠正的职责。这种职责是法定的、明确的,不得随意放弃或怠于履行的。二是行政处罚的执行力。行政处罚的执行是保障法律权威性和有效性的关键环节。原国土规划局在作出行政处罚决定后,应依法采取必要措施确保处罚决定的执行。当行政相对人拒不履行时,行政机关有权申请人民法院强制执行。该案中,原国土规划局未能在法定期限内申请强制执行,导致行政处罚决定形同虚设,严重损害了法律的严肃性和权威性。三是尽到行政机关的勤勉义务。行政机关在履行职责时,应秉持勤勉尽责的原则,积极采取措施解决问题,避免公共利益受损。该案中,原国土规划局虽在收到诉前检察建议后有所行动,但进展缓慢,未能及时有效地制止非法占地行为,未能充分履行其勤勉义务。

其次,要对检察机关监督职责进行学理探讨。一是监督的必要性。检察机关作为国家的法律监督机关,有权对行政机关的执法活动进行监督。在行政检察公益诉讼中,检察机关通过提起公益诉讼的方式,督促行政机关依法履职,保护公共利益。这种监督是必要的,是有效的,能够弥补行政内部监督的不足,促进依法行政。二是监督的合法性。检察机关提起行政检察公益诉讼具有明确的法律依据。《行政诉讼法》《人民检察院组织法》等法律赋予了检察机关在特定情形下提起公益诉讼的权利。该案中,硚口区人民检察院依据法律规定,对原国土规划局不依法履职的行为提起公益诉讼,是合法且正当的。三是监督的实效性。检察机关的监督应具有实效性,即能够切实推动行政机关依法履职,保护公共利益。该案中,虽然原国土规划局在收到诉前检察建议后有所行动,但实际效果有限。检察机关提起公益诉讼,不仅促使原国土规划局进一步采取措施,还通过法院判决明确了行政机关的法定职责和法律责任,增强了监督的实效性。

该案给了我们以下启示:首先,要强化行政机关的执行力,完善相关法律法规,明确行政机关在行政处罚执行中的具体职责和程序,强化执行力度。对于拒不履行行政处罚决定的行政相对人,行政机关应及时申请人民法院强制执行,确保法律的权威性和有效性。其次,检察机关应加强自身建设,提高监督能力和水平。通过建立健全内部监督机制、加强与行政机关的沟通协调等方式,提升监督的针对性和实效性。再次,应加强对公益诉讼制度的宣传和培训,提高社会各界对公益诉讼的认识和支持。最后,应进一步完善公益诉讼制度,明确公益诉讼的适用范围、程序和救济机制等。特别是对于行政检察公益诉讼中的土地监管问题,应制定更加具体、可操作的规范,确保检察机关能够有效履行职责,保护国家利益和社会公共利益。

该案为我们提供了一个研究行政检察公益诉讼中土地监管职责的典型案例。通过分析该案,我们可以看到行政机关在土地监管中的法定职责、检察机关的监督职责以及两者之间的互动关系。为了更好地保护国家利益和社会公共利益,我们需要不断完善相关法律法规和制度机制,强化行政机关的执行力,提升检察机关的监督能力,完善公益诉讼制度,等等。

第四节 行政公益诉讼的撤诉

【主要知识点】

行政诉讼中的撤诉,是指原告或上诉人自立案后至裁判前向法院撤回自己的诉讼请求,不再要求法院对案件进行审理的行为。

《行政诉讼法》第六十二条规定:"人民法院对行政案件宣告判决或者裁定前,原告申请撤诉的,或者被告改变其所作的行政行为,原告同意并申请撤诉的,是否准许,由人民法院裁定。"根据《最高人民法院、最高人民检察院关于检察公益诉讼案件适用法律若干问题的解释》第二十四条的规定,"被告纠正违法行为或者依法履行职责而使人民检察院的诉讼请求全部实现,人民检察院撤回起诉的,人民法院应当裁定准许"。

可以发现,行政诉讼的撤诉包括两种情形:一种是被告对被诉行政行为未作出任何改变,原告主动申请撤诉;另一种是被告改变其作出的行政行为,原告同意并申请撤诉。但行政公益诉讼中的撤诉与普通撤诉不同,行政公益诉讼只有一种情形,即被告纠正违法行为或者依法履行职责,且使检察机关的诉讼请求全部实现,法院才可以准许检察机关的撤诉申请。也就是说,在行政公益诉讼案件审理中,若被告对其被诉行政行为或不履职行为未出作纠正或履行,或者纠正或履行未能全部实现检察机关的诉讼请求,检察机关就不应当提出撤诉申请;即使检察机关在此情形下提出撤诉申请,人民法院也不应当准许。

行政公益诉讼撤诉的时间是人民法院受理案件后、作出裁判前。撤诉的效力除特殊规定外,适用行政诉讼的相关规定:一是法院裁定准予撤诉后,行政公益审判程序终结;二是裁定准予撤诉后,检察机关以同一事实和理由重新提起行政公益诉讼的,人民法院不予受理。

【案例分析】

检例第 185 号:湖南省长沙市检察机关督促追回违法支出国有土地使用权出让收入行政公益诉讼案①

【基本案情】

2017 年 12 月,某地产集团子公司在湖南某市竞得五宗地块,并缴纳保证金 15.24 亿余元至长沙市财政局非税账户。2018 年,长沙市财政局违规以"退保证金"名义向该子公司支出 2.9 亿余元土地出让收入,未追回。

2019 年,湖南省人民检察院在专项监督中发现此线索,交办至长沙市人民检察院。经调查,确认该资金为国有土地出让收入,长沙市

---

① 参见《最高人民检察院关于印发最高人民检察院第四十六批指导性案例的通知》,载《中华人民共和国最高人民检察院公报》2023 年第 6 期(总第 197 号)。

财政局存在滞留、挪用、坐支等违法行为。长沙市人民检察院于2019年9月向长沙市财政局发出诉前检察建议，要求其追回款项。长沙市财政局虽成立整改小组并要求某地产集团子公司还款，但至诉前检察建议回复期满，款项仍未追回。

随后，经湖南省人民检察院批准，长沙市人民检察院指定岳麓区人民检察院提起行政公益诉讼，请求法院判令长沙市财政局追回被违法支出的土地出让收入。案件审理期间，省、市、区三级人民检察院持续跟进，最终促使某地产集团子公司在2020年5月通过商业承兑汇票方式完成还款，款项被缴入国库。

鉴于诉讼请求已全部实现，岳麓区人民检察院申请撤回起诉，长沙铁路运输法院裁定准予。此案彰显了检察机关在维护国有财产安全和促进依法行政方面的积极作用。

【主要法律问题】

该案中的检察机关撤回起诉行为是否满足行政公益诉讼撤诉的实质条件？

【主要法律依据】

1.《行政诉讼法》第二十五条第四款；

2.《城镇国有土地使用权出让和转让暂行条例》第五十条；

3.《国有土地使用权出让收支管理办法》第四条、第三十三条；

4.《最高人民法院、最高人民检察院关于检察公益诉讼案件适用法律若干问题的解释》第二十四条。

【学理分析】

行政公益诉讼立足于法律监督，一直贯彻尊重行政机关自我纠错的理念。检察机关要正确处理与行政机关的关系，既监督纠正、又不越位，既提起诉讼、又支持行政权自我纠正。如果检察机关在行政机关完全履职后仍然纠缠于诉讼，则一方面可能存在被法院驳回诉讼请求的风险，同时会浪费司法资源，造成不必要的诉累；另一方面与检察机关"公共利益保护人"的基本定位并不相符。检察机关在综合考量行政行为是否符合实质性合法标准、诉讼目的是否实现、公益是否获得救济、客观法律秩序是否得到维护后,可以选择撤回起诉。

　　该案中,长沙市财政局收到诉前检察建议后,成立整改工作小组,迅速约谈并要求某地产集团子公司提交还款计划,提请长沙市人民政府召开专题会议研究整改措施,并已依法启动追缴程序,且获得了某地产集团子公司的承诺。可见行政机关已经启动相应程序积极追缴土地出让金,但由于程序履行时间较长,在诉前检察建议回复期届满时,土地出让金仍未追回。由于行政机关未完全履行职责,检察院向法院提起诉讼。在诉讼期间,某地产集团子公司向长沙市财政局非税账户退缴土地出让收入,该收入被缴入国库,检察机关的诉讼请求已经全部实现,国家利益和社会公共利益遭受侵害的情形已经不存在,行政机关的履职已达到合法标准,此时检察机关申请撤回起诉决定书,法院应当准予。

　　时任最高人民检察院检察长张军指出,"要树立持续跟进监督理念。公益诉讼问题复杂、牵涉面广,有的旷日持久,有的是发展中的问题,有效解决往往没那么简单,持续跟进监督是必要的"①。该案中,从提出诉前检察建议开始,检察机关就持续跟进监督行政机关的履职情况,撤诉后,检察机关同样应当及时做好办案"后半篇文章",针对行政机关在日常执法办案中存在的普遍性、倾向性问题,可以跟进监督,推动依法行政,促进诉源治理。该案中,检察机关就针对办案中发现的土地出让收入收支管理不规范、存在监管漏洞、部门协同配合不足等问题,向地方政府提出改进工作的社会治理诉前检察建议,推动政府统筹协调,健全制度机制,加强行政监管,提升治理能力。

---

① 参见张军:《最高人民检察院关于开展公益诉讼检察工作情况的报告》,载《中华人民共和国全国人民代表大会常务委员会公报》2019年第6号。

【思考题】

行政公益诉讼中的撤诉程序与普通行政诉讼中的撤诉程序有何不同?

第五节 行政公益诉讼的裁判形式

【主要知识点】

公益诉讼的判决类型与诉讼请求紧密相关,依据《最高人民法院、最高人民检察院关于检察公益诉讼案件适用法律若干问题的解释》第二十五条,法院主要可作出五种形式的判决:撤销判决、确认判决、履行判决、变更判决及驳回诉讼请求判决。

撤销判决适用于行政行为部分或全部违法的情况。在这种情况下,法院可撤销该行为,并责令行政机关重新作出行政行为。《行政诉讼法》第七十条明确了六种撤销或部分撤销的具体情形,如证据不足、适用法律错误等。

确认判决则是对行政行为是否合法有效的认定,分为确认违法和确认无效两种。当行政行为虽违法但撤销将造成重大损害,或程序轻微违法不影响实质权益时,法院将作出确认违法判决。《行政诉讼法》第七十四条明确了适用确认违法的具体条件。

履行判决针对行政机关不履行或拖延履行法定职责的情况。在这种情况下,法院将责令行政机关在一定期限内履行。这一判决形式旨在直接解决行政机关不作为的问题,保障公共利益得到有效保护。

变更判决是法院直接纠正行政机关错误行为的判决,适用于行政处罚明显不当或涉及款额确定错误等情况。《行政诉讼法》第七十七条规定了变更判决的适用条件和限制,确保判决的公正性和合理性。

驳回诉讼请求判决是法院在审查后认为原告诉讼请求不能成立时作出的。其通常发生在行政行为合法合规,或原告请求行政机关履行法定职责的理由不成立的情况下,《行政诉讼法》第六十九条为驳回诉讼请求提供了法律依据。

综上所述,公益诉讼的五种判决形式各有其适用条件和目的,共同构成了保障公共利益、监督行政机关依法行政的重要法律手段。

【案例分析】

检例第 63 号:湖北省天门市人民检察院诉拖市镇政府不依法履行职责行政公益诉讼案[1]

【基本案情】

2005 年 4 月,湖北省天门市拖市镇政府违反《土地管理法》,未办理农用地转为建设用地相关手续,未按照《环境保护法》开展环境影响评价,与天门市拖市镇拖市村村民委员会签订关于垃圾场征用土地的协议,租用该村 5.1 亩农用地建设垃圾填埋场,用于拖市镇区生活垃圾的填埋。该垃圾填埋场在运行过程中,违反污染防治设施必须与主体工程同时设计、同时施工、同时投产使用的"三同时"规定,未按照规范建设防渗工程等相关污染防治设施,对周边环境造成了严重污染。

2017 年 2 月,天门市人民检察院发现拖市镇政府在没有申报审批获得合法手续的情况下,未建设必要的配套环境保护设施,以"以租代征"的形式,违法建设、运行生活垃圾填埋场,在运行过程中存在对周边环境造成严重污染、损害公益的行为。天门市人民检察院向拖市镇政府发出诉前检察建议,督促其依法履职,纠正违法行为并采取补救措施,修复区域生态环境,恢复农用地功能。诉前检察建议发出

---

[1] 参见《第十六批指导性案例》,载最高人民检察院官网,https://www.spp.gov.cn/spp/jczdal/202003/t20200305_455868.shtml。

后，天门市人民检察院多次与拖市镇政府进行沟通，督促整改。2017年3月22日，拖市镇政府针对诉前检察建议作出书面回复称：已将该垃圾填埋场的垃圾清运至天门市垃圾处理厂进行集中处理，并投入资金、落实专人对垃圾场周围进行了清理、消毒，运送土壤进行了回填处理，杜绝了垃圾污染，且在该处设立了禁止倾倒垃圾的警示牌。

　　天门市人民检察院对拖市镇政府的整改情况进行跟进调查时发现，虽然拖市镇政府采取了一些整改措施，但整改后的垃圾填埋场覆土下仍有大量垃圾，严重影响当地居民的健康和生态安全，若不采取措施将会对周边水体和汉江造成持续15年至20年的长期生态污染风险。2017年6月29日，天门市人民检察院向天门市人民法院提起行政公益诉讼。天门市人民法院作出判决：(1)确认被告拖市镇政府建设、运行垃圾填埋场的行政行为违法；(2)责令被告拖市镇政府对垃圾填埋场采取补救措施，继续进行综合整治。

【主要法律问题】

1. 该案中，拖市镇政府是否具有环境保护的法定职责？

2. 涉及多个行政机关监管职责的公益损害行为，检察机关如何确定监督对象？

【主要法律依据】

1. 《环境保护法》第十九条、第三十三条第二款、第三十七条、第四十一条；

2. 《土地管理法》第四十四条；

3. 《行政诉讼法》第二十五条第四款；

4. 《最高人民法院、最高人民检察院关于检察公益诉讼案件适用法律若干问题的解释》第二十一条。

【学理分析】

　　基层人民政府应当对本行政区域的环境质量负责，其在农村环境综合整治中违法行使职权或者不作为，导致环境污染损害社会公共利益的,检察机关可以督促其依法履职。《地方各级人民代表大会和地方各级人民政府组织法》《环境保护法》《村庄和集镇规划建设管理条例》等法律法规规定了基层人民政府对农村环境保护、农村环境综合整治等具有管理职责。基层人民政府在履行上述法定职责时,存在违法行使职权或者不作为,造成社会公共利益损害的,符合《行政诉讼法》第二十五条第四款规定的情形,检察机关可以向其发出诉前检察建议,督促其依法履行职责。对于行政机关作出的整改回复,检察机关应当跟进调查;对于行政机关无正当理由未整改到位的,依法提起行政公益诉讼。该案拖市镇政府建设垃圾填埋场的过程中,未办理用地审批并开展环境评价,未建设防渗工程、渗滤液处理、地下水导排监测等必要的配套设施,导致周边环境严重污染,造成社会公共利益受到损害,应当依法履职,采取积极措施治理污染,修复生态;拖市镇政府在收到诉前检察建议后,虽然对该垃圾填埋场做了覆土处理,但未完全进行治理,检察机关经跟进调查和委托检测,确认社会公共利益仍处于受侵害状态。

对涉及多个行政机关监管职责的公益损害行为,检察机关应当综合考虑各行政机关具体监管职责、履职尽责情况、违法行使职权或者不作为与公益受损的关联程度、实施公益修复的有效性等因素确定重点监督对象。农村违法建设垃圾填埋场可能涉及的行政监管部门包括规划、环保、国土、城建等方面的多个行政机关以及基层人民政府,而基层人民政府一般在农村环境治理、生活垃圾处置方面起主导作用。该案中天门市人民检察院通过办案发现本地普遍存在类似环境污染行为,经过全面调查分析后向中国共产党天门市委员会、天门市人民政府报送《关于建议进一步加强对全市乡镇垃圾填埋场进行整治的报告》,提出了将乡镇垃圾填埋场整治工作纳入天门市污染防治工作总体规划,进行清挖转运以及覆土植绿等建议。中国共产党天门市委员会、天门市人民政府高度重视,相关职能部门迅速组织力量,对全市乡镇 27 个非正规垃圾填埋场、堆放点进行了专项重点督查,促使问题得到"一揽子"解决。

【思考题】
1. 行政公益诉讼的裁判形式有几种?
2. 上述案例涉及哪一种判决类型?

第三编

民事公益诉讼

第三编

民事论公事诉

第一章 民事公益诉讼案件范围

随着公益诉讼制度稳健发展，民事公益诉讼的范围日渐拓展，从《民事诉讼法》第五十八条规定的生态环境和资源保护、食品药品安全等传统领域向"等外"逐步拓展。当前，民事公益诉讼制度主要通过在修订各领域单行法并增加公益诉讼条款的方式实现领域拓展，目前英雄烈士保护、军人权益保障、个人信息保护、反电信网络诈骗、妇女权益保障、海洋环境保护、未成年人保护、安全生产、反垄断、农产品质量安全、无障碍环境建设已成为公益诉讼法定领域。但新增法定领域中，各领域公益诉讼的发展程度有所不同，其中英雄烈士保护、未成年人保护、个人信息保护、安全生产等领域公益诉讼已经得到广泛适用，反垄断民事公益诉讼尚没有相关案例落地。此外，基于既有领域探索经验，民事公益诉讼范围继续向"等外"领域积极稳妥拓展，文物和文化遗产保护、国防和军事利益保护、老年人权益保障、知识产权保护、证券民事等领域民事公益诉讼成为当下探索重点。

目前公益诉讼已经形成"4＋N"多领域、多主体的保护格局，随着公益诉讼范围的进一步扩大，公益诉讼能够更好地实现公益保护、社会治理的制度目标。

第一节　生态环境保护民事公益诉讼

【主要知识点】

根据环境公益的不同类型,生态环境保护民事公益诉讼可以划分为环境类公益诉讼案件、资源类公益诉讼案件和生态类公益诉讼案件。①

根据污染因子的性质不同,环境污染可分为物理性污染、化学性污染、生物性污染:物理性污染不需要经过环境媒介,可以直接对人体健康和财产安全造成影响;化学性污染和生物性污染是由于向大自然排放污染物,污染源进入水体、土壤或大气等环境介质中,产生化学变化或本质突变,然后再作用于个体,引起人身或财产的损害。② 常见的环境介质污染公益诉讼案件范围主要包括水污染、大气污染、土壤污染和海洋污染等,如果声、光、热、臭、辐射以及振动等物理性污染,已经造成或者可能造成不特定多数人的健康损害,可以对其提起环境公益诉讼。③

根据自然资源的种类,资源类公益诉讼的案件范围主要包括土地资源、水资源、森林资源、草原资源、渔业资源、矿业资源等自然资源领域的案件。生态环境类民事公益诉讼的案件范围包括严重污染环境、破坏自然资源、破坏遗传多样性、破坏物种多样性、破坏景观多样性等领域的案件。④

---

① 参见秦天宝、黄成:《类型化视野下环境公益诉讼案件范围之纵深拓展》,载《中国应用法学》2020 年第 4 期。

② 参见张金星:《环境污染侵权一元归责之审视与修正——基于对〈侵权责任法〉第 65 条和〈物权法〉第 90 条的再思考》,载《法律适用》2019 年第 1 期。

③ 参见张嘉军主编:《公益诉讼法》,中国检察出版社 2022 年版,第 231 页。

④ 参见张嘉军主编:《公益诉讼法》,中国检察出版社 2022 年版,第 233 页。

【案例分析】

最高人民法院指导性案例 131 号：中华环保联合会诉德州晶华集团振华有限公司大气污染责任民事公益诉讼案[①]

【基本案情】

德州晶华集团振华有限公司是一家主要从事玻璃深加工的企业，在生产过程中产生大量废气。然而，该公司并未采取有效措施对废气进行治理，导致废气直接排放到大气中，严重污染了周边环境。

中华环保联合会作为环境保护领域的公益组织，在对该地区进行环境调查时发现了这一问题。为了维护公共利益和生态环境安全，中华环保联合会决定向法院提起公益诉讼。在诉讼过程中，原告中华环保联合会详细阐述了被告公司废气排放的违法事实，以及被告公司给周边环境带来的严重影响。同时，原告还提供了大量证据，包括环境监测报告、专家意见等，以证明被告公司的行为已经构成大气污染侵权。被告德州晶华集团振华有限公司在庭审过程中虽然对部分事实提出异议，但未能提供充分的反驳证据。法院经过认真审理，认为原告中华环保联合会的诉讼请求合理合法，被告公司的行为确实构成大气污染责任。

【主要法律问题】

应当如何判断生态环境保护民事公益诉讼中的适格当事人？

[①] 参见《指导案例 131 号：中华环保联合会诉德州晶华集团振华有限公司大气污染责任民事公益诉讼案》，载最高人民法院官网 2020 年 1 月 14 日，https://www.court.gov.cn/shenpan/xiangqing/216931.html。

【主要法律依据】

1.《民事诉讼法》第五十八条；

2.《环境保护法》第五十八条。

【学理分析】

该案属于社会组织提起的生态环境保护民事公益诉讼。生态环境保护民事公益诉讼是生态环境受损后，公共利益代表主体针对违法行为人提起的民事诉讼。有适格原告、被告和诉讼请求是生态环境保护民事公益诉讼提起的前提。

《民事诉讼法》第五十八条第二款列明对污染环境、侵害众多消费者合法权益等损害社会公共利益的行为，法律规定的机关和有关组织可以向人民法院提起诉讼。《环境保护法》第五十八条对社会组织提起生态环境保护民事公益诉讼进行条件限定，社会组织需满足：(1)依法在设区的市级以上人民政府民政部门登记；(2)专门从事环境保护公益活动连续5年以上且无违法记录。《最高人民法院关于审理环境民事公益诉讼案件适用法律若干问题的解释》第二条至第五条分别对《环境保护法》第五十八条的"社会组织""设区的市级以上人民政府民政部门""专门从事环境保护公益活动""无违法记录"进一步明确规定。

该案中，中华环保联合会是经国务院批准、民政部注册，接受生态环境部和民政部业务指导及监督管理，由热心环保事业的人士、企业、事业单位自愿结成的、非营利性的、全国性的社团组织。其主要职能包括"参与和关爱环保工作，加强环境监督，维护公众和社会环境权益协助和配合政府实现国家环境目标、任务，促进中国环境事业发展"，工作领域包括"为政府提供环境决策建议""为公众和社会提供环境法律权益的维护""为社会提供公共环境信息和环境宣传教育活动"等，其符合提起生态环境保护民事公益诉讼的社会组织要求。

《最高人民法院关于审理环境民事公益诉讼案件适用法律若干

问题的解释》第十八条规定,对污染环境、破坏生态,已经损害社会公共利益或者具有损害社会公共利益重大风险的行为,原告可以请求被告承担停止侵害、排除妨碍、消除危险、修复生态环境、赔偿损失、赔礼道歉等民事责任。该案中,中华环保联合会作为适格原告,可以提出停止侵害、排除妨碍、消除危险、修复生态环境、赔偿损失、赔礼道歉等诉讼请求。

生态环境保护民事公益诉讼中的被告须"已经损害社会公共利益或者具有损害社会公共利益重大风险的行为"。该案属于超标排放污染物案件,被告德州晶华集团振华有限公司自2013年起数次超标排放二氧化硫、氮氧化物及烟粉尘等污染物,经环境保护行政管理部门多次行政处罚仍未改正,而二氧化硫、氮氧化物是酸雨的前导物,超量排放可致酸雨从而造成财产及人身损害,烟粉尘的超量排放将影响大气能见度及清洁度,亦会造成财产及人身损害,德州晶华集团振华有限公司的行为构成具有损害社会公共利益重大风险的行为,德州晶华集团振华有限公司是本案的适格被告。

最高人民法院指导性案例 205 号:上海市人民检察院第三分院诉某固体废物处置有限公司、宁波高新区某贸易有限公司、黄某庭、薛某环境污染民事公益诉讼案[①]

【基本案情】

2015 年,某固体废物处置有限公司(以下简称某有限公司)法定

---

① 参见《指导性案例205号:上海市人民检察院第三分院诉郎溪华远固体废物处置有限公司、宁波高新区米泰贸易有限公司、黄德庭、薛强环境污染民事公益诉讼案》,载最高人民法院官网 2023 年 1 月 11 日, https://www.court.gov.cn/shenpan/xiangqing/386161.html。

代表人联系黄某庭,欲购买进口含铜固体废物,黄某庭随即联系宁波高新区某贸易有限公司(以下简称某贸易公司)实际经营者陈某君以及薛某,商定分工开展进口含铜固体废物的活动。2015年9月,薛某在韩国组织了一票138.66吨的铜污泥,某贸易公司以铜矿砂品名制作了虚假报关单证,并将进口的货物清单以传真等方式告知华远公司,某有限公司根据货物清单上的报价向某贸易公司支付了货款45.8万余元,再由黄某庭在上海港报关进口。后该票固体废物被海关查获滞留港区,无法退运,危害我国生态环境安全。上海市固体废物管理中心认为,涉案铜污泥中含有大量重金属,应从严管理,委托有危险废物经营许可证的单位进行无害化处置。经上海市价格认证中心评估,涉案铜污泥处置费用为105.3万余元。

另查明,2017年12月25日,上海市人民检察院第三分院就某贸易公司、黄某庭、薛某共同实施走私国家禁止进口固体废物,向上海市第三中级人民法院提起公诉。上海市第三中级人民法院于2018年9月18日作出(2018)沪03刑初8号刑事判决,判决某贸易公司犯走私废物罪,判处罚金20万元;黄某庭犯走私废物罪,判处有期徒刑4年,并处罚金30万元;薛某犯走私废物罪,判处有期徒刑2年,并处罚金5万元。该刑事判决已生效。

上海市第三中级人民法院于2019年9月5日作出(2019)沪03民初11号民事判决:被告某贸易公司、被告黄某庭、被告薛某、被告某有限公司于本判决生效之日起10日内,连带赔偿非法进口固体废物(铜污泥)的处置费1,053,700元,支付至上海市人民检察院第三分院公益诉讼专用账户。某有限公司不服,提起上诉。上海市高级人民法院于2020年12月25日作出(2019)沪民终450号民事判决:驳回上诉,维持原判。

【主要法律问题】

1. 该案中,黄某庭等的行为是否属于民事公益诉讼的案件范围?

2. 民事公益诉讼中,被告人承担民事责任时应符合什么原则?

【主要法律依据】

《民法总则》(已失效)第一百七十九条、第一百八十七条。

【学理分析】

在法律发展史上,民事责任、行政责任和刑事责任同出一辙,由于法律发展而逐渐分化为民事责任、行政责任与刑事责任。[①] 三种法律责任相互独立,既存在共性又存在差异,三者统一于法律责任之下,均为否定性评价,由法律强制性保障,同时产生的前提不同,功能存在差异,实现方式和严厉程度亦有差别。行为人承担刑事责任或者行政责任与否不影响其民事责任的承担,民事责任的承担需要依照民事法律规则的构成要件进行判断,如果行为该当于法律规范的构成要件,则行为人应承担民事责任。该案中,行为人未在走私废物犯罪案件中被判处刑事责任,不代表其必然无须在民事公益诉讼中承担民事责任;其是否应当承担民事责任,需要依据民事法律规范予以判断:符合相应民事责任构成要件的,仍应承担民事赔偿责任。2015年,某有限公司、黄某庭、某贸易公司、薛某商定分工开展进口含铜固体废物,相关证据能够证明当事人之间就走私固体废物存在共同的侵权故意,符合共同实施环境民事侵权行为的构成要件,故某有限公司、黄某庭、某贸易公司、薛某应当承担民事赔偿责任。

民事责任的承担方式应当符合比例原则的要求。比例原则发端于18世纪的德国警察法,最初主要用以规制警察权力,后被作为一种利益衡量方法而广泛运用于各部门法。比例原则由适当性原则、必要性原则和均衡性原则构成。适当性原则,是指手段应当有助于目的的实现。必要性原则,是指行为者所采用的手段应当是必要的,行为所造成的损害应当最小。均衡性原则,是指手段所造成的损害同其所促进

---

① 参见梁慧星:《民法总论》,法律出版社2021年版,第86页。

的利益成比例。民事公益诉讼案件中法律责任的承担应当符合比例原则的要求。《民法典》第一百七十九条规定了停止侵害、排除妨碍、消除危险、返还财产、恢复原状、修理、重作、更换、继续履行、赔偿损失、支付违约金、消除影响、恢复名誉、赔礼道歉共11种民事责任的承担方式,权利主体可以根据权利受损情形选择相应的责任承担方式以救济民事权利。该案属于进口固体废物污染案件,行为人因进口国外固体废物,对生态环境安全造成重大风险隐患,依《固体废物污染环境防治法》,行为人须退运固体废物以消除危险,并在无法退运时承担处置责任。该案中,行为人应当承担退运固体废物的责任,但是案涉铜污泥无法退运,此时,生态环境安全隐患依然存在,行为人不应因无法退运而免除承担排除风险的法律责任。此时,委托有关专业单位采取无害化处置,系必要的、合理的预防处置措施,固体废物的及时处置有助于生态环境安全隐患的消除;同时,采取废物处置是现有治理方案中成本最优的选择,由侵权人承担处置固体废物的费用符合比例原则的要求。

【思考题】

1. 生态环境保护民事公益诉讼中社会公共利益受损的重大风险如何认定?

2. 自然人是否可以作为生态环境民事公益诉讼的提起主体?

3. 刑事案件中证据认定的事实在生态环境保护民事公益诉讼中是否可以直接认定?

第二节 消费者权益保护民事公益诉讼

【主要知识点】

《民事诉讼法》第五十八条第一款规定,对污染环境、侵害众多消费者合法权益等损害社会公共利益的行为,法律规定的机关和有关组织可以向人民法院提起诉讼。《消费者权益保护法》第四十七条则规定，对侵害众多消费者合法权益的行为，中国消费者协会以及在省、自治区、直辖市设立的消费者协会，可以向人民法院提起诉讼。因此，当前有权提起消费者权益保护民事公益诉讼的：一是中国消费者协会以及在省、自治区、直辖市设立的消费者协会；二是检察机关（针对食品药品安全领域等侵害众多消费者合法权益损害社会公共利益的行为）。二者在有关机关和组织不提起诉讼的情况下，可以向人民法院提起诉讼。

惩罚性赔偿具有赔偿、威慑与预防的功能，在消费者权益保护民事公益诉讼中得到较多适用，但其适用仍存正当性质疑。尽管当前目的解释、诉讼担当理论为惩罚性赔偿的适用提供一定理论依据。但惩罚性赔偿的适用应恪守"法定主义"，在实体法层面，《消费者权益保护法》第五十五条、《食品安全法》第一百四十八条、《民法典》第一千二百零七条等条文通过立法授予消费者在私益诉讼中的惩罚性赔偿请求权。《最高人民法院关于审理消费民事公益诉讼案件适用法律若干问题的解释》第十三条虽没有规定公益诉讼起诉人的损害赔偿请求权，但"等"的规范设计为公益诉讼惩罚性赔偿权的适用预留空间，在公益诉讼立法过程中应当有所回应。

【案例分析】

江西省赣州市人民检察院诉郭某某等人生产、销售硫黄熏制辣椒民事公益诉讼案[①]

【基本案情】

信丰县大阿镇民主村郭某某从事辣椒生意期间，使用添加剂硫黄

---

① 参见《最高检发布检察公益诉讼十大典型案例》，载最高人民法院官网，https://www.spp.gov.cn/spp/zdgz/201812/t20181225_403407.shtml。

熏制辣椒以达到防霉、耐存储的目的。2017年8月18日,信丰县公安局、大阿工商分局在郭某某家中查获14,943.8斤辣椒,现场扣押辣椒5780斤,同时对剩余的9163.8斤辣椒采取现场查封的方式贴封条封存在郭某某家中的仓库内。后郭某某私自撕去封条将封存在其仓库的9163.8斤辣椒销售流入市场。经检验,在郭某某家中提取的辣椒样品中,半干辣椒和湿辣椒中二氧化硫含量分别达到4.40g/kg、4.65g/kg,均超过食品安全国家标准0.2g/kg的上限20多倍。2017年12月,信丰县人民法院以生产、销售不符合安全标准的食品罪,判处郭某某拘役5个月,并处罚金1万元。赣州市人民检察院于2017年10月在《新法制报》(现《新法治报》)上刊登公告,依法履行审前公告程序,最终无社会组织提起民事公益诉讼。2018年6月,赣州市人民检察院向赣州市中级人民法院提起民事公益诉讼。诉讼请求为:(1)判令被告郭某某支付其所生产、销售的不符合食品安全标准的硫黄熏制食用辣椒价款10倍的赔偿金;(2)判令被告承担现场扣押的5780斤硫黄熏制辣椒销毁费用,消除食品安全隐患;(3)判令被告在《赣南日报》或赣州广播电视台等市级以上媒体公开向社会公众赔礼道歉。赣州市中级人民法院受理后于2018年9月14日公开开庭审理并最终全部支持了检察机关的诉讼请求。

【主要法律问题】

1. 惩罚性赔偿在公益诉讼中的法理基础是什么?
2. 公益诉讼惩罚性赔偿的基数如何确定?倍数如何确定?

【主要法律依据】

1. 《食品安全法》第一百四十八条第二款;
2. 《农产品质量安全法》第二条、第三十六条第一款第一项;
3. 《消费者权益保护法》第七条、第十一条。

【学理分析】

该案是最高人民检察院发布的首个公益诉讼惩罚性赔偿典型案

例。惩罚性赔偿在公益诉讼中适用是该案的焦点问题,在该案中适用惩罚性赔偿兼具理论和实践的正当性。

关于惩罚性赔偿在公益诉讼中适用的法理基础。惩罚性赔偿的适用应当严格法定,尽管《消费者权益保护法》第五十五条、《食品安全法》第一百四十八条等针对私益诉讼的惩罚性条款可为公益诉讼提供一定参照,但当前尚无明确肯定的惩罚性赔偿在公益诉讼中适用的规范,公益诉讼惩罚性赔偿金存在正当性质疑。但早在2019年5月公布的《中共中央、国务院关于深化改革加强食品安全工作的意见》即指出探索建立食品安全民事公益诉讼惩罚性赔偿制度。惩罚性赔偿具有"准刑罚"之性质,能够显著提高违法成本,对潜在违法者起到警示与威慑作用。有论者认为,惩罚性赔偿是食品安全民事公益诉讼的预防性诉讼请求、人格性诉讼请求以及赔偿类诉讼请求中最具有实质意义的诉讼请求。① 该案中,《食品安全法》第一百四十八条第二款为探索公益诉讼的惩罚性赔偿提供了重要依据。于2021年7月1日施行的《人民检察院公益诉讼办案规则》第九十八条则规定,针对食品药品安全领域案件,可以提出要求被告召回并依法处置相关食品药品以及承担相关费用和惩罚性赔偿等诉讼请求,为食品药品安全领域公益诉讼惩罚性赔偿的适用提供规范依据。

关于惩罚性赔偿的基数。司法实践中目前主要存在不同标准:一是以销售价格为基数,这是实践中最为常见的基数标准。二是以被侵权人实际损失或侵权人实际获益为标准;该标准以《民法典》第一千一百八十二条的规定为规范依据。该案以最终流入市场的销售金额为惩罚性赔偿之基数,并排除未流入市场部分。这一做法体现出在公益诉讼中适用惩罚性赔偿的精准性和科学性,更加符合公益诉讼维护公益的制度目标,能够避免惩罚性赔偿在公益诉讼的过度适用。

---

① 参见杨会新、王富世:《公益诉讼惩罚性赔偿责任的体系定位》,载《苏州大学学报(哲学社会科学版)》2024年第3期。

关于惩罚性赔偿的倍数确定。该案以《食品安全法》第一百四十八条第二款为根据,检察机关经过研判后,请求判令被告支付其所生产、销售的不符合食品安全标准的硫黄熏制食用辣椒价款10倍的赔偿金,通过顶格倍数的处罚,凸显对食品安全的重视。但同时需要思考,《食品安全法》第一百四十八条第二款是针对消费者个人惩罚性赔偿权的规定,是综合考量消费者诉讼积极性、生产经营者负担、食品价款等因素之后的立法选择。在食品单价普遍不高的情况下,10倍惩罚性赔偿既可以调动消费者积极性,又可避免处罚过当对生产经营者造成不可承受之负担。[①] 但在公益诉讼中,检察机关并不存在私益诉讼中消费者个体的"理性冷漠",惩罚性赔偿的基数因商品的集合性远高于私益诉讼中惩罚性赔偿的基数,过高的惩罚性赔偿可能存在处罚不当的质疑。

尽管该案对惩罚性赔偿在公益诉讼中的适用进行了有益探索,并取得了良好的政治效果、社会效果与法律效果,但不可否认公益诉讼惩罚性赔偿不仅深陷"于法无据"之窘境,而且存在行政罚金的衔接、管理与使用等问题,因此,当前仍应对公益诉讼中惩罚性赔偿的适用采取审慎态度。

【思考题】

如何界分消费者权益保护公益诉讼与反垄断民事公益诉讼?

第三节 英雄烈士保护民事公益诉讼

【主要知识点】

根据《英雄烈士保护法》第二十五条第一、二款之规定,对侵害英

[①] 参见杨会新:《食品领域公益诉讼惩罚性赔偿的实践探索与理论解析》,载《中国检察官》2022年第24期。

雄烈士的姓名、肖像、名誉、荣誉的行为，英雄烈士的近亲属可以依法向人民法院提起诉讼。英雄烈士没有近亲属或者近亲属不提起诉讼的，检察机关依法对侵害英雄烈士的姓名、肖像、名誉、荣誉，损害社会公共利益的行为向人民法院提起诉讼。人民检察院办理的英雄烈士保护民事公益诉讼案件包括民事公益诉讼案件和刑事附带民事公益诉讼案件。英烈保护公益诉讼旨在化解有关英雄烈士的人格权益纠纷，维护社会公共利益，传承弘扬英雄烈士精神、爱国主义精神，培育践行社会主义核心价值观。英烈保护民事公益诉讼具有鲜明的时代意义和社会价值。

关于英雄烈士的范围界定，根据《英雄烈士保护法》第二条第二款的规定，英雄烈士是指近代以来，为了争取民族独立和人民解放，实现国家富强和人民幸福，促进世界和平和人类进步而毕生奋斗、英勇献身的人。

根据《人民检察院公益诉讼检察部门办理英雄烈士保护民事公益诉讼案件工作指引》，对于公益诉讼中英雄烈士的认定，还有以下几点需要注意：

一是英雄烈士的时代范围为"近代以来"，不包括近代以前的英雄烈士，重点是中国共产党、人民军队和中华人民共和国历史上的英雄烈士。其既包括个人，也包括群体；既包括有名英雄烈士，也包括无名英雄烈士。二是英雄烈士指已经牺牲、去世的英雄烈士。对健在的英雄模范人物的保护，适用《国家勋章和国家荣誉称号保护法》《军人地位和权益保障法》等相关法律法规。被侵害英雄烈士群体既包括已经牺牲的烈士，也包括健在的英雄模范人物，且该群体被侵害的名誉、荣誉密不可分的，可以作为整体纳入民事公益诉讼保护范围。三是对经依法依规评定为烈士的，应当认定为英雄烈士；尚未评为烈士，但为党、国家、军队至高荣誉获得者等我国社会普遍公认的英雄模范人物或者群体，可以作为英雄烈士对待。四是《民法典》在《英雄烈士保护法》的基础上,将英雄烈士保护公益诉讼的保护范围由"英雄烈士"扩大为"英雄烈士等",包括近代以来,为人民利益英勇斗争而牺牲,堪为楷模的人,以及在保卫国家和国家建设中作出巨大贡献、建立卓越功勋,已经故去的人。五是其他法律法规、司法解释等规定可以作为"英雄烈士"对待的人物或者群体属于公益诉讼保护范围。

关于英雄烈士社会公共利益的认定,英烈人格利益兼具了私人利益和社会公共利益两种属性,因此有必要通过公益诉讼加以保护。英雄烈士保护民事公益诉讼的客体是英雄烈士的姓名、肖像、名誉、荣誉以及社会公共利益,不包括财产性利益。

【案例分析】

检例第51号:曾云侵害英烈名誉案[①]

【基本案情】

江苏省淮安市某小区一高层住宅发生火灾,消防战士谢勇在解救被困群众时坠楼壮烈牺牲,公安部和江苏省有关部门追认谢勇同志"革命烈士"称号,追记一等功以及追授谢勇"灭火救援勇士"荣誉称号。被告曾云为发泄自己的不满,在微信群公开发表一系列侮辱性言论,歪曲谢勇烈士英勇牺牲的事实。该微信群共有成员131人,多人阅看曾云的言论,且有多人转发。曾云歪曲事实、侮辱英烈的行为,侵害了烈士的名誉,造成了较为恶劣的社会影响。对于歪曲烈士谢勇英勇牺牲的事实,谢勇的近亲属表示对曾云的侵权行为不提起民事诉讼,并支持检察机关提起诉讼追究曾云侵权责任。江苏省淮安市人民检察院遂向淮安市中级人民法院提起民事公益诉讼,请求判令曾云通

---

① 参见《最高人民检察院第十三批指导性案例》,载最高人民检察院官网, https://www.spp.gov.cn/spp/gyssshmhsh/201812/t20181225_440340.shtml。

过媒体公开赔礼道歉,消除影响。淮安市中级人民法院认为,英烈精神是弘扬社会主义核心价值观和爱国主义精神的体现,全社会都应当认识到对英雄烈士合法权益保护的重要意义,有责任维护英雄烈士的名誉和荣誉等民事权益。该案中,被告曾云利用微信群,发表带有侮辱性质的不实言论,歪曲烈士谢勇英勇牺牲的事实。因该微信群成员较多且易于传播,被告的此种行为对谢勇烈士不畏艰难、不惧牺牲、无私奉献的精神造成了负面影响,已超出言论自由的范畴,构成了对谢勇烈士名誉的侵害。网络不是法外之地,任何人不得肆意歪曲、亵渎英雄事迹和精神。诋毁烈士形象是对社会公德的严重挑战,被告曾云的行为侵犯社会公共利益,法院判令曾云在地级市一级报纸上公开赔礼道歉。

【主要法律问题】

1. 英烈名誉为什么是一种公共利益?
2. 英烈保护民事公益诉讼的诉前程序如何履行?

【主要法律依据】

1.《英雄烈士保护法》第二十二条、第二十五条、第二十六条;
2.《民法典》第一百八十五条。

【学理分析】

该案系《英雄烈士保护法》于2018年5月1日实施后全国检察机关提起的首例英烈保护民事公益诉讼案件。该案通过判决的方式对侵犯烈士名誉行为的侵权责任予以确认,对全社会产生良好的警示作用,取得良好的法律效果和社会效益。

《民法典》第一百八十五条规定,侵害英雄烈士等的姓名、肖像、名誉、荣誉,损害社会公共利益的,应当承担民事责任。《英雄烈士保护法》第二十五条第一款规定:"对侵害英雄烈士的姓名、肖像、名誉、荣誉的行为,英雄烈士的近亲属可以依法向人民法院提起诉讼。"但英烈名誉是一种公共利益,英雄烈士行为是国家民族精神的体现,英雄事迹是社会主义核心价值观和民族精神的体现,是引领社会风尚的标杆,英雄烈士名誉等权利不仅属于英雄烈士本人或者其近亲属,更是社会正义的重要组成内容,承载社会主义核心价值观,具有社会公益性质。因此英烈名誉应当被纳入公共利益保护范畴。《英雄烈士保护法》第二十五条第二款规定,英雄烈士没有近亲属或者近亲属不提起诉讼的,检察机关依法对侵害英雄烈士的姓名、肖像、名誉、荣誉,损害社会公共利益的行为向人民法院提起诉讼。

关于诉前程序,囿于英烈名誉的特殊性,英雄烈士保护民事公益诉讼有别于其他领域民事公益诉讼。该案是英烈保护民事公益诉讼首案,因此检察机关既要借鉴既有的民事公益诉讼制度,又需要在法律精神的指引下,在法律规定的框架内进行探索。尽管关于诉前程序的设计,英烈保护民事公益诉讼有别于其他领域民事公益诉讼,前者针对英雄烈士近亲属,后者则面向法律规定的机关和社会组织;但两者在法理上具有一致性:检察机关应当保持其谦抑性,检察公益诉权应当具有后置性和补位性。关于诉前程序的具体展开,不宜一律采用审前公告的形式履行诉前程序,而应根据英雄烈士近亲属的具体情形采取不同的方式履行诉前程序。具体来说,对于已知英雄烈士有近亲属的,可借鉴该案中当面征询、签署意见书的形式探知烈士近亲属是否有提起诉讼的意愿,既充分保证近亲属的诉权,又与效率原则内容一致。而对于英雄烈士没有近亲属或近亲属下落不明的,则可采取公告形式的诉前程序。

检察机关提起公益诉讼的情形主要可分为两种:一是侵害英烈的姓名、肖像、名誉、荣誉的行为造成了公共利益损害,但该英雄烈士没有近亲属或近亲属不起诉;二是侵害行为造成严重的公共利益损害后果,需要检察机关在提起公益诉讼时提出有针对性的特定请求才能挽回。① 在此情况下,检察机关提起的民事公益诉讼和英雄烈士近亲属提起的私益诉讼并行不悖,这是基于公益诉讼制度目标的考量,最大限度保护社会公共利益,营造崇尚英烈、敬重英烈、捍卫英烈精神的社会环境,引导公众树立正确的历史观、民族观、文化观。

【思考题】
1. 英烈保护领域与其他领域的民事公益诉讼诉前程序有何区别?
2. 为何将英烈名誉纳入公益诉讼保护范围?

第四节 未成年人保护民事公益诉讼

【主要知识点】

一、未成年人保护民事公益诉讼的适格起诉主体

《未成年人保护法》第一百零六条规定,未成年人合法权益受到侵犯,相关组织和个人未代为提起诉讼的,人民检察院可以督促、支持其提起诉讼;涉及公共利益的,人民检察院有权提起公益诉讼。该条款将侵犯未成年人合法权益和侵犯未成年人合法权益并涉及公共利益的情况进行区分,仅赋予检察机关提起未成年人保护民事公益诉讼的资格。

未成年人作为特殊弱势群体,未成年人保护民事公益诉讼会和消费、个人信息等诸多公益诉讼领域存在重叠。为推进公益诉讼的体系化建设,扩大未成年人民事公益诉讼主体资格范围,赋予部分社会组织起诉主体资格具有必要性。但有必要对社会组织的科层条件、专业性评价、行为合法性设定科学客观的标准。

---

① 参见邵世星:《五方面把握英烈保护公益诉讼法律适用》,载《检察日报》2018年5月23日,第3版。

二、未成年人保护民事公益诉讼的案件范围

从宏观视角看,《未成年人保护法》第三条规定国家保障未成年人的生存权、发展权、受保护权、参与权等权利,该法第二章至第七章分别从家庭、学校、社会、网络、政府和司法几方面强调了对未成年人权益的全面保护。未成年人保护民事公益诉讼的案件范围即未成年人公共利益的范围边界,应当聚焦具体视域下不特定多数未成年人的利益。[1]

从微观视角看,可将未成年人保护民事公益诉讼分为三类,一是一般公益诉讼检察范围中专门针对未成年人的情形;二是社会、网络等环境对未成年人健康成长存在安全隐患或不利影响的情形;三是法律对未成年人保护有专门规定的情形。[2] 回顾未成年人保护民事公益诉讼的入法历程和探索路径,可发现未成年人保护的工作重点。2020年,最高人民检察院发布的《未成年人检察工作白皮书》总结了各地未成年人公益诉讼工作探索路径,涉及辍学保学、禁烟保护、整治教育培训机构、基础设施安全、个人信息保护、校园周边交通安全、伪劣儿童口罩、娱乐场所违规接纳未成年人、未落实景区门口优惠政策等多领域。2020年4月,《最高人民检察院关于加强新时代未成年人检察工作的意见》第十四条最后一句规定:"对食品药品安全、产品质量、烟酒销售、文化宣传、网络信息传播以及其他领域侵害众多未成年人合法权益的,结合实际需要,积极、稳妥开展公益诉讼工作。"该文件为未成年人保护检察公益诉讼的范围探索提供了较为明确的指引。

---

[1] 参见张嘉军主编:《公益诉讼法》,中国检察出版社2022年版,第243页。
[2] 参见张宁宇、田东平:《未成年人检察公益诉讼的特点及案件范围》,载《中国检察官》2020年第12期。

【案例分析】

检例第 142 号：江苏省宿迁市人民检察院对章某为未成年人文身提起民事公益诉讼案[①]

【基本案情】

2017 年 6 月 1 日以来，章某在经营文身馆期间，累计为几百人提供文身服务，其中未成年人占比约七成。章某还在未取得医疗机构执业许可证的情况下，为 7 名未成年人清除文身。其间，曾有未成年人家长因反对章某为其子女文身而与其发生纠纷，公安机关介入处理。部分未成年人及父母反映未成年人因文身而就学、就业受阻，文身难以清除，清除过程痛苦且清除后易留疤痕，但章某仍然向未成年人提供文身服务。

宿迁市人民检察院对章某违法为未成年人文身的问题进行了民事公益诉讼立案，并围绕提供文身服务时章某主观上是否明知未成年人年龄、危害后果、公共利益属性等方面开展调查，收集证据。2021 年 5 月 6 日，宿迁市人民检察院向宿迁市中级人民法院提起民事公益诉讼，诉请判令章某不得向未成年人提供文身服务，并在国家级媒体向社会公众公开赔礼道歉。2021 年 6 月 1 日，宿迁市中级人民法院作出一审判决，采纳检察机关诉请，章某当庭表示不上诉并积极履行判决确定的义务。

针对案件办理中发现的行政主管机关管理疏漏问题，宿迁市人民检察院指导沭阳县人民检察院提起行政公益诉讼，推动当地人大常委会作出《关于加强未成年人文身治理工作的决议》，该决议明确任

[①] 参见《第三十五批指导性案例》，载最高人民法院官网，https://www.spp.gov.cn/spp/jczdal/202203/t20220307_547759.shtml。

何人不得为未成年人提供文身服务,对各履职主体在文身治理中的职责、任务进行规范,从约谈、信用记录、强制报告等方面予以规制。

【主要法律问题】

1. 检察机关就该案提起民事公益诉讼的规范依据有哪些?
2. 对未成年人提供文身服务为何影响公共利益?
3. 该案中检察机关为何选择民事公益诉讼的形式?

【主要法律依据】

1.《民法典》第十九条、第一百一十条;

2.《未成年人保护法》第三条、第四条、第六条、第一百条、第一百零六条;

3.《消费者权益保护法》第四十八条。

【学理分析】

关于该案的规范依据,该案中未成年人兼具未成年人与消费者的双重身份,因此应当受《消费者权益保护法》和《未成年人保护法》的双重保护。在未成年人保护民事公益诉讼中,"最有利于未成年人"原则应当得到充分贯彻。《儿童权利公约》规定了儿童最大利益原则,要求在处理涉及儿童的事项时应当将儿童利益保障作为首要标准。根据最新修订的《未成年人保护法》第三条、第四条之规定,国家应保障未成年人的生存权、发展权、受保护权等诸多权利,应当坚持最有利于未成年人的原则,处理涉及未成年人的事项,给予未成年人特殊、优先的保护。最有利于未成年人原则是儿童最大利益原则的中国化具体实践。该案中,章某的行为发生于最新修订的《未成年人保护法》实施之前,考虑到被文身者兼具消费者与未成年人的双重身份以及为了最大限度保护未成年人,最新修订的《未成年人保护法》可以得以适用,以更好地贯彻最有利于未成年人原则。

文身为何影响未成年人权益和社会公共利益是该案的争议焦点。将未成年人文身纳入公益诉讼范围的理由如下。第一,提供文身服务具有开放性特征,章某对文身对象不进行筛选,对未成年人文身行为予以放任,导致其提供文身服务的未成年人数众多,因此可以认定侵害不特定多数人的利益。第二,文身容易被贴上负面评价的标签,易出现效仿和排斥双重效应,从长远看容易影响未成年人正常学习、生活、就业、社交。未成年人心智尚不成熟,缺乏社会经验,对自身行为甄别能力不足,对行为后果缺乏理性判断。第三,未成年人的健康成长是重要的国家利益和社会公共利益。未成年人属于特定群体,对未成年人的保护应由国家、社会、司法形成合力,将未成年人利益由私益向公益转变,未成年人保护职责由监护人个人职责向国家公共职责转变。

关于诉讼模式的选择,该案经验值得借鉴。江苏省宿迁市沭阳县人民检察院通过调取市场监督管理局、卫生健康局等相关单位的"三定"方案,发现文身存在行业法律规范不足、监管主体不清的问题,提起行政公益诉讼难度较大,因此从最大限度保护未成年人利益和公共利益的角度出发,直接向侵权行为人章某提起民事公益诉讼,取得了更好的案件效果和社会效益。检察机关还针对文身行业"三不管"现状、行政执法依据不足等现实问题,提请地方人大常委会出台《关于加强未成年人文身治理工作的决议》,明确全县文身场所不得接纳未成年人,任何人不得为未成年人提供文身服务。[①] 通过诉源治理、建立社会长效治理机制,实现对未成年人的全面综合保护,构筑对未成年人的立体保护法网。

【思考题】

1. 如何处理未成年人领域和消费者权益保护领域公益诉讼的竞合问题?

2. 未成年人保护中,如何在民事公益诉讼和行政公益诉讼中做选择?

---

① 参见江苏省宿迁市人民检察院课题组、刘加云:《未成年人文身检察公益诉讼办案启示》,载《中国检察官》2022 年第 4 期。

第五节　其他单行法规定的民事公益诉讼

【主要知识点】

一、民事公益诉讼范围拓展的依据

《民事诉讼法》第五十八条对民事公益诉讼的范围作出了一般性规定，"等"的规范表述为民事公益诉讼的范围拓展预留了空间。

2019年10月，党的十九届四中全会通过的《中共中央关于坚持和完善中国特色社会主义制度、推进国家治理体系和治理能力现代化若干重大问题的决定》第四条第四项明确提出"拓展公益诉讼案件范围"。2020年，全国检察长会议提出探索扩展公益诉讼新领域案件的原则由"稳妥、积极"调整为"积极、稳妥"。2021年6月15日发布的《中共中央关于加强新时代检察机关法律监督工作的意见》第十一条强调，"积极稳妥拓展公益诉讼案件范围，探索办理安全生产、公共卫生、妇女及残疾人权益保护、个人信息保护、文物和文化遗产保护等领域公益损害案件，总结实践经验，完善相关立法"。

二、现有单行法规定的民事公益诉讼

目前民事公益诉讼的案件领域形成"4+N"的基本格局。单行法中以公益诉讼条款的形式拓宽民事公益诉讼的案件类型，包括：英雄烈士名誉权保护、未成年人权益保护、军人地位和权益保障、安全生产、个人信息保护、电信网络权益保护、农产品质量安全、妇女权益保障、无障碍设施、反垄断等领域。（见表3.1）

表3.1 通过单行法新增的公益诉讼案件领域

新增领域	单行法名称	条文序号	施行时间
英雄烈士保护	《英雄烈士保护法》	第二十五条	2018年5月1日
未成年人保护	《未成年人保护法》	第一百零六条	2021年6月1日
军人权益保障	《军人地位和权益保障法》	第六十二条	2021年8月1日
安全生产	《安全生产法》	第七十四条	2021年9月1日
个人信息保护	《个人信息保护法》	第七十条	2021年11月1日
反垄断	《反垄断法》	第六十条	2022年8月1日
反电信网络诈骗	《反电信网络诈骗法》	第四十七条	2022年12月1日
农产品质量安全	《农产品质量安全法》	第七十九条	2023年1月1日
妇女权益保障	《妇女权益保障法》	第七十七条	2023年1月1日
无障碍环境建设	《无障碍环境建设法》	第六十三条	2023年9月1日
海洋环境保护	《海洋环境保护法》	第一百一十四条	2024年1月1日

【案例分析】

检例第114号：江西省上饶市人民检察院诉张某某等三人故意损毁三清山巨蟒峰民事公益诉讼案①

【基本案情】

2017年4月,张某某等三人在江西省上饶市三清山风景名胜区攀爬巨蟒峰,采用电钻钻孔、打岩钉、布绳索的方式先后攀爬至巨蟒峰顶部。巨蟒峰是具有世界级地质地貌意义的地质遗迹。经勘查,钉入

---

① 参见《第二十九批指导性案例》,载最高人民检察院官网,https://www.spp.gov.cn/spp/jczdal/202109/t20210902_528296.shtml。

的26枚岩钉对巨蟒峰造成了永久性损害,破坏了自然遗产的自然性、原始性、完整性。

2017年10月,张某某等三人因涉嫌故意损毁名胜古迹罪被公安机关移送起诉。上饶市信州区人民检察院在审查起诉过程中发现该三人故意损毁三清山巨蟒峰的行为可能损害社会公共利益,于2018年3月29日将线索移送上饶市人民检察院。上饶市人民检察院认为,自然遗迹、风景名胜是环境的组成部分,三清山巨蟒峰的世界级地质地貌意义承载着特殊的遗迹价值和广泛的公共利益。张某某等三人的损害行为侵害了生态环境和不特定社会公众的环境权益,该案属于生态环境民事公益诉讼的案件范围。2018年5月,上饶市人民检察院委托江西财经大学成立专家组对三清山巨蟒峰的受损价值进行评估,并形成《评估报告》。

经审前公告程序,2018年8月,上饶市人民检察院向上饶市中级人民法院提起民事公益诉讼,诉请判令三被告依法对巨蟒峰非使用价值造成的损失1190万元和专家评估费15万元承担连带赔偿责任,并在全国性新闻媒体上公开赔礼道歉。经两审裁判,法院最终判令三被告连带赔偿环境资源损失600万元,连带承担专家评估费15万元,并在全国性媒体上刊登公告向社会公众赔礼道歉。

【主要法律问题】
1. 可否针对损害景观生态服务价值的行为提起民事公益诉讼?
2. 民事公益诉讼中,应当如何评估独特景观的环境价值?

【主要法律依据】
1.《环境保护法》第二条、第六十四条;
2.《风景名胜区条例》第二十四条、第二十六条。

【学理分析】
该案是全国首例行为人因故意损毁自然遗迹而被追究刑事责任的案件,是全国首例检察机关针对损毁自然遗迹的行为提起环境民事公益诉讼的案件,因此引发广泛关注。

关于是否可针对故意损毁自然遗迹行为提起民事公益诉讼。一方面,故意毁损自然遗迹应当被纳入破坏生态的范围。自然遗迹和风景名胜是环境的组成部分,属自然资源,并且属于不可再生资源。环境侵权主要有污染环境、破坏生态两种表现形式,而破坏自然资源的行为除对作为环境要素的资源本身造成损害外,还会对与遭到破坏的自然资源互相依存的生态环境系统造成损害,也就是说,民事环境公益诉讼既包括环境污染的公益诉讼,也包括损害自然资源在内的生态破坏公益诉讼。该案张某某等人使用打岩钉的方式对巨蟒峰进行攀爬,该行为明显属于对环境资源的损害,属于广义上的破坏生态的损害行为。① 另一方面,故意毁损自然遗迹的行为有损公共利益。作为一种环境要素,自然遗迹、风景名胜区具有原始性、稀缺性的特征,损害通常具有不可逆性,珍贵的环境资源更具有保护的紧迫性和必要性,《环境保护法》第二条明确将自然遗迹、风景名胜区纳入环境范围加以保护。即使风景名胜区有明确管理部门或商业运营主体,也不能据此否定社会公众对于自然遗迹所享有的公共环境权益。自然遗迹、风景名胜区景观承载着特殊的遗迹价值与广泛公共利益,针对自然遗迹的破坏行为,不但会损害全国人民共同的财产权益,而且会损害社会公众对自然遗迹、风景名胜区所享有的游憩权益和对独特景物观赏的权益。综上,该案符合《民事诉讼法》对检察民事公益诉讼之规定,检察机关应当提起公益诉讼。

关于对独特景观生态服务价值损失的确定。囿于其独特属性,环境资源、自然景观缺乏真实交易市场,因此难以采用常规市场方法进行价值评估,损害赔偿数额难以通过司法鉴定予以确定,因此该案采用条件价值法进行评估。检察机关可以委托专家,采用原环境保护部

---

① 参见江西省高级人民法院民事判决书,(2020)赣民终317号。

出台的《环境损害鉴定评估推荐方法(第Ⅱ版)》和《生态环境损害鉴定评估技术指南总纲》(已失效)中推荐使用的条件价值法进行评估,该方法被认为特别适用于独特景观、文物古迹等生态服务价值评估。该案中,检察机关聘请专家出具专家意见书,并出庭提出意见,以此为法院审理案件的参考依据。综上,以条件价值法评估巨蟒峰受损价值完全符合生态环境损害鉴定评估方法的适用条件和选择原则,对后续自然遗迹类公益诉讼的损害评估具有重大的指导意义。

江苏省扬州市人民检察院诉高邮市某水产品加工厂拒不整改重大事故隐患民事公益诉讼案[①]

【基本案情】

2003年,高邮市某水产品加工厂(以下简称某水产厂)购得高邮市某肉联厂厂房及附属设施后,对高邮市某肉联厂原有的氨制冷设备设施进行简单的维修、改造后,便投入生产经营。上述老旧制冷设备设施内含危险化学品液氨,与周围居民聚居区安全距离不足,存在氨泄漏引发事故的安全隐患。高邮市应急管理局(以下简称高邮应急局)于2019年5月现场检查发现上述问题后,至2021年,多次向某水产厂作出立即排除事故隐患、责令限期整改等行政决定、行政处罚(罚款)。某水产厂均未按照要求整改,且持续进行生产经营活动。

2022年1月4日,扬州市人民检察院向扬州市中级人民法院提起民事公益诉讼,诉请判令某水产厂立即依法治理隐患,彻底消除安全危险;并向社会公众公开赔礼道歉。

该案审理期间,某水产厂对扬州市人民检察院提交的所有证据均

---

① 参见《安全生产领域检察公益诉讼典型案例》,载最高人民检察院官网,https://www.spp.gov.cn/xwfbt/202212/t20221216_595705.shtml#2。

无异议,表示愿意立即整改,主动申请调解;并提交了载冷剂制冷工程改造合同、压力管道设计项目图纸、新制冷设备产品供销合同、技改工程进度安排等整改材料。2022年3月17日,扬州市人民检察院会同扬州市中级人民法院实地察看,确认某水产厂已经着手整改的事实,与该厂初步达成调解共识。2022年4月24日,经扬州市中级人民法院主持调解,扬州市人民检察院与某水产厂达成由该厂在2022年5月底前整改消除重大事故隐患安全危险并向社会公众赔礼道歉的调解协议。扬州市中级人民法院对调解协议书面征求扬州市应急管理局意见,并依法公告,未收到任何异议;该院经审查认为,调解协议不违反法律规定,未损害社会公共利益,该院于2022年6月16日出具民事调解书予以确认。

调解协议达成后,检察机关持续督促高邮应急局、高邮市高邮镇人民政府跟进协议履行情况,至2022年5月,某水产厂投入200多万元资金,将原液氨制冷系统技改为安全稳定的卤代烃及其混合物(氟利昂R507A)制冷系统;经委托专业机构再次评估,认定某水产厂重大生产安全隐患已消除。3名安全生产专家经书面及现场核查,一致认为之前的液氨重大危险源物质已安全处置,重大生产安全事故隐患已消除。2022年6月2日,某水产厂在正义网公告致歉声明,公开赔礼道歉。

【主要法律问题】

在安全生产民事公益诉讼中,是否可以适用调解程序?适用有何限制?

【主要法律依据】

1.《民事诉讼法》第九条;

2.《最高人民法院关于适用〈中华人民共和国民事诉讼法〉的解释》第二百八十七条。

【学理分析】

2021年《安全生产法》修改,第七十四条第二款规定因安全生产违法行为造成重大事故隐患或者导致重大事故,致使国家利益或者社会公共利益受到侵害的,人民检察院可以根据《民事诉讼法》的相关规定提起公益诉讼。该案属于人民检察院提起的安全生产民事公益诉讼,在案件处理过程中,被告某水产厂主动申请调解,法院对案件进行调解,在被告履行调解协议后以调解结案。对于安全生产民事公益诉讼是否可以以调解结案在学界一直存在争议。

将视野放宽至公益诉讼领域,关于公益诉讼是否可以进行调解结案存在两种观点。肯定的观点认为:第一,公益诉讼调解符合民事诉讼的目的。民事公益诉讼在本质上属于民事诉讼,应当适用民事诉讼法的一般规定,而我国《民事诉讼法》规定,在民事诉讼法庭审理过程中,允许双方当事人和解,法院也可以进行诉讼调解;民事公益诉讼作为民事诉讼的一种特殊形式,应允许进行调解。第二,公益诉讼调解符合诉讼经济原则。允许民事公益诉讼活动进行调解,法院可以通过调解及时结案,节约司法资源,因而符合诉讼经济原则的要求。第三,公益诉讼调解符合我国构建和谐社会的目标。允许民事公益诉讼活动进行调解,法院调解结案,相较于判决结案,可以更加彻底地解决纠纷,化解社会矛盾,促进社会和谐,这符合我国目前倡导的构建社会主义和谐社会的要求。① 第四,域外相关司法实践中,调解可以作为公益诉讼的结案方式。② 肯定公益诉讼调解的观点主要是基于公益诉讼是民事诉讼的一部分、调解自身具有的优势等进行论述的。

否定的观点认为:第一,公益诉讼主体并无实体处分的权利。公益诉讼起诉主体对该诉讼拥有诉讼管理权或诉讼实行权,但并非公共

---

① 参见邓思清:《公益诉讼制度的程序构想》,载《当代法学》2008年第2期。
② 参见范明志、韩建英、黄斌:《〈人民法院审理人民检察院提起公益诉讼案件试点工作实施办法〉的理解与适用》,载《法律适用》2016年第5期。

利益的完全或实体代表,不应对公益诉讼案件的实体问题享有处分权。① 第二,公益诉讼调解建立在模糊案件事实的基础上,软化了公益诉讼的权威性,阻塞了后续追责渠道。第三,公益诉讼调解使特定受害人援引公益诉讼判决进行快速私人救济的希望落空,妨碍民事公益诉讼与民事私益诉讼之间的良性互动。② 否定将调解运用于公益诉讼的观点主要是考虑到调解不利于私益受害人权利保护、调解的法律震慑效果不足等问题。

在安全生产民事公益诉讼中,重大事故隐患的治理具有急迫性,法院对有履行意愿的当事人进行调解以及当事人及时履行调解协议,能够及时消除重大事故隐患,这符合安全生产民事公益诉讼的提起目的。该案中,某水产厂主观上具有积极整改意愿,主动申请调解,法院同意案件以调解结案,被告在达成调解协议后1个月内完成技术改造并消除重大事故隐患,在节约司法资源的同时及时修复了公益。该案是调解在公益诉讼中发挥积极作用的良好例证。

【思考题】
1. 民事公益诉讼的法定案件范围有哪些?
2. 民事公益诉讼拓展的基本原则是什么?

第六节 民事公益诉讼的新领域探索

【主要知识点】

《民事诉讼法》第五十八条规定了法律规定的机关和有关组织、人民检察院作为起诉主体的民事公益诉讼,其中,法律规定的机关和

---

① 参见张卫平:《民事公益诉讼原则的制度化及实施研究》,载《清华法学》2013年第4期。
② 参见黄忠顺:《中国民事公益诉讼年度观察报告(2016)》,载《当代法学》2017年第6期。

有关组织提起的民事公益诉讼案件范围为"污染环境、侵害众多消费者合法权益等损害社会公共利益的行为",人民检察院提起的民事公益诉讼案件范围为"破坏生态环境和资源保护、食品药品安全领域侵害众多消费者合法权益等损害社会公共利益的行为"。人民检察院进行"等外"领域民事公益诉讼案件拓展的根据便在于《民事诉讼法》对侵害公共利益的行为概括式授权人民检察院提起公益诉讼。

民事公益诉讼的新领域探索关键在于公共利益是否因不法行为受到损害。关于公共利益受损的认定,主要存在以下三种观点:第一种观点认为,应当通过不法行为指向的对象所具有的特征判断是否侵犯公共利益,其从受侵害对象出发,因此又被称为"对象说"。在该学说内部主要存在两种子类型:"多数人说"认为,存在多数受害者即构成侵害公共利益,而无论损失大小;"不特定且多数人说"认为,受害是不特定的多数方时可构成侵害公共利益。目前"不特定且多数人说"为通说。第二种观点为"综合说"。该观点认为公共利益是社会公共利益的上位概念,公共利益包括不特定多数人的社会公共利益和国家利益。第三种观点为"法益说"。该观点从侵权行为侵害法益的性质出发,认为当该法益具有公共属性时,即属于侵犯公共利益。

【案例分析】

浙江省宁波市人民检察院诉某隧道工程有限公司损害吴杰故居等文物民事公益诉讼案[①]

【基本案情】

吴杰故居是全国重点文物保护单位镇海口海防遗址的14个遗存

---

① 参见《文物和文化遗产保护检察公益诉讼典型案例》,载最高人民检察院官网,https://www.spp.gov.cn/xwfbh/wsfbt/202312/t20231227_638285.shtml#2。

点之一。徐宅是镇海区文物保护单位,是近现代重要史迹及代表性建筑。2019年2月26日,宁波市轨道交通2号线二期工程某地铁站基坑开挖(以下简称2号线二期工程),挖掘作业直接导致位于工地附近的吴杰故居、徐宅地基沉降、墙体开裂,并间接加剧了原有自然损坏,对文物造成不可逆的破坏。

2023年5月29日,浙江省宁波市镇海区人民检察院启动民事公益诉讼立案程序,并于同日进行审前公告。2023年6月30日,镇海区人民检察院将案件移送宁波市人民检察院审查起诉。经多次实地勘查、走访调查,宁波市人民检察院查明两处文物产权均为国有,2号线二期工程对两处文物建筑本体及围墙影响程度超过现行规范限值要求,某隧道工程有限公司应为该案的侵权责任主体,某轨道交通集团有限公司作为建设单位与该案有利害关系,应列为第三人。经评估,两处文物修缮工程的总费用为939.87万元。鉴于文物损坏是自然损坏与工程施工共同作用的结果,宁波市人民检察院结合古建筑修复专家与镇海区文化广电旅游体育局意见,认定某隧道工程有限公司按比例应承担511.39万元,其余修缮费用由文保经费、文物管理单位承担。2023年7月3日,宁波市人民检察院向宁波市中级人民法院提起民事公益诉讼,诉请判令被告某隧道工程有限公司承担吴杰故居、徐宅文物修缮工程费用共计人民币511.39万元。

【主要法律问题】

该案中的文物保护是否属于民事公益诉讼的案件范围?

【主要法律依据】

《民事诉讼法》第五十八条。

【学理分析】

2012年修正的《民事诉讼法》第五十五条规定,法律规定的机关和有关组织在环境污染、侵害众多消费者合法权益等领域可以提起民事公益诉讼;2017年同条新增检察机关在破坏生态环境和资源保护、食品药品安全领域侵害众多消费者合法权益等领域作为起诉主体的民事公益诉讼。2018年《英雄烈士保护法》第二十五条规定了英雄烈士领域民事公益诉讼,2019年10月《中共中央关于坚持和完善中国特色社会主义制度 推进国家治理体系和治理能力现代化若干重大问题的决定》第四条第四项明确要求"拓展公益诉讼案件范围"。此后,《英雄烈士保护法》第二十五条、《未成年人保护法》第一百零六条、《军人地位和权益保障法》第六十二条、《安全生产法》第七十四条、《个人信息保护法》第七十条、《反电信网络诈骗法》第四十七条、《农产品质量安全法》第七十九条、《妇女权益保障法》第七十七条、《无障碍环境建设法》第六十三条、《反垄断法》第六十条以单行法的形式拓展了民事公益诉讼的范围。公益诉讼案件范围的拓展是顶层设计、因时而动、势在必行的重大法治工程,是完善公益诉讼制度的必要之举和关键步骤。①

民事公益诉讼制度确立之初,考虑到公益诉讼初步建立,未设置较宽的案件范围,亦未限制过死,而是为未来公益诉讼范围扩展留下空间。② 民事公益诉讼以"等"的形式扩充案件范围,符合程序法规定和立法精神。③ 该案中,虽然《文物保护法》未对公益诉讼作出规定,但从公共利益保护出发,对《民事诉讼法》第五十八条中的"等"可以作扩张解释,使文物保护领域的民事公益诉讼包含在内。在文物保护领域,检察机关对"等"外新领域进行的民事公益诉讼探索,当文物仍处于受损害的状态下,及时启动民事公益诉讼,以"诉"的确认补位形成公益保护闭环,凸显了检察公益诉讼独特的制度价值和功能。

---

① 参见汤维建:《拓展公益诉讼的案件范围势在必行》,载《团结》2021年第3期。
② 参见王胜明主编:《中华人民共和国民事诉讼法释义:最新修正版》,法律出版社2012年版。
③ 参见潘剑锋、牛正浩:《检察公益诉讼案件范围拓展研究》,载《湘潭大学学报(哲学社会科学版)》2021年第4期。

【思考题】
1. 民事公益诉讼案件范围拓展的必要性与现实性是什么？
2. 民事公益诉讼案件范围拓展的考量因素为何？

第二章　民事公益诉讼诉前程序

民事公益诉讼诉前程序,是指人民检察院在履行职责中发现特定领域存在损害社会公共利益的行为,在提起民事公益诉讼之前,应当依法督促或者支持对民事公益诉讼享有优先诉权的法律规定的机关和有关组织(适格主体)起诉的制度安排。[1] 申言之,现行公益诉讼制度框架内,检察机关在民事公益诉讼中的诉权具有补位性,其设计初衷是通过诉前程序督促其他适格诉权主体及时依法提起诉讼以达到维护公益之目的,这是"由检察公益诉讼的非优先性决定的"[2]。

2015年公布施行的《检察机关提起公益诉讼改革试点方案》、《人民检察院提起公益诉讼试点工作实施办法》(已失效)以及2016年公布施行的《人民法院审理人民检察院提起公益诉讼案件试点工作实施办法》对检察机关提起民事公益诉讼的诉前程序进行了初步法律授权规定。[3] 2017年修正的《民事诉讼法》第五十五条(2023年修正

---

[1] 参见张嘉军主编:《公益诉讼法》,中国检察出版社2022年版,第250页。
[2] 参见张卫平:《民事诉讼法》(第5版),法律出版社2019年版,第372页。
[3] 《检察机关提起公益诉讼改革试点方案》第二条第(一)项规定,"检察机关在提起民事公益诉讼之前,应当依法督促或者支持法律规定的机关或有关组织提起民事公益诉讼。法律规定的机关或者有关组织应当在收到督促或者支持起诉意见书后一个月内依法办理,并将办理情况及时书面回复检察机关"。《人民检察院提起公益诉讼试点工作实施办法》(已失效)第十三条规定:"人民检察院在提起民事公益诉讼之前,应当履行以下诉前程序:(一)依法督促法律规定的机关提起民事公益诉讼;(二)建议辖区内符合法律规定条件的有关组织提起民事公益诉讼。有关组织提出需要人民检察院支持起诉的,可以依照相关法律规定支持其提起民事公益诉讼。法律规定的机关和有

后的《民事诉讼法》第五十八条)虽未明确规定民事公益诉讼制度诉前程序,但以立法性语言对诉前程序进行了确立,①并在后来颁布的相关司法解释中逐步实现制度化、精细化和规范化。

关于民事公益诉讼诉前程序的内容,《检察机关民事公益诉讼案件办案指南(试行)》进行了详细规定,其中包括调查、审查、终结审查、公告等程序规定。作为前置性程序,检察机关提起民事公益诉讼诉前程序应以维护国家利益和社会公共利益为目的,以实现程序正义和节约司法资源为价值追求,检察机关在民事公益诉讼中的诉权在本质上是一种具有法律监督属性的社会违法行为干预权。②诉前程序对于高效及时维护公共利益、节约司法资源、营造公共利益保护的良好社会风气具有重要价值和意义。民事公益诉讼诉前程序的制度设计体现了司法权有限性、检察权谦抑性和尊重私权的法治原则,③其初衷在于通过检察机关督促、支持其他适格主体提起民事公益诉讼,以督促、支持和协同提升维护公共利益的效果并节约司法资源,其有助于监督促进行政主管部门的积极履职,有助于提升社会组织提起民事公益诉讼的能力,有助于优化司法资源配置以及以最小成本实现维护公共利益之目的。但其在司法实践中存在诸多问题:如法律制度供给

关组织应当在收到督促起诉意见书或者检察建议书后一个月内依法办理,并将办理情况及时书面回复人民检察院。"该办法第十四条规定:"经过诉前程序,法律规定的机关和有关组织没有提起民事公益诉讼,或者没有适格主体提起诉讼,社会公共利益仍处于受侵害状态的,人民检察院可以提起民事公益诉讼。"

① 《民事诉讼法》第五十八条规定:"对污染环境、侵害众多消费者合法权益等损害社会公共利益的行为,法律规定的机关和有关组织可以向人民法院提起诉讼。人民检察院在履行职责中发现破坏生态环境和资源保护、食品药品安全领域侵害众多消费者合法权益等损害社会公共利益的行为,在没有前款规定的机关和组织或者前款规定的机关和组织不提起诉讼的情况下,可以向人民法院提起诉讼。前款规定的机关或者组织提起诉讼的,人民检察院可以支持起诉。"

② 参见杨雅妮:《检察机关提起民事公益诉讼诉前程序探析》,载《河南财经政法大学学报》2018年第2期。

③ 参见孙立智、胡晓建、陈都河川:《检察民事公益诉讼诉前程序:价值、问题与完善》,载《广西政法管理干部学院学报》2022年第4期。

不足,制度设计不完善;法律规定"虚置化",法律程序"空转化"态势明显;督促程序和支持起诉规定"单一化""框架化",程序衔接不畅;等等。需要通过夯实法理基础、完善制度设计、丰富法律供给、总结提升成果促进实现程序设计初衷,更好维护公共利益,从而推动民事公益诉讼制度不断发展完善。

第一节　民事公益诉讼诉前程序的功能

【主要知识点】

我国建立公益诉讼制度是为了解决"公地悲剧"这一世界性难题,给出的公共利益保护的"中国方案"。我国的公益诉讼制度是区别于传统私益保护主观民事诉讼的以实现公益保护为目的的客观诉讼法律制度,赋予"非直接利害关系"民事主体和特定国家机关提起诉讼的权利,因此就可能产生多个诉权主体并存的情况。诉前程序是为了解决在多个诉权主体并存的情况下,如何厘清、平衡、协调诉权主体的顺位、关系和程序等问题,以保障诉权主体合理、合法、有效地行使诉权,维护公共利益。

检察机关作为我国宪法意义上的法律监督机关,依法对民事领域的法律活动实行法律监督。但在民事公益保护领域,检察机关应当秉持谦抑原则并尊重私权的法治原则,[1]在决定提起民事公益诉讼前,可以督促或者支持其他社会团体、组织率先提起公益诉讼,只有在无主体提起公益诉讼时,检察机关才最终提起公益诉讼。[2] 检察权介入民事公益诉讼具有补充性,即使涉及公益事项,检察权的介入也应当

---

[1] 参见孙立智、胡晓建、陈都河川:《检察民事公益诉讼诉前程序:价值、问题与完善》,载《广西政法管理干部学院学报》2022年第4期。

[2] 参见汤维建:《检察机关提起公益诉讼试点相关问题解析》,载《中国党政干部论坛》2015年第8期。

是在普通民事主体穷尽诸如诉讼等法律救济手段，公益仍不能获得应有保护，或者根本就没有适格主体提起诉讼的情况下，选择由作为法律监督者的检察机关担负起维护公益的职责。①

实现对公共利益的有效维护是构建民事公益诉讼制度的根本目的和价值追求，民事公益诉讼诉前程序的功能在于以下三个方面：一是能够充分保障其他主体诉权的依法行使，督促诉权主体履行职责职能，节约司法资源；二是充分发挥检察机关与有关组织在公益保护上的督促性、协同性与合作性，培育社会组织维护公共利益的自治功能，以最高效且低成本达到实现公共利益维护的根本目的；三是作为补充性诉权，检察机关提起民事公益诉讼具有兜底性和有效性，能够弥补社会组织数量与力量上的不足，既恪守检察谦抑性，又彰显检察的担当和作为。

【案例分析】

江苏中国音像著作权集体管理协会与常熟市虞山镇鑫龙娱乐会所侵害作品放映权纠纷支持起诉系列案②

【基本案情】

台湾索尼音乐娱乐股份有限公司（以下简称索尼台湾公司）享有对《爱如潮水》《白月光》等282部涉案音乐电视作品的著作权。2015年7月，经原国家新闻出版广电总局批准，浙江文艺音像出版社有限公司进口索尼台湾公司出品的《索尼音乐经典金曲合辑》，并以DVD

---

① 参见陆军、杨学飞：《检察机关民事公益诉讼诉前程序实践检视》，载《国家检察官学院学报》2017年第6期。

② 参见《著作权协会与会所侵害作品放映权纠纷支持起诉系列案》，载正义网，http://www.jcrb.com/jcjgsfalk/dxal/gjc/zhishichanquan/202004/t20200426_4899147.html。

形式发行该合辑。上述进口的音乐电视作品包括涉案音乐电视作品。2017年7月1日,索尼台湾公司签署了著作权授权证明书,将其拥有著作权或通过授权享有著作权的涉案音乐电视作品在内的282部音乐电视作品的复制权、放映权以专有授权的方式授权给索尼音乐娱乐(上海)有限公司(以下简称索尼上海公司)(仅包括卡拉OK经营者、卡拉OK视频点歌设备提供商)。授权区域为中国大陆,后者有权以自己的名义与中国音像著作权集体管理协会(以下简称音集协)签订协议,有权许可卡拉OK经营者在相关的经营场所放映上述音乐电视作品,有权以被授权人的名义或委托音集协对相关侵权行为进行维权。后索尼上海公司与音集协签订著作权授权证明书。音集协对索尼上海公司的音乐电视作品的使用者有权发放使用许可,并且有权以音集协的名义向侵权使用者提起诉讼,授权期限自2017年7月1日起至2020年6月30日止。

2019年年初,常熟市人民检察院通过梳理公益诉讼线索,发现部分娱乐场所内存在未经授权点播音乐电视作品牟利的现象。因音乐电视作品关乎公共利益与知识产权保护,检察机关主动联系确认著作权权利主体,并对其收集的相关证据进行审查。常熟市人民检察院认为常熟市虞山镇鑫龙娱乐会所行为属恶意侵犯他人著作权,根据法律规定发出支持起诉书,支持音集协向常熟市人民法院提起知识产权诉讼,并详细阐述支持起诉的理由。2019年8月19日,常熟市人民法院作出民事判决,采纳检察机关的支持起诉意见。

【主要法律问题】

1.该案中,在存在诉权主体社会组织的情况下,检察机关应当如何履行诉前程序?如何界分二者在诉讼中的地位和职责?

2.检察机关如何做到有效维护公共利益?

【主要法律依据】

《民事诉讼法》(2017年修正)第十五条、第五十五条第二款。

【学理分析】

在我国现阶段公益诉讼法律制度框架和基础理论领域内,提起民事公益诉讼仍然实行一般诉权主体优先原则,这是私权自治原则的体现,本质上是现代法治国家公权力对市民社会领域私权利自我调整和私力救济的尊重和保护。检察机关作为公共利益的代表,行使法律监督权代表国家利益和社会公共利益,在民事公益保护领域,只有在缺少适格诉权主体或诉权主体不愿起诉、不敢起诉、不能起诉或者法定期限内没有起诉的情况下,才能依法获得诉权并担负诉讼主体责任。申言之,检察机关在民事公益诉讼领域内担任的是支持者、督促者、补位者或守卫者的角色,是民事公益保护领域的"守门员"。在民事领域,成熟的、克制的检察权运用理念和相应机制,有利于市民社会自律自纠和健康发展,有利于执法者主体能动意识和勤勉执法习惯的养成,有利于以较低的资源投入获得较高的治理效益。这对于国家社会的和谐稳定和良性运行,无疑具有莫大的益处。[①]

知识产权保护的对象和权利主体具有特殊性。因部分音乐电视作品(著作权)受众对象广泛且具有一定公共属性,以营利为目的且未经授权的商业行为不仅侵犯了著作权人的合法权益,也在一定程度上损害了公共利益,对这部分音乐电视作品的保护关乎知识产权权利主体的特殊性保护和对公共利益的一般性维护。该案涉及的支持起诉制度是在我国法治建设初期苏联的"社会干预主义"理念在我国民事诉讼法治体系中的反映。我国近年来探索建立的检察公益诉讼制度作为社会干预的具体形式,不能直接与支持起诉互相转化,而应当对其进行吸纳,将其作为诉前程序的重要一环加以运用。[②] 检察机关

[①] 参见陆军、杨学飞:《检察机关民事公益诉讼诉前程序实践检视》,载《国家检察官学院学报》2017年第6期。

[②] 参见张嘉军、武文浩:《异化与重塑:检察民事公益诉讼支持起诉制度研究》,载《中州学刊》2022年第9期。

在充分尊重社会组织诉权的基础上,通过诉前程序支持起诉制度,实现了社会组织的私益保护与社会公共利益维护相统一的办案效果,具有一定典型意义。

该案中,在音集协被授权并发现其合法权益遭受侵害的情况下,检察机关通过民事公益诉讼诉前程序,依法合理运用支持起诉权,发出支持起诉书并出庭阐述支持起诉理由,支持社会组织(音集协)向人民法院提起知识产权公益诉讼,最终以高效、优质、低诉讼成本实现了保护私益和维护公共利益的统一,合理实现了维护公共利益和个体私益的均衡与协调,这体现检察机关法律监督价值与公共利益代表的属性,彰显了民事公益诉讼诉前程序的制度价值和实践价值。

江西郭奕良硫黄熏制食用辣椒民事公益诉讼案[①]

【基本案情】

郭奕良从事辣椒生意期间,采用添加剂硫黄熏制辣椒以达到防霉、耐存储的目的。2017年8月18日,江西省信丰县公安局、大阿工商分局联合办案,在郭奕良家中查获1.4万余斤辣椒,其中包括8102.8斤半干辣椒、6841斤湿辣椒。现场扣押辣椒5780斤,同时对剩余的9163.8斤辣椒采取现场查封的方式贴封条封存在郭奕良家中的仓库内。后郭奕良私自撕去封条将封存在仓库的9163.8斤辣椒销售流入市场。经检验,在郭奕良家中提取的辣椒样品中,半干辣椒和湿辣椒中二氧化硫含量分别达到4.40g/kg、4.65g/kg,均超过食品安全国家标准0.2g/kg的上限20多倍。

---

① 参见《江西郭奕良硫磺熏制食用辣椒民事公益诉讼案》,载正义网,http://www.jcrb.com/jcjgsfalk/dxal/gjc/dajiqinfanxiaofeizhequanyifanzui/202003/t20200320_4895420.html。

经调查核实,郭奕良将被查封在其仓库的6862.8斤半干辣椒和2301斤湿辣椒私自变卖,将使用硫黄严重超标的辣椒销售给他人,足以对不特定多数人的身体健康造成重大侵害危险,损害社会公共利益。赣州市人民检察院于2017年10月在《新法制报》(现《新法治报》)上刊登公告,依法公告督促有权提起诉讼的机关和社会组织就该案向法院提起民事公益诉讼,公告期限为1个月。截至2017年12月15日,尚无社会组织就该案向法院提起民事公益诉讼。

2018年6月,赣州市人民检察院向赣州市中级人民法院提起民事公益诉讼。诉讼请求为:(1)判令被告郭奕良支付其所生产、销售的不符合食品安全标准的硫黄熏制食用辣椒价款10倍的赔偿金;(2)判令被告郭奕良承担现场扣押的5780斤硫黄熏制辣椒销毁费用,消除食品安全隐患;(3)判令被告郭奕良在《赣南日报》或赣州广播电视台等市级以上媒体公开向社会公众赔礼道歉。法院受理后于2018年9月14日公开开庭审理。经过法定审理程序,赣州市中级人民法院全部支持了检察机关的诉讼请求,作出支持判决。

【主要法律问题】

1.该案中,郭奕良销售1.4万余斤不符合食品国家安全标准的辣椒的行为是否损害公共利益?

2.赣州市人民检察院在《新法制报》(现《新法治报》)上刊登公告督促起诉行为是否符合法律规定,以及是否具有法律效力?其要求10倍惩罚性赔偿金是否于法有据?

【主要法律依据】

1.《刑法》第一百四十三条、第三百一十四条;

2.《民事诉讼法》(2017年修正)第五十五条第二款;

3.《最高人民法院、最高人民检察院关于检察公益诉讼案件适用法律若干问题的解释》第十三条。

【学理分析】

维护公共利益是公益诉讼最鲜明、最本质的特征,是公益诉讼制度的底色和基石。为实现维护公共利益之目的,多主体间的高效协同机制,相比检察机关单一主体的权力和权威,更为充分及时且有效。在民事领域,存在公共利益受损事实或侵害风险之虞时,检察机关不应直接向人民法院提起公益诉讼,而应当督促、建议、支持其他适格主体采取相应的措施或提起公益诉讼。这是基于维护公共利益的目的,是一种兼具普遍责任、特殊责任与法律兜底责任的复合型责任义务体系;这些适格主体负有保护公共利益的义务,享有维护公共利益的资格和权利。

保护和尊重法律赋予有关机关或社会组织的诉权,通过督促、建议、支持有关机关和社会组织行使诉权,提升公共利益保护效果,节约司法资源,减轻检察机关诉累,是诉前程序的功能和价值,但根据现行法律规定的诉前程序的适用范围、公告期限及后果、起诉条件等内容,结合司法办案实践能够看出诉前程序在检察民事公益诉讼中并未发挥其应有作用,呈现出明显的"虚置空转"现象,主要原因在于诉前程序适用对象不足、督促效力不足、公告期限不合理、支持起诉制度不健全等。[①]

该案中,郭奕良将已经被依法查封的存在可能造成不特定多数人身体健康损害重大风险的食品非法变卖,其行为不仅涉嫌刑事犯罪,还可能造成对公共利益的损害,虽然检察机关通过诉前程序刊登公告,督促有关机关和社会组织提起民事公益诉讼的做法符合法律规定,检察机关在公告期满后提起了民事公益诉讼,法院支持了其全部诉讼请求,但该案对于公共利益保护的实际效果却有待商榷。同时,

---

[①] 参见梅傲寒:《检察民事公益诉讼诉前程序专题研究》,载胡卫列、田凯、张嘉军主编:《中国检察公益诉讼发展报告(2023)》,社会科学文献出版社 2023 年版,第 362 页。

检察机关提出的"支付其所生产、销售的不符合食品安全标准的硫黄熏制食用辣椒价款10倍的赔偿金"的诉讼请求是否符合公益保护之目的、是否于法有据同样有待商榷。

在已将可能造成不特定多数人身体健康损害重大风险的食品非法变卖，可能已经对不特定多数人的身体造成了一定程度损害的情况下，囿于法律程序限制，检察机关必须通过审前公告程序督促有关机关和社会组织提起民事公益诉讼，在无人提起的情况下方可提起民事公益诉讼。这种机械化的程序设置可能影响公共利益保护的及时性和有效性，可能造成公共利益损失的扩大，这是多数学者主张取消民事检察公益诉讼诉前程序的重要理由和依据。

我们既应当看到检察民事公益诉讼诉前程序的功能和价值，也要客观地看待该程序在制度设计和运行中存在的问题和不足，探索通过扩大诉前程序适用范围对象、完善督促起诉方式和支持起诉制度、建立灵活化回复期限等途径来夯实法理基础、健全制度设计、完善程序流程，以更好地实现诉前程序的制度价值和法理意义。

【思考题】
1. 民事公益诉讼中的诉前程序是不是必经程序？
2. 检察民事公益诉讼诉前程序的制度本源、价值和意义何在？
3. 检察民事公益诉讼制度中的诉前程序运行状况如何？应当如何完善？

第二节 民事公益诉讼诉前程序的调查

【主要知识点】

调查是检察机关办理公益诉讼案件的基础，贯穿案件办理的各环节、全过程。① 民事公益诉讼诉前程序的设置,以节约司法资源、督促和建议有关机关和组织提起公益诉讼、实现公共利益的维护为根本目的。而诉前程序中的调查,既承载了初步证明责任——证明存在公共利益受到侵害或存在受侵害风险,又为检察机关后续参与公益审判程序奠定了基本事实性和初步证据性基础,是诉前程序中具有承前启后功能的制度。检察公益诉讼中的调查是检察机关为证明公益受损侵权责任的构成要件事实,依法定程序进行证据收集和查明案件事实的非实体处分性权力。

调查的原则是"依法、客观和全面"。调查的功能和目的在于查明事实,调取证据。调查的依据源于法律的授权及检察机关的权力、职责与法律定位。《人民检察院公益诉讼办案规则》《检察机关民事公益诉讼案件办案指南(试行)》对诉前程序中的调查进行了较为细化的授权性规定,包括调查方式、调查前期准备、调查内容、证据收集的具体要求和调查的保障等具体内容,成为检察机关办理民事公益诉讼案件的重要依据。应当进一步厘清公益诉讼调查权的权力来源和性质,丰富和完善法律制度供给,彰显并强调法律监督属性并赋予调查权刚性,坚持调查方式多样化,调查过程专业化,提升调查的配合性与参与度,完善制度保障措施和限制措施,在充分保障权力行使的基础上避免滥用权力,为民事公益诉讼的顺利开展、公共利益的有效维护打下良好的事实和证据基础。

---

① 参见张嘉军主编:《公益诉讼法》,中国检察出版社2022年版,第255页。

【案例分析】

江苏省常州市人民检察院诉常州某生物科技有限公司等消费欺诈民事公益诉讼案①

【基本案情】

2017年2月以来,常州某生物科技有限公司(以下简称某生物公司)主要经营保健品批发和零售业务。其在未取得食品药品生产许可的情况下,以进口食品名义从美国购入大盐湖水成品及原料(进口货物名称为氯化镁),组织工人自行勾兑灌装,并以"金能量"产品对外销售。某生物公司的产品外包装和说明书均未注明食品或药品生产许可证号。某生物公司通过制作宣传册、组织销售人员冒充专家授课等方式,虚假夸大宣传该产品含81种矿物质和微量元素,对心脑血管系统、内分泌代谢疾病、呼吸疾病、消化系统疾病等多种病症有治疗作用,导致众多老年消费者上当受骗,社会影响恶劣。

常州市人民检察院于2019年7月16日立案,经调查发现,某生物公司向全国各地大量批发销售"大盐湖水"。经专家鉴定,该产品不具备其宣传的功效,且长期或高浓度服用该产品会导致电解质紊乱,产生腹泻等肠胃道疾病,甚至对心脏产生不良影响。检察机关调查收集了记录收集销售情况的U盘电子数据、顾客消费登记表和外销记录本等证据,调取了银行交易记录等证据,查明某生物公司销售"大盐湖水"共计8万余瓶,总销售金额为2300余万元。

检察机关发布公告后,没有法律规定的机关或组织提起诉讼。

---

① 参见《江苏省常州市人民检察院诉常州某生物科技有限公司等消费欺诈民事公益诉讼案》,载正义网,http://www.jcrb.com/jcjgsfalk/dxal/gjc/syaqgyss/202103/t20210315_4931854.html。

2019年12月25日,常州市人民检察院向同级人民法院提起民事公益诉讼,请求判令某生物公司及其法定代表人谢某某等在国家级媒体上公开赔礼道歉,并连带支付销售总金额3倍的惩罚性赔偿金70,105,591.5元;涉案公司股东在各自未出资范围内承担连带赔偿责任。2020年12月10日,法院一审判决支持了全部诉讼请求。某生物公司及谢某某等未上诉,一审判决生效。

【主要法律问题】

该案中,常州市人民检察院采取了何种调查手段?其查明的事实、取得的证据材料的效力如何?

【主要法律依据】

1.《民事诉讼法》(2017年修正)第五十五条第二款;

2.《最高人民法院、最高人民检察院关于检察公益诉讼案件适用法律若干问题的解释》第五条、第十三条。

【学理分析】

检察机关提起的民事公益诉讼案件中,调查是查明事实、获取证据材料的核心程序和重要手段,只有通过合理高效的调查程序,查明存在公共利益受损的事实,才能更好地开展公益诉讼的调查核实工作,更为深入地查明全案事实并调取、收集涉案证据材料。调查的主要内容包括查明侵权主体的基本情况;行为人实施了破坏生态环境和资源保护、危害食品药品安全的行为及具体过程;损害后果,包括社会公共利益遭受损害且损害后果处于持续状态,以及损害的类型、具体数额等;违法行为与损害事实之间的因果关系;侵权主体的主观过错程度;等等。这些内容既是调查程序的重要内容,也是在其他程序,包括但不限于审查起诉程序、法院审理程序中,需要查明和举证的事实,关乎公益诉讼案件的整体办案效果和公共利益维护的效果。

该案中,常州市人民检察院在查明存在消费欺诈,侵害老年消费者合法权益,可能导致公共利益受损的情况下,调查核实并收集证据;

对涉案产品进行鉴定；收集了电子数据、顾客消费登记表和外销记录本等证据；调取了银行交易记录等，查明了侵权主体的基本情况，公共利益受损的事实、损害后果及二者之间的因果关系，收集、固定了涉案证据。相关程序合法，查明的事实和调取的证据材料有效，能够成为提起民事公益诉讼的依据。常州市人民检察院依法履行审前公告程序后向法院提起民事公益诉讼，最终诉讼请求得到了法院的支持，实现了维护社会公共利益的法律效果和社会效果。

【思考题】

1. 检察机关民事公益诉讼诉前程序中，调查的作用、意义和价值是什么？

2. 公益诉讼案件中的调查与刑事案件中的侦查，民事、行政案件中的调查核实有何区别？

3. 现行法律规定的调查程序存在何种问题？应当如何完善？

第三节　民事公益诉讼诉前程序的审查

【主要知识点】

审查一般是针对行为与结果之间、事实与证据之间、责任与依据之间的关联程度及法律后果的事实认定和法律判断。民事公益诉讼诉前程序中，审查就是检察机关对事实、证据与法律规定之间的认识和判断，包括案件行为与损害后果之间的因果关系，行为人的过错程度、责任分担，证据的合法性、客观性、关联性、证明效力及证据之间的逻辑关系，相关法律适用及其他需要审查的内容，等等。

审查作为检察机关办理公益诉讼案件的流程之一，贯穿检察民事公益审判程序的始终，虽然其独立价值不突出，但其对推进案件流程，整体宏观把握案件事实和证据尤为重要。民事公益诉讼案件由检察官办案组办理，检察官办案组审查并制作审查报告时需明确提出是否发出公告或终结审查的处理意见,审查期限为自决定立案之日起3个月内办理终结,报经审批决定后可延长,但鉴定、评估、审计及报送审批的期间不计入审查期限。审查结束后,根据情况作终结案件或发布公告处理。

【案例分析】

海南省海口市人民检察院诉海口琳雄物资工贸有限公司龙桥分公司等生产销售不合格包装饮用水民事公益诉讼案[①]

【基本案情】

海口市人民检察院通过"两法衔接平台"发现该案线索,经初步调查核实后,于2018年7月11日立案审查,查明事实:自2015年以来,海口琳雄物资工贸有限公司龙桥分公司(以下简称龙桥分公司)生产的包装饮用水在食品药品监督管理部门组织的抽检过程中,多次被查出铜绿假单胞菌、菌落总数、霉菌等项目不符合国家食品安全标准要求,被认定为不合格产品。海口市食品药品监督管理局先后对龙桥分公司作出5次行政处罚。龙桥分公司自2006年左右开始生产包装饮用水,每天生产100~200桶,每年销售金额20万元左右。其生产的不合格包装饮用水销往海南多个市县,累计销售数量大(仅查处含铜绿假单胞菌的包装饮用水就多达500余桶),对广大消费者的身体健康构成潜在危害。

经审查,龙桥分公司受到多次行政处罚后,其生产的包装饮用水

[①] 参见《海南省海口市人民检察院诉海口琳雄物资工贸有限公司龙桥分公司等生产销售不合格包装饮用水民事公益诉讼案》,载正义网,http://www.jcrb.com/jcjgs-falk/dxal/gjc/gongyisusong/202003/t20200320_4895491.html。

仍不断检出铜绿假单胞菌,这是一种国家认定的条件致病菌,容易引起急性肠道炎、脑膜炎、败血症和皮肤炎症等多种疾病。GB 19298—2014《食品安全国家标准包装饮用水》中明确规定每 250 毫升水样中不得检出铜绿假单胞菌。海南省疾病控制预防中心出具专家意见函证实,该案所涉包装饮用水铜绿假单胞菌对易感人群存在一定的健康危害风险。

2018 年 10 月 10 日,海口市人民检察院在《检察日报》上发出公告,告知有权机关或组织可依法对龙桥分公司提起民事公益诉讼,并函告海南省消费者委员会。2018 年 11 月 8 日公告期届满后,没有法律规定的有权机关或组织提起诉讼。

该院于 2018 年 11 月 23 日向海口市中级人民法院提起民事公益诉讼;2018 年 12 月 29 日,法院作出一审判决,支持了检察机关的全部诉讼请求。

【主要法律问题】

检察机关在诉前程序中如何进行调查核实?其履行了何种审查义务?

【主要法律依据】

1.《民事诉讼法》(2017 年修正)第五十五条第二款;

2.《最高人民法院、最高人民检察院关于检察公益诉讼案件适用法律若干问题的解释》第五条。

【学理分析】

现行法律制度框架之下,根据检察机关民事公益审判程序办案指引的相关规定,民事公益诉讼诉前程序中的审查包括审查的内容、讨论及审批程序、审查的期限和审查的决定等内容。法教义学意义上,该制度可探讨的学理争议、制度意义和完善空间较小,没有太多值得探讨和争论的价值。但从对检察民事公益诉讼制度构建意义上来讲,审查程序贯穿于始终,是贯通待证事实与案件证据不可或缺的沟通桥梁,是检察办案人员"目光往返流转于事实与证据之间"的重要制度性程序且串联检察一体化办案中层级审批程序的始终。通过审查,检察办案人员能够对案件事实前后贯通并"提纲挈领",进而有利于推动程序的进行和流转,能够实现办案人员准确把握案件事实和证据材料之间的关系,更好地推动、引领案件的进展和实现公益保护的目标。

该案中,检察机关通过"两法衔接平台"发现线索并调查核实立案,经过调查取证,查明公益受损、违法行为侵权的相关事实,并通过审查行为人危害食品安全的行为、社会公共利益受到损害及二者之间存在因果关系,以及行政机关在履行相关职责对龙桥分公司多次行政处罚后龙桥分公司仍不整改,查明了社会公益受损与龙桥分公司违法生产之间的因果关系;专家意见函印证了龙桥分公司违法行为对公共利益的危害性。检察机关在全面、综合审查事实和证据的基础上经过讨论、审批等法定程序,决定启动诉前程序中的公告程序;公告后没有诉权主体提起民事公益诉讼,检察机关为了维护社会公共利益,依据法律相关规定向人民法院提起民事公益诉讼并胜诉,通过发挥公益诉讼职能作用,督促企业认真履行食品安全生产第一责任人的法定义务,提醒全国范围包装饮用水行业规范生产,保障消费者饮用水安全卫生,维护了社会公共利益,具有积极的引领示范作用。

【思考题】

1. 民事公益诉讼诉前程序中的审查的内容、程序和法律后果分别是什么?在什么情况下应当终结审查?

2. 民事公益诉讼诉前程序中审查制度的意义和价值是什么?应当如何予以完善?

第四节　民事公益诉讼诉前程序的公告

【主要知识点】

现行法律制度之下,公告作为民事公益诉讼诉前程序的核心内容,是指检察机关在依法提起民事公益诉讼之前,应当在全国范围内发行的具有全国影响的媒体上进行公告,告知相关诉权主体有权提起民事公益诉讼。公告程序是民事公益审判的核心程序,其运行应当坚持法定性与程序性,目的在于保障其他诉权主体能够依法行使诉权,设置的价值在于民事公益诉讼保护领域中检察权应当秉持补位性与谦抑性。

公告适用的条件是在法律规定的领域内,涉及案件相关的基本事实已经查明,基本证据已经收集、固定完毕;此时由检察机关在覆盖全国范围且具有全国影响的媒体上发布公告,告知、督促法律规定的机关和社会组织提起民事公益诉讼,期限为30日。

民事公益审判程序中的公告程序的法律效力在于:公告期满之后,法律规定的机关、有关社会组织或英雄烈士近亲属不提起诉讼的,检察机关可以提起民事公益诉讼并进入审查起诉程序,一般情况下期限为3个月(特殊情况下可以延长);公告期内,法律规定的机关、有关社会组织或英雄烈士近亲属提起诉讼的,检察机关可以支持起诉。

刑事附带民事公益诉讼中,应当依法履行审前公告程序。① 但刑事附带民事公益诉讼制度建构的本意是在依法惩治犯罪的同时,保护国家利益,节约司法资源并提高诉讼效率,但在刑事附带民事公益诉讼实践中,审前公告程序实际运行效果不佳,可能降低诉讼效率,浪费

---

① 详见《最高人民法院、最高人民检察院关于人民检察院提起刑事附带民事公益诉讼应否履行诉前公告程序问题的批复》。

司法资源,延误程序进展。

【案例分析】

江苏省泰州市人民检察院诉王某某等人损害长江生态资源民事公益诉讼案①

【基本案情】

2018年1月至4月,张某某等34人单独或共同在长江干流水域,使用网目尺寸小于3毫米的张网等禁用渔具,非法捕捞具有重要经济价值的长江鳗鱼苗至少4852条,出售给王某某、高某某等13人。高某某等7人,为谋取非法利益,明知所收购的鳗鱼苗系他人非法捕捞所得,仍在靖江市安宁港、蟛蜞港等地,分别多次向张某某等非法捕捞人员收购鳗鱼苗至少5301条,并加价出售给王某某等人。王某某等人明知收购的鳗鱼苗系他人非法捕捞所得,仍共同合伙出资向上述张某某等34人、高某某等7人以及其他身份不明的捕捞者或贩卖者收购长江鳗鱼苗至少116,999条,后加价出售给他人。

案涉鳗鱼于2014年被世界自然保护联盟列为濒危物种,至今无法人工繁育。江苏省泰州市人民检察院从王某某等人刑事犯罪案件中发现公益诉讼线索,于2019年2月14日决定立案调查。另查明,该案王某某等收购者明知他人向其出售的鳗鱼苗是从长江中非法捕捞所得的,仍多次、反复收购,甚至与捕捞者事先约定价格、支付保证金,非法捕捞、贩卖、收购者共同破坏了长江生态资源。

经审前公告程序,泰州市中级人民法院于2019年7月15日对王

---

① 参见《江苏省泰州市人民检察院诉王某某等人损害长江生态资源民事公益诉讼案》,载正义网,http://www.jcjgsfalk/dxal/gjc/xingzheng_70899/202110/t20211009_4950078.html。

某某等人提起民事公益诉讼,并聘请水产研究专家出庭,辅助说明非法捕捞行为给长江生物多样性以及长江水域生态系统带来的危害。法院在经一审、二审审理之后,判决支持检察机关诉讼请求,判令相关人员承担相应责任。

【主要法律问题】

1.设置审前公告程序的目的和价值何在?

2.刑事案件中发现公益诉讼线索的,检察机关提起民事公益诉讼时是否需要经过审前公告程序?

【主要法律依据】

1.《环境保护法》第六十四条;

2.《侵权责任法》(已失效)第八条;

3.《民事诉讼法》(2017年修正)第五十五条第二款;

4.《最高人民法院、最高人民检察院关于检察公益诉讼案件适用法律若干问题的解释》(2018年施行)第五条。

【学理分析】

检察机关提起民事公益诉讼是公益保护的最后一道防线,具有后置性、补位性。为了能及时有效实现对公共利益的保护,节约司法资源,提升公益保护的实际效果,检察机关在发现公益受损或存在公益受损之虞的线索之后,应当先督促法律规定的诉权主体依法行使诉权,从而高效且经济地达到保护公益之目的;这构成了公益诉讼诉前程序设计的初衷和目的,同时体现了检察权的谦抑性和补位性。而公告程序应当至少包括三个方面内容,一是检察机关在履行职责中发现的法定领域内公益受损的基本事实;二是建议法律规定的机关和有权提起诉讼的组织在公告期内向有管辖权的法院提起诉讼;三是公告的期限、联系人、联系地址、联系电话、日期和公告单位等外在形式要素。[①]

---

① 参见张嘉军主编:《公益诉讼法》,中国检察出版社2022年版,第260页。

该案中,江苏省泰州市人民检察院在刑事案件中发现公益诉讼案件线索,在查明公益受损事实的情况下另行启动民事公益审判程序,依法进行调查、取证、审查,并依法予以公告;在没有其他主体进行起诉的情况下,依法进行审查起诉,进一步查明侵权行为人,不仅对依法承担刑事责任的人员追究民事侵权责任,还对虽然不构成刑事犯罪但构成民事侵权的共同责任人依法予以起诉,追究其侵权责任。由于非法捕捞造成生态资源严重破坏,当销售是非法捕捞的唯一目的,且收购者与非法捕捞者形成了固定的买卖关系时,收购行为诱发了非法捕捞,买卖双方共同损害了生态资源,因此收购者应当与捕捞者对共同实施的生态破坏行为造成的生态资源损失承担连带赔偿责任。

在面临生态资源损失无法准确统计的难题时,检察机关通过走访专家、调查查明损害及因果关系,结合生态破坏的范围和程度、资源的稀缺性等因素,充分考量非法行为的方式破坏性、时间敏感性和地点特殊性,并参考专家意见,合理并酌情损失计算方式,合理合法地做到了惩罚违法和保护公益相统一,具有较强的实践指导意义和价值。

【思考题】

1. 现行法律规定的民事公益审判程序中的审前公告程序,能否实现制度价值?

2. 如何优化审前公告程序制度设计,避免诉前程序虚置并提升公益保护质效?

第五节　英雄烈士保护民事公益诉讼诉前程序特殊情形

【主要知识点】

近代以来,为了争取民族独立和人民解放,实现国家富强和人民幸福,促进世界和平和人类进步而毕生奋斗、英勇献身的英雄烈士,功勋彪炳史册,精神永垂不朽。英雄烈士事迹和精神是中华民族的共同历史记忆和社会主义核心价值观的重要体现。公益保护领域内,对"英雄烈士"的保护,既包括对已经牺牲、逝世的英雄烈士的姓名、肖像、名誉、荣誉等权利的保护,也包括对健在的英雄模范人物姓名、肖像、名誉、荣誉等权利的保护。同时,虽未被认定为"英雄烈士",但为国家、民族和人民作出巨大贡献和牺牲的人,其名誉、荣誉、事迹承载着社会主义核心价值观和民族情感,具有公共利益属性,应当予以保护,核心判断标准就是被侵害对象是否属于公共利益保护的范畴。

英烈人格权益具有双重属性,既包含近亲属享有的私人利益属性,也包含社会公众享有的公共利益属性,已成为社会公德、社会主流价值观的重要组成部分。法律新增"英烈近亲属"作为检察民事公益诉讼诉前程序对象,突破了关于检察民事公益诉讼诉前程序对象范围的规定,这是法律对于民事领域公益诉讼的特殊规定,具有一定的合理之处,是尊重"英烈近亲属"诉权的表现,但该法律规定的学理基础却受到了质疑。同时,还存在"英烈近亲属"法律概念不清晰、诉讼主体难以确定、诉讼意愿低、诉讼能力弱等问题,这些问题需要在法律制定过程中得到厘清和解决。

诉前程序的设置在英烈公益诉讼中发挥着案件过滤分流的作用,既充分发挥近亲属私益诉讼的公益保护功效,又能保障检察公益诉讼的公益补充保护作用;既节约了司法资源又保证程序正义,在保护英烈名誉等公共利益方面具有重要作用。

【案例分析】

检例第 51 号：曾云侵害英烈名誉案[①]

【基本案情】

2018年5月12日下午，江苏省淮安市消防支队水上大队城南中队副班长谢勇在实施灭火救援行动时不幸牺牲。2018年5月13日，公安部批准谢勇同志为烈士并颁发献身国防金质纪念章；2018年5月14日，中国共产党江苏省公安厅委员会追认谢勇同志为中国共产党党员，追记一等功；淮安市人民政府追授谢勇同志"灭火救援勇士"荣誉称号。

2018年5月14日，曾云因就职受挫、生活不顺等，饮酒后看到其他网友发表悼念谢勇烈士的消息，为发泄自己的不满，在微信群公开发表一系列侮辱性言论，歪曲谢勇烈士英勇牺牲的事实。该微信群共有成员131人，多人阅看了曾云的言论，且有多人转发。曾云歪曲事实、侮辱英烈的行为，侵害了烈士的名誉，造成了较为恶劣的社会影响。

2018年5月17日，江苏省淮安市人民检察院以侵害英雄烈士名誉对曾云作出立案决定。检察机关在依法调查取证基础上，履行民事公益诉讼诉前程序，指派检察官赴谢勇烈士家乡湖南衡阳，就是否对曾云侵害烈士名誉的行为提起民事诉讼当面征求了谢勇烈士父母、祖父母及其弟的意见（谢勇烈士的外祖父母均已去世）。烈士近亲属声明不提起民事诉讼，并签署支持检察机关追究曾云侵权责任的书面意见。

[①] 参见《曾云侵害英烈名誉案》，载正义网，http://www.jcrb.com/jcjgsfalk/zdxal/gyss/202003/t20200320_4895317.html。

2018年5月21日，淮安市人民检察院就曾云侵害谢勇烈士名誉案向淮安市中级人民法院提起民事公益诉讼。2018年6月12日，淮安市中级人民法院公开开庭审理该案，并当庭作出支持检察机关诉讼请求的判决，后该判决生效并已履行。

【主要法律问题】

该案中，检察机关是如何提起英雄烈士保护民事公益诉讼的？

【主要法律依据】

1.《英雄烈士保护法》第二十二条、第二十五条、第二十六条；

2.《民法总则》(已失效)第一百八十五条；

3.《侵权责任法》(已失效)第十五条；

4.《民事诉讼法》(2017年修正)第五十五条第二款；

5.《最高人民法院、最高人民检察院关于检察公益诉讼案件适用法律若干问题的解释》第五条。

【学理分析】

民事公益诉讼诉前程序是检察机关提起民事公益诉讼的前置程序，具有程序必经、方式特定、审判程序必然启动等特点。检察机关代表国家公权力，履行法律监督职能，维护公共利益，既要避免过度干涉民事纠纷，又要充分发挥其他组织和个人的公益保护作用。英雄烈士保护是特殊客体的公益保护领域，既包含了英雄烈士近亲属的私益情感和经济价值利益，又是对公共抽象精神利益的保护，需要准确界定其客体的公共利益属性和价值，要实现保障私益诉权与维护公共利益的统一。该案中，消防英雄谢勇在实施灭火救援行动中不幸牺牲，被批准为烈士并颁发献身国防金质纪念章，追认为中国共产党党员，追记一等功，追授"灭火救援勇士"荣誉称号等，功劳巨大，事迹英勇感人，契合社会主义核心价值观，其是社会尊敬和崇尚的模范楷模和英雄人物，其权益符合公众认知的公共利益概念范畴。

《英雄烈士保护法》规定了"英雄烈士"保护领域的特殊诉前程序

制度,在该保护领域应当适用特别规定。在英雄烈士没有近亲属或者近亲属不提起诉讼的情况下,检察机关为了维护公共利益方可提起民事公益诉讼,这既是尊重私益主体诉权的表现,也是检察谦抑性原则的体现,体现了公正与效率相统一的原则。

该案中,曾云因就职受挫、生活不顺等,饮酒后为发泄自己的不满,歪曲事实、侮辱英烈的行为,侵害了烈士的名誉,造成了较为恶劣的社会影响。检察机关依法履职,通过调查取证,证明公共利益受损以及曾云实施了侵害烈士名誉的行为并造成较为恶劣的社会影响,且二者存在因果关系,并通过履行诉前程序,听取烈士近亲属意见,在烈士近亲属不提起民事诉讼并支持检察机关提起民事公益诉讼的情况下,依法提起民事公益诉讼,维护了近亲属合法权益,维护公共利益,理顺了适格原告的公益诉权关系,实现了程序公正、实体公正,提升了诉讼效率,取得了良好的法律效果和社会效果。

检例第 136 号:仇某侵害英雄烈士名誉、荣誉案[①]

【基本案情】

被告人仇某,男,1982 年出生,南京某投资管理有限公司法定代表人。

2020 年 6 月,印度军队公然违背与我方达成的共识,悍然越线挑衅。边防官兵誓死捍卫祖国领土,彰显了新时代卫国戍边官兵的昂扬风貌。2020 年 6 月,陈红军、陈祥榕、肖思远、王焯冉被评定为烈士;2021 年 2 月,中央军委追授陈红军"卫国戍边英雄"荣誉称号,追记陈祥榕、肖思远、王焯冉一等功,授予祁发宝"卫国戍边英雄团长"荣誉称号。

---

① 参见《仇某侵害英雄烈士名誉、荣誉案》,载正义网,http://www.jcrb.com/jcjgsfalk/zdxal/gyss/202202/t20220225_4963486.html。

2021年2月19日上午,仇某在卫国戍边官兵英雄事迹宣传报道后,为博取眼球使用其新浪微博账号"辣笔小球"(粉丝数250余万),先后发布2条微博,歪曲卫国戍边官兵祁发宝、陈红军、陈祥榕、肖思远、王焯冉等人的英雄事迹,诋毁、贬损卫国戍边官兵的英雄精神。上述微博在网络上迅速扩散,引起公众强烈愤慨,造成恶劣社会影响。

2021年2月20日,江苏省南京市公安局建邺分局对仇某以涉嫌寻衅滋事罪立案侦查并刑事拘留。建邺区人民检察院经公安机关商请介入侦查,并同步开展公益诉讼立案调查。检察机关在提起公诉时就公益诉讼听取祁发宝和烈士近亲属的意见,他们提出希望检察机关依法办理,检察机关遂提起附带民事公益诉讼。

2021年5月31日,江苏省南京市建邺区人民法院依法公开开庭审理该案。法院审理后当庭宣判,采纳检察机关指控的事实、罪名及量刑建议。判决宣告后,仇某未提出上诉,在《法治日报》及法治网发布道歉声明。

【主要法律问题】

1. 同一案件中,行为人的行为侵害的群体中既有已牺牲的烈士,又有健在的英雄模范人物的,对其行为如何定性?

2. 在英雄烈士保护领域,民事公益诉讼诉前程序的规定有何特殊之处?

【主要法律依据】

1.《刑法》第十二条、第二百九十九条之一;

2.《最高人民法院、最高人民检察院关于办理利用信息网络实施诽谤等刑事案件适用法律若干问题的解释》第二条、第五条;

3.《民法典》第一百八十五条;

4.《英雄烈士保护法》第二十二条、第二十五条、第二十六条;

5.《国家勋章和国家荣誉称号法》第二条、第三条、第四条;

6.《最高人民法院、最高人民检察院关于检察公益诉讼案件适用法律若干问题的解释》第二十条。

【学理分析】

信息化社会中,网络、自媒体的传播效率是裂变级非线性增长的,利用信息网络散布、发表侵害英雄烈士姓名、肖像、名誉、荣誉等合法权益的言论,其传播成本更为低廉,影响力、覆盖面和传播度却反而更为广泛、迅捷和高效,对于英雄烈士近亲属私益及社会公共利益的侵害更为直接和严重。在此背景下,实现英雄烈士合法权益的有效维护更为重要和关键,这就需要运用民事手段、行政手段、刑事手段和公益诉讼手段综合全面维护英雄烈士的合法权益和社会公共利益,严厉打击各种违法犯罪及侵权行为。

如果在同一案件中,行为人的行为侵害的群体中既有已牺牲的烈士,又有健在的英雄模范人物,则应当整体评价为侵害英雄烈士名誉、荣誉的行为,不宜再进行严格区别。那些虽不属于烈士,但事迹、精神被社会普遍公认的已故英雄模范人物的名誉、荣誉被侵害的,因他们为国家、民族和人民作出巨大贡献和牺牲,其名誉、荣誉承载着社会主义核心价值观,应当纳入侵害英雄烈士名誉、荣誉罪的保护对象,与英雄烈士的名誉、荣誉被予以法律上的一体保护。

检察机关办理英雄烈士保护领域的公益诉讼案件时,诉前程序与其他民事公益诉讼案件的诉前程序有所区别,依据《英雄烈士保护法》的相关规定,应当先督促英雄烈士近亲属依法向人民法院提起诉讼;在英雄烈士没有近亲属或者近亲属不提起诉讼的情况下,检察机关依法享有诉权,应当向法院提起民事公益诉讼。刑事附带民事公益诉讼中,检察机关应当督促英雄烈士近亲属依法向人民法院提起诉讼,在英雄烈士没有近亲属或者近亲属不提起诉讼的情况下,听取英雄烈士近亲属意见,提起刑事附带民事公益审判程序以维护公共利益。

该案中,检察机关综合运用刑事手段和公益诉讼手段,刑事检察和公益诉讼检察依法协同履职，维护社会公共利益。检察机关办理侵害英雄烈士名誉、荣誉案件，在英雄烈士没有近亲属，或者经征询意见，近亲属不提出民事诉讼时，应当充分履行刑事检察和公益诉讼检察职能；在提起公诉的同时，可以向人民法院一并提起附带民事公益诉讼，同步推进刑事责任和民事责任的追究，实现审判阶段刑事诉讼、附带民事公益诉讼由人民法院同一合议庭审理、同步判决，提高诉讼效率，确保庭审效果。

第三章　民事公益诉讼的管辖

民事公益诉讼的管辖,是指人民检察院、人民法院确定民事公益诉讼受理的分工与权限。① 司法机关介入民事公益诉讼纠纷后,需进一步划定具体由哪一级别、哪一地区的司法机关对进入诉讼的民事公益诉讼案件享有管辖权。相较于一般民事诉讼,民事公益诉讼管辖制度的特殊之处在于该制度涉及检察机关对于民事公益诉讼案件的管辖权问题。实践中,检察机关是民事公益诉讼案件的最主要起诉主体。基于检察院向法院提起诉讼的同级对应原则,民事公益诉讼的管辖制度必须考虑到人民检察院立案管辖和人民法院诉讼管辖之间的协调衔接。

《民事诉讼法》第五十八条第一款规定"法律规定的机关和有关组织可以向人民法院提起诉讼",但没有对民事公益诉讼的管辖进行具体规定。《人民检察院公益诉讼办案规则》第十四条第一款明确规定:"人民检察院办理民事公益诉讼案件,由违法行为发生地、损害结果地或者违法行为人住所地基层人民检察院立案管辖。"但是,最高人民法院于 2020 年 12 月 23 日以及最高人民检察院于 2020 年 12 月 28 日修正的《最高人民法院、最高人民检察院关于检察公益诉讼案件适用法律若干问题的解释》第五条第一款规定了"市(分、州)人民检察院提起的第一审民事公益诉讼案件,由侵权行为地或者被告住所地

---

① 参见张嘉军主编:《公益诉讼法》,中国检察出版社 2022 年版,第 266 页。

中级人民法院管辖",回避了由基层人民提起一审民事公益诉讼的情况。

地域管辖方面,人民检察院立案管辖与人民法院诉讼管辖的相关规定均明确了由违法行为发生地、损害结果地或者违法行为人住所地的检察院或法院管辖。对于刑事附带民事公益诉讼案件,《人民检察院公益诉讼办案规则》和《最高人民法院、最高人民检察院关于检察公益诉讼案件适用法律若干问题的解释》分别规定了由办理刑事案件的检察院和受审法院进行管辖。

总的来说,民事公益诉讼的立案管辖规范和诉讼管辖规范之间的协调并不完备,为了实现两者的协调一致,《人民检察院公益诉讼办案规则》规定了基于办案的便利性,上级人民检察院可以根据案件情况,在与人民法院沟通协商后,共同将民事公益诉讼案件指定辖区内其他人民检察院或者跨行政区划人民检察院管辖,即基于上级检察院的指定等,管辖权可以在上下级检察院之间进行转移。[①]

第一节 民事公益诉讼的立案管辖

【主要知识点】

民事公益诉讼的立案管辖指检察机关办理公益诉讼案件的管辖归属问题。根据《人民检察院公益诉讼办案规则》以及《最高人民法院、最高人民检察院关于检察公益诉讼案件适用法律若干问题的解释》,由违法行为发生地、损害结果地或者违法行为人住所地基层人民检察院立案管辖民事公益诉讼案件。刑事附带民事公益诉讼案件,由办理刑事案件的人民检察院立案管辖。设区的市级以上人民检察

---

① 参见张嘉军、付翔宇:《检察民事公益诉讼管辖的困境及其未来走向》,载《郑州大学学报(哲学社会科学版)》2020年第4期。

院管辖本辖区内重大复杂的公益诉讼案件。跨行政区划的民事公益诉讼案件可以由共同的上一级人民检察院管辖。

【案例分析】————————————————————

检例第 111 号：海南省海口市人民检察院诉海南 A 公司等三被告非法向海洋倾倒建筑垃圾民事公益诉讼案①

【基本案情】

海口市秀英区人民检察院在"12345"海口市民服务智慧联动平台发现，群众多次举报有运泥船在美丽沙海域附近倾倒废物，随后通过多次蹲点和无人机巡查，拍摄到船舶向海洋倾倒建筑垃圾的行为。

海口市人民检察院在前期工作的基础上调查发现，2018 年，海口 B 公司中标美丽沙项目两地块土石方施工工程后，将土石方外运工程分包给海南 A 公司。陈某（A 公司实际控制人）以 A 公司的名义申请临时码头，虚假承诺将开挖的土石方用船运到湛江市某荒地进行处置，实际上却组织人员将工程固废倾倒于海口市美丽沙海域。

海口市人民检察院书面建议海口市自然资源和规划局（承接原海洋与渔业局相关职能）依法启动海洋生态环境损害赔偿程序。该局于 2019 年 8 月 11 日回函称，因正处于机构改革中，缺乏法律专业人才和诉讼经验，请求检察机关提起民事公益诉讼。

2019 年 8 月 23 日，海口市人民检察院发布审前公告；公告期满，没有其他适格主体提起民事公益诉讼，于是向海口海事法院提起民事公益诉讼。

---

① 参见《第二十九批指导性案例》，载最高人民检察院官网，https://www.spp.gov.cn/spp/jczdal/202109/t20210902_528296.shtml。

【主要法律问题】

该案中海口市秀英区人民检察院在发现线索之后,为何将案件移交给海口市人民检察院办理?

【主要法律依据】

1.《民事诉讼法》第五十八条;

2.《人民检察院公益诉讼办案规则》第十四条、第十六条;

3.《最高人民法院、最高人民检察院关于检察公益诉讼案件适用法律若干问题的解释》第十一条、第十三条。

【学理分析】

该案件系民事主体违法向海洋当中倾倒污染物的案件。根据《民事诉讼法》第五十八条之规定,人民检察院有权向人民法院提起民事公益诉讼。按照《人民检察院公益诉讼办案规则》第十四条第一款"人民检察院办理民事公益诉讼案件,由违法行为发生地、损害结果地或者违法行为人住所地基层人民检察院立案管辖"之规定,该案中的海口市秀英区人民检察院对一般民事公益诉讼案件具有管辖权,应当向同级对应的海口市秀英区人民法院提起民事公益诉讼,不必将该案件移交给上级人民检察院。

但是,《人民检察院公益诉讼办案规则》第十六条还规定,"人民检察院立案管辖与人民法院诉讼管辖级别、地域不对应的,具有管辖权的人民检察院可以立案,需要提起诉讼的,应当将案件移送有管辖权人民法院对应的同级人民检察院"。也就是说,立案管辖的最终确定还需要考虑到对应的人民法院是否具有管辖权。

人民法院审理由人民检察院提起的公益诉讼案件时,首先应当遵循同级对应的原则,也就是说,在同一庭审中的人民检察院和人民法院应当是同一辖区、同一级别的关系。在以往的办案实践中,主要有两种模式:一是"谁立案,谁起诉",即由立案的检察院提起诉讼。这个规则的优势是程序简便、易于理解和操作,有利于广泛地发挥基层人民检察院的办案积极性,且避免了提起诉讼时承办检察院变更带来的移送环节诸多问题,如受移送的检察院是否完全认可立案检察院的审查起诉意见,出现可能需要补充调查、完善证据时的程序烦琐、工作量增加等情形。但是,这种模式存在潜在问题。如果严格限定"谁立案,谁起诉",将打破各级人民检察院与人民法院之间在地域和级别上的对应关系,不符合"检法平级诉审"的运行规律,将给检察机关在相应案件办理中履行法律监督职责带来混乱。在提起诉讼后,还存在检察机关如何更加直接有效地开展生效裁判结果监督、执行监督、审判程序中审判人员违法行为的监督问题。二是"移送对等起诉",即人民检察院立案管辖与人民法院诉讼管辖不对应的,检察机关应当将案件移送与受诉人民法院对应的检察机关起诉。这种模式是为了保证检察机关在公益诉讼中法律监督的职能定位,合理解决人民检察院立案管辖与人民法院诉讼管辖不对应的问题,符合检法两院在诉讼中的平级对等原则。移送对等起诉可以弥补立案的人民检察院跨地域、跨级别起诉带来的诸多弊端,有利于更好地履行法律监督职责,有利于统一掌握起诉标准,提高案件办理质量。经过这些年的公益诉讼实践,第二种模式更适合办案需要。

《最高人民法院、最高人民检察院关于检察公益诉讼案件适用法律若干问题的解释》第五条规定,"市(分、州)人民检察院提起的第一审民事公益诉讼案件,由侵权行为地或者被告住所地中级人民法院管辖。基层人民检察院提起的第一审行政公益诉讼案件,由被诉行政机关所在地基层人民法院管辖"。从文义来看,该条款并没有直接表明基层检察院不能提起民事公益诉讼或是检察民事公益诉讼只能由中级以上人民法院管辖。但是从体系上看,该条款的目的在于规定第一审民事公益诉讼的管辖,因此,应当认为该条款的目的在于将民事公益诉讼的一审法院确定为中级人民法院。那么根据同级对应的原则,该案应当由海口市人民检察院起诉。因此,基层人民检察院在对该案进行初步调查之后,应当遵守同级对应原则,将案件移交给海口市人民检察院管辖。

贵州省江口县人民检察院诉某水资源管理有限公司破坏流域水生态环境民事公益诉讼案①

【基本案情】

2021年2月1日,贵州省铜仁市人民检察院在开展"河长+检察长"巡河活动时发现该案件线索,经过初步调查后,决定以民事公益诉讼立案调查。铜仁市人民检察院通过现场勘验、无人机取证、调阅项目材料、函请主管部门协助调查、询问水电站负责人、走访当地村民等方式,查明了某水资源管理有限公司的违法行为造成公益受损的事实。因该案违法行为地、结果地均为江口县,且江口县人民法院是环境资源案件集中管辖法院,由其管辖更为适宜,铜仁市人民检察院拟指定江口县人民检察院管辖。铜仁市中级人民法院请示贵州省高级人民法院批准后,将该案交由江口县人民法院管辖。2022年1月21日,铜仁市人民检察院将该案交江口县人民检察院。

【主要法律问题】

1. 铜仁市人民检察院对该案是否具有管辖权?
2. 铜仁市人民检察院为何将案件移交给江口县人民检察院办理?

【主要法律依据】

《人民检察院公益诉讼办案规则》第十五条、第十六条、第十七条第一款。

---

① 参见《检察公益诉讼助力流域生态环境保护治理典型案例》,载最高人民检察院官网,https://www.spp.gov.cn/xwfbh/wsfbt/202309/t20230904_626990.shtml#2。

【学理分析】

依据《人民检察院公益诉讼办案规则》第十五条,"设区的市级以上人民检察院管辖本辖区内重大、复杂的案件"。这里的"重大、复杂"是相对不确定的概念,需要人民检察院在实践中考虑案件实际情况进行裁量。

实践中,人民检察院可以根据办案的实际需要,对案件的立案管辖进行较为灵活的转移。《人民检察院公益诉讼办案规则》第十六条规定,"人民检察院立案管辖与人民法院诉讼管辖级别、地域不对应的,具有管辖权的人民检察院可以立案,需要提起诉讼的,应当将案件移送有管辖权人民法院对应的同级人民检察院"。除由于诉讼管辖协调的需要进行的立案管辖权转移外,《人民检察院公益诉讼办案规则》第十七条第一款还规定,"上级人民检察院可以根据办案需要,将下级人民检察院管辖的公益诉讼案件指定本辖区内其他人民检察院办理"。

指定管辖,主要是依靠检察机关上下级领导关系的体制优势,在办理公益诉讼案件中为排除办案阻力和属地干扰等因素,以及其他不宜由当地人民检察院继续办理的情形,由上级人民检察院将下级人民检察院管辖的案件指定给上级人民检察院所辖区域内其他人民检察院办理,以实现异地办理,为案件管辖权的灵活调节提供法律依据和制度保障。管辖权转移是在一般管辖原则的基础上,通过交办、提办等方式,实现管辖权在上下级人民检察院之间的转移。

管辖权转移突出体现了检察一体的制度优势,为上下级人民检察院之间合理调配办案资源提供了必要的制度通道。依照《人民检察院公益诉讼办案规则》第十七条第一款的规定,管辖权转移程序可以在立案前或者立案后启动;"办案需要"的具体含义和条件,由上级人民检察院结合案件具体情况综合把握。下级人民检察院在遇到认为由上级人民检察院办理更为适宜的案件时,可以启动管辖权转移程序,报请上级人民检察院决定,上级人民检察院可以根据案件的具体情况,作出由本院提办、由报请的下级人民检察院继续办理或者指定由辖区内的其他人民检察院办理的决定。

该案中,铜仁市人民检察院在巡河活动中发现了案件线索,经过调查查明,案件的违法行为地和结果发生地均在江口县辖区,那么可以将该案移交给江口县人民检察院办理。如果铜仁市人民检察院经研判认为该案属于本辖区内的重大、复杂案件,那么该案件就应当由铜仁市人民检察院直接办理。但是,在该案中,铜仁市辖区内的环境和自然资源保护案件是由江口县人民法院集中管辖的,如果由铜仁市人民检察院继续办理该案件,则会出现管辖人民检察院和管辖人民法院不能同级对应的问题,根据《人民检察院公益诉讼办案规则》,铜仁市人民检察院应当将案件移交给江口县人民检察院管辖。

最高人民法院指导性案例212号:
刘某桂非法采矿刑事附带民事公益诉讼案①

【基本案情】

2021年9月5日,被告人刘某桂(住湖北省武穴市)将其所有的鄂银河518号运力船租赁给另案被告人刘某(已判刑,住江西省九江市浔阳区),后二人商定共同在长江盗采江砂。采砂前,刘某与另案被告人何某东(已判刑,住江西省九江市柴桑区)事前通谋,由何某东低价收购刘某盗采的江砂。

2021年9月10日至26日,被告人刘某桂三次伙同另案被告人刘某、熊某、杨某(均已判刑)在位于湖北省的长江黄梅段横河口水域盗

---

① 参见《最高人民法院发布第38批指导性案例》,载中国法院网,https://www.chinacourt.org/article/detail/2023/11/id/7647363.shtml。

采江砂,后运至江西省九江市柴桑区某码头出售给何某东,后何某东在江砂中掺杂机制砂后对外出售。采砂期间,熊某明知上述情况,仍为刘某提供驾驶车辆等帮助,并参与盗采江砂活动,从中获取非法利益约 15,000 元。杨某受刘某雇请在鄂银河 518 号运力船上负责监督卸砂,获取非法利益 3000 余元。

2021 年 9 月 30 日零时许,长江航运公安局水上分局九江派出所接群众举报后,在长江黄梅段横河口水域将正在进行盗采作业的鄂银河 518 号运力船查获。根据《湖北省人民政府关于加强河道采砂管理的通告》的规定,湖北省长江中游干流段禁采期定为 6 月 1 日至 9 月 30 日以及相应河段河道水位超警戒水位时。该案非法采砂的作案地点长江黄梅段横河口水域位于长江中游干流湖北省新州水域。

经江西省九江市发展和改革委员会认定,被告人刘某桂与刘某、熊某、何某东、杨某非法采砂价值 40,000 余元。经鉴定,刘某桂、刘某等人非法盗采长江江砂行为对非法采砂区域的生态环境造成的影响分为水环境质量受损、河床结构受损、水源涵养受损和水生生物资源受损。其中,造成的长江生态服务功能损失 30,000 余元,长江生态环境损害所需修复费用 20,000 余元,各项损失共计 60,000 余元。

另查明,刘某、熊某、何某东、杨某因非法采矿罪已被江西省瑞昌市人民法院先行判决。被告人刘某桂于 2022 年 6 月 8 日被抓获归案。

九江市中级人民法院指定江西省瑞昌市人民法院审理该案。经江西省瑞昌市人民检察院依法公告,公告期满未有法律规定的机关和有关组织提起民事公益诉讼。瑞昌市人民检察院遂依法向瑞昌市人民法院提起刑事附带民事公益诉讼。

【主要法律问题】

1. 九江市人民检察院对该案是否具有立案管辖权?
2. 该案中,检察机关的立案管辖权如何确定?

【主要法律依据】

1.《人民检察院公益诉讼办案规则》第十四条、第十六条；

2.《刑事诉讼法》第一百零四条；

3.《最高人民法院、最高人民检察院关于检察公益诉讼案件适用法律若干问题的解释》第五条。

【学理分析】

按照《最高人民法院、最高人民检察院关于检察公益诉讼案件适用法律若干问题的解释》第五条第一款之规定，"市（分、州）人民检察院提起的第一审民事公益诉讼案件，由侵权行为地或者被告住所地中级人民法院管辖"。民事公益诉讼应当由市级人民法院向中级人民法院提起。但《刑事诉讼法》第一百零四条规定，"附带民事诉讼应当同刑事案件一并审判，只有为了防止刑事案件审判的过分迟延，才可以在刑事案件审判后，由同一审判组织继续审理附带民事诉讼"。《人民检察院公益诉讼办案规则》第十四条第二款规定，刑事附带民事公益诉讼案件，由办理刑事案件的人民检察院立案管辖。检察公益诉讼是法律赋予人民检察院一项全新的职责。在近年来的探索和实践过程中，人民检察院发现环境污染、生态破坏以及食品药品安全领域损害众多消费者合法权益等损害社会公共利益的违法行为的，很多情况下是通过刑事案件获得的线索。因此，为节约诉讼资源、提高诉讼效率，法律规定刑事附带民事公益诉讼案件由办理刑事案件的人民检察院立案管辖。

一般民事公益诉讼的管辖规范和刑事附带民事公益诉讼的管辖规范，属于一般和特殊的关系，刑事附带民事公益诉讼是民事公益诉讼的特殊情况，因此应该以特殊规则而非一般原则进行判断。两规范之间的效力位阶也不同，《刑事诉讼法》是全国人大制定的基本法律，其效力位阶高于《最高人民法院、最高人民检察院关于检察公益诉讼案件适用法律若干问题的解释》。

因此该案应当由原先审理刑事案件的瑞昌市人民法院审理。另外,根据《人民检察院公益诉讼办案规则》第十六条的规定,"人民检察院立案管辖与人民法院诉讼管辖级别、地域不对应的,具有管辖权的人民检察院可以立案,需要提起诉讼的,应当将案件移送有管辖权人民法院对应的同级人民检察院"。该案的立案管辖权应当转移至与原先审理刑事案件法院相对应的人民检察院。

【思考题】

1. 规定由基层人民检察院管辖一审民事公益诉讼案件是否适当?
2. 当前民事公益诉讼立案管辖规范和诉讼管辖规范是否存在冲突?
3. 未来民事公益诉讼的立案管辖条款是否需要调整?

第二节 民事公益诉讼的审判管辖

【主要知识点】

民事公益诉讼的审判管辖指符合起诉条件的民事公益诉讼,向哪个法院提起诉讼的问题。《人民检察院公益诉讼办案规则》第十四条第一款规定,"人民检察院办理民事公益诉讼案件,由违法行为发生地、损害结果地或者违法行为人住所地基层人民检察院立案管辖"。同时《人民检察院公益诉讼办案规则》第十六条规定,"人民检察院立案管辖与人民法院诉讼管辖级别、地域不对应的,具有管辖权的人民检察院可以立案,需要提起诉讼的,应当将案件移送有管辖权人民法院对应的同级人民检察院"。但是《最高人民法院、最高人民检察院关于检察公益诉讼案件适用法律若干问题的解释》第五条第一款规定,"市(分、州)人民检察院提起的第一审民事公益诉讼案件,由侵权行为地或者被告住所地中级人民法院管辖"。综上,民事公益诉讼的一审法院实际应当是行为人住所地、违法行为地或结果发生地的中级人民法院。而根据《刑事诉讼法》第一百零四条的规定,刑事附带民事公益诉讼由审理刑事案件的人民法院进行诉讼管辖。

【案例分析】

最高人民法院指导性案例204号:重庆市人民检察院第五分院诉重庆瑜煌电力设备制造有限公司等环境污染民事公益诉讼案①

【基本案情】

重庆市鹏展化工有限公司(以下简称鹏展公司)、重庆瑜煌电力设备制造有限公司(以下简称瑜煌公司)、重庆顺泰铁塔制造有限公司(以下简称顺泰公司)均无危险废物经营资质。2015年4月10日,鹏展公司分别与瑜煌公司、顺泰公司签订合同,约定鹏展公司以420元/吨的价格向瑜煌公司、顺泰公司出售盐酸,由鹏展公司承担运费。前述价格包含销售盐酸的价格和鹏展公司将废盐酸运回进行处置的费用。2015年7月开始,鹏展公司将废盐酸从瑜煌公司、顺泰公司运回后,直接非法排放。2015年7月至2016年3月,鹏展公司非法排放废盐酸累计至少达717.14吨,造成跳蹬河受到污染。经评估,本次事件生态环境损害数额为6,454,260元,同时还产生事务性费用25,100元及鉴定费5000元。本次污染事件发生后,瑜煌公司和顺泰公司投入资金开展酸雾收集、助镀槽再生系统等多个方面的技术改造,环境保护水平有所提升。公益诉讼起诉人重庆市人民检察院第五分院认为鹏展公司、瑜煌公司和顺泰公司应承担本次环境污染事件造成的损失,遂向重庆市第五中级人民法院提起诉讼请求:判决鹏展公司、瑜煌

---

① 参见《最高人民法院第37批指导性案例》,载中国法院网,https://www.china-court.org/article/detail/2023/01/id/7097878.shtml。

公司、顺泰公司承担生态环境损害赔偿金及鉴定费等共计6,484,360元,并向社会公众赔礼道歉。

【主要法律问题】

1. 重庆市第五中级人民法院对该案是否具有管辖权？有何法律依据？

2. 由中级人民法院一审一般的民事公益诉讼案件是否合适？

【主要法律依据】

1.《人民检察院公益诉讼办案规则》第十四条；

2.《最高人民法院、最高人民检察院关于检察公益诉讼案件适用法律若干问题的解释》第五条；

3.《最高人民法院关于审理环境民事公益诉讼案件适用法律若干问题的解释》第六条。

【学理分析】

该案中,鹏展公司、瑜煌公司、顺泰公司均无危险废物经营资质。鹏展公司直接向水域中非法排放废盐酸的行为造成了严重的环境污染。依据相关规定,第一审环境民事公益诉讼案件由污染环境、破坏生态行为发生地、损害结果地或者被告住所地的中级以上人民法院管辖。中级人民法院认为确有必要的,可以在报请高级人民法院批准后,裁定将本院管辖的第一审环境民事公益诉讼案件交由基层人民法院审理。同一原告或者不同原告对同一污染环境、破坏生态行为分别向两个以上有管辖权的人民法院提起环境民事公益诉讼的,由最先立案的人民法院管辖,必要时由共同上级人民法院指定管辖。该案中,如没有最高人民法院或重庆市高级人民法院的指定,应当由重庆市人民检察院第五分院对应的人民法院即重庆市第五中级人民法院进行诉讼管辖。但是,由中级人民法院审理一审民事公益诉讼案件这一规范,在经过公益诉讼多年实践之后存在一些争议。

原先规定民事公益诉讼案件第一审由中级人民法院管辖,主要考虑到：检察民事公益诉讼属于新类型案件，涉及面广，影响较大，社会关注度高，案件整体数量较少，中级以上人民法院案件压力相对较小，审判水平相对较高，检察民事公益诉讼在审判起步阶段，由中级以上人民法院管辖更为符合审理需要。而且大部分民事公益诉讼案件系环境资源类、食品安全类案件，《最高人民法院关于审理环境民事公益诉讼案件适用法律若干问题的解释》第六条第一款规定："第一审环境民事公益诉讼案件由污染环境、破坏生态行为发生地、损害结果地或者被告住所地的中级以上人民法院管辖。"《最高人民法院关于审理消费民事公益诉讼案件适用法律若干问题的解释》第三条第一款规定："消费民事公益诉讼案件管辖适用《最高人民法院关于适用〈中华人民共和国民事诉讼法〉的解释》第二百八十五条的有关规定。"《最高人民法院关于适用〈中华人民共和国民事诉讼法〉的解释》（2020年修正）第二百八十五条第一款规定："公益诉讼案件由侵权行为地或者被告住所地中级人民法院管辖，但法律、司法解释另有规定的除外。"经过公益诉讼全面推开几年的司法实践，虽然规定第一审民事公益诉讼案件由市（分、州）人民检察院向中级人民法院提起，其实大多数的民事公益诉讼案件是由基层检察院立案、调取证据的，且由基层检察院的检察官和市级检察院的检察官共同出庭履行职责。民事公益诉讼的提起固然有其特殊性，但应遵循民事诉讼的一般规律。且最高人民法院近年来在民商事案件级别管辖的改革上一直努力构建"金字塔"形的管辖体系，即绝大部分案件由基层人民法院管辖，实现四级法院在一审案件管辖上的合理化。若规定所有的民事公益诉讼案件都由地市级检察院提起，那么地市级检察院的办案人员力量难以满足办案的需要；相反，赋予基层检察院直接提起民事公益诉讼的管辖权，不仅可以激发广大一线基层检察院办理民事公益诉讼案件的积极性，还可以防止刑事附带民事公益诉讼案件的扩大化，化解当下检察民事公益诉讼管辖设置不合理带来的司法弊端。

江苏省南通市崇川区人民检察院保护长江口中华鲟等洄游物种民事公益诉讼案[①]

【基本案情】

2020年、2021年1~4月鳗鱼苗捕捞季期间,鳗鱼苗收购商沈某、王某某分别伙同渔民李某义、李某武等数十人,在未取得捕捞鳗鱼苗专项许可证的情况下,沿江苏省启东市(隶属南通市)恒大威尼斯附近至启东市塘芦港长江入海口水域,通过违法设置"绝户网"的方式,非法捕捞鳗鱼苗33万余尾。其中,李某义、潘某某等人在捕捞鳗鱼苗过程中捕获疑似中华鲟一尾。

2021年3月11日,江苏省南通市崇川区人民检察院在提前介入李某义等9人危害珍贵、濒危野生动物刑事案件时发现该线索,初步调查后认为该非法捕捞行为破坏了国家野生动物资源,损害社会公共利益,遂于2021年3月30日以刑事附带民事公益诉讼立案并开展调查。江苏省淡水水产研究所专家出具评估意见,认为非法捕捞幼龄中华鲟导致其生长发育受阻和繁殖终止,严重损害长江流域生物多样性。

崇川区人民检察院经履行公告程序,根据刑事案件办案时效要求和江苏省环境资源案件集中管辖规定,于2021年10月将李某义等9人危害珍贵、濒危野生动物,非法捕捞水产品一案移送南京市人民检察院审查起诉;南京市人民检察院于同年11月26日向南京市中级人民法院提起民事公益诉讼,请求判令被告承担生态损害赔偿金等费用。2023年2月26日,法院判决支持了检察机关全部诉讼请求。

[①] 参见《生物多样性保护检察公益诉讼典型案例》,载最高人民检察院官网,https://www.spp.gov.cn/xwfbh/wsfbt/202312/t20231228_638608.shtml#2。

2022年4月22日和5月6日,崇川区人民检察院根据刑事案件的进度,对王某某、郭某某等29人分别以刑事附带民事公益诉讼立案并履行公告程序。崇川区人民检察院于2023年2月15日和2月22日,分两案提起刑事附带民事公益诉讼,请求判令各被告承担生态损害赔偿金等费用。

【主要法律问题】

1. 如何确定该案的违法行为地和损害结果发生地?
2. 公益诉讼案件跨行政区域协作管辖有何优势?

【主要法律依据】

1.《最高人民法院、最高人民检察院关于检察公益诉讼案件适用法律若干问题的解释》第五条;

2.《人民检察院公益诉讼办案规则》第十七条。

【学理分析】

该案中,李某义、李某武等数十人,在未取得捕捞鳗鱼苗专项许可证的情况下,沿江苏省启东市(隶属南通市)恒大威尼斯附近至启东市塘芦港长江入海口水域,通过违法设置"绝户网"的方式,非法捕捞鳗鱼苗33万余尾。上述水域均是违法行为发生地。而该案中行为人的违法行为导致长江的物种多样性受到损害,该案的损害结果地应当是整个长江流域。因此,该案是典型的涉及多辖区的跨流域案件。《人民检察院公益诉讼办案规则》第十七条第二款规定,"最高人民检察院、省级人民检察院和设区的市级人民检察院可以根据跨区域协作工作机制规定,将案件指定或移送相关人民检察院跨行政区划管辖。基层人民检察院可以根据跨区域协作工作机制规定,将案件移送相关人民检察院跨行政区划管辖"。该案中,最高人民检察院或江苏省人民检察院可以指定跨区划范围内的人民检察院进行立案管辖,由其向对应的人民法院提起民事公益诉讼。崇川区人民检察院经履行公告程序,根据刑事案件办案时效要求和江苏省环境资源案件集中管辖规定,于 2021 年 10 月将李某义等 9 人危害珍贵、濒危野生动物、非法捕捞水产品一案移送南京市人民检察院审查起诉,并办理刑事附带民事公益诉讼案件,符合《人民检察院公益诉讼办案规则》的规定。

公益诉讼案件跨行政区域管辖协作机制有以下优势:一是有利于审判机关依法独立公正行使审判权,维护国家法治统一。建立与行政区划适当分离的司法管辖制度,有助于法院在工作中排除外部干扰,尤其是阻却地方保护主义的干扰,在地方代表国家统一行使审判权,确保国家法律的统一正确实施,维护国家法治统一。二是有利于树立司法权威,提升司法公信力。建立与行政区划适当分离的司法管辖制度,一方面,可以充分保障法院居中行使审判权,通过增强法院中立性,树立司法权威;另一方面,可以直接消除人民群众"信访不信法"的思想根源,打消其通过司法途径不能有效维护自身权利的思想顾虑,从而赢得人民群众的信任,增强司法公信力。三是有利于合理配置司法资源,提高司法效率。建立与行政区划适当分离的司法管辖制度,针对一些地方法院在案件数量、办案条件等方面存在一定差异的司法现状,充分考虑解决司法资源地区性失衡的问题,可以减少一些地方法院案多人少的矛盾,促进司法资源配置的优化和司法效率的最大化。

实践中,部分法院将公益诉讼案件审理与跨行政区域集中管辖改革相结合,比如,江苏省高级人民法院以生态功能区为单位在全省范围内设立 9 家环境资源法庭,集中管辖全省环境资源一审案件,同时江苏省高级人民法院设立南京环境资源法庭,对 9 家法庭上诉的二审案件实行集中管辖。湖南省、江西省、四川省、上海市高级人民法院采取多种方式,以本区域生态功能区为单位布局全省环境资源案件集中管辖,将特定地域内或特定类型的公益诉讼案件进行集中管辖。2018 年,河南省高级人民法院、河南省人民检察院与河南省公安厅共同出台《关于黄河干流(河南段)环境资源刑事案件管辖若干问题的规定》

《关于黄河干流河南段环境资源公益诉讼案件管辖若干问题的规定》，规定黄河干流河南段环境资源刑事案件的管辖以"属地侦查，集中审查，对口审判"为原则。河南省人民检察院郑州铁路运输分院、洛阳铁路运输检察院集中受理黄河干流河南段环境资源刑事案件；郑州铁路中级人民法院受理河南省人民检察院郑州铁路运输分院提起公诉的环境资源刑事案件；郑州铁路运输法院、洛阳铁路运输法院分别受理由河南省人民检察院郑州铁路运输分院、洛阳铁路运输检察院依法提起的环境资源公益诉讼案件。2020年，河南省高级人民法院、河南省人民检察院、河南省公安厅又联合出台《关于实行省内黄河流域环境资源刑事案件集中管辖的规定》《关于实行省内黄河流域环境资源检察公益诉讼案件集中管辖的规定》，将省内黄河流域环境资源刑事案件、检察公益诉讼案件集中管辖区域扩大到黄河流域，取得了良好的实践经验和审判效果。

第四章 民事公益诉讼的证据与证明

证据与证明问题直接关系人民法院裁判结果的公正性以及对公共利益的有效保护。与普通民事诉讼相比,民事公益诉讼在证据与证明方面存在一些突出特点:一是生态环境保护民事公益诉讼适用特殊的证明责任分配规则。违法行为人就其行为与损害之间不存在因果关系以及行为人依据法律规定不承担责任或者减轻责任的情形承担证明责任。二是案件事实认定所涉专门性问题较多,查明难度较大,对鉴定、专家意见等专家证据的依赖程度较高。三是"证据偏在"问题突出。诸如污染物名称、排放方式、排放浓度和总量、超标排放情况以及防治污染设施的建设和运行情况等对案件审理至关重要的环境信息,往往掌握在违法行为人一方,原告收集证据的手段不足,申请人民法院依职权调查收集证据或者申请书证提出命令的情况较为普遍。因此,本章重点围绕生态环境民事公益诉讼举证责任,消费者权益民事公益诉讼举证责任,民事公益诉讼中的鉴定、专家意见以及书证提出命令展开阐述。

第一节 生态环境保护民事公益诉讼举证责任

【主要知识点】

生态环境保护民事公益诉讼的原告(包括作为公益诉讼起诉人

的人民检察院)应当提供证据证明下列要件事实:一是行为人实施了污染环境、破坏生态的行为。二是社会公共利益受到侵害或具有遭受侵害的重大风险。三是行为人的行为违反国家规定。四是行为人的违法行为与损害后果之间具有关联性,即原告只要证明被告的违法行为可能导致损害后果发生即可,不需要达到高度盖然性的证明标准。法院应当根据当事人提交的证据,结合污染环境、破坏生态的行为方式、污染物的性质、环境介质的类型、生态因素的特征、时间顺序、空间距离等因素,综合判断被告行为与损害之间的关联性是否成立。五是社会公共利益受到损害的类型、具体数额或者修复费用等。在生态环境保护民事公益诉讼案件中,损害事实成立,但生态环境修复费用、生态环境受到损害至修复完成期间服务功能丧失导致的损失、生态环境功能永久性损害造成的损失等数额难以确定的,法院可以根据污染环境、破坏生态的范围和程度等已查明的案件事实,结合生态环境及其要素的稀缺性、生态环境恢复的难易程度、防治污染设备的运行成本、被告因侵权行为获得的利益以及过错程度等因素,并可以参考负有环境资源保护监督管理职责的部门的意见等,合理确定。

  被告应当提供证据证明下列要件事实:一是行为人的违法行为与损害后果之间不存在因果关系。被告证明其排放的污染物、释放的生态因素、产生的生态影响未到达损害发生地,或者其行为在损害发生后才实施且未加重损害后果,或者存在其行为不可能导致损害发生的其他情形的,人民法院应当认定被告行为与损害之间不存在因果关系。二是行为人存在依据法律规定不承担责任或者减轻责任的情形。

【案例分析】

北京市昌平区多元智能环境研究所诉西双版纳野象谷景区有限公司生态破坏民事公益诉讼案[①]

【基本案情】

原告北京市昌平区多元智能环境研究所是于 2015 年 2 月 4 日成立的民办非企业单位,被告西双版纳野象谷景区有限公司(以下简称野象谷景区)系于 2003 年 10 月 27 日注册登记的有限责任公司,其经营范围包括亚洲象驯养、繁殖、表演且其取得亚洲象《驯养繁殖许可证》。原告认为被告从事大象表演是虐待亚洲象、损害自然生态系统的行为,向法院提起生态破坏民事公益诉讼,诉请被告停止大象表演、赔礼道歉等。法院查明,中国现行法律法规不禁止利用野生动物进行公众展示展演,野象谷景区取得的《驯养繁殖许可证》及营业执照经营范围表明,野象谷景区具备利用大象进行展演的资质,组织展演不违反国家规定,系合法经营。法院作出驳回原告诉讼请求的判决。

【主要法律问题】

在生态环境保护民事公益诉讼中,原告是否需要承担"行为人的行为违反国家规定"的举证责任?

【主要法律依据】

《民法典》第一千二百三十四条、第一千二百三十五条。

【学理分析】

根据《民法典》第一千二百二十九条的规定,生态环境私益侵权诉讼遵循无过错责任原则,即只要原告提供证据证明行为人实施了污

[①] 参见《云南大象表演公益诉讼案一审宣判》,载中国新闻网,http://www.chinanews.com.cn/sh/2023/11-21/10115435.shtml。

染环境、破坏生态的行为，并造成他人损害，行为人就应当承担侵权责任，原告不需要提供证据证明行为人的行为违反国家规定以及行为人在主观上具有过错。但是，根据《民法典》第一千二百三十四条、第一千二百三十五条的规定，在生态环境保护民事公益诉讼中，行为人污染环境、破坏生态的行为必须违反了国家的有关规定，才可以被追责。立法为何要在生态环境保护民事公益诉讼中明确"违反国家规定"这个法律要件？因为生态环境保护与经济社会发展都是公共利益，生态环境民事公益诉讼制度的建立和实施，要平衡好生态环境保护与经济社会发展之间的关系。习近平总书记在2018年4月26日召开的深入推动长江经济带发展座谈会上强调，生态环境保护和经济发展不是矛盾对立的关系，而是辩证统一的关系。生态环境保护的成败归根到底取决于经济结构和经济发展方式。要坚持在发展中保护、在保护中发展，不能把生态环境保护和经济发展割裂开来，更不能对立起来。习近平总书记在2023年召开的全国生态环境保护大会上指出，要正确处理几个重大关系，其中第一个重大关系就是高质量发展和高水平保护的关系。

该案中，"行为人的行为违反国家规定"是环境公益侵权的构成要件之一，原告如果不能证明"行为人的行为违反国家规定"这个法律要件，那么将承担败诉的不利后果。法院经审理查明，我国现行法律法规不禁止利用野生动物进行公众展示展演。野象谷景区已取得《驯养繁殖许可证》。驯养繁殖，是指在人为控制条件下，为保护、研究、科学实验、展览及其他经济目的而进行的野生动物驯养繁殖活动。对野生动物的驯养繁殖需要采用与其生理特点、身体条件相适应的方式、手段进行约束、规制，合理的驯养不是虐待。野象谷景区大象表演是在工作人员指引下进行的，并未给大象身体带来伤害，原告关于"表演即虐待"的观点既与现行法律规定相悖，又缺乏相应证据予以证明。野象谷景区用于展演的区域仅限于野象谷且独立于野外生态环境，未破坏生态，亦未给不特定社会公众的合法权益造成损害或带来重大风险。因此，法院作出驳回诉讼请求的判决。同时，判决指出，适度的人象互动，既是特定地域传统文化的传承方式，又可以增进人们对大象的了解，培育人们保护大象的意识。虽然该案原告关于被告的行为构成环境民事公益侵权的主张不成立，但社会公众对该案的广泛关注说明人们关于动物保护的理念在不断发展。《野生动物保护法》在允许野生动物展演的同时也强调不得虐待野生动物。与此同时，伴随人类社会文明程度和科学技术的进步，我们应该更加重视动物的保护，采用更加文明的理念和方法驯养动物。只有当人类和动物和谐共生，人类和动物生活的世界才会更加精彩与祥和。

最高人民法院指导性案例 173 号：北京市朝阳区自然之友环境研究所诉中国水电顾问集团新平开发有限公司、中国电建集团昆明勘测设计研究院有限公司生态环境保护民事公益诉讼案[①]

【基本案情】

戛洒江一级水电站工程由中国水电顾问集团新平开发有限公司（以下简称新平公司）开发建设，中国电建集团昆明勘测设计研究院有限公司（以下简称昆明设计院）是该工程总承包方及受托编制《云南省红河（元江）干流戛洒江一级水电站环境影响报告书》（以下简称《环境影响报告书》）的技术单位。戛洒江一级水电站坝址位于云南省新平县境内，淹没区域涉及红河上游的戛洒江、石羊江及支流绿汁

---

① 参见《指导案例 173 号：北京市朝阳区自然之友环境研究所诉中国水电顾问集团新平开发有限公司、中国电建集团昆明勘测设计研究院有限公司生态环境保护民事公益诉讼案》，载最高人民法院官网 2021 年 12 月 3 日，https://www.court.gov.cn/fabu/xiangqing/334691.html。

江、小江河。绿孔雀为稀有种类的孔雀,属于国家一级保护动物,在《中国濒危动物红皮书》中列为"濒危"物种。戛洒江一级水电站建成后,蓄水水库将淹没海拔680米以下河谷地区,将对绿孔雀目前利用的沙浴地、河滩求偶场等适宜栖息地产生较大影响。同时,由于戛洒江一级水电站的建设,淹没区公路将改造重修,会破坏绿孔雀等野生动物适宜栖息地。此外,陈氏苏铁为国家一级保护植物,2015年后被列入《云南省生物物种红色名录(2017版)》,为极危物种。陈氏苏铁仅在我国红河流域分布。按照世界自然保护联盟的评价标准,陈氏苏铁应为濒危物种。戛洒江一级水电站建成后,将对陈氏苏铁产生较大影响。北京市朝阳区自然之友环境研究所(以下简称自然之友研究所)向昆明市中级人民法院起诉,请求人民法院判令新平公司及昆明设计院共同消除戛洒江一级水电站建设对绿孔雀、陈氏苏铁等珍稀濒危野生动植物以及热带季雨林和热带雨林侵害危险,立即停止水电站建设,不得截流蓄水,不得对该水电站淹没区内植被进行砍伐。

【主要法律问题】

该案中,原告如何证明被告的行为具有"损害社会公众共利益重大风险"?

【主要法律依据】

1.《环境保护法》第五条;

2.《最高人民法院关于审理环境民事公益诉讼案件适用法律若干问题的解释》第一条。

【学理分析】

人民法院审理环境民事公益诉讼案件时,应当贯彻保护优先、预防为主原则,从被保护对象的独有价值、损害结果发生的可能性、损害后果的严重性及不可逆性等方面,综合判断被告的行为是否具有"损害社会公共利益的重大风险"。该案属于预防性环境公益诉讼。预防性环境公益诉讼突破了"无损害即无救济"的诉讼救济理念,是《环境保护法》第五条"保护优先、预防为主"原则在环境司法中的具体落实与体现。预防性环境公益诉讼的核心要素是具有重大风险。重大风险,是指对环境可能造成重大损害危险的一系列行为。该案中,原告自然之友研究所举证证明如果戛洒江一级水电站继续建设,则案涉工程淹没区势必导致国家一级保护动物绿孔雀的栖息地及国家一级保护植物陈氏苏铁的生境被淹没,生物生境面临重大风险的可能性毋庸置疑。此外,从损害后果的严重性来看,戛洒江一级水电站下游淹没区动植物种类丰富,生物多样性价值及遗传资源价值可观,该区域不仅是绿孔雀及陈氏苏铁等珍稀物种赖以生存的栖息地,也是各类生物与大面积原始雨林、热带雨林片段共同构成的一个完整生态系统,水电站若继续建设,则造成的损害将是可以直观估计预测且不可逆转的。而针对该现实中的重大风险,新平公司并未就该重大风险不存在的主张加以有效证实,而仅以《环境影响报告书》加以反驳,缺乏足够证明力。因此,人民法院结合生态环境部责成新平公司对项目开展后评价工作的情况及戛洒江一级水电站未对绿孔雀采取任何保护措施等事项,认定戛洒江一级水电站继续建设将对绿孔雀栖息地、陈氏苏铁生境以及整个生态系统生物多样性和生物安全构成重大风险。

检例第164号:江西省浮梁县人民检察院诉A化工集团有限公司污染环境民事公益诉讼案①

【基本案情】

位于浙江的A化工集团有限公司(以下简称A公司)生产叠氮化钠的蒸馏系统设备损坏,导致大量硫酸钠废液无法正常处理。该公司

---

① 参见《第四十批指导性案例》,载最高人民检察院官网,https://www.spp.gov.cn/spp/jczdal/202209/t20220926_579088.shtml。

生产部经理吴某甲经请示公司法定代表人同意,负责对硫酸钠废液进行处置。吴某甲将硫酸钠废液交由无危险废物处置资质的吴某乙处理。吴某乙雇请李某某,由范某某押运、董某某和周某某带路,在江西省浮梁县寿安镇八角井、湘湖镇洞口村两处地块违法倾倒30车共计1124.1吨硫酸钠废液,致使周边8.08亩范围内土壤和地表水、地下水受到污染,当地3.6公里河道、6.6平方公里流域环境受影响,造成1000余名群众饮水、用水困难。江西省浮梁县人民检察院在办理吴某甲等6人涉嫌污染环境罪刑事案件时,发现公益受损的线索。经鉴定,两处地块修复的总费用为216.8万元,环境功能性损失费用为5.7万元。因该案的环境污染侵权行为发生地和损害结果地均在浮梁县,且涉及的刑事案件已由浮梁县人民检察院办理,经与江西省高级人民法院协商,江西省人民检察院将该案指定浮梁县人民检察院管辖,江西省高级人民法院将该案指定浮梁县人民法院审理。浮梁县人民检察院以A公司为被告提起民事公益诉讼,诉请法院判令被告承担污染修复费2,168,000元,环境功能性损失费57,135.45元,应急处置费532,860.11元,检测费、鉴定费95,670元,共计2,853,665.56元,以环境功能性损失费的3倍承担环境侵权惩罚性赔偿金171,406.35元,并在国家级新闻媒体上向社会公众赔礼道歉。浮梁县人民法院公开审理该案并当庭依法判决,支持检察机关全部诉讼请求。一审宣判后,被告未上诉。

【主要法律问题】

原告在生态环境保护民事公益诉讼案件中主张惩罚性赔偿责任时,需要提供证据证明哪些要件事实?

【主要法律依据】

1.《民法典》第一千二百二十九条、第一千二百三十二条、第一千二百三十四条;

2.《最高人民法院关于审理生态环境侵权纠纷案件适用惩罚性

赔偿的解释》第十二条。

【学理分析】

《民法典》第一千二百三十二条规定,侵权人违反法律规定故意污染环境、破坏生态造成严重后果的,被侵权人有权请求相应的惩罚性赔偿。《民法典》关于惩罚性赔偿的规定是环境污染和生态环境破坏责任的一般规定,既适用于环境私益诉讼,也适用于环境公益诉讼。《最高人民法院关于审理生态环境侵权纠纷案件适用惩罚性赔偿的解释》第十二条规定,国家规定的机关和法律规定的组织作为被侵权人代表,在生态环境保护民事公益诉讼中有权请求判令侵权人承担惩罚性赔偿责任。我国立法在环境污染和生态破坏责任中规定惩罚性赔偿,目的在于加大侵权人的违法成本,更加有效地发挥制裁、预防功能,遏制污染环境、破坏生态的行为发生。故意污染环境侵害公共利益,损害后果往往更为严重,尤其需要发挥惩罚性赔偿的惩戒功能。

原告(包括作为公益诉讼起诉人的人民检察院)在生态环境保护民事公益诉讼中提出惩罚性赔偿的诉讼请求时,应当提供证据证明下列要件事实:一是行为人实施了污染环境、破坏生态的行为。二是行为人污染环境、破坏生态造成严重后果。人民法院认定侵权人污染环境、破坏生态行为是否造成严重后果时,应当根据污染环境、破坏生态行为的持续时间、地域范围、造成环境污染、生态破坏的范围和程度,以及造成的社会影响等因素综合判断。侵权人污染环境、破坏生态行为造成他人死亡、健康严重受损,重大财产损失,生态环境严重受损或者重大不良社会影响的,人民法院应当认定为造成严重后果。三是行为人的行为违反国家规定以及具有主观故意。对于侵权人污染环境、破坏生态的行为是否违反法律规定,人民法院应当以法律法规为依据,可以参照规章的规定。对于认定侵权人是否具有污染环境、破坏生态的故意,人民法院应当根据侵权人的职业经历、专业背景或者经营范围,因同一或者同类行为受到行政处罚或者刑事追究的情况,以及污染物的种类,污染环境、破坏生态行为的方式等因素综合判断。根据《最高人民法院关于审理生态环境侵权纠纷案件适用惩罚性赔偿的解释》第七条的规定,具有下列情形之一的,人民法院应当认定侵权人具有污染环境、破坏生态的故意:(1)因同一污染环境、破坏生态行为,已被人民法院认定构成破坏环境资源保护犯罪的;(2)建设项目未依法进行环境影响评价,或者提供虚假材料导致环境影响评价文件严重失实,被行政主管部门责令停止建设后拒不执行的;(3)未取得排污许可证排放污染物,被行政主管部门责令停止排污后拒不执行,或者超过污染物排放标准或者重点污染物排放总量控制指标排放污染物,经行政主管机关责令限制生产、停产整治或者给予其他行政处罚后仍不改正的;(4)生产、使用国家明令禁止生产、使用的农药,被行政主管部门责令改正后拒不改正的;(5)无危险废物经营许可证而从事收集、贮存、利用、处置危险废物经营活动,或者知道或应当知道他人无许可证而将危险废物提供或委托给其从事收集、贮存、利用、处置等活动的;(6)将未经处理的废水、废气、废渣直接排放或者倾倒的;(7)通过暗管、渗井、渗坑、灌注、篡改、伪造监测数据,或者以不正常运行防治污染设施等逃避监管的方式,违法排放污染物的;(8)在相关自然保护区域、禁猎(渔)区、禁猎(渔)期使用禁止使用的猎捕工具、方法猎捕、杀害国家重点保护野生动物,破坏野生动物栖息地的;(9)未取得勘查许可证、采矿许可证,或者采取破坏性方法勘查开采矿产资源的;(10)其他故意情形。四是行为人的违法行为与严重损害后果之间具有因果关系。

检察机关履行公共利益代表的职责,在依法提起环境民事公益诉讼时应当重视适用惩罚性赔偿,对于侵权人违反法律规定故意污染环境、破坏生态造成严重后果的情形,要根据举证责任调查收集证据,请求人民法院判令侵权人承担惩罚性赔偿责任。该案中,检察机关经委托鉴定初步认定,两处地块修复的总费用为2,168,000元,环境功能性损失费用为 57,135.45 元,因该案办理时没有相关立法及司法解释规定惩罚性赔偿数额确定的基数问题,检察机关探索性地以环境功能性损失费为基础,以 3 倍为标准请求法院判定被告承担环境侵权惩罚性赔偿金 171,406.35 元。后续,《最高人民法院关于审理生态环境侵权纠纷案件适用惩罚性赔偿的解释》于 2022 年 1 月 20 日施行,其第十二条规定,惩罚性赔偿金数额的确定,应当以生态环境受到损害至修复完成期间服务功能丧失导致的损失、生态环境功能永久性损害造成的损失数额为计算基数。

【思考题】

在生态环境民事公益诉讼中,为何强调和要求只有行为人实施的污染环境、破坏生态的行为违反国家规定才可追责?

第二节　消费者权益保护民事公益诉讼举证责任

【主要知识点】

根据《食品安全法》第一百四十八条的规定,食品领域消费者权益保护民事公益诉讼的原告(包括作为公益诉讼起诉人的人民检察院)应当提供证据证明下列要件事实:一是行为人生产或者经营不符合食品安全标准的食品。二是行为人的生产行为不要求具备过错要件,只要行为人生产了不符合食品安全标准的食品即可。但是,要求行为人的经营行为具备过错要件,即行为人明知是不符合食品安全标准的食品仍然进行经营。三是社会公共利益受到侵害或具有遭受侵害的重大风险。四是行为人的违法违规行为与损害后果之间具有因果关系。值得注意的是,在消费者自行提起的食品私益维权诉讼中,消费者无须举证证明损害后果要件,即不要求证明行为人生产或者经营不符合食品安全标准的食品的行为造成了损害后果,以及不要求证明行为人的违法违规行为与损害后果之间存在因果关系。

根据《药品管理法》第一百四十四条的规定,药品领域消费者权益保护民事公益诉讼的原告(包括作为公益诉讼起诉人的人民检察院)应当提供证据证明下列要件事实:一是行为人生产、销售、使用假药、劣药。二是行为人的生产行为不用具备过错要件,只要其生产的是假药、劣药即可。但是,行为人的销售、使用行为要具备过错要件,即行为人明知是假药、劣药仍然进行销售、使用。三是社会公共利益受到侵害或具有遭受侵害的重大风险。四是行为人的违法违规行为与损害后果之间具有因果关系。值得注意的是,在消费者自行提起的药品私益维权诉讼中,消费者无须举证证明损害后果要件,即不要求证明行为人生产、销售、使用假药、劣药的行为造成了损害后果,以及不要求证明行为人的违法违规行为与损害后果之间存在因果关系。

【案例分析】

新疆维吾尔自治区克拉玛依市人民检察院诉某畜牧开发有限责任公司生产不符合安全标准食品民事公益诉讼案①

【基本案情】

2021年6月8日,新疆维吾尔自治区市场监督管理局在对克拉玛依市某畜牧开发有限责任公司(以下简称某畜牧公司)生产销售的鸡蛋进行抽检时,检出鸡蛋中含有氟苯尼考成分,不符合国家食品安全标准,且同批次鸡蛋已全部销售给消费者,侵害了不特定消费者的合法权益,损害了社会公共利益。新疆维吾尔自治区克拉玛依市人民

---

① 参见《"3·15"检察机关食品药品安全公益诉讼典型案例》,载最高人民检察院官网,https://www.spp.gov.cn//xwfbh/dxal/202303/t20230315_608514.shtml。

检察院于 2022 年 2 月 11 日进行民事公益诉讼立案。该院经调查发现,该公司养殖项目包含产蛋鸡与生猪养殖,该公司被抽检出不合格鸡蛋后,通过生产流程自查发现,鸡蛋中含有的氟苯尼考成分是工作人员将鸡饲料与猪饲料在同一混拌装置中加工造成的,而在生猪养殖中允许饲料添加氟苯尼考防止生猪生病,在鸡产蛋期间却不允许喂养含有氟苯尼考的饲料。2021 年 6 月 7 日,该公司以 11,969.28 元的价格将含有氟苯尼考的鸡蛋销售给某粮油副食品店,最终含有氟苯尼考的鸡蛋被销售给不特定消费者。克拉玛依市人民检察院发布公告,公告期满后没有适格主体提起诉讼。2022 年 5 月 6 日,克拉玛依市人民检察院根据案件集中管辖规定向乌鲁木齐市铁路运输中级法院提起民事公益诉讼,提出要求某畜牧公司承担销售价款 3 倍的惩罚性赔偿金,即 35,907.84 元的诉讼请求。2022 年 7 月 22 日,经乌鲁木齐铁路运输中级法院调解,检察机关与某畜牧公司达成了调解协议,实现了全部诉讼请求。

【主要法律问题】

1. 原告在食品消费者权益保护民事公益诉讼案件中主张惩罚性赔偿责任时,需要提供证据证明哪些要件事实?

2. 人民法院作出惩罚性赔偿的认证标准和依据是什么?

【主要法律依据】

1.《食品安全法》第一百四十八条;

2.《民法典》第一千二百零七条;

3.《消费者权益保护法》第五十五条;

4.《最高人民法院关于审理食品药品纠纷案件适用法律若干问题的规定》第十五条。

【学理分析】

对于原告(包括作为公益诉讼起诉人的人民检察院)在消费民事公益诉讼案件中能否提起惩罚性赔偿诉讼请求,目前并没有明确的立法依据。但在民事公益诉讼的司法实践中,不少法院从提起惩罚性赔偿的诉讼请求有利于维护社会公共利益、提高违法者违法成本、威慑违法者以及潜在违法者等角度考虑,支持社会组织或检察机关提起惩罚性赔偿诉讼请求。《民法典》第一千二百零七条规定,原告(包括作为公益诉讼起诉人的人民检察院)提供证据证明行为人明知产品存在缺陷仍然生产、销售,或者产品投入流通后发现存在缺陷的生产者、销售者未及时采取停止销售、警示、召回等补救措施,造成他人死亡或者健康严重损害的,原告有权请求相应的惩罚性赔偿。有关"明知"的证明问题,《最高人民法院关于审理食品安全民事纠纷案件适用法律若干问题的解释(一)》第六条规定,食品经营者具有下列情形之一的,人民法院应当认定构成"明知":(1)已过食品标明的保质期但仍然销售的;(2)未能提供所售食品的合法进货来源的;(3)以明显不合理的低价进货且无合理原因的;(4)未依法履行进货查验义务的;(5)虚假标注、更改食品生产日期、批号的;(6)转移、隐匿、非法销毁食品进销货记录或者故意提供虚假信息的;(7)其他能够认定为明知的情形。该案中,检察机关经调查发现,该公司养殖项目包含产蛋鸡与生猪养殖,该公司被抽检出的不合格鸡蛋,是工作人员将鸡饲料与猪饲料在同一混拌装置中加工造成的,而在生猪养殖中允许饲料添加氟苯尼考防止生猪生病,在鸡产蛋期间却不允许喂养含有氟苯尼考饲料。后续,该公司以 11,969.28 元的价格将含有氟苯尼考的鸡蛋销售给某粮油副食品店,最终含有氟苯尼考的鸡蛋被销售给不特定消费者。检察机关针对被告生产、销售不符合国家食品安全标准的食品从而侵害社会公共利益的行为,向法院提起了民事公益诉讼,请求追究违法行为人的损害赔偿责任。值得一提的是,该案检察机关在提出惩罚性赔偿诉讼请求时,对于违法企业及时赔偿的情形,综合考虑了企业违法行为的主观恶性、损害结果、整改效果,以及优化生产作业流程、完善企业管理制度等合规因素,统筹确定了销售价款 3 倍的惩罚性赔偿金即 35,907.84 元的诉讼请求,在起到惩罚、震慑和预防作用的同时,激励企业落实整改承诺,完善企业管理制度。

江苏省新沂市人民检察院诉薛某某等 6 人销售假药刑事附带民事公益诉讼案[①]

【基本案情】

2017 年至 2019 年,薛某某等 6 人通过网络渠道,向曹某某等人大量购买非法加工生产的主要成分为面粉和西药的"中药胶囊",通过其经营的药店、诊所,向不特定老年群体销售,用以治疗哮喘、关节炎等疾病。经查,薛某某等人共向 2000 余人销售 5000 余瓶,销售额 116,200 元。经鉴定,上述药品均系假药。2021 年 6 月 22 日,公安机关以薛某某等 6 人涉嫌生产、销售假药罪移送审查起诉。2021 年 10 月 15 日,江苏省新沂市人民检察院对薛某某等人以刑事附带民事公益诉讼立案调查。新沂市人民检察院经审查认为,薛某某等人作为疾病诊疗和药品销售专业人员,故意销售假药,主观过错明显,危害后果严重,依法应当承担惩罚性赔偿责任。2021 年 11 月 16 日,新沂市人民检察院向新沂市人民法院提起刑事附带民事公益诉讼,诉请薛某某等 6 名被告以其销售额 3 倍承担惩罚性赔偿责任,赔偿社会公共利益损失总计 348,600 元,并在省级以上媒体对其销售假药的行为公开赔礼道歉。2022 年 1 月 19 日,新沂市人民法院作出附带民事公益诉讼一审判决,全部支持检察机关附带民事公益诉讼请求。被告没有提出上诉,判决已生效。

[①] 参见《药品安全公益诉讼典型案例》,载最高人民检察院官网,https://www.spp.gov.cn/xwfbh/wsfbt/202212/t20221214_595413.shtml#2。

【主要法律问题】

1.原告在药品消费者权益保护民事公益诉讼案件中主张惩罚性赔偿责任时,需要提供证据证明哪些要件事实?

2.在消费者权益保护民事公益诉讼中,惩罚性赔偿金与刑事罚金、行政罚款竞合时如何处理?

【主要法律依据】

1.《药品管理法》第九十八条、第一百四十四条;

2.《民法典》第一千二百零七条;

3.《消费者权益保护法》第五十五条;

4.《最高人民法院关于审理食品药品纠纷案件适用法律若干问题的规定》第十四条、第十五条。

【学理分析】

《药品管理法》第九十八条第二款、第三款规定,具有下列情形之一的,法院应当认定为假药:(1)药品所含成分与国家药品标准规定的成分不符;(2)以非药品冒充药品或者以他种药品冒充此种药品;(3)变质的药品;(4)药品所标明的适应证或者功能主治超出规定范围。具有下列情形之一的,法院应当认定为劣药:(1)药品成分的含量不符合国家药品标准;(2)被污染的药品;(3)未标明或者更改有效期的药品;(4)未注明或者更改产品批号的药品;(5)超过有效期的药品;(6)擅自添加防腐剂、辅料的药品;(7)其他不符合药品标准的药品。

该案中,公安机关经鉴定,确认薛某某等人生产销售的"中药胶囊"系假药。此外,检察机关通过调取转账记录、销售凭证、询问被告、证人和受害群众等方式,进一步查明薛某某等人非法生产、销售假药事实。同时,为查明被告主观过错,检察机关调取了被告经营的个体诊所、药店的《医疗机构执业许可证》《药品经营许可证》,证明被告均具有药品安全专业知识,但为牟取非法利益,故意低价购进假药,长期向老年群体大量销售,严重危及老年人用药安全和身体健康,侵害社会公共利益。

消费民事公益诉讼惩罚性赔偿金以查明的违法经营者流入市场的销售总额为基数,目的是通过让违法行为人承担惩罚性赔偿责任,增加其违法成本以防止其再次违法,同时威慑潜在的违法者。该案中,违法人员针对老年群体辨识能力较弱的弱点,向其销售假药,社会危害性、公益损害性更加严重,检察机关应当依法提起民事公益诉讼,追究其惩罚性赔偿责任,以打击犯罪、保护公益。

关于公益诉讼惩罚性赔偿金与行政罚款、刑事罚金竞合时的处理,主要有三种不同观点和做法:一是"并行说",该说认为公益诉讼惩罚性赔偿属于民事责任,民事主体因同一违法行为承担刑事责任、行政责任的,不影响其民事责任的承担。实践中,多数判决采用了这一观点。二是"抵扣说",如有判决写道:"在民事惩罚性赔偿金上缴国库的情况下,民事惩罚性赔偿金的性质发生转化,事实上与行政罚款、刑事罚金类似,应参照行政罚款与刑事罚金竞合时相同的处理原则裁断。"三是"综合考虑说",认为因同一行为已经被行政机关给予罚款或者被人民法院判处罚金,违法行为人主张免除惩罚性赔偿责任的,人民法院不予支持,但在确定惩罚性赔偿金数额时可以综合考虑。一般而言,修复受损公益是民事公益诉讼要实现的主要目标,而惩罚功能则主要由行政责任与刑事责任实现。因此,公益诉讼惩罚性赔偿相对于行政罚款、刑事罚金应处于补充性地位,只有当行政罚款、刑事罚金不足以威慑、遏制违法行为时,才需要通过公益诉讼惩罚性赔偿予以补足。同时,在惩罚性赔偿金的数额确定上,应以补足"威慑"为目标,考量具体案件而定。上述"并行说"将公益诉讼惩罚性赔偿简单界定为民事责任,忽略了三者在功能上的同质性,亦没有考虑公益诉讼惩罚性赔偿相对于刑事罚金、行政罚款的补充性,可能导致重复处罚或过重处罚。"抵扣说"较好地遵循了"一事不二罚"的原则,但忽视了公益诉讼惩罚性赔偿的补充性,实践中即出现过刑事罚金高于惩罚性赔偿金,进而无须执行惩罚性赔偿金的情况。而且,在涉及共同犯罪或者刑事被告人与未被追究刑事责任的其他单位或个人需共同承担侵权责任等复杂情形下,用刑事罚金抵扣公益诉讼惩罚性赔偿金的裁断方法可能会导致法律关系和执行处置上的混乱。"综合考虑说"较好地处理了三者的关系,使公益诉讼惩罚性赔偿成为一种机动性、灵活性的制度安排,值得赞同。"综合考虑说"包括两个方面,一是决定是否提出惩罚性赔偿诉讼请求时,综合考虑行政罚款、刑事罚金的威慑力度是否足够;二是确定惩罚性赔偿的金额时,综合考虑行政罚款、刑事罚金的情况。①

值得关注的是,该案中,检察机关在审查起诉和法庭审理期间,充分释法说理,详细阐明了认罪认罚从宽制度及销售假药的严重危害,6名被告人均真诚悔罪,自愿认罪认罚,对检察机关提出的惩罚性赔偿数额均无异议,在开庭后主动先期支付赔款共计 138,600 元,并根据赔付能力,分别签订了分期支付剩余赔款的承诺。鉴于薛某某等人积极主动赔偿公益损失,对刑事犯罪认罪认罚,公益诉讼检察部门与刑事检察部门主动对接,分别适当减轻对薛某某等人的刑事量刑建议。其中,对薛某某的量刑建议由 1 年 3 个月降低为 1 年,对其余 5 名被告的量刑建议均在原量刑建议的基础上减轻 30%,且对薛某某等 6 人均建议适用缓刑。2022 年 1 月 10 日,新沂市人民法院作出一审刑事判决,全部采纳了检察机关量刑建议,对 6 名被告人分别判处 6 个月至 1 年不等的有期徒刑,并处 1000 元至 200,000 元不等的罚金,且均适用缓刑。检察机关加强整体履职,统筹发挥刑事公诉和民事公益诉讼职能作用,在刑事附带民事公益诉讼中,依法探索刑事罚金刑和民事公益诉讼惩罚性赔偿责任的衔接适用,被告人自愿认罪认罚并主

---

① 参见张嘉军、杨会新、黄忠顺:《公益诉讼惩罚性赔偿制度:如何构建,怎样运行?》,载《检察日报》2023 年 6 月 5 日,第 3 版。

动支付民事公益诉讼惩罚性赔偿金，推动了案件办理的政治效果、法律效果、社会效果的有机统一。

【思考题】

公益诉讼惩罚性赔偿与私益诉讼惩罚性赔偿的功能和作用有何不同？

第三节　民事公益诉讼中的鉴定

【主要知识点】

在民事诉讼中，司法鉴定，是指人民法院依据职权或者根据当事人及其他诉讼参与人的申请，指派或委托鉴定人，运用科学技术或者专门知识对专门性问题进行检验、鉴别、判断和评定的活动。司法鉴定意见属于鉴定意见，是《民事诉讼法》第六十六条规定的法定证据之一。民事诉讼司法鉴定的委托人必须为人民法院。《最高人民法院关于生态环境侵权民事诉讼证据的若干规定》第十六条规定，对于查明环境污染、生态破坏案件事实的专门性问题，人民法院经审查认为有必要的，应当根据当事人的申请或者依职权委托具有相应资格的机构、人员出具鉴定意见。在生态环境民事公益诉讼中，环境损害司法鉴定主要解决的专门性问题包括：确定污染物的性质，确定生态环境遭受损害的性质、范围和程度，评定因果关系，评定污染治理与运行成本以及防止损害扩大、修复生态环境的措施或方案，等等。环境损害司法鉴定主要包括：污染物性质鉴定、地表水与沉积物环境损害鉴定、空气污染环境损害鉴定、土壤与地下水环境损害鉴定、近岸海洋与海岸环境损害鉴定、生态系统环境损害鉴定、其他环境损害鉴定。

在民事公益诉讼中，一般由当事人向人民法院提出鉴定申请，人民法院严格审查拟鉴定事项是否属于查明案件事实的专门性问题。人民法院认为申请鉴定的事项系可以通过生活常识、经验法则推定的事实,或与待证事实无关联、对证明待证事实无异议的,不予委托鉴定。对于法律适用、当事人责任划分等非专门性问题,或者虽然属于专门性问题,但可以通过法庭调查、勘验等其他方式查明的,人民法院不予委托鉴定。当事人未申请鉴定,人民法院认为某专业性问题存在鉴定必要的,应当委托鉴定。依职权委托鉴定的情形主要涉及可能损害国家利益或社会公共利益,如环境侵权责任纠纷中,对查明环境污染、生态破坏案件事实的专门性问题,人民法院将委托鉴定。

【案例分析】

检例第111号:海南省海口市人民检察院诉海南A公司等三被告非法向海洋倾倒建筑垃圾民事公益诉讼案①

【基本案情】

2018年,海口B公司中标美丽沙项目两地块土石方施工工程后,将土石方外运工程分包给海南A公司。陈某(A公司实际控制人)以A公司的名义申请临时码头,虚假承诺将开挖的土石方用船运到湛江市某荒地进行处置,实际上却组织人员将工程固废倾倒于海口市美丽沙海域。海口市人民检察院经调查发现,A公司无海洋倾废许可,倾倒的海域亦非政府指定的海洋倾废区域。B公司虽在招标时书面承诺外运土方绝不倾倒入海,却通过组织车辆同步运输等方式积极配合A公司海上倾废活动,B公司对海洋生态环境侵害构成共同侵权,依法应当承担连带责任。经委托生态环境部华南环境科学研究所(以下简称华南所)鉴定可知,倾倒入海的建筑垃圾中含有镉、汞、镍、铅、砷、铜等有毒有害物质,这些有毒有害物质会进入海洋生物链,破坏海

---

① 参见《第二十九批指导性案例》,载最高人民检察院官网,https://www.spp.gov.cn/spp/jczdal/202109/t20210902_528296.shtml。

洋生态环境和资源,生态环境损害量化共计860.064万元。2019年8月,海口市人民检察院发布审前公告,公告期满,没有其他适格主体提起民事公益诉讼。2020年3月26日,海口海事法院开庭审理此案。三被告辩称,鉴定评估在资质、取样、程序、依据等方面均存在问题。检察机关进行了有针对性的举证、质证和辩论。检察机关依法委托的华南所是原环境保护部编制的《环境损害鉴定评估推荐机构名录(第一批)》推荐的环境损害鉴定评估机构之一,具备水环境、土壤环境、固体废弃物处置、环境风险评估、污染损害评估等多方面专业评估资质,其出具的环境损害鉴定评估报告程序规范,结论具有专业性和科学性。2020年3月26日,海口海事法院当庭宣判,支持检察机关的全部诉讼请求。三被告对一审判决不服,向海南省高级人民法院提出上诉。主要理由之一是定案的关键证据即鉴定意见在资质、程序、检材取样、计算方式、依据的法律法规等方面存在重大错误。2020年8月13日,二审法院开庭审理,华南所参与鉴定的专家出庭接受质询,对30多个问题进行了专业解答。2020年11月23日,海南省高级人民法院作出二审判决,驳回上诉,维持原判。

【主要法律问题】

当事人在诉讼前或诉讼中自行就某些专业性问题委托鉴定,并以单方委托专业机构出具的意见作为重要证据向人民法院提交审查判断的,该种鉴定属于司法鉴定吗?人民法院应如何处理?

【主要法律依据】

1.《民事诉讼法》第七十九条、第八十条、第八十一条、第八十二条;

2.《最高人民法院关于民事诉讼证据的若干规定》第三十二条、第三十四条、第四十一条;

3.《最高人民法院关于生态环境侵权民事诉讼证据的若干规定》第十六条、第二十三条。

【学理分析】

《民事诉讼法》第六十六条规定的鉴定意见,是人民法院在诉讼中根据当事人及其他诉讼参与人的申请或者依据职权,指派或委托鉴定人出具的司法鉴定意见。在民事公益诉讼中,当事人申请鉴定的,人民法院应当组织双方当事人协商确定鉴定人;协商不成的,由人民法院指定。人民法院依职权委托鉴定的,可以在询问当事人的意见后,指定鉴定人。人民法院作为委托人,应当向鉴定机构提供真实、完整、充分的鉴定材料,并对鉴定材料的真实性、合法性负责。因此,人民法院须组织诉讼当事人对鉴定材料进行质证以保证鉴定材料的真实性和完整性。《最高人民法院关于民事诉讼证据的若干规定》第三十四条规定,未经质证的材料,不得作为鉴定的根据。当事人对鉴定意见有异议的,应当在人民法院指定期间内以书面方式提出。实务中,当事人可以在庭审质证时对鉴定意见提出异议。对于当事人的异议,人民法院应当要求鉴定人作出解释、说明或者补充。人民法院认为有必要的,可以要求鉴定人对当事人未提出异议的内容进行解释、说明或者补充。经人民法院通知,鉴定人拒不出庭作证的,鉴定意见不得作为认定事实的根据;支付鉴定费用的当事人可以要求返还鉴定费用。当事人因鉴定人拒不出庭作证申请重新鉴定的,人民法院应当准许。司法鉴定人本人或者其近亲属与诉讼当事人、鉴定事项涉及的案件有利害关系,可能影响其独立、客观、公正进行鉴定的,应当回避。司法鉴定人曾经参加过同一鉴定事项鉴定的,或者曾经作为专家提供过咨询意见的,或者曾被聘请为有专门知识的人参与过同一鉴定事项法庭质证的,应当回避。申请鉴定人回避,在鉴定意见作出之前可以由鉴定人自行向鉴定机构提出;可以由当事人向人民法院提出,经审查认为回避理由成立的,由人民法院向鉴定人所属的鉴定机构提出。鉴定人的回避,由其所在的司法鉴定机构决定。人民法院对司法鉴定机构作出的司法鉴定人是否回避的决定有异议的,可以撤销鉴定委托。回避理由在鉴定意见作出后才知道的,可以在法庭辩论终结前提出。鉴定人员的回避,由审判长或独任审判员决定。

实践中,常出现当事人在诉讼前或诉讼中自行就某些专业性问题委托鉴定,并以单方委托专业机构出具的意见为重要证据向人民法院提交的情形。需要说明的是,当事人有自行委托鉴定的权利,但该种鉴定不属于司法鉴定范畴。根据《最高人民法院关于生态环境侵权民事诉讼证据的若干规定》第二十三条的规定,当事人就环境污染、生态破坏的专门性问题自行委托有关机构、人员出具的意见,人民法院应当结合本案的其他证据,审查确定能否作为认定案件事实的根据。对方当事人对该意见有异议的,人民法院应当告知提供意见的当事人可以申请出具意见的机构或者人员出庭陈述意见;未出庭的,该意见不得作为认定案件事实的根据。另外,《最高人民法院关于民事诉讼证据的若干规定》第四十一条规定,对于一方当事人就专门性问题自行委托有关机构或者人员出具的意见,另一方当事人有证据或者理由足以反驳并申请鉴定的,人民法院应予准许。

该案中,检察机关在审前委托华南所出具的鉴定意见表明,倾倒入海的建筑垃圾中含有镉、汞、镍、铅、砷、铜等有毒有害物质,这些有毒有害物质会进入海洋生物链,破坏海洋生态环境和资源。此外,倾倒入海以后通过迁移扩散作用,汞、镍、铅、砷、铜的增量均出现了超出海水水质四类标准的情形,而2017年,涉事海域水质总体情况良好。被告在庭审中辩称:鉴定系公益诉讼起诉人单方委托,未协商被告共同委托,且收集检材时未通知被告到场,检材失真,程序违法,结论失当。人民法院经审查认为,虽然华南所出具意见系公益诉讼起诉人单方委托的,但华南所系具有生态建设和环境工程专业评估资质的鉴定机构。本次评估采用了资料收集、现场勘查、监测分析、综合分析等多种评估方法来确保出具的意见客观公允。评估人现场采样时海口市海洋和渔业局、海口市人民检察院执法人员到场监督,土方开挖单位相关负责人到场确认,所取土样封存完好,该案不存在取样程序瑕疵问题。

【思考题】

当事人在审前或诉讼中自行委托鉴定机构出具的专业意见属于《民事诉讼法》规定的哪一类证据?

第四节 民事公益诉讼中的专家意见

【主要知识点】

在证据法理论上,具有专门知识、技能的人对于待证事实中的专门性问题所提供的意见被称为专家证据。除鉴定意见外,《民事诉讼法》第八十二条及《最高人民法院关于适用〈中华人民共和国民事诉讼法〉的解释》第一百二十二条和第一百二十三条建构了专家辅助人出庭陈述意见的专家证据制度。在生态环境和消费者权益保护民事公益诉讼案件中,诸多待证事实涉及专业问题,需要通过专家证据予以查明,而鉴定机构有限、鉴定周期较长、费用较高等问题在一定程度上存在,需要更好地发挥专家辅助人制度的功能和作用。

《最高人民法院关于审理环境民事公益诉讼案件适用法律若干问题的解释》第十五条规定,当事人申请通知有专门知识的人出庭,就鉴定人作出的鉴定意见或者就因果关系、生态环境修复方式、生态环境修复费用以及生态环境受到损害至修复完成期间服务功能丧失导致的损失等专门性问题提出意见的,人民法院可以准许。前款规定的专家意见经质证,可以作为认定事实的根据。《人民检察院公益诉讼办案规则》第三十四条规定,人民检察院办理公益诉讼案件的证据包括书证、物证、视听资料、电子数据、证人证言、当事人陈述、鉴定意见、专家意见、勘验笔录等。《最高人民法院关于生态环境侵权民事诉讼证据的若干规定》第二十二条在充分总结司法经验基础上,明确规定当事人可以申请有专门知识的人出庭,就鉴定意见或者污染物认定、损害结果、因果关系、生态环境修复方案、生态环境修复费用、生态环境受到损害至修复完成期间服务功能丧失导致的损失、生态环境功能永久性损害造成的损失等专业问题提出意见。人民法院可以结合案件有关事实、当事人申请的有专门知识的人的意见和其他证据,对涉及专门性问题的事实作出认定。在当事人未申请鉴定或者未委托专家辅助人的情况下,法庭可以向当事人释明;当事人经释明仍不申请的,人民法院应当依据举证责任制度进行裁判。

【案例分析】

最高人民法院指导性案例 208 号:江西省上饶市人民检察院诉张永明、张鹭、毛伟明生态破坏民事公益诉讼案[①]

【基本案情】

被告人张永明、张鹭、毛伟明三人通过微信联系,约定前往三清山风景名胜区攀爬巨蟒峰。三人采用打岩钉,使用电钻钻孔,再用铁锤将岩钉打入孔内,用扳手拧紧,然后在岩钉上布绳索的方式先后攀爬至巨蟒峰顶部,后被三清山风景名胜区管理委员会工作人员发现并被民警控制。经现场勘查,张永明在巨蟒峰上打入岩钉 26 个。经专家论证,三人的行为对巨蟒峰地质遗迹点造成了严重损毁。受上饶市人民检察院委托,江西财经大学专家组针对张永明等三人攀爬巨蟒峰时打入的 26 枚岩钉对巨蟒峰乃至三清山风景名胜区造成的损毁进行价值评估,并出具三清山巨蟒峰受损价值评估报告,认为此次"巨蟒峰

---

① 参见《指导性案例 208 号:江西省上饶市人民检察院诉张永明、张鹭、毛伟明生态破坏民事公益诉讼案》,载最高人民法院官网 2023 年 1 月 11 日,https://www.court.gov.cn/fabu/xiangqing/386191.html。

案的价值损失评估值"不应低于该事件对巨蟒峰非使用价值造成的损失最低阈值,即1190万元。之后,江西省上饶市人民检察院提起民事公益诉讼,诉请法院判决三人连带赔偿对巨蟒峰非使用价值造成的损失最低阈值1190万元;在全国性知名媒体公开赔礼道歉;依法连带承担聘请专家所支出的评估费用15万元。江西省上饶市中级人民法院作出一审民事判决:(1)被告张永明、张鹭、毛伟明在判决生效后10日内在全国性媒体上刊登公告,向社会公众赔礼道歉,公告内容应由一审法院审定;(2)被告张永明、张鹭、毛伟明连带赔偿环境资源损失计人民币600万元,于判决生效后30日内支付至一审法院指定的账户,该款项用于公共生态环境保护和修复;(3)被告张永明、张鹭、毛伟明在判决生效后10日内赔偿公益诉讼起诉人江西省上饶市人民检察院支出的专家费15万元。宣判后,张永明、张鹭提起上诉。江西省高级人民法院作出二审民事判决:驳回上诉,维持原判。

【主要法律问题】

该案中,专家组出具的评估报告能否作为证据使用?

【主要法律依据】

1.《环境保护法》第二条;

2.《民事诉讼法》第八十二条;

3.《最高人民法院关于适用〈中华人民共和国民事诉讼法〉的解释》第一百二十二条、第一百二十三条;

4.《最高人民法院关于审理环境民事公益诉讼案件适用法律若干问题的解释》第十五条。

【学理分析】

具有专门知识、技能的人对于待证事实中的专门性问题提供的意见被称为专家证据。按照专家辅助人是否出庭直接陈述意见分类,专家意见包括专家辅助人出庭陈述意见和专家书面意见两大类。值得注意的是,根据《民事诉讼法》及相关司法解释,民事诉讼中的专家辅助人具有以下特征:不具有证人身份,并非专家证人;仅具有单一的辅助当事人的功能,只能由当事人聘请,不能由法院依职权委托或者通知其出庭;其意见视为当事人的陈述,不能单独作为认定案件事实的依据。另外,专家辅助人与鉴定人的本质区别在于,鉴定人有资格方面的要求,但专家辅助人没有资格方面的限制,只要专家辅助人具有解释、说明有关待证事实中的专门性问题的专门知识和技能即可。如果一方当事人以对方当事人聘请的有专门知识的人不具备相应资格为由提出异议,人民法院对该异议不予支持。①

该案中,公益诉讼起诉人江西省上饶市人民检察院诉请法院判决三人连带赔偿对巨蟒峰非使用价值(根据环境资源价值理论,非使用价值是人们从旅游资源获得并源于自己使用的效用,主要包括存在价值、遗产价值和选择价值)造成的损失最低阈值1190万元。被告张永明、张鹭、毛伟明辩称专家组出具的三清山巨蟒峰受损价值评估报告不能采信。按照专家辅助人是否出庭直接陈述意见分类,这份评估报告属于专家书面意见。当时,有关该案三被告对巨蟒峰造成的损失量化问题,全国难以找到鉴定机构进行鉴定。根据《最高人民法院关于审理环境民事公益诉讼案件适用法律若干问题的解释》第二十三条的规定,法院可以结合破坏生态的范围和程度、生态环境的稀缺性、生态环境恢复的难易程度以及被告的过错程度等因素,并可以参考相关部门意见、专家意见等合理确定生态环境修复费用。因此,江西省上饶市人民检察院委托江西财经大学专家组就该案所涉巨蟒峰损失进行价值评估,并出具评估报告。该评估报告载明:专家组依据确定的价值类型,采用国际上通行的条件价值法对上述故意损毁行为及其后果进行价值评估,认为三名当事人的行为虽未造成巨蟒峰山体坍塌,但对其造成了不可修复的严重损毁,对巨蟒峰作为世界自然遗产的存

---

① 参见杨临萍等:《〈关于生态环境侵权民事诉讼证据的若干规定〉的理解与适用》,载《人民司法》2023年第28期。

在造成了极大的负面影响,加速了山体崩塌的可能性。专家组认为:此次"巨蟒峰案的价值损失评估值"不应低于该事件对巨蟒峰非使用价值造成的损失最低阈值,即1190万元。该专家组成员具有环境经济、旅游管理、生态学方面的专业知识,采用国际上通行的条件价值法对该案所涉价值进行评估,专家组成员均出庭对评估报告进行了说明并接受了各方当事人的质证。该评估报告符合《最高人民法院关于审理环境民事公益诉讼案件适用法律若干问题的解释》第十五条规定的"专家意见"条件,依法可作为该案认定事实的参考依据。评估报告采用的条件价值法属于原环境保护部下发的《环境损害鉴定评估推荐方法(第Ⅱ版)》确定的评估方法之一。虽然该方法存在一定的不确定性,但其科学性在世界范围内得到认可,且目前就该案情形没有更合适的评估方法。故根据以上意见,参考评估报告结论"'巨蟒峰案的价值损失评估值'不应低于该事件对巨蟒峰非使用价值造成的损失最低阈值,即1190万元",综合考虑该案的法律、社会、经济因素,具体结合了三被告已被追究刑事责任的情形、本案查明的事实、当事人的过错程度、当事人的履行能力、江西的经济发展水平等,法院酌定赔偿金额为600万元。

【思考题】

在民事公益诉讼当中,有专门知识的人陈述意见(专家意见)的证据效力如何?

第五节 民事公益诉讼中的书证

【主要知识点】

民事诉讼遵循证据裁判原则,法官只能依据证据材料认定案件的基本事实。而案件事实认定是否准确,很大程度上取决于案件证据是否充分、正确。民事诉讼采取"谁主张,谁举证"的举证规则,人民法院要求当事人在举证期限内提交证据,组织当事人进行证据交换和质证,从而对证据作出认定采信。然而在审判实务中,存在当事人诉讼能力及举证能力不足的情况,特别是在对待证事实起到决定性作用的证据由对方当事人掌握,而对方当事人不主动出具证据且有意规避法院调查的情况下,存在当事人举证困难、法院对案件事实的认定不符合客观真实的困境。与普通民事案件相比,民事公益诉讼案件特别是生态环境保护案件存在更为突出的证据偏在被告一方、原告举证困难问题,若机械适用证明责任制度裁判,可能导致司法不公、公益保护不力。书证提出命令旨在通过扩展当事人收集证据的手段,解决"证据偏在"问题,促进实现诉讼实质公平。《最高人民法院关于适用〈中华人民共和国民事诉讼法〉的解释》第一百一十二条、第一百一十三条规定,书证在对方当事人控制之下的,承担举证证明责任的当事人可以在举证期限届满前书面申请人民法院责令对方当事人提交。申请理由成立的,人民法院应当责令对方当事人提交,因提交书证所产生的费用,由申请人负担。对方当事人无正当理由拒不提交的,人民法院可以认定申请人所主张的书证内容为真实。持有书证的当事人以妨碍对方当事人使用为目的,毁灭有关书证或者实施其他致使书证不能使用行为的,人民法院可以对其处以罚款、拘留。《最高人民法院关于民事诉讼证据的若干规定》第四十五条至第四十八条、第九十九条分别从书证提出命令的申请、法院对书面申请的审查、书证提出命令的客体范围、不遵守书证提出命令的法律后果以及针对书证提出命令制度适用于视听资料、电子数据等方面作出的细化规定。

【案例分析】

江苏省徐州市人民检察院诉徐州市鸿顺造纸有限公司水污染民事公益诉讼案[①]

【基本案情】

徐州市鸿顺造纸有限公司(以下简称鸿顺公司)多次被环境保护主管机关抓到以私设暗管方式向连通京杭运河的苏北堤河排放生产废水,废水的化学需氧量、氨氮、总磷等污染物指标均超标。江苏省徐州市铜山区环境保护局曾两次对鸿顺公司予以行政处罚。江苏省徐州市人民检察院作为公益诉讼起诉人,于2015年12月28日向江苏省徐州市中级人民法院提起环境民事公益诉讼。徐州市人民检察院诉称,鸿顺公司仅于2014年4月5日至6日、2015年2月24日至25日两次的偷排废水量即达2600吨。该公司连续3年私设暗管偷排生产废水,且每次都加大废水排放量,有理由推定在2013年至2015年鸿顺公司的防治污染设备未能有效运行,违法排放废水量远超2600吨。徐州市人民检察院请求判令鸿顺公司将被污染损害的苏北堤河环境恢复原状,并赔偿生态环境受到损害至恢复原状期间的服务功能损失;如鸿顺公司无法恢复原状,请求判令其以2600吨废水的生态环境修复费用26.91万元为基准,以该基准的3~5倍承担赔偿责任。徐州市中级人民法院一审认为,鸿顺公司排放废水污染环境,应当承担环境污染责任。根据已查明的环境污染事实、鸿顺公司的主观过错程度、防治污染设备的运行成本、生态环境恢复的难易程度、生态环境

[①] 参见《江苏省徐州市人民检察院诉徐州市鸿顺造纸有限公司水污染民事公益诉讼案》,载中国法院网,https://www.chinacourt.org/article/detail/2017/03/id/2574749.shtml。

的服务功能等因素,可酌情确定鸿顺公司应当承担的生态环境修复费用及生态环境受到损害至恢复原状期间的服务功能损失,遂判决鸿顺公司赔偿生态环境修复费用及服务功能损失共计105.82万元。宣判后,鸿顺公司提起上诉。江苏省高级人民法院二审认为,一审判决以查明的鸿顺公司排放废水量的4倍计算生态环境修复费用具有事实和法律依据。二审判决驳回上诉,维持原判。

【主要法律问题】

在原告检察机关存在举证困难的情况下,人民法院能否认定公益诉讼起诉人所提被告实际排放废水为查获偷排量2600吨的3~5倍的主张成立?

【主要法律依据】

1.《最高人民法院关于适用〈中华人民共和国民事诉讼法〉的解释》第一百一十二条、第一百一十三条;

2.《最高人民法院关于审理环境民事公益诉讼案件适用法律若干问题的解释》第十三条。

【学理分析】

《最高人民法院关于审理环境民事公益诉讼案件适用法律若干问题的解释》第十三条、《最高人民法院关于生态环境侵权民事诉讼证据的若干规定》第二十六条至第二十九条,细化规定了书证提出命令制度在生态环境民事公益诉讼中的具体适用,具体包括以下内容:一是明确规定环境信息适用书证提出命令。对于证明环境污染、生态破坏案件事实有重要意义的书面文件、数据信息或者录音、录像等证据在对方当事人控制之下的,承担举证责任的当事人可以书面申请人民法院责令对方当事人提交。法律法规、规章规定当事人应当披露或者持有的关于其排放的主要污染物名称、排放方式、排放浓度和总量、超标排放情况、防治污染设施的建设和运行情况、生态环境开发利用情况、生态环境违法信息等环境信息,属于对方当事人依照法律规定有权查阅、获取的书证。二是进一步明确对象书证特定化的判断规则。承担举证责任的当事人申请人民法院责令对方当事人提交证据的,应当提供有关证据的名称、主要内容、制作人、制作时间或者其他可以将有关证据特定化的信息。根据申请人提供的信息不能使证据特定化的,人民法院不予准许。人民法院应当结合申请人是否参与证据形成过程、是否接触过该证据等因素,综合判断其提供的信息是否达到使证据特定化的要求。三是明确对方当事人控制书证的判断规则。承担举证责任的当事人申请人民法院责令对方当事人提交证据的,应当提出证据由对方当事人控制的依据。对方当事人否认控制有关证据的,人民法院应当根据法律规定、当事人约定、交易习惯等因素,结合案件的事实、证据作出判断。有关证据虽未由对方当事人直接持有,但在其控制范围之内,自己获取不存在客观障碍的,人民法院应当认定有关证据由其控制。

该案中,鸿顺公司作为重点排污单位,早在2009年9月就安装了污染物排放检测计量装置,因此其完全有能力证明其生产废水的实际排放量。但鸿顺公司在一审法院释明后依然未能提交相关证据以推翻徐州市人民检察院的主张,人民法院根据《最高人民法院关于审理环境民事公益诉讼案件适用法律若干问题的解释》第十三条的规定,认定徐州市人民检察院所提鸿顺公司实际排放废水为查获偷排量2600吨的3~5倍的主张成立。

【思考题】

在民事诉讼法理论中,书证提出命令制度的理论基础是什么?

第五章 民事公益诉讼的审判程序

民事公益诉讼的审判程序一般遵循以下环节:(1)起诉与受理:法律规定的机关和有关组织,如人民检察院,在履行职责过程中发现损害社会公共利益的行为,如污染环境、侵害众多消费者合法权益等的,可以向人民法院提起民事公益诉讼。人民法院在接到起诉后,会依法进行审查,决定是否受理。(2)庭前准备:在案件受理之后,根据案情需要,法院可能会建议召开庭前会议,组织证据交换,归纳争议焦点,规范庭审程序,并就双方出庭人员、合议庭组成、人民陪审员等问题达成共识,以提高庭审效率。(3)庭审:包括法庭调查、举证、质证、辩论等环节。公益诉讼起诉人会提出诉讼请求、事实和理由,并提供相应的证据。被告则进行答辩,并提供反驳证据。法庭会组织双方进行充分的辩论,以查明事实真相。(4)调解与和解:如果人民检察院与被告在庭审过程中达成和解协议或者调解协议,人民法院应将协议内容公告,公告期间不少于30日。公告期满后,人民法院审查认为和解协议或者调解协议内容不损害社会公共利益的,应当出具调解书。(5)判决与裁定:在庭审结束后,人民法院会根据查明的事实和法律规定,作出判决或裁定。判决或裁定会明确双方的权利义务,并就可能产生的民事责任进行分配。(6)上诉与抗诉:对于人民法院作出的民事公益诉讼判决、裁定,当事人可以依法提起上诉,人民检察院可以依法提起抗诉。如果符合民事诉讼法规定的再审条件,其他当事人还可以依法申请再审。在整个审判过程中,法院应确保程序的公正、公开,维护当事人的合法权益,并充分考虑对社会公共利益的保护。

第一节 民事公益诉讼案件的起诉

【主要知识点】

仅仅依靠直接利害关系人来解决现代社会所面临的国家利益或者社会公共利益遭受侵害的问题,容易出现保护主体缺位的现象。这种现象有时会出现在国家利益或者社会公共利益遭受侵害时,有直接利害关系的人本身就是受益者,当然不会提起诉讼;而且在某一特定问题上有直接利害关系的人,不一定代表国家利益或者社会公共利益。因此,为了维护国家利益和社会公共利益,应允许无直接利害关系的检察机关提起民事公益诉讼。

有明确的被告,是人民法院受理人民检察院提起的民事公益诉讼案件的必要条件。没有明确的被告,则只有起诉的人,而无应诉的人,人民法院无从进行审判活动,因而就不可能受理。人民检察院应当在民事公益诉讼起诉书中列明诉讼请求,明确提出对实体权利的主张,以便受诉人民法院明确其在诉讼上的要求以及通过诉讼所要达到的目的。诉讼请求应力求明确具体,人民检察院在列明诉讼请求的同时,应当提出诉讼请求的客观事实基础,这样才能使受诉人民法院明确其起诉的事实依据和具体原因,并在此基础上对案件进行依法审理和作出判决。

有国家利益或者社会公共利益受到损害的证据,是检察民事公益诉讼提起的必要条件,是人民法院受理时要重点审查的内容。因为维护国家利益和社会公共利益才是检察机关提起民事公益诉讼的最终目的。

检察民事公益诉讼是针对破坏生态环境和资源保护、侵害众多不特定消费者合法权益等法律规定领域的损害国家利益和社会公共利益或者对国家利益和社会公共利益有侵害危险的行为提起的诉讼。这类案件虽然本质上属于侵权案件,但由于侵害的是国家利益或者社会公共利益,其在管辖法院的确定上有特殊性。所以,检察机关在提起民事公益诉讼时要符合法律规定的法院受案范围以及地域管辖和级别管辖等具体规定。《民事诉讼法》第五十八条第一款规定:"对污染环境、侵害众多消费者合法权益等损害社会公共利益的行为,法律规定的机关和有关组织可以向人民法院提起诉讼。"

【案例分析】

重庆市人民检察院第一分院支持重庆市消费者权益保护委员会诉某汽车销售公司设置不公平格式合同条款损害消费者权益民事公益诉讼案①

【基本案情】

重庆某汽车销售服务有限公司(以下简称汽车销售公司)制定的汽车销售合同存在多条不公平、不合理条款。重庆市消费者权益保护委员会于2023年2月在受理消费者投诉时发现前述问题。该公司经重庆市消费者权益保护委员会约谈后仍未纠正,持续侵害不特定消费者的合法权益。2023年5月,重庆市消费者权益保护委员会商请重庆市人民检察院第一分院支持起诉。因案涉消费"霸王条款",监督情形属于检察公益诉讼新领域办案范围,为依法保障消费者权益,重庆市人民检察院第一分院在重庆市人民检察院的指导下开展调查。

重庆市人民检察院第一分院经审查认为,有的条款违背公平、诚信原则,通过不合理分配合同权利义务,排除限制消费者权利,减轻或

---

① 参见《"3·15"消费者权益保护检察公益诉讼典型案例》,载最高人民检察院官网,https://www.spp.gov.cn/xwfbh/wsfbt/202403/t20240315_649539.shtml#2。

者免除销售商责任,加重消费者责任。其中,汽车销售公司提供的合同条款中使用"代扣代缴消费税"的表述,误导消费者产生此项税目本应自行承担的错误认识;约定汽车销售公司不对第三方原因导致的延迟交货承担违约责任,违背合同相对性原则,排除销售方违约责任。重庆市人民检察院第一分院结合前期走访掌握的投诉数据情况,综合考虑各种因素,认为加强对汽车销售领域"霸王条款"的监督确有必要。2023年12月5日,重庆市第一中级人民法院作出判决,对原告的诉讼请求予以支持,对检察机关的支持起诉意见予以采纳,判决前述格式条款内容无效。

【主要法律问题】

1. 如何理解格式条款对消费者权益的损害?
2. 该案中,检察机关提起公益诉讼有什么意义?

【主要法律依据】

1.《民事诉讼法》第五十八条、第一百二十二条;
2.《最高人民法院关于适用〈中华人民共和国民事诉讼法〉的解释》第二百八十二条。

【学理分析】

市场经营主体利用自身优势地位,以"霸王条款"不合理分配合同权利义务,侵害不特定消费者合法权益。

格式条款,作为当事人预先设定以供重复使用的条款,在合同订立之际并未与对方进行个别协商。鉴于经营者频繁与不同消费者在同一交易环境中进行类似交易,格式条款的使用成为他们降低交易成本、提升交易效率的重要手段。尽管法律对格式条款效力的认可在某种程度上限制了消费者的合同自由,但这一认可始终建立在维护交易公平性的基本原则之上。当前,部分经营者仍利用不公平、不合理的格式条款侵害消费者权益,此类现象屡见不鲜,其根源往往在于经营者在缔约过程中占据的优势地位。因此,监管部门在执法时,不仅要严格遵守《民法典》及《消费者权益保护法》的相关规定,还需统一执法理念,对涉及格式条款的违法行为进行细致分类,力求采取全面、多维度的措施,有效遏制并处理此类违法行为。

为全面保障消费者权益不受侵害,确保法律保护的广泛性和深入性,立法机构在界定权利与责任界限时,应更加注重以"不公平"与"不合理"作为核心评判标尺,以此将格式条款的监管焦点从形式上的合规性审查,转向更深层次的价值判断与利益平衡考量。

具体而言,立法应倡导一种灵活的判断机制,即依据个案具体情况,深入分析经营者运用格式条款的行为是否显著偏离了公平交易的原则,是否对消费者构成了明显不利,从而作为判定该格式条款是否不公平、不合理的根本依据。这样的转变,不仅有助于应对复杂多变的商业实践,更能有效促进市场公平竞争,维护消费者的合法权益。

该案中,检察机关积极响应并深入贯彻以人民为中心的发展思想,紧密围绕消费者权益保护这一社会热点与民生关切,依据来自消费者保护组织的正式商请意见,迅速而审慎地启动了针对消费者保护领域的公益诉讼监督程序。这一举措不仅彰显了检察机关在维护市场经济秩序、保障消费者合法权益方面的坚定立场与积极作为,也体现了法律监督机关在促进社会公平正义中的重要作用。在诉讼过程中,检察机关充分发挥法律监督职能,为案件审理提供了强有力的法律支持和证据保障。经过审理,人民法院最终作出了确认涉案格式条款无效的判决,这一结果不仅直接维护了特定消费者的合法权益,更在全社会范围内树立了依法打击侵害消费者权益行为的鲜明导向。总之,办理过程充分展示了检察机关在消费者保护领域公益诉讼监督中的高质效履职能力,以精准对接人民群众法治新需求为目标,不断推动消费者权益保护工作的创新发展,为构建和谐社会、促进经济健康发展作出了积极贡献。

【思考题】

民事公益诉讼的起诉条件有哪些？其与普通民事诉讼的起诉条件相比有何特殊之处？

中华环保联合会诉德州晶华集团振华有限公司大气污染民事公益诉讼案[①]

【基本案情】

被告德州晶华集团振华有限公司(以下简称振华公司)成立于2002年12月,该公司根据德州市环境保护监测中心站的监测,于2013年11月、2014年1月、5月、6月、11月、2015年2月存在超标排放二氧化硫、氮氧化物及烟粉尘情况。德州市环境保护局对振华公司进行行政处罚。2014年12月,山东省环境保护厅对振华公司进行行政处罚。2015年3月23日,德州市环境保护局责令振华公司立即停产整治,于2015年4月1日之前全部停产,停止超标排放废气污染物。原告中华环保联合会起诉后,2015年3月27日,振华公司生产线全部放水停产。

法院认为,企业事业单位和其他生产经营者超过污染物排放标准或者重点污染物排放总量控制指标排放污染物的行为可以视为具有损害社会公共利益重大风险的行为。被告振华公司超量排放的二氧化硫、氮氧化物、烟粉尘会影响大气的服务价值功能。其中,二氧化硫、氮氧化物是酸雨的前导物,超量排放可致酸雨从而造成财产及人身损害,烟粉尘的超量排放将影响大气能见度及清洁度,亦会造成财产及人身损害。被告振华公司自2013年11月起,多次超标向大气排

[①] 参见《中华环保联合会诉山东德州晶华集团振华有限公司大气污染民事公益诉讼案》,载中国法院网,https://www.chinacourt.org/article/detail/2017/03/id/2574333.shtml。

放二氧化硫、氮氧化物、烟粉尘等污染物，经环境保护行政管理部门多次行政处罚仍未改正，其行为属于司法解释规定的"具有损害社会公共利益重大风险的行为"，故被告振华公司是该案的适格被告。

【主要法律问题】

生态环境民事公益诉讼的提起主体包括哪些？

【主要法律依据】

1.《民事诉讼法》(2017年修正)第五十五条；

2.《环境保护法》第五十八条。

【学理分析】

《最高人民法院关于审理环境民事公益诉讼案件适用法律若干问题的解释》第一条规定，法律规定的机关和有关组织依据《民事诉讼法》(2017年修正)第五十五条、《环境保护法》第五十八条等法律的规定，对已经损害社会公共利益或者具有损害社会公共利益重大风险的污染环境、破坏生态的行为提起诉讼，符合《民事诉讼法》(2017年修正)第一百一十九条第二项、第三项、第四项规定的，人民法院应予受理。《最高人民法院关于审理环境民事公益诉讼案件适用法律若干问题的解释》第十八条规定，对污染环境、破坏生态，已经损害社会公共利益或者具有损害社会公共利益重大风险的行为，原告可以请求被告承担停止侵害、排除妨碍、消除危险、修复生态环境、赔偿损失、赔礼道歉等民事责任。这些规定确立了环境民事公益诉讼的受理条件，明确了可以提起诉讼的主体资格和诉讼的受理标准。根据这一解释，只有法律规定的机关和有关组织才有资格提起环境民事公益诉讼；这些组织必须针对已经对社会公共利益造成损害或者存在重大损害风险的污染环境和破坏生态的行为提起诉讼。

中华环保联合会作为深耕环保领域的非营利性公益组织，其核心使命与业务范围紧密围绕环境保护与对公共利益的捍卫，这赋予了其发起公益诉讼的合法资质。依托其深厚的环境保护专业知识与先进技术能力,其能够精准评估环境污染行为,为公益诉讼提供坚实的技术后盾与科学证据。此外,其健全的组织架构与高效的运作机制,确保了公益诉讼活动的有序开展与高效执行。在应对环境污染等涉及广泛受害者群体的公益诉讼中,中华环保联合会发挥了不可替代的作用。鉴于此类案件中,单个受害者往往因损失分散且金额相对较小而难以独自承担高昂的诉讼成本,中华环保联合会以公益之名挺身而出,利用其强大的诉讼实力与丰富的资源,作为广大受害者的集体代表提起诉讼,旨在有效维护广大受害者的合法权益,弥补了个体诉讼力量的局限性,彰显了公益组织在促进社会公正与环境保护方面的独特价值。人民法院在审理这类案件时,应当依据相关法律规定,确保诉讼的合法性和正当性。

该案中,被告多次超过污染物排放标准或者重点污染物排放总量控制指标排放污染物,环境保护行政管理部门作出行政处罚后仍未改正,原告依据《最高人民法院关于审理环境民事公益诉讼案件适用法律若干问题的解释》第一条规定的"具有损害社会公共利益重大风险的污染环境、破坏生态的行为"对被告提起环境民事公益诉讼的,人民法院应予受理。

第二节 民事公益诉讼案件的受理

【主要知识点】

民事公益诉讼案件的受理,是指人民法院对符合特定条件的民事公益诉讼案件进行立案并准备审理的过程。根据相关法律规定,符合以下条件的民事公益诉讼案件,人民法院应当受理:必须存在具体的被告,被告可以是公民、法人或其他组织,其实施了损害社会公共利益的行为。原告在起诉时必须提出具体的诉讼请求,这些请求应当明确、具体,以便法院进行审理和裁判。民事公益诉讼案件必须属于人民法院受理民事诉讼的范围,并且由具有管辖权的人民法院进行审理。一般来说,民事公益诉讼案件由侵害行为发生地、损害结果地或者被告住所地的中级人民法院管辖。

公益诉讼的提起通常基于对社会公共利益受损情况的发现,由法律规定的机关、有关组织或个人发现并提出。对于符合受理条件的公益诉讼案件,人民法院将进行立案登记,并准备进一步审理。立案后,人民法院将对案件进行调查和审查,以确认案件事实和证据是否充分、确凿。在某些情况下,人民检察院在提起公益诉讼前可能需要履行一定的诉前程序,如在全国范围发行的媒体上公告,告知适格主体提起民事公益诉讼;公告期为30日。如果公告期满后没有适格主体提起诉讼,人民检察院可以依法提起公益诉讼。经过调查和审查,人民法院将依法对案件进行审理,并作出判决或裁定。对于判决或裁定不服,当事人可以依法提起上诉或申请再审。

【案例分析】

中国生物多样性保护与绿色发展基金会诉青海珠峰宏源商贸有限公司及青海省原国土资源厅案[①]

【基本案情】

中国生物多样性保护与绿色发展基金会(以下简称绿发会)于2017年9月向玉树中级人民法院提起环境公益诉讼,被告一是青海珠峰宏源商贸有限公司,被告二是青海省原国土资源厅。绿发会表示,玉树中级人民法院在没有开庭的情况下,裁定绿发会不具有环境公益诉讼主体资格,驳回绿发会起诉;绿发会上诉至青海省高级人民法院。2020年11月,青海省高级人民法院驳回绿发会上诉,维持原

---

① 参见青海省高级人民法院民事裁定书,(2021)青民终63号。

裁定,绿发会诉讼主体资格再遭否定。

一审法院认为,原告绿发会作为环保社会组织,不符合法律规定的对行政机关提起公益诉讼的主体要求,不能作为原告对青海省原国土资源厅提起民事公益诉讼。

青海省高级人民法院认为:该案一审法院以绿发会起诉因诉讼请求及事实理由与一审法院(2019)青27民初6号裁定实质相同,违反"一事不再理"原则为由不予受理绿发会的起诉不当。理由如下:《最高人民法院关于适用〈中华人民共和国民事诉讼法〉的解释》第二百四十七条规定:"当事人就已经提起诉讼的事项在诉讼过程中或者裁判生效后再次起诉,同时符合下列条件的,构成重复起诉:(一)后诉与前诉的当事人相同;(二)后诉与前诉的诉讼标的相同;(三)后诉与前诉的诉讼请求相同,或者后诉的诉讼请求实质上否定前诉裁判结果。当事人重复起诉的,裁定不予受理;已经受理的,裁定驳回起诉,但法律、司法解释另有规定的除外。"该案应指令一审法院立案受理。绿发会的上诉请求成立,青海省高级人民法院予以支持。

【主要法律问题】

该案中,一审法院以起诉违反"一事不再理"原则为由不予受理是否合法?

【主要法律依据】

《最高人民法院关于适用〈中华人民共和国民事诉讼法〉的解释》第二百四十七条、第三百三十二条。

【学理分析】

公共利益是民事公益诉讼的核心概念。它通常被理解为多数人的利益、社会整体利益或需要特殊保护人群的利益。在公益诉讼中,原告起诉并非由于自己的权利受到直接侵害,而是为了维护这些公共利益。

该案中,一审法院以绿发会起诉因诉讼请求及事实理由与一审法院(2019)青 27 民初 6 号裁定实质相同,违反"一事不再理"原则为由不予受理绿发会的起诉不当。

"一事不再理"原则指的是对判决、裁定、调解书已经发生法律效力的案件,当事人又起诉的,人民法院不再进行受理,而是告知原告申请再审,但人民法院准许撤诉的裁定除外。这一原则旨在防止当事人就同一争议事项重复起诉,浪费司法资源,并维护生效裁判的既判力和稳定性。

根据《最高人民法院关于适用〈中华人民共和国民事诉讼法〉的解释》第二百四十七条的规定,"一事不再理"原则中的"一事"是指同时符合以下三个条件的情形:(1)当事人相同:后诉与前诉的当事人相同,不受当事人在前诉与后诉中的诉讼地位的影响,即使前后诉原告和被告地位完全相反,仍然应当认定当事人同一。(2)诉讼标相同:诉讼标的是指法院在民事诉讼中审理和判断的对象,即当事人所主张的实体请求权或双方争议的法律关系。(3)诉讼请求相同,或后诉的诉讼请求实质上否定前诉裁判结果:后诉与前诉的诉讼请求必须相同,或者后诉的诉讼请求在实质上否定前诉的裁判结果。这包括后诉提起相反请求的情况,如甲起诉乙要求确认法律关系有效,乙又起诉甲请求确认法律关系无效。

但该案中,绿发会再次起诉时诉讼请求及事实理由发生变更,不属于此种情形,且"一事不再理"原则的适用,应该以实体审理为原则,就该案而言,一审法院作出的(2019)青 27 民初 6 号民事裁定是驳回绿发会对青海省原国土资源厅和青海珠峰宏源商贸有限公司起诉的裁定及驳回上诉、维持原裁定的裁定,都是程序性处理的结果,但并未对该案作出过生效实体判决。

第三节 民事公益诉讼案件的审理

民事公益诉讼案件的审理涉及多个法律和司法解释,旨在保护社会公共利益,确保适格主体依法行使公益诉权。民事公益诉讼案件的审理主要依据《民事诉讼法》《民法典》《环境保护法》等法律规定,以及《最高人民法院关于审理环境民事公益诉讼案件适用法律若干问题的解释》《最高人民法院关于审理消费民事公益诉讼案件适用法律若干问题的解释》等司法解释。这些法律和司法解释为正确审理环境民事公益诉讼案件提供了具体的指导和规定。在民事公益诉讼中,法律规定的机关和有关组织可以依据相关法律规定,对已经损害社会公共利益或具有损害社会公共利益重大风险的污染环境、破坏生态等行为提起诉讼。这些组织包括在设区的市级以上人民政府民政部门登记的社会团体、民办非企业单位以及基金会等,且其宗旨和主要业务范围应与维护社会公共利益相关。

检察机关在民事公益诉讼中可以支持起诉,其支持起诉的对象包括法律规定的机关(如行使海洋环境监督管理权的部门以及经国务院授权的省级人民政府和相关职能部门)和有关组织(如环保组织和消费者协会)。支持起诉的方式包括提供法律咨询、提交书面意见、协助调查取证等。

在管辖方面,第一审环境民事公益诉讼案件由污染环境、破坏生态行为发生地、损害结果地或者被告住所地的中级以上人民法院管辖。而人民检察院办理的民事公益诉讼案件,一般由侵权行为地或者被告住所地的市(分、州)人民检察院管辖。

此外,人民检察院提起的刑事附带民事公益诉讼案件由审理刑事案件的人民法院管辖。在案件范围上,检察机关在履行职责中发现破坏生态环境和资源保护、食品药品安全领域侵害众多消费者合法权益等损害社会公共利益的行为的,在没有法律规定的机关和组织或者法律规定的机关和组织不提起诉讼的情况下,可以向人民法院提起诉讼。

【案例分析】

江苏省无锡市人民检察院诉被告上海市杨浦区绿化和市容管理局等环境民事公益诉讼纠纷案[①]

【基本案情】

公益诉讼起诉人江苏省无锡市人民检察院因与被告上海市杨浦区绿化和市容管理局(以下简称杨浦市容局)、上海杨浦环境发展有限公司、上海呈迪实业有限公司、徐某某、徐B、崔某某、须某某发生环境民事公益诉讼纠纷,向江苏省无锡市中级人民法院提起诉讼。

公益诉讼起诉人无锡市人民检察院诉称:自2013年起,被告杨浦市容局将部分生活垃圾交由被告徐某某处置,徐某某以被告上海呈迪实业有限公司名义签订处置合同。2015年3月,徐某某将生活垃圾交被告徐B及其船队处置,徐B通过被告崔某某、须某某将垃圾倾倒至江苏省无锡市惠山区洛社镇附近河岸,造成周边生态环境严重污染。污染事故发生后,无锡市惠山区人民政府及时组织相关部门对倾倒的生活垃圾进行了应急处置。2016年12月2日,无锡市锡山区人民法院以污染环境罪判处徐某某、徐B、须某某、崔某某承担相应刑事责任。后无锡市人民检察院在履行职责过程中,发现杨浦市容局等7名被告的行为损害环境公共利益。经向无锡市民政局核实,无锡市现有环保类社会团体法人中符合《环境保护法》第五十八条规定条件的社会组织为无锡市环境保护产业协会和无锡市欢乐义工环保协会。无锡市人民检察院书面向上述社会组织征求意见,上述社会组织均表

---

① 参见《江苏省无锡市人民检察院诉上海市杨浦区绿化和市容管理局等环境民事公益诉讼案》,载最高人民法院公报官网,http://gongbao.court.gov.cn/Details/02cb14eb02711af6b4e506c5245148.html。

示不愿就本案提起环境民事公益诉讼。故无锡市人民检察院作为公益诉讼起诉人向法院提起诉讼。鉴于本案受损的生态环境已经得到有效修复，社会公共利益已得到充分保护，经最高人民检察院批准，公益诉讼起诉人无锡市人民检察院以本案全部诉讼请求均已实现，无继续诉讼的必要为由，向法院申请撤诉。

【主要法律问题】

1. 该案中，法院如何判断环境修复目标是否已达成？
2. 该案中，是否应准许公益诉讼起诉人无锡检察院撤回起诉？

【主要法律依据】

1.《人民检察院公益诉讼办案规则》第九十九条；

2.《环境保护法》第五十八条。

【学理分析】

在撤诉的司法审查要件方面，人民检察院提起的民事公益诉讼案件不同于普通民事案件。在明确民事公益诉讼案件双方诉讼主体地位的基础上，对于是否准许撤诉的审查标准应当更加严格。在实质审查方面，"所有诉讼请求已实现"的标准应当包括侵害结果已经完全被修复及不存在将来可能继续发生社会公共利益受损的风险；在程序审查方面，地方各级检察机关撤回起诉时履行相应审查批准程序，并经人民法院实质审查符合撤诉标准的，应准予撤诉。污染环境造成损害的，污染者应当承担侵权责任。该案被告未遵守城市生活垃圾运输、处置的法律法规，造成涉案环境污染，应当承担侵权责任。

该案中，为实现对涉案生态环境修复的有效监管，法院依法公告案件受理情况，并告知上海市辖区相关行政部门，委托专业机构对受污染环境现状进行监测，从环境资源司法保护专家库中组成专家组实地查勘、论证、修订环境修复技术方案并公告。经双方当事人商定，环境修复机构实施修复工程后，法院重新委托专业机构进行后期监测，再次组织专家论证，监测结果和专家论证意见均表明环境修复工作已经完成。法院还邀请受污染地区代表参加听证会,与会代表亦一致认可环境得到有效修复。该案审理中,被告杨浦市容局积极落实整改,并明确表示进一步强化监管责任,严防此类事件再次发生。至此,法院认为,受污染区域的生态环境已经恢复至污染前状态,环境修复目标已经达成。

  人民检察院在法庭辩论终结前申请撤诉,或者在法庭辩论终结后,因诉讼请求全部实现,申请撤诉的,应予准许。该案中,无锡市人民检察院根据部分垃圾并非来自被告徐某某、徐B处的事实,主张以垃圾数量占比,酌定非法运输、处置生活垃圾产生的应急处置费用为1,460,179.16元,符合《侵权责任法》(已失效)第六十七条的规定。诉讼中,实施生态环境修复工程的费用476,070元、环境修复方案制定费用15万元、后续监测费用3000元、专家论证费用5400元,均属于为修复环境而支付的必要费用,应由污染者承担。无锡市人民检察院主张应由被告方承担上述各项费用合计2,094,649.16元,符合相关法律规定。该费用已由被告全部支付。法院认为,被告已经承担了受污染区域的全部赔偿责任,故可以准许检察院撤诉。

第六章 民事公益诉讼的执行

民事公益诉讼判决的执行,是指执行法院依据生效的民事公益诉讼法律文书,对拒不履行义务的当事人采取强制执行措施,维护公共利益并确保违法者履行判决的法律活动。

本章选取了关于民事公益诉讼执行之预防性责任、恢复性责任、人格恢复性责任承担的若干案例。

预防性责任的执行包括停止侵害、排除妨碍、消除危险的执行,是民事公益诉讼的首要责任承担方式。本章选取一例在环境修复中以技术改良费用折抵生态环境赔偿金的案例,该案例允许企业以技术改良折抵判决确定的赔偿金,在挽回已有环境损失的同时,最大限度减小后续再次发生环境污染的可能性,预防后续可能产生的环境民事公益诉讼。

按照恢复原状的义务是否可以替代履行,我们可以将执行分为不可替代行为的执行和可替代行为的执行。不可替代行为的执行要求恢复原状责任的履行主体必须是特定的主体,即该行为只得由其亲自为之,不得由任意的第三人代而为之。可替代行为,是指行为由被执行人自己实施或由第三人实施,对执行申请人的效果并无实质差别的行为。对此人民法院可以适用代履行的执行制度,即在被执行人不履行裁判文书确定的义务时,法院可以委托第三人代为履行,代为履行的费用由被执行人负担。本章选取两例非法捕捞水产品刑事附带民事公益诉讼案例。对水产品的非法捕捞会直接减少水生物量,在一定流域直接放流水生物是最直接的补偿方式,放流水生物只关注能否放流特定种类、特定量的水生物,不必由特定主体履行,此类案件中代履行较为常见。

赔礼道歉是侵权人对自己的侵权行为向公共利益的受害人承认过错,表示歉意的自我否定和认错行为。赔礼道歉是对精神损害的恢复,不仅可以在特定的个体上适用,也可以对不特定的社会公众适用,此外,对精神损害恢复的方式不限于赔礼道歉,也可以是心理疏导。本章选取一例向未成年人传播不雅视频,诱使未成年人作出不良行为,严重影响未成年人身心健康的案例。最终法院成功向被告执行判决确定的对未成年人的"心理健康重建费",帮助受害未成年人走出心理阴影。

第一节 预防性责任承担方式的执行

【主要知识点】

在被执行人没有能力或不愿对其侵害的自然生态、资源等进行恢复或赔偿,并且某些对生态环境的污染、资源的破坏无法进行事后补救的情况下,为尽可能地维护公共利益,执行法院一般会采取以下两种方式:一是会选择通过委托第三方代履行的方式,替代被执行人履行恢复义务,而执行标的则由要求侵权人恢复受损的公共利益转换为给付代履行所产生的费用。二是将金钱给付转换为行为给付,如被执行人无法支付高昂的侵权损害赔偿金,则可强制被执行人进行行为上的补足,如劳动代偿、技术改良等。但第二种方法往往面临尚无明确法律依据的困境,是否能够在司法中进行适用存在不同的观点,应当结合案件具体情况,通盘考虑对全社会的效益,具体分析个案中转换金钱给付为行为给付是否正当。

【案例分析】

最高人民法院指导性案例 204 号：重庆市人民检察院第五分院诉重庆瑜煌电力设备制造有限公司等环境污染民事公益诉讼案[①]

【基本案情】

2015 年 4 月 10 日，重庆市鹏展化工有限公司（以下简称鹏展公司）分别与重庆瑜煌电力设备制造有限公司（以下简称瑜煌公司）、重庆顺泰铁塔制造有限公司（以下简称顺泰公司）签订工矿产品购销合同，约定瑜煌公司、顺泰公司以 420 元/吨的价格购入盐酸（该价格包括盐酸本身售价以及盐酸使用后废盐酸的处置费用）。自 2015 年 7 月起，鹏展公司将瑜煌公司、顺泰公司使用后的废盐酸直接进行非法排放，造成重庆市南岸区河流污染。案发后，瑜煌公司和顺泰公司投入资金进行环境技术改造。2019 年 5 月，重庆市人民检察院第五分院以鹏展公司、瑜煌公司、顺泰公司为被告提起环境民事公益诉讼。一审判决被告鹏展公司承担 6,484,360 元的赔偿责任，瑜煌公司、顺泰公司对该赔偿款的 50%，即 3,242,180 元承担连带清偿责任，并要求被告三公司公开赔礼道歉。一审判决作出后，瑜煌公司、顺泰公司不服并提起上诉。二审中，瑜煌公司和顺泰公司提出以技术改造费用抵扣生态损害赔偿金的请求。二审法院最终作出终审判决，允许瑜煌公司和顺泰公司通过技术改造抵扣应当承担的生态环境赔偿金的 50%。

[①] 参见《指导性案例 204 号：重庆市人民检察院第五分院诉重庆瑜煌电力设备制造有限公司等环境污染民事公益诉讼案》，载最高人民法院官网 2023 年 1 月 11 日，https://www.court.gov.cn/zixun/xiangqing/386151.html。

【主要法律问题】

该案中,瑜煌公司和顺泰公司提出的技术改造抵扣请求是否应当得到法院的支持?

【主要法律依据】

1.《环境保护法》第三十六条、第四十条;

2.《循环经济促进法》第三条。

【学理分析】

民事公益诉讼判决具有执行标的的转换性特征。在民事公益诉讼判决的执行中,执行标的大多为要求侵权人恢复受损的公共利益,对其破坏、损毁、侵吞的自然生态、资源等恢复原状或对侵害进行赔偿。执行标的的转换性特征是由执行目的的公益性延伸而来的。该案中,在瑜煌公司和顺泰公司履行完前两期生态修复金赔偿义务后,执行法院审查后认为瑜煌公司和顺泰公司开展的技术改造措施在相同产能的前提下明显减少了危险废物的产生或降低资源消耗,即视为已经履行完毕第三期生态修复金赔偿义务,生效法律文书确定的内容全部执行完毕。被告瑜煌公司和顺泰公司这种以技术改造抵扣第三期生态修复金赔偿义务的行为改变了生态环境损害赔偿费用的承担方式,体现了执行标的由金钱给付向行为给付的转化,属于其中技术改良的范畴,被称为"技改抵扣"。

当然,因为"技改抵扣"尚无明确的法律依据,是否能够在司法中进行适用存在不同的观点;对此主要有肯定说和否定说两种学说。肯定说着眼于"技改抵扣"的现实意义,认为"技改抵扣"体现了环境保护中重要的预防性理念,有利于促进企业主动进行技术改造,从源头上解决环境污染难题。否定说则主要从法律依据不足、生态环境破坏者应承担的法律责任减少两个方面对"技改抵扣"质疑。一是认为"技改抵扣"明显突破了法律规定的环境责任承担方式,容易造成司法权的不当扩张。二是认为"技改抵扣"减少了生态环境责任人应当承担的责任。在此类案件中,生态损害赔偿费用属于治理生态环境所需的必要费用,用技术改造的费用进行抵扣明显减少了本应用来治理环境的金钱投入。本书赞成肯定说的观点,但同时认为必须限定"技改抵扣"的适用前提条件。否定说的观点虽具有一定的合理性,但并未结合案件具体情况,所以出现其所认为的会导致投入治理环境金钱投入减少的论断。对此,应当结合案件具体情况来探讨适用"技改抵扣"是否正当。

该案中,适用"技改抵扣"具有正当性,理由如下:首先,案例中瑜煌公司和顺泰公司开展的技术改造不属于用其自身应当投入的成本来抵扣生态环境治理费用,没有违反公平原则。此技术改造不属于被告瑜煌公司、顺泰公司对于环境破坏应当承担的预防性责任的范畴。预防性责任包括停止侵害、排除妨碍、消除危险三种责任承担方式。以上三种责任承担方式主要出现在公共利益有受侵害风险或仅遭受了前期侵害之时,故称为预防性责任。"技改抵扣"不仅可以防止已经发生的环境损害扩大,且可以避免新的环境损害发生。故有学者认为技术改造属于通过积极作为的方式实施,属于预防性责任中"消除危险""排除妨碍"责任的履行方式。[①] "技改"若确属于预防性责任,则不能够进行抵扣,因为这属于瑜煌公司和顺泰公司在生态环境被破坏后必须承担的环境保护责任。但案例中产生污染结果的发生并非由于瑜煌公司和顺泰公司的环境技术不过关,瑜煌公司和顺泰公司进行的技术改造旨在实现污染物的减量化、再利用和资源化,并非预防性责任的必然要求,属于倡导性的法律义务。其次,用"技改抵扣"的方式并未导致本应用来治理环境的金钱投入减少。该案中适用"技改抵扣"一个重要的前提条件是受污染的河流具有自净能力,已无必要进行生态环境的修复。此时三被告支付的生态环境损害赔偿金不

---

① 参见唐绍均、魏雨:《环境民事公益诉讼中"技改抵扣"的淆乱与矫正》,载《中州学刊》2020年第8期。

会直接被用来修复生态环境,实践中极可能被法院联合行政主管部门通过替代性修复方式用于异地修复受损的生态环境。法院联合行政主管部门对生态环境损害赔偿金所采用的替代性修复使用方式与"侵权人暂不将法院判决的生态损害赔偿金缴存至法院,而是在相关主体的监督下使用该赔偿金进行替代性修复"具有相同效果。① 换言之,在生态环境能够修复时,不会适用"技改抵扣"这种履行方式,就不存在修复费用减少的问题。

民事公益诉讼执行的目的在于对公共利益的保护,这便要求执行必须到位,执行法院必须积极运用国家强制力恢复受损的公共利益,执行方式必须更加灵活、多变。以完成恢复公共利益的结果为导向,执行标的只有具备转换性才可推动执行的顺利进行。"技改抵扣"这种将执行标的从金钱给付转换为行为给付的裁判方式既有利于对环境污染行为进行惩治,也有利于促进企业开展技术改造,起到预防环境污染的作用。

【思考题】
1. 该案中的"技改抵扣"是否合理?为什么?
2. 如何理解"预防性责任承担"中的"预防性"?

第二节 恢复性责任承担方式的执行

【主要知识点】

对发生法律效力的判决、裁定,可以向人民法院申请执行,可以由审判员移送执行员执行。在环境民事公益诉讼中,考虑到环境公共利

---

① 参见唐绍均、魏雨:《论生态环境损害民事责任中"超量技改抵扣"的证成与展开——基于生态环境损害赔偿金使用方式的考察》,载《中国政法大学学报》2022年第3期。

益应得到及时维护,发生法律效力的环境民事公益诉讼案件的裁判,需要采取强制执行措施的,人民法院应当移送执行,而不是在环境民事公益诉讼的原告向人民法院申请强制执行后才开始强制执行。但发生法律效力的环境民事公益诉讼案件的调解书,应当按照调解书的执行程序,由原告向人民法院申请强制执行后再进行强制执行。

恢复性责任的执行及赔偿性责任的执行具体可分为以下三种情形:第一,当受损生态环境能够完全修复时,被执行人应当直接修复或者承担生态环境修复费用并赔偿生态环境服务功能损失;第二,当受损生态环境不能完全修复时,被执行人应当采用替代性修复方式,赔偿其间服务功能损失或生态环境功能永久性损害造成的损失;第三,当受损生态环境完全不能修复时,被执行人应当赔偿生态环境功能永久性损害造成的损失。

民事公益诉讼的执行可能持续较长时间,虽然法院是执行机关,但其执行部门往往缺乏环境专业人员和执法人员,并不具备环境监测、监督、评估、验收能力和技术。由行政机关来监督民事公益诉讼案件的执行具有紧迫性和合理性。但行政机关是民事公益诉讼执行的监管方之一,而并非主导方。

【案例分析】

重庆市人民检察院第五分院与被告袁某、龙某某环境污染民事公益诉讼案[①]

【基本案情】

对于该案,重庆市第五中级人民法院于 2022 年 6 月 17 日立案。

[①] 参见《重庆首例"以碳代偿"民事公益诉讼案审结》,载人民网,http://cq.people.com.cn/n2/2022/1213/c365401-40229543.html。

重庆市人民检察院第五分院于 2022 年 5 月 7 日公告了案件相关情况，公告期内未有法律规定的机关和有关组织提起民事公益诉讼。

在案件审理过程中，经重庆市第五中级人民法院主持调解，当事人自愿达成如下协议：一是被告袁某、龙某某连带赔偿生态服务功能损失费 69,131.3 元，用于购买等值的"碳惠通"项目自愿减排量（CQCER）进行替代性修复，于签订调解协议之日支付至重庆市第五中级人民法院指定的司法生态修复费专款账户；二是被告袁某、龙某某连带赔偿生态环境修复费 15,089 元，于签订调解协议之日支付至重庆市第五中级人民法院指定的司法生态修复费专款账户；三是被告袁某、龙某某于签订调解协议之日支付鉴定费 25,000 元至重庆市人民检察院第五分院指定的账户；四是被告袁某、龙某某于签订调解协议之日起 1 个月内在重庆市市级媒体上向社会公众赔礼道歉。

为保障公众知情权及参与权，重庆市第五中级人民法院于 2022 年 7 月 15 日至 8 月 14 日在人民法院公告网对调解协议进行公告。公告期内未收到任何异议。经审查，上述协议不违反法律规定，未损害社会公共利益，重庆市第五中级人民法院予以确认并作出（2022）渝 05 民初 132 号民事调解书，该案调解结案。

此后，因被告袁某、龙某某未完全履行生效调解书所载明的义务，重庆市第五中级人民法院于 2023 年 7 月 28 日立案执行，执行内容为前述调解书第一项与第四项。在强制执行过程中，两被告履行了调解书载明的全部义务，该案即因执行完毕而于 2023 年 8 月 15 日结案。

【主要法律问题】

1. 该案中，申请执行人是哪个主体？
2. 该案调解书第一部分费用的性质为何？

【主要法律依据】

1. 《民法典》第一百七十九条；
2. 《民事诉讼法》第二百四十五条、第二百四十七条；

3.《最高人民法院关于审理环境民事公益诉讼案件适用法律若干问题的解释》第二十四条第一款。

【学理分析】

关于申请执行人的确定。在该案中,当事人之间达成了调解协议且经法院公告(公告期间未收到异议)、审查后,调解书又经过双方当事人签收,产生了法律效力,等同于生效的判决、裁定,因此当事人应履行调解书载明的义务,但是两被告并未完全履行调解书载明的义务。

在一般的民事诉讼中,当事人不履行调解书所载明的义务的,根据《民事诉讼法》第二百四十五条的规定,可以向法院申请强制执行。此外,根据《民事诉讼法》第二百四十七条第二款的规定,调解书的申请执行人为拒绝履行义务方的对方当事人;在该案中,即为重庆市人民检察院第五分院。

另外需要说明的是,我国《民事诉讼法》第二百四十七条第一款规定,发生法律效力的判决、裁定,当事人必须履行。一方拒绝履行的,对方当事人可以向人民法院申请执行,也可以由审判员移送执行员执行,即对生效的民事判决和裁定,可以向法院申请执行,其可以由法院移送执行。移送执行,是指人民法院审判员根据案情依法主动将生效的判决、裁定、调解书、支付令交付执行组织执行,从而引起执行程序启动的行为。① 需要移送执行的案件,具体来说包括:(1)发生法律效力的具有给付赡养费、扶养费、抚育费内容的法律文书;(2)刑事附带民事判决、裁定、调解书;(3)人民法院作出的民事制裁决定书;② (4)具有财产执行内容的人民法院已生效的刑事法律文书;(5)审判庭采取财产保全或者先予执行的裁定书;③ (6)需要采取强制执行措

---

① 参见肖建国主编:《民事执行法》,中国人民大学出版社2014年版,第140页。
② 参见《最高人民法院关于人民法院执行工作若干问题的规定(试行)》第17条。
③ 参见肖建国主编:《民事执行法》,中国人民大学出版社2014年版,第141页。

施的环境民事公益诉讼裁判的案件。① 可以看出,在需要移送执行的民事案件中,只有给付赡养费、扶养费、抚育费案件,不将执行依据限定为"判决、裁定",而以"发生法律效力的法律文书"这一称呼涵盖"判决、裁定"之外的"调解书"这一类法律文书。这说明"调解书"这一类生效法律文书只能在该类型案件中移送执行。

易言之,生效的环境民事公益诉讼调解书不能以"移送执行"启动执行程序,而只能按照《民事诉讼法》第二百四十七条第二款的规定以"申请执行"的方式启动执行程序。该案中,只能由重庆市人民检察院第五分院向重庆市第五中级人民法院申请执行。

关于调解书第一部分内容的定性。调解书第一部分载明:"被告袁某、龙某某连带赔偿生态服务功能损失费69,131.3元,用于购买等值的'碳惠通'项目自愿减排量(CQCER)进行替代性修复……"

民事公益诉讼主体的责任承担方式依据判决内容所确定,而民事公益诉讼判决的执行内容包括在《民法典》第一百七十九条规定的承担民事责任的方式中。具体来说,这些执行内容可分为:(1)预防性责任的执行,包括停止侵害、排除妨碍、消除危险。(2)恢复性责任的执行,包括恢复原状。(3)赔偿性责任的执行,包括赔偿损失、惩罚性赔偿。(4)人格恢复性责任的执行,包括赔礼道歉。

该案调解书第一部分将被告所承担的费用称为"生态服务功能损失费",似乎可以认为此款项性质是"赔偿性责任"的承担,但是该款项又用于"购买等值的'碳惠通'项目自愿减排量(CQCER)进行替代性修复",因此又含有"恢复性责任"的意味。如果第一部分请求是

---

① 参见《最高人民法院关于审理环境民事公益诉讼案件适用法律若干问题的解释》(法释〔2015〕1号)第三十二条(该司法解释已于2020年修改,现仍为第三十二条)。关于该司法解释理解与适用的文章亦指出"环境民事公益诉讼生效裁判的执行关系到环境公共利益能否得到及时维护,因此无需原告申请,应由人民法院依职权移送执行";此处使用的亦是"裁判"一词。林文学、王展飞:《〈关于审理环境民事公益诉讼案件适用法律若干问题的解释〉的理解和适用》,载《人民司法》2015年第5期。

"恢复性责任"的承担,则容易招致其与第二部分所载明的"生态环境修复费"在性质上有重合,额外增加了被告的负担之质疑,但这样的质疑是不成立的。

曾有学者指出,"我国法将传统大陆民法中的'恢复原状'作了技术性限缩,未将恢复原状费用囊括在内,且常将其与金钱赔偿混为一谈"①。这亦能说明该案调解书第一部分内容性质的迷惑性。此外,《最高人民法院关于审理环境民事公益诉讼案件适用法律若干问题的解释》第二十四条第一款规定:"人民法院判决被告承担的生态环境修复费用、生态环境受到损害至修复完成期间服务功能丧失导致的损失、生态环境功能永久性损害造成的损失等款项,应当用于修复被损害的生态环境。"从这里可以看出,最高人民法院规定将两类"损失"请求用于"修复被损害的生态环境",这等于承认了这种重合式的诉讼请求类型,即第一部分的请求在性质上属于"赔偿性责任",而实际上用于"修复性责任"承担。而第一部分的请求因这一特殊性,并不与第二部分所规定的"生态环境修复费"在性质上重合。

第一部分的请求是进行"替代性修复",而关于"替代性修复",最高人民法院在关于《最高人民法院关于审理环境民事公益诉讼案件适用法律若干问题的解释》的解释说明文章中指出"在生态环境已经遭受实质性损害的情况下,则要重视恢复原状这一责任方式的运用。适用恢复原状这一责任方式应遵循以下原则:……二是出现部分或全部无法原地原样恢复情形的,可以准许采用替代性修复方式"②。可见最高人民法院认为"替代性修复"是恢复原状这一责任方式的一种。

综上,该案调解书第一部分的请求是一种环境民事公益诉讼中特殊的责任承担方式,这种责任承担方式在性质上属于"赔偿性责任",

---

① 刘媛媛:《论环境侵权责任中的恢复原状费用》,载《交大法学》2021 年第 3 期。
② 林文学、王展飞:《〈关于审理环境民事公益诉讼案件适用法律若干问题的解释〉的理解和适用》,载《人民司法》2015 年第 5 期。

而实际上用于"修复性责任"承担。这种责任承担方式并不与第二部分载明的"生态环境修复费"在性质上重合,没有额外增加被告的负担。

何某平、何某非法捕捞水产品环境修复执行案[①]

【基本案情】

2018年4月2日凌晨,何某平、何某在重庆市北碚区东阳街道黄桷码头嘉陵江水域非法捕捞鲫鱼等渔获物共计23.7千克,重庆市渝北区人民检察院起诉指控上述二人犯非法捕捞水产品罪,同时提起附带民事公益诉讼,要求被告人承担修复生态环境的民事责任。重庆市渝北区人民法院认为被告人何某平、何某非法捕捞水产品的行为破坏了渔业资源与水生态环境,损害了社会公共利益,何某平、何某依法应当承担民事责任,重庆市渝北区人民法院要求二人在判决生效之日起3个月内在相关水域放流特定种类及特定规格的成鱼100千克。在判决生效后,被执行人何某主动向法院缴纳3万元履行金,请求法院联系第三方购买成鱼进行放流。2019年5月21日,该案放流执行结束,被执行人何某,人民代表大会,中国人民政治协商会议全国委员会,重庆市第一中级人民法院及重庆市北碚区人民法院、检察院、渔政部门的相关领导及干部,当地渔民代表等参与放流活动。

【主要法律问题】

1.该案中,法院判决二被告人放流成鱼,而二被告人直接向法院交纳履行金的行为是否属于履行了判决文书确定的义务?

2.行政机关在生态修复执行工作中是否要履行监管职责?

【主要法律依据】

1.《刑法》第三百四十条;

[①] 参见重庆市渝北区人民法院刑事附带民事判决书,(2018)渝0112刑初1504号;重庆市渝北区人民法院执行裁定书,(2019)渝0112执7670号。

2.《最高人民法院关于审理环境民事公益诉讼案件适用法律若干问题的解释》第二十条。

【学理分析】

民事公益诉讼主体的责任承担方式由判决内容确定,民事公益诉讼判决书的执行无外乎《民法典》侵权责任编所规定的四类责任承担方式,即预防性责任的执行、恢复性责任的执行、赔偿性责任的执行以及人格恢复性责任的执行。而就生态环境修复责任而言,主要涉及的是恢复性责任的执行及赔偿性责任的执行。其具体可分为以下三种情形予以讨论:第一,当受损生态环境能够完全修复时,被执行人应当直接修复或者承担生态环境修复费用并赔偿生态环境服务功能损失;第二,当受损生态环境不能完全修复时,被执行人应当采用替代性修复方式,赔偿期间服务功能损失或生态环境功能永久性损害造成的损失;第三,当受损生态环境完全不能修复时,被执行人应当赔偿生态环境功能永久性损害造成的损失。①

就该案而言,由于被执行人行为受损的生态环境能够完全修复,且法院判决直接修复,因此主要涉及的是恢复性责任的执行,即执行法院应依据法院判决,要求并监督被申请执行人将受损的生态环境或自然资源恢复到侵害之前的状态。按照恢复原状的义务是否可以替代履行,一般将其分为不可替代行为的执行和可替代行为的执行。显然该案的情况属于可替代行为的执行。代履行完成后被执行人拒绝负担相关费用的,人民法院可按照金钱债权的执行程序对被执行人强制执行。

民事公益诉讼的判决只需"一锤定音",但该判决的执行过程有时比较漫长,如对生态环境的修复。虽然法院是执行机关,但其执行部门往往缺乏环境专业人员和执法人员,并不具备环境监测、监督、评

---

① 参见杨雅妮:《生态环境修复责任:性质界定与司法适用——以环境刑事附带民事公益诉讼为分析对象》,载《南京工业大学学报(社会科学版)》2022年第1期。

估、验收能力和技术。基于此，有基层法官曾论断，"生态修复裁判中行政监管机关的角色缺位将导致裁判结果的'软弱无力'，'严重阻碍了生态修复性司法的实践'"①。同时，由行政机关来监督民事公益诉讼案件的执行也具有一定合理性。我国 2014 年修订的《环境保护法》建立了政府、企业、社会"三位一体"的多元共治的环境治理机制，而对于被执行人是否已经履行生态环境修复责任这一问题，亦需上述主体达成合意以避免出现"民事判决的执行完成反而招致行政处罚"等矛盾局面。不过，有观点认为，司法权的本质是判断权，故以法院为主导监管生态环境修复责任执行的司法实践，会有悖于国家权力体系中行政权与司法权的分工与定位，故应当由环保行政机关主导对生态环境案件污染者修复义务进行监督和管理。② 但值得注意的是，从目前既有规定出发，仍应由法院主导监管生态环境修复责任的执行。首先，这是法院执行工作的组成部分之一；其次，司法机关被视为维护社会公平正义的最后一道防线，若单纯依行政权的实施便可实现环境保护、环境修复的职能，一些案件无须再历经司法程序。所以，行政机关是民事公益诉讼执行的监管方之一，而并非主导方。

第三节　人格恢复性责任承担方式的执行

【主要知识点】

　　民事公益诉讼的"公益性"会自然而然地延伸至民事公益诉讼的执行程序。在"执行形式化"原则之下，执行程序不对公共利益等属

---

　　① 参见苏丽蓉、翁伯明：《环境民事审判中生态修复责任的规范适用》，载马世忠主编：《司法体制综合配套改革中重大风险防范与化解——全国法院第 31 届学术讨论会获奖论文集（下）》，人民法院出版社 2020 年版，第 413 页。
　　② 参见康京涛：《生态环境修复责任执行的监管权配置及运行保障——以修复生态环境为中心》，载《学术探索》2022 年第 6 期。

于审判程序内容的部分进行实质审查。但是,仍要清晰地认识到,源于民事公益诉讼、延伸至民事公益诉讼判决执行的"公益性"始终是民事公益诉讼的特殊性的关键所在,民事公益诉讼的"公益性"使民事公益诉讼判决的执行与传统意义上的执行相比存在多方面的差异性,包括执行权产生方式不同、权利主体处分权有限,以及形成由法院主导、多部门参与的执行权力共同行使机制。权利人申请执行是引起执行程序开始的主要方式,依职权移送执行仅为引起执行程序开始的补充形式。对于民事公益诉讼判决的执行,当被告未在法定期限内履行生效法律文书确定的内容时,应当由人民检察院申请执行。考虑到司法解释已经规定环境民事公益诉讼由人民法院移送执行,为最大限度维护公共利益,可以考虑适当扩大这一规定适用的公益诉讼案件范围。与传统民事执行案件相比,民事公益诉讼判决执行的过程中,常出现财产执行与行为执行的交融、重合。在一些案件中,可能同时存在赔偿性责任和人格恢复性责任的执行。

【案例分析】

重庆市人民检察院第五分院申请执行周某鑫、甄某强案[①]

【基本案情】

对于公益诉讼人重庆市人民检察院第五分院起诉被告周某鑫、甄某强未成年人权益保护民事公益诉讼一案,重庆市第五中级人民法院依法受理。经查证,被告周某鑫、甄某强在 QQ 群内公开发布其制作

---

① 参见《重庆:针对未成年人网络保护首提民事公益诉讼受损未成年人获赔心理健康重建费》,载最高人民法院官网,https://www. spp. gov. cn/spp/dfjcdt/202206/t20220629_561432. shtml。

的淫秽视频链接,并诱导观看者转发扩散,造成该链接中的淫秽视频在包含未成年人的社交交友群、游戏群等范围内大量传播,引发未成年人聚集观看并造成部分未成年人作出不良行为,严重侵害不特定多数未成年人身心健康,损害社会公共利益,重庆市第五中级人民法院判决被告周某鑫、甄某强于判决生效之日起15日内连带赔偿受损未成年人心理健康重建费21,300元,并于判决生效之日起30日内在重庆市省级媒体上公开赔礼道歉。

被执行人周某鑫、甄某强未在法定期限内履行生效法律文书所确定的义务,重庆市第五中级人民法院依法受理该执行案件,查封被执行人周某鑫名下位于北海市云南路284号阳光金海岸1幢2单元1805号房屋;让被执行人甄某强在媒体平台"抖音"发布了周某鑫、甄某强的公开赔礼道歉声明;冻结被执行人周某鑫、甄某强账户金额共计21,519.5元,其中21,300元为赔偿受损未成年人心理健康重建费,另219.5元为案件执行费用,至此生效法律文书所确定的内容已全部执行完毕,申请执行人基于执行依据的权利全部得以实现。

【主要法律问题】

1. 该案中的执行权与传统执行权有何差异?
2. 该案涉及以何种责任承担方式为标准的执行类型?

【主要法律依据】

1. 《未成年人保护法》第一百零六条;
2. 《民法典》第一百七十九条、第一千条;
3. 《民事诉讼法》第二百四十七条;
4. 《最高人民法院关于人民法院民事执行中查封、扣押、冻结财产的规定》第二条;
5. 《最高人民法院关于人民法院执行工作若干问题的规定(试行)》第十六条、第十七条。

【学理分析】

关于该案中的执行权与传统执行权的差异。民事公益诉讼判决的执行,即法院依据生效的民事公益诉讼法律文书,对拒不履行义务的当事人采取强制执行措施,维护公共利益并确保违法者履行判决的法律活动。由于民事公益诉讼的目的在于维护社会公共利益,其"公益性"决定了此种判决的执行具有区别于民事私益诉讼执行的"公益性"。质言之,民事公益诉讼判决的"公益性"源于民事公益诉讼的"公益性",由此,对公共利益的判断便成为民事公益诉讼判决作出的核心问题,进而延伸至民事公益诉讼判决的执行。诚然,对公共利益的判断应属审判程序的内容,民事强制执行贯彻"执行形式化原则",实行审判程序与执行程序的"二分",执行程序不对公共利益等属于审判程序内容的部分进行实质审查。① 但是,仍要清晰地认识到,"公益性"正是民事公益诉讼判决执行目的特殊性的关键所在,民事诉讼判决的"公益性"使民事公益诉讼判决的执行与传统意义上的执行相比存在多方面的差异性,包括执行权产生方式不同、权利主体处分权有限,以及形成由法院主导、多部门参与的执行权力共同行使机制。该案主要涉及第一项,即执行权产生方式不同。执行权的产生方式包括两种:依权利人申请启动和依职权移送。由于民事公益诉讼具有

---

① 民事诉讼程序包括审判程序与执行程序两部分。执行程序区别于审判程序:审判程序具有平等性,而执行程序具有明显的干预性,执行机关有权主动、单向、强制地实现已被生效法律文书确定的权利。强制执行形式化原则源于审执分离原理,执行机关不对应当诸审判程序的实体事项等进行处理。民事公益诉讼执行属于民事执行的一部分,相应地应当依法执行,切实贯彻执行形式化原则。关于强制执行形式化原则的阐述参见肖建国:《强制执行形式化原则的制度效应》,载《华东政法大学学报》2021年第2期。

"公益性",其显著特征即诉讼利益归属于社会而非案件原告,①当民事公益诉讼原告方获得胜诉判决后,作为原告方的检察机关和有关组织一般不能作为申请执行人推动执行程序,民事公益诉讼判决的执行多采取人民法院依职权启动的模式。例如,《最高人民法院关于审理环境民事公益诉讼案件适用法律若干问题的解释》第三十二条规定,"发生法律效力的环境民事公益诉讼案件的裁判,需要采取强制执行措施的,应当移送执行",即规定了环境民事公益诉讼案件的执行采取法院依职权启动的方式。但是就一般原则而言,权利人申请执行是引起执行程序开始的主要方式,依职权移送执行仅为引起执行程序开始的补充形式。该案属于民事公益诉讼判决的执行,当被告未在法定期限内履行生效法律文书确定的内容时,应当由人民检察院申请执行,并可以由人民法院依职权移送执行。

该案涉及赔偿性责任的执行、人格恢复性责任的执行。与传统民事执行案件相比,民事公益诉讼判决执行的过程中,常出现财产执行与行为执行的交融、重合。该案涉及执行内容的混合性,其中未成年人的心理健康重建费属于赔偿性责任的执行,赔礼道歉属于人格恢复性责任的执行。心理健康重建费类似于精神损害赔偿,属于赔偿性责任。赔偿性责任的执行即赔偿损失,执行法院依据法院生效判决,强制执行被申请执行人的财产以赔付所侵害的公共利益。该赔偿包括对受损公共利益的弥补以及为恢复公共利益的花费,是一种惩罚性赔偿。未成年人身心健康是受到法律保护的人格权益,未成年人的心理基于不成熟的特征,易受到不良信息的误导、伤害,若违法行为已对不

---

① 在普通的民事诉讼中,适格原告为与案件纠纷有直接利害关系的主体;在民事公益诉讼中,原告作为与纠纷无关的第三方,诉讼利益不归于该原告。原告作为有职权关系的法定诉讼担当人进行诉讼,并依据国家代表权论将个人排除于原告范畴。关于法定诉讼担当的介绍参见张卫平:《民事诉讼法》(第5版),法律出版社2019年版,第139页。关于国家代表论的介绍参见[德]克雷斯蒂安·冯·巴尔:《欧洲比较侵权行为法》,张新宝译,法律出版社2001年版。

特定未成年人的身心健康造成较大的消极影响,则有必要进行心理疏导、矫治以助受到消极影响的未成年人重获健康心理。该案中,这些损失赔偿费用便用于对受到消极影响的未成年人进行心理疏导等使其重获健康。赔礼道歉属于人格恢复性责任的执行,赔礼道歉指执行法院依据法院生效判决,强制要求被申请执行人向公共利益受损而受影响的不特定公众进行赔礼道歉。其目的是对精神损害的恢复,属于单纯的行为执行,不仅可以在特定的个体上适用,在公益诉讼中亦可对不特定的社会公众适用。该案中,由于淫秽视频链接在一定范围内进行广泛的传播,涉及损害不特定多数未成年人的身心健康以及不特定社会公众对信息网络安全、绿色健康的信赖,造成了较为恶劣的社会影响,因此被申请执行人应当进行赔礼道歉。

【思考题】
1. 对受损未成年人的范围应如何界定?
2. 对受损未成年人获赔的心理健康重建费应当如何使用?

第七章　刑事附带民事公益诉讼

2018年,最高人民法院、最高人民检察院联合发布了《最高人民法院、最高人民检察院关于检察公益诉讼案件适用法律若干问题的解释》,赋予检察机关在刑事诉讼的同时一并提起民事公益诉讼的职权,从而确立了刑事附带民事公益诉讼的制度框架。为了加强检察机关在维护公共利益方面的重要作用,2020年,最高人民法院、最高人民检察院修正《最高人民法院、最高人民检察院关于检察公益诉讼案件适用法律若干问题的解释》,将附带民事公益诉讼的受案范围从破坏生态环境和资源保护、食品药品安全领域侵害消费者合法权益的案件,扩大到包括侵害英烈姓名、肖像、名誉、荣誉的案件。2021年,最高人民检察院制定《人民检察院公益诉讼办案规则》,又进一步将侵犯未成年人合法权益的案件纳入该制度的覆盖范围。刑事附带民事公益诉讼的案件范围不断扩大。

一般认为,刑事附带民事公益诉讼指检察机关作为具有程序性诉讼实施权的机关,在对实施违法犯罪行为的责任主体提起刑事公诉时,同时向负责审理刑事案件的法院附带提出民事公益诉讼,请求判令责任主体对违法犯罪行为造成的公共利益受损情况承担民事责任,即刑事附带民事公益诉讼的被告人不仅需承担刑事处罚,还需承担例如停止侵害、排除妨碍、消除危险、恢复原状、赔偿损失、赔礼道歉等相应的民事责任。

第一节 刑事附带民事公益诉讼制度的案件范围

【主要知识点】

2017年3月,我国首例刑事附带民事公益诉讼案件在安徽省五河县审结。自此之后,刑事附带民事公益诉讼在全国范围内迅速发展,其案件范围开始进入拓展期。在当前我国司法实践中,刑事附带民事公益诉讼已经成为检察机关向法院提起的公益诉讼类型中的主力军。刑事附带民事公益诉讼案件范围不断扩展,日益成为法律领域内备受瞩目的议题。

《民事诉讼法》第五十八条第二款、《最高人民法院、最高人民检察院关于检察公益诉讼案件适用法律若干问题的解释》第二十条以及《人民检察院公益诉讼办案规则》第九十七条明确对破坏生态环境和资源保护,在食品药品安全领域侵害众多消费者合法权益,侵犯未成年人合法权益,侵害英雄烈士等的姓名、肖像、名誉、荣誉等损害社会公共利益的违法行为,可以提起刑事附带民事公益诉讼。其他单行法,如《个人信息保护法》《无障碍环境建设法》等法律,规定检察机关可以向法院提起诉讼。

实践中,在"等"外领域案件中,出现针对危险驾驶、走私、非法经营、帮助信息网络犯罪活动等犯罪行为提起的刑事附带民事公益诉讼,大幅度拓展了刑事附带民事公益诉讼的案件范围。

【案例分析】

最高人民法院指导性案例 172 号：秦某学滥伐林木刑事附带民事公益诉讼案①

【基本案情】

湖南省保靖县人民检察院针对被告人秦某学涉嫌滥伐林木罪一案，向保靖县人民法院提起公诉，并在诉讼过程中基于公共利益受损的事实，依法附带提起民事公益诉讼。据指控，被告人秦某学于 1998 年承包了位于湖南白云山国家级自然保护区核心区内毛沟镇卧当村"土地坳"的一片山林，并自次年起在此有计划地种植杉木林。该林地位于公益林范围内，属于公益林地。然而，2016 年 9 月至 2017 年 1 月，秦某学在未取得林木采伐许可证的情形下，违反森林法的相关规定，擅自砍伐并销售其承包区域内林木，砍伐区域覆盖保护区核心面积达 117.5 亩，核心区外有 15.46 亩受到波及。经专业鉴定，秦某学共计非法砍伐林木 1010 株，蓄积量高达 153.4 立方米，对生态环境造成了严重破坏。面对指控，秦某学对滥伐林木的犯罪事实并无异议，但辩解称自己是该片林木的实际经营者和所有权人，并已主动交纳了补植复绿的保证金，因此请求法院从轻判处。此外，保靖县林业勘测规划设计队出具的专业报告指出，修复被损害的公益林所需的人工苗种等费用为人民币 6.6 万余元。

【主要法律问题】

该案中的无证滥伐行为是否侵害社会公共利益？

【主要法律依据】

1.《民法典》第一百七十九条；

---

① 参见《最高人民法院关于发布第 31 批指导性案例的通知》，载中国法院网，https://www.chinacourt.org/law/detail/2021/12/id/150327.shtml。

2.《森林法》第五十六条、第五十七条、第七十六条；

3.《刑法》第三百四十五条；

4.《最高人民法院、最高人民检察院关于检察公益诉讼案件适用法律若干问题的解释》第二十条。

【学理分析】

刑事附带民事公益诉讼，是指检察机关在对侵害社会公共利益的特定领域犯罪提起刑事诉讼的情况下，附带提起请求判令致使公共利益遭受侵害的行为人依法承担民事责任的诉讼。该诉讼在内部刑事和民事程序并行的同时，还存在刑事责任与民事责任的交叉和重叠，最终形成了具备刑事诉讼、民事诉讼以及公益诉讼三种诉讼特点的复杂形态。

目前，检察机关被法律明确界定为刑事附带民事诉讼唯一的法定起诉主体，[①]这一设定旨在确保其在有力执行打击犯罪、保障国家追诉权有效落实的过程中，能够借助于民事公益诉讼这一创新机制，更加有效地保护与生态环境、资源保护等紧密关联的国家核心利益、社会整体利益以及广大公众的共同福祉。[②] 从公布的刑事附带民事公益诉讼案件的数量来看，环境犯罪刑事附带民事公益诉讼案件"遥遥领先"。随着大家的生态环境保护意识不断提升和其重要性在社会发展中日益凸显，环境法益这一概念逐渐在法律体系中显现。环境犯罪案件所牵涉的利益层面广阔而深远，不仅关乎公共安全的基础防

[①] 关于检察机关是否为提起刑事附带民事公益诉讼的唯一主体存在争议。有观点认为《最高人民法院、最高人民检察院关于人民检察院提起刑事附带民事公益诉讼应否履行诉前公告程序问题的批复》(法释〔2019〕18号) 要求，"人民检察院提起刑事附带民事公益诉讼，应履行诉前公告程序"，暗含了其他主体提起刑事附带民事公益诉讼的可能。此问题需国家法律规范予以明确。本书暂持检察机关独享刑事附带民事公益诉讼诉权的观点。

[②] 参见庄玮：《刑事附带民事公益诉讼制度理论与实践问题研究》，载《中国应用法学》2021年第4期。

线,还深度关联人类健康、生态平衡与多样性等多个关键领域。刑事附带民事公益诉讼这一诉讼制度全面追究犯罪行为人对生态环境造成的损害赔偿责任,并有效恢复和保护受损的环境公益,及时维护公共利益,督促案件的进展。但由于我国立法对于刑事附带民事公益诉讼的受案范围方面一直持审慎态度,对其采取"有限列举"的限制。这种具有明显保守倾向的规定使司法机关办理刑事附带民事公益诉讼案件时感到"束手束脚"。同时,由于"公共利益"概念的模糊性,检察机关在判断公共利益是否受到侵害时需要"大费周章",这将会对维护社会公共利益的及时性造成巨大的消极影响。

该案属于典型的环境资源类犯罪行为引发的刑事附带民事公益诉讼。秦某学滥伐的林地位于湖南白云山国家级自然保护区核心区域,其滥伐的树木已经成为白云山国家级自然保护区森林资源的不可分割的有机组成部分。被告人无证滥伐该树木且数量巨大,其行为严重破坏了白云山国家级自然保护区生态环境,危及生物多样性保护,使社会公共利益遭受严重损害,因此,保靖县人民检察院依法提起刑事附带民事公益诉讼,要求被告人不仅要承担刑事责任,还要履行补植复绿、支付相应的生态修复费用等民事责任。通过刑事附带民事公益诉讼的方式处理此类案件,体现了我国司法机关对环境资源保护的高度重视,以及在打击环境犯罪过程中实现"惩治与修复并重"的法治理念。值得思考的是,在被告人已经认罪悔罪并采取有效措施恢复受损的国家利益和社会公共利益的情况下,还有必要对其提起刑事附带民事公益诉讼吗? 在破坏生态环境刑事案件中,在追究刑事责任的同时,要贯彻恢复性司法理念,可以将依法从宽处理作为行为人积极修复生态环境的激励手段,可将行为人积极修复生态环境作为从宽处理的考虑依据,实现公益损害修复责任与刑事责任的价值互补。

孙某林等15人盗掘古墓葬刑事附带民事公益诉讼案①

【基本案情】

2016年至2017年,被告人孙某林等15人经交叉结伙、事先策划,在青海省都兰县热水墓群血渭一号大墓东北角、东侧平台处及血渭牧场(俗称羊圈墓)多次进行盗掘,窃得大量文物。其中,1个金属材质碗变卖获利20余万元,50余克带花纹金片变卖获利2万余元。经鉴定,被盗古墓葬为唐代时期吐蕃墓葬,分别属于全国重点文物保护单位——都兰县热水墓群重要组成部分和夏尔雅玛可布遗址。查获的646件文物中,一级文物14组、16件,二级文物49组、77件,三级文物132件,一般文物421件。

在血渭一号大墓东北角的盗掘行为造成地波探测安防一期工程破坏,产生修复费用40.64万元。在羊圈墓挖盗洞,产生回填费用2400元。青海省海西蒙古族藏族自治州人民检察院提起附带民事公益诉讼,请求判令孙某林等被告分别承担上述费用以及开展抢救性发掘和搭建古墓保护棚产生的费用。

【主要法律问题】

1. 该案中的文物和文化遗产保护能否纳入公益诉讼的受案范围?

2. 该案中的文物和文化遗产保护公益诉讼和环境公益诉讼有什么关系?

【主要法律依据】

1.《刑法》第三百二十八条;

2.《环境保护法》第二条;

3.《文物保护法》(2017年修正)第二条、第三条、第六十五条。

---

① 参见《依法保护文物和文化遗产典型案例》,载国家文物局网,http://www.ncha.gov.cn/art/2023/2/7/art_722_179631.html。

【学理分析】

　　判断文物和文化遗产保护是否能够纳入公益诉讼的受案范围,就要挖掘文物和文化遗产承载着何种公共利益。

　　首先,从财产价值的角度来看,国家是文物和文化遗产的所有权主体。根据法律规定,除明确归属于私人或集体所有的文物外,具有重大历史价值和珍贵性的文物和文化遗产都归国家所有,即全民所有。因此,对国有文物的任何侵害行为,实质上都会导致全体公民共享的财产权益受损。故而在财产价值层面上,国有文物和文化遗产蕴含了重要的公益属性。

　　其次,对文物的文化价值进行分析,文物实质上是一种普世的人文精神遗产。然而这种人文精神是全社会公众共同享有的宝贵财富。[①] 站在国家层面审视,文物所蕴含的文化利益属性是在人类历史发展的过程中所积淀的精神硕果,是历代先民智慧和创造力的集中体现。文物由于不可复制、不可再生,自然成为整个国家乃至全人类共有的宝贵资产。因此,文物的文化资源价值是面向全社会所有不特定个体共享的利益源泉。

　　最后,许多文物与特定环境具有共生关系,甚至本身就是生态环境不可分割的一部分,因此在文物与环境之间建立了紧密而深刻的联系,进而赋予了文物,尤其是不可移动文物显著的环境资源利益。这些不可移动文物是在生态环境中孕育出的独特景观和文化象征,与周边环境共同构成了一个特殊的、由不可移动文物和其周围环境组成的整体生态系统。与此同时,一些地理环境因其与特定历史事件或历史人物具有关联性而被赋予了文物般的价值,环境本身在此情况下被视为一种特殊的"活态"文物。

　　由此看来,我国文物和文化遗产的保护工作关乎全社会的核心利

---

　　① 参见陈冬:《文物保护公益诉讼与环境公益诉讼之辨析——以公共利益为中心》,载《政法论丛》2021年第2期。

益和民族情感传承。因此,在法律框架下通过公益诉讼的方式加大文物保护力度,显得尤为必要且迫切。

另外,根据《文物保护法》的规定,我国文物主要分为可移动文物与不可移动文物。由于不可移动文物与《环境保护法》中的"自然遗迹""人文遗迹"等概念存在交叉,较难区分这些概念;解决这一问题的关键是厘清文物保护公益诉讼与环境公益诉讼的界限,而核心问题是二者所保护的为何种公共利益。

文物保护公益诉讼体系的核心是对那些造成文物损害进而危及国家和社会整体利益的行为进行司法审查。文物保护公益诉讼体系关注的重点在于维护文化利益这一公共资源的完整性与永续利用。而环境公益诉讼制度则聚焦行为人对生态环境实施的污染、破坏等侵权行为,这些行为同样导致了国家和公众利益受损,但环境公益诉讼制度的核心权益诉求在于保护环境这一特殊的公共利益不受侵害。进一步来说,在文物保护公益诉讼中,起诉主体旨在通过法律手段追究对珍贵文化遗产造成破坏的责任,并寻求恢复原状或赔偿损失。与此相应的,环境公益诉讼制度则是为了遏制环境污染、生态破坏行为,力求实现环境修复、损失补偿,并通过预防性的司法介入来确保自然资源的可持续管理和生态环境的安全稳定。

该案系盗掘古墓葬引发的刑事案件。被盗古墓葬属于青海省都兰县热水乡境内的热水墓群,其中,血渭一号大墓对研究唐代吐蕃历史文化、唐蕃关系与民族交流融合等具有重要价值。孙某林等人的盗掘行为严重损毁古墓葬本体结构,严重破坏古墓葬的历史、艺术、科学价值,严重损害国家和社会公共利益。司法机关在依法严惩盗掘古墓葬犯罪行为的同时,正确贯彻损害担责、全面赔偿原则,依法合理认定民事责任范围,统筹考量各被告人的刑事、民事责任,并明确判决将在案文物全部移交文物行政部门。该案体现了司法机关依法严惩重大文物犯罪、推进文物与环境一体保护和系统治理的坚定决心与责任担当,对保护传承少数民族历史文化具有重大积极意义。

【思考题】

1. 如何合理界定刑事附带民事公益诉讼的案件范围?

2. 刑事附带民事公益诉讼与单纯的刑事诉讼或民事诉讼在案件范围上主要有哪些区别?

3. 刑事附带民事公益诉讼制度如何体现和实现"惩罚犯罪与恢复公益"的双重目标?

第二节 刑事附带民事公益诉讼的公告程序

【主要知识点】

2018年《最高人民法院、最高人民检察院关于检察公益诉讼案件适用法律若干问题的解释》第十三条规定,检察院提起民事公益诉讼的,应当依法公告。但该解释未表明刑事附带民事公益诉讼制度是否需要进行诉前公告。2019年发布的《最高人民法院、最高人民检察院关于人民检察院提起刑事附带民事公益诉讼应否履行诉前公告程序问题的批复》规定,"人民检察院提起刑事附带民事公益诉讼,应履行诉前公告程序。对于未履行诉前公告程序的,人民法院应当进行释明,告知人民检察院公告后再行提起诉讼"。诉前公告从普通民事公益诉讼延伸至刑事附带民事公益诉讼。关于刑事附带民事公益诉讼提起前应否履行诉前公告程序,实践中各法院对未履行诉前公告程序的刑事附带民事公益诉讼是否受理的实践操作差异明显,学术界也存在不同观点。

否定说的主要观点是否定附带民事公益诉讼的诉前公告制度。部分学者认为,30日的诉前公告程序会导致审查起诉期间的延长,影响刑事公诉和附带民事公益诉讼的协同办理。① 另有学者认为,公告与《刑事诉讼法》及其司法解释立法意图相冲突,人为割裂了刑事案件与附带民事案件的关联性,造成了司法适用的困惑和冲突,②不利于司法效率的提高。③

肯定说的主要观点是附带民事公益诉讼需要履行诉前公告制度。部分学者认为应当履行公告程序,原因是基于民事诉讼法中有关民事公益诉讼的规定,检察机关提起刑事附带民事公益诉讼要保持谦抑性,公告程序最主要的目的是对其他有权提起公益诉讼的主体进行告知;这体现了检察权的谦抑性和补充性。④ 有的学者认为,诉前公告制度符合刑事附带民事诉讼制度的立法宗旨,保障其他适格原告的民事公益诉权,维护附带民事诉讼基本结构。⑤

【案例分析】

林某某、高某某非法采矿案⑥

【基本案情】

2019年9月,林某某在未取得海域使用权证和采矿许可证的情

---

① 参见龙婧婧:《刑事附带民事公益诉讼可简化诉前程序》,载《检察日报》2018年12月12日。
② 参见高星阁:《论刑事附带民事公益诉讼的程序实现》,载《新疆社会科学》2021年第3期。
③ 参见周新:《刑事附带民事公益诉讼研究》,载《中国刑事法杂志》2021年第3期。
④ 参见张雪樵:《检察公益诉讼比较研究》,载《国家检察官学院学报》2019年第1期。
⑤ 参见杨雅妮:《刑事附带民事公益诉讼诉前程序研究》,载《青海社会科学》2019年第6期。
⑥ 参见《最高检、中国海警局印发〈办理海上非法采砂相关犯罪典型案例〉》,载最高人民检察院官网,https://www.spp.gov.cn/xwfbh/wsfbh/202306/t20230608_616727.shtml。

况下,指使高某某驾驶船舶,到福建省福安市湾坞镇、下白石镇"半屿"等海域非法采挖海砂,并运输至福建省宁德金蛇头工地、六都等码头,以每立方米 12.5 元至 18 元不等的价格出售给他人。林某某、高某某盗采海砂共 17 次,累计 11,295.33 立方米,销售价值合计 167,659 元。经评估认定,林某某、高某某非法开采海砂致海洋生态资源环境损害整体影响价值共计 680,298.19 元。宁德市人民检察院认为,除对被告人追究刑事责任外,还有必要对林某某、高某某另行提起民事公益诉讼,遂于 2021 年 6 月 25 日进行民事公益诉讼立案并进行诉前公告。经诉前公告,公告期届满没有法律规定的机关和社会组织向人民法院提起民事公益诉讼,宁德市人民检察院于 2021 年 9 月 29 日向宁德市中级人民法院提起诉讼。

【主要法律问题】

公告程序是否为刑事附带民事公益诉讼的必要程序?

【主要法律依据】

1.《刑法》第二十五条第一款、第三百四十三条第一款;

2.《民法典》第一千一百六十八条、第一千二百三十四条、第一千二百三十五条;

3.《最高人民法院关于审理环境民事公益诉讼案件适用法律若干问题的解释》第二十条第一款;

4.《最高人民法院、最高人民检察院关于检察公益诉讼案件适用法律若干问题的解释》第十三条;

5.《最高人民法院、最高人民检察院关于人民检察院提起刑事附带民事公益诉讼应否履行诉前公告程序问题的批复》。

【学理分析】

《最高人民法院、最高人民检察院关于人民检察院提起刑事附带民事公益诉讼应否履行诉前公告程序问题的批复》明确指出,"人民检察院提起刑事附带民事公益诉讼,应履行诉前公告程序"。从此之后,诉前公告程序在各地得到了广泛履行。但从公布的公益诉讼案例来看,仍有部分案件未履行诉前公告程序或是否履行诉前公告程序不明确。虽然上述批复对于刑事附带民事公益诉讼是否需要履行诉前公告程序已经有了明确答复,但学界对此仍然存在较大争议。

肯定说认为,履行诉前公告程序是刑事附带民事公益诉讼的必要条件。首先,从保障其他适格原告的民事公益诉权角度看,《民事诉讼法》第五十八条规定了检察机关与其他法定机关和有关组织在行使诉权上不存在优先性,因此,依据"司法解释不破上位法,不能限制或者影响法律规定的国家机关和社会组织的相关诉权"的原则[1],检察机关在提起此类诉讼时必须履行诉前程序,以确保各方权益得到尊重和保护。其次,履行诉前程序是检察机关正确履行法律监督职能的重要体现,在此过程中,检察机关运用"督促"、"建议"或"公告"等方式推动其他权利主体行使诉讼权利,实际上是在行使一种"守法监督权",遵循先履行通知或督促起诉义务,只有当权利主体怠于行使权利时,才可直接提起刑事附带民事诉讼。[2] 最后,尽管履行诉前程序可能涉及一定的时间成本,但若其设计和执行得当则并不会对司法效率产生根本性的消极影响,反而能通过前置程序的有效运作,促进诉讼进程更加公正合理、高效有序地进行。

否定说则主张,应当取消刑事附带民事公益诉讼中的诉前公告,理由在于:一方面,诉前公告可能导致诉讼流程的延长,增加了案件拖延的可能性;另一方面,鉴于该制度有刑事与民事部分相互交织的特点,两者的事实往往具有内在关联性。如果强制实施诉前公告,在公告期满后,无论是检察院还是其他相关组织在后续提起单独的民事公

---

[1] 参见张雪樵:《检察公益诉讼比较研究》,载《国家检察官学院学报》2019 年第 1 期。

[2] 参见杨雅妮:《检察机关提起民事公益诉讼诉前程序探析》,载《河南财经政法大学学报》2018 年第 2 期。

益诉讼时,原本可以一并审理的刑事和民事部分将被迫分离为两个独立的案件进行审理。这样的拆分不仅无法实现案件审理的合并效益,也会削弱该制度本应发挥的高效协同作用。

另外,有学者认为,在未来立法中应将履行诉前程序明确规定为刑事附带民事公益诉讼的必要条件。对于检察机关未履行诉前程序而提起的附带民事公益诉讼,人民法院应以不符合检察民事公益诉讼起诉条件为由,裁定不予受理;已经受理的,裁定驳回起诉。①

结合该案来看,宁德市中级人民法院以最高人民法院和最高人民检察院作出的明确答复为实践指引,将诉前公告程序作为刑事附带民事公益诉讼的必要条件之一。宁德市人民检察院提起刑事附带民事公益诉讼前,履行了诉前公告程序并确保在公告期届满后没有法律规定的机关和社会组织向人民法院提起民事公益诉讼,符合起诉条件。

最高人民法院指导性案例 212 号:刘某桂非法采矿刑事附带民事公益诉讼案②

【基本案情】

2021 年 9 月 5 日,被告人刘某桂将其所有的运力船租赁给另案被告人刘某后,二人商定共同在长江盗采江砂。采砂前,刘某与另案被告人何某事前通谋,由何某低价收购刘某盗采的江砂。被告人刘某桂三次伙同另案被告人刘某、熊某、杨某在位于湖北省的长江黄梅段某河口水域盗采江砂约 4500 吨,并运至江西省九江市柴桑区某码头

---

① 参见杨雅妮:《刑事附带民事公益诉讼诉前程序研究》,载《青海社会科学》2019 年第 6 期。

② 参见《指导性案例 212 号:刘某桂非法采矿刑事附带民事公益诉讼案》,载最高人民法院官网 2023 年 11 月 21 日, https://www.court.gov.cn/shenpan/xiangqing/418222.html。

出售给何某，后何某在江砂中掺杂机制砂后对外出售。2021年9月30日，长江航运公安局水上分局九江派出所接群众举报后，在长江黄梅段横河口水域将正在进行盗采作业的运力船查获。经过磅秤重，运力船装有盗采江砂1443吨。该案非法采砂的作案地点长江黄梅段横河口水域位于长江中游干流湖北省新州水域。被告人刘某桂与刘某、熊某、何某、杨某非法采砂5943.09吨，所采江砂价值475,447.2元。经鉴定，刘某桂、刘某等人非法盗采长江江砂行为对非法采砂区域的生态环境造成的影响分为水环境质量受损、河床结构受损、水源涵养受损和水生生物资源受损。另查明，刘某、熊某、何某、杨某因非法采矿罪已被江西省瑞昌市人民法院先行判决。被告人刘某桂于2022年6月8日被抓获归案。九江市中级人民法院指定江西省瑞昌市人民法院审理该案。经江西省瑞昌市人民检察院依法公告，公告期满未有法律规定的机关和有关组织提起民事公益诉讼。瑞昌市人民检察院遂依法向瑞昌市人民法院提起刑事附带民事公益诉讼。

【主要法律问题】

实践中，刑事附带民事公益诉讼公告程序如何履行？

【主要法律依据】

1.《长江保护法》第二十八条、第九十三条；

2.《刑事诉讼法》第二十五条；

3.《最高人民法院关于适用〈中华人民共和国刑事诉讼法〉的解释》第二条；

4.《最高人民法院、最高人民检察院关于检察公益诉讼案件适用法律若干问题的解释》第十三条；

5.《最高人民法院、最高人民检察院关于人民检察院提起刑事附带民事公益诉讼应否履行诉前公告程序问题的批复》。

【学理分析】

《最高人民法院、最高人民检察院关于检察公益诉讼案件适用法律若干问题的解释》第十三条规定,人民检察院拟提起民事公益诉讼的,应当依法公告,公告期间为30日;公告期满,法律规定的机关和有关组织、英雄烈士等的近亲属不提起诉讼的,人民检察院可以向人民法院提起诉讼。与此同时,为保证刑事审判程序依法顺利进行、避免超期羁押,《最高人民法院、最高人民检察院关于人民检察院提起刑事附带民事公益诉讼应否履行诉前公告程序问题的批复》同时规定,"因人民检察院履行诉前公告程序,可能影响相关刑事案件审理期限的,人民检察院可以另行提起民事公益诉讼"。

通过分析可发现,实务界对于如何履行诉前公告程序的认识并未统一,实践中主要形成了三种做法:一是在全国性的报刊上刊登公告;二是在地方性新闻媒体上刊登公告;三是在当地较为显眼的位置张贴公告。然而这三种做法都难以起到"广而告之"的作用。在全国性或地方性报纸上刊登公告,或者在广播电台上公告,精准性稍显不足。通过走访有关部门及辖区具有提起公益诉讼资格的公益组织,询问其是否就该案提起公益诉讼,或者将公告张贴在该地区内较为显眼的地方,可发现公告仍存在范围不够广、通知不到位的问题。

诉前公告是保障适格主体诉权的重要程序,检察机关履行诉前公告,需要高效地通知到其他适格起诉主体。因此,为了增强诉前公告的实际效果,不能仅局限于单一的执行模式,而应当根据案件具体情况及地方实情采取多元化的公告实施方式。这一做法旨在确保具备起诉资格的社会组织或政府机关在接到公告后,能够自主决定是否参与诉讼,出具授权检察机关代为起诉的证明,抑或明确表示放弃起诉的权利。这样既提高了司法效率,又确保了适格主体公益诉权得到有效保障。针对众多且分布广泛的各类社会组织,在履行诉前公告时,检察机关可考虑通过全国性报纸、网络媒体平台发布公告,并辅以电台广播等形式,以更广泛地传播信息,充分发挥公告的告知与催告效能,让相关社会组织及时了解案情,从而判断并行使自身的诉讼权利。

而在面对法律规定的特定机关等较为确定的主体时,相较于大规模的公告发布,直接由检察机关与有关机关进行沟通交流,如督促、建议或咨询,往往能更为高效地获悉对方意愿。

检察机关应积极敦促那些对国家利益和社会公共利益负有直接保护职责的法定机关提起诉讼;其若未能主动启动审判程序,则需承担相应的法律责任。这样的机制设计不仅有助于提升司法效率,也更加尊重和保障了不同主体在公益诉讼中的合法权益。

该案中,经江西省瑞昌市人民检察院依法公告,公告期满未有法律规定的机关和有关组织提起民事公益诉讼。瑞昌市人民检察院遂依法向瑞昌市人民法院提起刑事附带民事公益诉讼。根据《民事诉讼法》第五十八条的规定,人民检察院在履行职责中发现破坏生态环境和资源保护、食品药品安全领域侵害众多消费者合法权益等损害社会公共利益的行为,在没有法律规定的机关和组织或者前款规定的机关和组织不提起诉讼的情况下,可以向人民法院提起诉讼;法律规定的机关或者组织提起诉讼的,人民检察院可以支持起诉。因此该案中,若在公告期间,有符合法律规定的机关或者组织提起诉讼,瑞昌市人民检察院可以支持起诉。

【思考题】

1. 请简述刑事附带民事公益诉讼中公告程序的作用及意义。

2. 当存在多个受害主体或公共利益受损时,公告程序应如何进行?这种情况下,公告程序对于保障各方权益有何特殊作用?

3. 结合具体案例,分析刑事附带民事公益诉讼公告程序在环境资源保护、消费者权益保护等领域的应用效果。

第三节　刑事附带民事公益诉讼的审理组织

【主要知识点】

《人民陪审员法》第十六条规定，法院审判公益诉讼第一审案件时，应当由法官和人民陪审员组成七人合议庭进行。《最高人民法院、最高人民检察院关于检察公益诉讼案件适用法律若干问题的解释》第二十条则规定，人民检察院提起刑事公诉后提起附带民事公益诉讼的，由人民法院同一审判组织审理。目前对于刑事附带民事公益诉讼案件审理组织的选择，学界形成以下几种观点。

第一种观点认为，应当选用三人合议庭。根据《最高人民法院、最高人民检察院关于检察公益诉讼案件适用法律若干问题的解释》第二十条的规定，刑事附带民事公益诉讼的审判组织与人民法院审理刑事案件的审判组织具有同一性，因此刑事附带民事公益诉讼由刑事诉讼的审判组织进行统一裁判即可。[1] 这符合对诉讼经济价值的追求，遵循管辖最密切联系原则，同时也是刑事附带民事公益诉讼的生命力之所在。[2]

第二种观点认为，应当选用七人合议庭。刑事附带民事公益诉讼涉及社会公共利益，具有广泛的社会影响力，加之面临刑民交叉等复杂情形，因而应当组成七人合议庭，并按照一审普通程序审理。[3]

---

[1] 参见汤维建：《刑事附带民事公益诉讼研究》，载《上海政法学院学报(法治论丛)》2022年第1期。

[2] 参见毋爱斌：《检察院提起刑事附带民事公益诉讼诸问题》，载《郑州大学学报(哲学社会科学版)》2020年第4期。

[3] 参见周新：《刑事附带民事公益诉讼研究》，载《中国刑事法杂志》2021年第3期；苏和生、沈定成：《刑事附带民事公益诉讼的本质厘清、功能定位与障碍消除》，载《学术探索》2020年第9期。

【案例分析】

最高人民法院指导性案例213号：黄某辉、陈某等8人非法捕捞水产品刑事附带民事公益诉讼案①

【基本案情】

2020年9月，被告人黄某辉、陈某共谋后在长江流域重点水域禁捕区捕鱼。两人先后邀请其他6名被告人在湖南省岳阳县东洞庭湖壕坝水域使用丝网、自制电网等工具捕鱼，其中黄某辉负责运送并销售捕获的渔获物，陈某、李某忠、唐某崇、艾某云、丁某德负责捕鱼，吴某峰（另案处理）、谢某兵、丁某勇负责运送捕获的渔获物。半年间，8名被告人先后参与非法捕捞三四十次，捕获渔获物10,000余斤，非法获利100,000元。

鉴定机构作出的评估意见为：非法捕捞渔获物中2000公斤为电捕渔获，3000公斤为网捕渔获。电捕造成鱼类损失约8000公斤，结合网捕共计11,000公斤，间接减少500万尾鱼种的补充。岳阳县价格认证中心认定，该案鱼类资源损失价值为21.1万余元。

岳阳县人民检察院遂提起刑事公诉和刑事附带民事公益诉讼。8名被告人对公诉机关指控的罪名及犯罪事实均无异议，自愿认罪；对刑事附带民事公益诉讼起诉人的诉讼请求和事实理由予以认可，并表示愿意承担修复生态环境的责任。

岳阳县人民法院组织附带民事公益诉讼的被告人与起诉人调解，双方达成调解协议。岳阳县人民法院最终判决8名被告人均犯非法

---

① 参见《指导性案例213号：黄某辉、陈某等8人非法捕捞水产品刑事附带民事公益诉讼案》，载最高人民法院官网2023年11月21日，https://www.court.gov.cn/shenpan/xiangqing/418242.html。

捕捞水产品罪,并分别判处有期徒刑或拘役;对非法获利100,000元予以追缴,上缴国库;等等。

【主要法律问题】

1. 附带民事公益诉讼部分达成调解时应当履行哪些程序?

2. 刑事案件中,附带民事公益诉讼被告有认罪认罚、主动弥补损失等情节的,应如何量刑?

【主要法律依据】

1.《长江保护法》第五十三条、第九十三条;

2.《刑法》第三百四十条;

3.《民法典》第一千二百三十四条;

4.《最高人民法院、最高人民检察院关于检察公益诉讼案件适用法律若干问题的解释》第二十条。

【学理分析】

附带民事公益诉讼部分的调解达成后,人民法院应当将调解协议内容依法公告。若社会公众未提出异议,30日公告期满后,人民法院经审查认为调解协议的内容不违反社会公共利益的,出具刑事附带民事调解书,将调解书送达被告人及附带民事公益诉讼起诉人,并向社会公开。

该案采取七人审判庭审理。法院生效刑事附带民事调解书认为,被告人黄某辉、陈某、唐某崇、艾某云、丁某德、李某忠、谢某兵、丁某勇非法捕捞水产品的行为破坏了生态环境,损害了社会公共利益,8名被告人应当承担赔偿责任。附带民事公益诉讼起诉人和附带民事公益诉讼被告人黄某辉、陈某、唐某崇、艾某云、丁某德、李某忠、谢某兵、丁某勇达成的调解协议不违反社会公共利益,人民法院予以确认并出具调解书。

法院生效刑事附带民事判决认为,被告人黄某辉、陈某、唐某崇、艾某云、丁某德、李某忠、谢某兵、丁某勇为谋取非法利益,在禁捕期使用禁用工具、方法捕捞水产品,情节严重,触犯了《刑法》第三百四十条之规定,犯罪事实清楚,证据确实、充分,法院应当分别以非法捕捞水产品罪追究该8名被告人的刑事责任。

在该案的非法捕捞水产品罪的共同犯罪中,被告人黄某辉、陈某、唐某崇、艾某云、丁某德、李某忠起主要作用,系主犯;谢某兵、丁某勇起次要作用,系从犯,应当从轻处罚。8名被告人如实供述犯罪事实,属于坦白,可从轻处罚;8名被告人自愿认罪认罚,依法从宽处理;8名被告人按照法院生效调解书内容积极主动购置成鱼或鱼苗在洞庭湖水域放流,主动履行修复渔业资源和生态的责任,可酌情从轻处罚。被告人李某忠、谢某兵、丁某勇犯罪情节较轻,且有悔罪表现,结合司法行政部门社区矫正调查评估报告意见,即被告人李某忠、谢某兵、丁某勇没有再犯罪的危险,对居住的社区没有重大不良影响,依法可以宣告缓刑。公诉机关针对8名被告人参与网捕、电捕和运输的次数,结合捕捞数量及参与度,分别提出的量刑建议恰当,法院依法予以采信。

8名被告人的非法捕捞行为破坏生态环境,损害社会公共利益,8名被告人应当承担相应的民事责任,刑事附带民事公益诉讼起诉人的诉讼请求,符合法律规定,法院依法予以支持,对在诉讼过程中就刑事附带民事达成调解已依法予以确认。

综上所述,破坏环境资源的刑事案件中,附带民事公益诉讼被告具有认罪认罚、主动修复受损生态环境等情节的,可以依法从轻处罚;人民法院判决生态环境侵权人采取增殖放流方式恢复水生生物资源、修复水域生态环境的,应当遵循自然规律,遵守水生生物增殖放流管理规定,根据专业修复意见合理确定放流水域、物种、规格、种群结构、时间、方式等,并可以由渔业行政主管部门协助监督执行。

最高人民法院指导性案例 192 号：李某侵犯公民个人信息刑事附带民事公益诉讼案[①]

【基本案情】

2020 年 6 月至 9 月，被告人制作一款"黑客软件"，打包为安卓手机端的"APK 安装包"，发布于暗网论坛售卖，并伪装成"颜值检测"软件供访客免费下载。该软件会在用户使用时，自动获取手机相册中的照片，并上传到被告人搭建的腾讯云服务器后台，从而窃取照片 1751 张。其中含有人脸信息等个人信息 100 余条。

2020 年 9 月，被告人在暗网论坛看到"黑客资料"帖子，后用其此前在暗网售卖"APK 安装包"部分所得购买、下载标题为"社工库资料"数据转存于"MEGA"网盘，其中含有个人真实信息。2021 年 2 月，被告人明知"社工库资料"中含有个人信息，仍将网盘链接分享至 QQ 群。经鉴定，"社工库资料"包含各类公民个人信息 8100 万余条。

上海市奉贤区人民检察院提起刑事附带民事公益诉讼。被告人对起诉指控的基本犯罪事实及定性无异议，且自愿认罪认罚。

上海市奉贤区人民法院最终判决被告人犯侵犯公民个人信息罪，判处有期徒刑 3 年，宣告缓刑 3 年，并处罚金人民币 1 万元；扣押在案的犯罪工具予以没收；判决被告人在国家级新闻媒体上对其侵犯公民个人信息的行为公开赔礼道歉、删除涉案软件及相关代码、删除腾讯云网盘上存储的涉案照片、删除相关公民个人信息，并注销侵权所用 QQ 号码。

[①] 参见《最高人民法院关于发布第 35 批指导性案例的通知》，载最高人民法院公报官网，http://gongbao.court.gov.cn/Details/f99fbda36fc973edf2ba8f67e69dc6.html。

【主要法律问题】
1. 人脸信息是否属于刑法规制范畴的"公民个人信息"?
2. 该案中的量刑情节有哪些?

【主要法律依据】
1.《刑法》第二百五十三条之一;
2.《民法典》第一百一十一条、第一百七十九条。

【学理分析】
该案争议焦点为利用涉案"颜值检测"软件窃取的"人脸信息"是否属于刑法规制范畴的"公民个人信息"。法院经审理认为,"人脸信息"属于《刑法》第二百五十三条之一规定的公民个人信息,利用"颜值检测"黑客软件窃取软件使用者"人脸信息"等公民个人信息的行为,属于《刑法》第二百五十三条之一第三款中"窃取或者以其他方法非法获取公民个人信息"的行为,依法应予惩处。

主要理由如下:第一,"人脸信息"与其他明确列举的个人信息种类均具有明显的"可识别性"特征。《最高人民法院、最高人民检察院关于办理侵犯公民个人信息刑事案件适用法律若干问题的解释》列举了公民个人信息种类,虽未对"人脸信息"单独列举,但允许依法在列举之外认定其他形式的个人信息。该解释中对公民个人信息的定义及明确列举与《民法典》等法律规定中有关公民个人信息的认定标准一致,即将"可识别性"作为个人信息的认定标准,强调信息与信息主体之间被直接或间接识别出来的可能性。"人脸信息"属于生物识别信息,具有不可更改性和唯一性,人脸与自然人个体一一对应,无须结合其他信息即可直接识别到特定自然人身份,具有极高的"可识别性"。第二,将"人脸信息"认定为公民个人信息遵循了法秩序统一性原理。民法等前置法将"人脸信息"作为公民个人信息予以保护。《民法典》第一千零三十四条规定了个人信息的定义和具体种类,《个人信息保护法》进一步将"人脸信息"纳入个人信息的保护范畴,行为人侵犯"人脸信息"的行为构成侵犯自然人人格权益等侵权行为的，须承担相应的民事责任或行政、刑事责任。第三，采用"颜值检测"黑客软件窃取"人脸信息"具有较大的社会危害性和刑事可罚性。因"人脸信息"是识别特定个人的敏感信息，亦是社交属性较强、采集方便的个人信息，极易被他人直接利用或制作合成，从而破解人脸识别验证程序，引发侵害隐私权、名誉权等违法行为，甚至盗窃、诈骗等犯罪行为，社会危害较大。被告人操纵黑客软件伪装的"颜值检测"软件窃取用户自拍照片和手机相册中的存储照片，利用了互联网平台的开放性，以不特定公众为目标，手段隐蔽，欺骗性强，窃取面广，具有明显的社会危害性，需用刑法加以规制。

关于该案辩护人提出公民个人信息数量认定依据不足的辩护意见，法院经审理认为，公安机关侦查过程中采用了抽样验证的方法，随机挑选部分个人信息进行核实，能够确认涉案个人信息的真实性，被告人、辩护人亦未提出涉案信息不真实的线索或证据。司法鉴定机构通过去除无效信息，并采用合并去重的方法进行鉴定，检出有效个人信息8100万余条，公诉机关指控的公民个人信息数量客观、真实，且符合《最高人民法院、最高人民检察院关于办理侵犯公民个人信息刑事案件适用法律若干问题的解释》中确立的对批量公民个人信息具体数量的认定规则，故法院对辩护人的辩护意见不予采纳。

综上，被告人违反国家有关规定，非法获取并向他人提供公民个人信息，情节特别严重，其行为已构成侵犯公民个人信息罪。被告人到案后能如实供述自己的罪行，依法可以从轻处罚，且自愿认罪认罚，依法可以从宽处理。被告人非法获取并向他人提供公民个人信息的侵权行为，侵害了众多公民个人信息安全，损害社会公共利益，被告人应当承担相应的民事责任。

使用人脸识别技术处理的人脸信息以及基于人脸识别技术生成的人脸信息均具有高度的可识别性，能够单独或者与其他信息结合识别特定自然人身份或者反映特定自然人活动情况,属于刑法规定的公民个人信息。行为人未经公民本人同意,未具备获得法律、相关部门授权等个人信息保护法规定的处理个人信息的合法事由,利用软件程序等方式窃取或者以其他方法非法获取上述信息,情节严重的,应依照《最高人民法院、最高人民检察院关于办理侵犯公民个人信息刑事案件适用法律若干问题的解释》第五条第一款第四项等规定定罪处罚。

【思考题】

1.刑事附带民事公益诉讼案件范围的"等外"区域有哪些?请列举三类。

2.审判组织不合法的后果有什么?

第四节　刑事附带民事公益诉讼的办案模式

【主要知识点】

刑事附带民事公益诉讼的办案模式有以下两种。

一是分办模式。目前绝大多数基层人民检察院在办理刑事附带民事公益诉讼案件时普遍运用分办的办案模式,即刑事检察部门办理案件的刑事部分,公益诉讼部门办理案件的民事部分。分办模式有以下弊端:第一,各部门缺乏系统性办案思维。刑事检察与公益诉讼分属不同部门,且部门职责定位差异较大,因此分立的办案模式对案件缺乏整体性和系统性的思考。第二,办案综合性效能难以最大化。刑事与附带民事公益诉讼审查各有侧重,单一审查站位低、思路窄。

二是统办模式("一体化"模式)。该模式有以下特点:第一,由一个部门办理。在组织架构上探索将刑事案件和附带民事公益诉讼作为一个整体,由同一部门承担刑事案件办理和附带民事公益诉讼。第二,建立刑事、民事、行政和公益诉讼"四合一"审查机制,使附带民事公益诉讼真正成为刑事案件的有机组成部分,在此基础上开展相应的工作延伸,使刑事诉讼和公益诉讼的协同效应更加彰显。第三,组建专业化审判团队。成立办案团队,专司办理刑事案件及相关附带民事公益诉讼,充分发挥检察官联席会议的重要作用,原则上"一体化"办理的案件都要经过检察官联席会议的讨论,以提升办案的质量效果。①

【案例分析】

检例第 86 号:盛开水务公司污染环境刑事附带民事公益诉讼案②

【基本案情】

被告单位南京盛开水务有限公司(化名,以下简称盛开水务公司),住所地南京某工业园区。

被告人郑一庚(化名),男,1965 年 3 月出生,盛开水务公司总经理。

盛开水务公司于 2003 年 5 月成立,主营污水处理业务。2014 年 10 月至 2017 年 4 月,该公司在高浓度废水处理系统未运行、SBR(序批式活性污泥处理技术,主要用于处理水中有机物)反应池无法正常使用的情况下,利用暗管向长江违法排放高浓度废水 28.46 万立方米和含有危险废物的混合废液 54.06 吨。该公司还采取在二期废水处理系统中篡改在线监测仪器数据的方式,逃避监管,向长江偷排含有

---

① 参见姜广俊、焦武峰、刘玲:《刑事附带民事公益诉讼一体化办案机制》,载《中国检察官》2020 年第 21 期。

② 参见《第二十三批指导性案例》,载最高人民检察院官网,https://www.spp.gov.cn/spp/jczdal/202012/t20201214_488891.shtml。

毒有害成分的污泥4362.53吨及超标污水906.86万立方米。上述排污行为造成生态环境损害,经鉴定评估,按照虚拟治理成本法,以单位治理成本总数乘以环境敏感系数,认定生态环境修复费用约4.70亿元。

南京市鼓楼区人民检察院在介入侦查、引导取证过程中发现公益受损的案件线索,遂于2018年9月14日,对盛开水务公司提起刑事附带民事公益诉讼,诉请法院判令其在省级以上媒体公开赔礼道歉并承担约4.70亿元生态环境损害赔偿责任。

【主要法律问题】

1.环境民事公益诉讼中,被告单位的股东可否申请加入诉讼?

2.该案涉及的刑事附带民事公益诉讼部分适用的是哪种办案模式?

【主要法律依据】

1.《民事诉讼法》(2017年修正)第五十一条、第五十五条;

2.《水污染防治法》第十条、第三十九条;

3.《环境保护法》第六条、第四十二条、第六十四条;

4.《最高人民法院、最高人民检察院关于检察公益诉讼案件适用法律若干问题的解释》第二十条;

5.《最高人民法院关于审理环境民事公益诉讼案件适用法律若干问题的解释》第四条、第二十五条;

6.《最高人民法院、最高人民检察院关于人民检察院提起刑事附带民事公益诉讼应否履行诉前公告程序问题的批复》。

【学理分析】

环境公益诉讼中,检察机关可以在最大限度保护公共利益的前提下参与调解。检察机关办理环境污染类案件,要充分发挥民事公益诉讼职能,注重服务经济社会发展。检察机关既要落实"用最严格制度最严密法治保护生态环境"的原则要求,又要注意办案方式方法的创新。在办案中遇到企业因重罚而资不抵债,可能破产关闭等情况时,不能机械办案或者一罚了之。依据相关法律规定,检察机关可以与被告就赔偿问题进行调解。与一般的民事调解不同,检察机关代表国家提起公益诉讼,在调解中应当保障公共利益最大化实现。在被告愿意积极赔偿的情况下,检察机关考虑生态修复需要,综合评估被告财务状况、预期收入情况、赔偿意愿等情节,可以推进运用现金赔偿、替代性修复等方式,既落实责任承担,又确保受损环境得以修复。在实施替代性修复时,对替代性修复项目应当进行评估论证。项目应当既有利于生态环境恢复,又具有公益性,同时,还应当得到人民检察院、人民法院和社会公众的认可。

公益诉讼被告单位股东自愿申请加入公益诉讼,检察机关经审查认为有利于生态环境公益保护的,可以同意其请求。在环境民事公益诉讼中,被告单位的控股股东自愿共同承担公益损害赔偿责任,检察机关经审查认为其加入确实有利于生态环境修复等公益保护的,可以准许,并经人民法院认可,将其列为第三人。对于是否准许被告单位的控股股东加入诉讼,检察机关需要重点审查控股股东是否与损害发生确无法律上的义务和责任。如果控股股东对损害的发生具有法律上的义务和责任,则应当由人民法院追加其参加诉讼,不能由其自主选择是否参加诉讼。

在公益诉讼中,检察机关应当注重运用诉前检察建议、立法建议等多种方式,推动社会治理创新。检察机关办理涉环境类公益诉讼案件时,针对生态环境执法、监管、社会治理等方面存在的问题,可以运用诉前检察建议等方式,督促相关行政部门履职,促进区域生态环境质量改善。对于涉及地方治理的重点问题,检察机关可以采取提出立法建议的方式,促进社会治理创新,推进法治完善。对于法治教育和宣传普及中存在的问题,应当按照"谁执法,谁普法"的原则,结合办案,以案释法,对相关特殊行业从业人员开展法治宣传教育,提升环境保护法治意识。

该案中,南京市鼓楼区人民检察院在介入侦查、引导取证过程中发现公益受损的案件线索,遂决定作为公益诉讼案件立案,并于2018年1月23日提起公诉,于2018年9月14日提起刑事附带民事公益诉讼。2018年10月、2019年3月,南京市玄武区人民法院对该案开庭审理,最终采纳检察机关刑事指控意见,认定被告单位及被告人郑一庚等构成污染环境罪,并对民事公益诉讼案件与刑事部分一并进行了审理。由此可见,该案采取统办模式("一体化"模式)进行审理。

最高人民法院指导性案例 215 号:昆明闽某纸业有限责任公司等污染环境刑事附带民事公益诉讼案①

【基本案情】

被告昆明闽某纸业有限公司(以下简称闽某公司)于 2005 年 11 月成立,注册资本 100 万元。黄某海持股 80%,黄某芬持股 10%,黄某龙持股 10%。李某城系闽某公司后勤厂长。闽某公司自成立起即在长江流域金沙江支流埋设暗管,接至公司生产车间的排污管道,用于排放生产废水。经鉴定,闽某公司偷排废水期间,上述行为对地表水环境造成污染,共计减少废水污染治理设施运行支出 3,009,662 元,以虚拟治理成本法计算,造成环境污染损害数额为 10,815,021 元,并对河道下游生态流域功能造成一定影响。

闽某公司生产经营活动造成生态环境损害的同时,闽某公司的 3 名股东还存在如下行为:(1)股东个人银行卡收公司应收资金共计 124,642,613.1 元,不做财务记载。(2)将属于公司财产的 9 套房产

---

① 参见《指导性案例 215 号:昆明闽某纸业有限责任公司等污染环境刑事附带民事公益诉讼案》,载最高人民法院官网 2023 年 11 月 21 日,https://www.court.gov.cn/shenpan/xiangqing/418262.html。

(市值8,920,611元)记载于股东及股东配偶名下,由股东无偿占有。(3)公司账簿与股东账簿不分,公司财产与股东财产、股东自身收益与公司盈利难以区分。闽某公司自案发后已全面停产,对公账户可用余额仅为18,261.05元。

云南省昆明市西山区人民检察院就上述行为对闽某公司、黄某海、李某城等提起公诉,并对该公司及其股东黄某海、黄某芬、黄某龙等人提起刑事附带民事公益诉讼,请求否认闽某公司独立地位,由股东黄某海、黄某芬、黄某龙对闽某公司生态环境损害赔偿承担连带责任。

【主要法律问题】

1. 该案中,各被告人构成什么罪,以及承担什么法律责任?
2. 该案中,闽某公司应承担的公司环境侵权债务包括哪些内容?
3. 股东对公司债务承担连带责任的构成要件有哪些?

【主要法律依据】

1.《长江保护法》第九十三条;
2.《民法典》第八十三条、第一千二百三十五条;
3.《公司法》(2018年修正)第二十条。

【学理分析】

企业在生产经营过程中,应当积极承担合理利用资源、采取措施防治污染、履行保护环境的社会责任。该案中,被告单位闽某公司无视企业环境保护社会责任,违反国家法律规定,在没有排污许可的前提下,未对生产废水进行有效处理并通过暗管直接排放至长江流域金沙江支流,严重污染环境,符合《刑法》第三百三十八条之规定,构成污染环境罪。

被告人黄某海、李某城作为被告单位闽某公司直接负责的主管人员和直接责任人员,在单位犯罪中作用相当,亦应以污染环境罪追究其刑事责任。被告单位闽某公司擅自通过暗管将生产废水直接排入河道，造成高达 10,815,021 元的生态环境损害，并对下游金沙江生态流域功能造成一定影响，其行为构成对环境公共利益的严重损害，其不仅需要依法承担刑事责任，还应承担生态环境损害赔偿民事责任。

附带民事公益诉讼被告闽某公司应当依法承担生态环境损害赔偿责任。其将未经处理的生产污水多次排放至自然水域，漠视对环境保护的任务，致使公司生产经营活动对环境公共利益造成严重损害后果，专家意见以虚拟治理成本法量化生态环境损害数额并无不当。附带民事公益诉讼起诉人昆明市人民检察院主张的生态环境损害赔偿费用数额，具有法律和事实依据，人民法院依法应当予以支持。同时，公益诉讼起诉人主张的专家评估费用及公告费用，属于为诉讼支出的合理费用，人民法院依法予以支持。因此，被告单位闽某公司承担的赔偿损失和鉴定检测费用均属于公司环境侵权债务。

由于闽某公司自成立伊始即与股东黄某海、黄某芬、黄某龙之间存在大量、频繁的资金往来，且三人均有对公司财产无偿占有的违法行为，与闽某公司已构成人格高度混同，可以认定该类行为属于《公司法》规定的"股东滥用公司法人独立地位和股东有限责任"的行为。现被告单位闽某公司所应负担的环境侵权债务合计 10,944,521 元，远高于闽某公司注册资本 1,000,000 元，且闽某公司自案发后已全面停产，对公账户可用余额仅为 18,261.05 元。上述事实表明黄某海、黄某芬、黄某龙与闽某公司的高度人格混同已使闽某公司失去清偿其环境侵权债务的能力，闽某公司难以履行其应当承担的生态环境损害赔偿义务，符合《公司法》（2018 年修正）第二十条第三款规定的股东承担连带责任之要件，因此被告人黄某海、黄某芬、黄某龙应对被告单位闽某公司的环境侵权债务承担连带责任。

因此，公司股东滥用公司法人独立地位、股东有限责任，导致公司不能履行其应当承担的生态环境损害修复、赔偿义务，国家规定的机关或者法律规定的组织请求股东对此依照《公司法》（2018 年修正）

第二十条的规定,对公司债务承担连带责任的,人民法院依法应当予以支持。

【思考题】

1. 刑事附带民事公益诉讼的办案模式有哪几种?分别有什么特点?
2. 刑事附带民事公益诉讼的制度价值有哪些?

第五节　刑事附带民事公益诉讼的诉讼请求

【主要知识点】

　　检察机关以公益诉讼起诉人身份对被告的侵权行为提起公益诉讼,故而刑事附带民事公益诉讼的诉讼请求主要包括停止侵害、排除妨碍、消除危险、恢复原状、赔礼道歉、赔偿损失等。除此之外,在侵害消费者合法权益等损害社会公共利益的案件中,如果经营者提供商品或者服务时有欺诈行为,刑事附带民事公益诉讼的诉讼请求可以包括经营者赔偿消费者购买商品的价款或者接受服务的费用的3倍;在不符合食品安全标准的食品案件中,刑事附带民事公益诉讼的诉讼请求还可以包括生产者或者经营者支付价款10倍的赔偿。

　　检察机关在办理损害社会公共利益的刑事案件时,可以一并提起附带诉讼,请求追究被告侵害社会公共利益的民事责任,包括惩罚性赔偿。

　　在刑事附带民事公益诉讼惩罚性赔偿倍数的考量因素方面,应当着重考虑被告人侵权行为的社会危害性和责任人的承受能力。惩罚性赔偿的适用须遵循比例原则与公平原则。

【案例分析】

浙江省松阳县人民检察院诉刘某某等生产、销售有毒、有害食品刑事附带民事公益诉讼案[①]

【基本案情】

2018年10月至2019年6月，刘某某、纪某某通过互联网购买淀粉、荷叶提取物、橙子粉等原材料及国家规定禁止在食品中添加使用的盐酸西布曲明，自行生产加工减肥胶囊、果蔬酵素粉等食品，并通过百度贴吧、微信、QQ发布销售广告，直接或经中间商转手出售给众多不特定消费者。有毒、有害食品流入浙江、陕西、安徽、湖南、河北等全国多地的消费市场，销售价款达1,317,451元。

2019年10月，浙江省松阳县人民检察院在办理刑事案件过程中发现刘某某、纪某某生产、销售有毒、有害食品的行为可能侵害众多消费者合法权益，损害社会公共利益，遂以刑事附带民事公益诉讼立案。2019年11月28日，松阳县人民检察院履行了诉前公告程序。

2020年7月10日，松阳县人民检察院向松阳县人民法院提起刑事附带民事公益诉讼，指控刘某某、纪某某构成生产、销售有毒、有害食品罪，并诉请判令二人共同支付生产、销售有毒、有害食品销售价款10倍的赔偿金，共计13,174,510元。

【主要法律问题】

该案中的惩罚性赔偿基数应当如何确定？

【主要法律依据】

《食品安全法》第一百四十八条。

---

① 参见《检察公益诉讼起诉案例》，载最高人民检察院官网，https://www.spp.gov.cn/spp/xwfbh/wsfbt/202109/t20210915_529543.shtml#2。

【学理分析】

该案属于检察机关提起的消费刑事附带民事公益诉讼。现行规范中,仅最高人民检察院制定的《人民检察院公益诉讼办案规则》第九十八条规定了检察机关可以在食品安全公益诉讼中提起惩罚性赔偿,而立法并未对此作出具体规定,因而有关案件参照《食品安全法》这一私主体权利保护法律进行办理。

在《食品安全法》中,第一百四十八条规定了惩罚性赔偿的两个计算基数:一是受害者实际的"支付价款",二是受害者遭受的"损失金额"。从相关司法实践来看,消费公益诉讼惩罚性赔偿的基数主要存在以下三种:一是以销售价格为基数,判令侵权人承担10倍的侵权责任,司法实务中大部分法院采取此种方式裁判;二是以实际损失或实际获益金额为基数,但有学者认为若依据《民法典》第一千一百八十二条的规定——侵害他人人身权益造成财产损失的,侵权人应该按照被侵权人的实际损失或侵权人因此获得的利益进行赔偿——难以化解侵权人侵犯消费者合法权益后,仍然持有高额利润的难题;[①]三是以尚未销售的问题商品批发价为基数,如广州市人民检察院办理的某消费公益诉讼案件就以批发价格为基数认定惩罚性赔偿金。[②]

无论是以侵权者的获益金额还是以消费者的实际损失为计算基数,都存在一个问题:在消费者是不特定多数群体的情况下,确定消费者所受损失一般需要消费者亲自参与;但消费者所受损失并不容易确定,侵权者的获益金额同样较难查明,因此该种方式并不可取。若以尚未销售的瑕疵产品的进货价为基数确定惩罚性赔偿金,则混淆了进货价和销售价,无法覆盖和填平消费者实际产生的损失,不可取。

该案中,松阳县人民检察院采取以销售价款为惩罚性赔偿的基数

---

① 参见颜卉:《检察机关在消费民事公益诉讼中提出惩罚性赔偿诉讼请求的规范化路径——(2017)粤01民初383号民事判决的启示》,载《兰州学刊》2018年第12期。
② 参见广东省广州市中级人民法院民事判决书,(2017)粤01民初383号。

符合法理和司法实践一般做法。首先,因目前人类的认知水平无法量化受损的公共利益,以销售额为计算基数有利于摆脱受损公共利益无法量化的困境。该案中,刘某某、纪某某生产不符合食品安全标准的食品,该行为对不特定消费者的权益产生侵害,因其违法行为受损害的公共利益难以量化。其次,以销售额作为计算基数符合正当性、合理性。将不符合安全标准的食品销售到市场,侵权人因此获得交换价值。而该交换价值实质上是购买该食品的消费者的直接损失,市场终端的"销售金额"与"支付价款总和"在理论上是一致的,对该交换价值认定符合证据逻辑。该案中,松阳县人民检察院通过刑事程序查明被告违法生产食品的销售价款为 1,317,451 元,该数额与消费者支付价款总和在供销关系中基本一致,因此以该交换价值为受损公共利益计算基数有其合理性。最后,以销售额为计算基数便于司法实践操作。相对于要量化受损公共利益来说,确定食品销售额较为容易,可减轻调查取证的难度,便于打击食品安全领域非法生产销售行为,达到保护公共利益的目的。

辽宁省大连市甘井子区人民检察院诉邹某等人生产销售假药刑事附带民事公益诉讼案[①]

【基本案情】

从 2019 年 1 月开始,邹某等人在未取得药品生产、经营许可证的情况下,通过在网络上投放虚假广告、假冒著名医院医生电话接诊推销等方式,将从网上购买的成分不明的粉末进行制剂、包装,冒充"清肤消痒胶囊""百草血糖康胶囊""脉管舒灵胶囊"等不同种类的药品,

---

① 参见《"3·15"检察机关食品药品安全公益诉讼典型案例》,载最高人民检察院官网,https://www.spp.gov.cn/spp/xwfbh/wsfbt/202203/t20220315_549156.shtml#2。

销售至全国各地。截至 2020 年 12 月 2 日案发,销售金额共计 581 万余元。经鉴定,邹某等人生产销售的 42 种药品均为假药。

2021 年 3 月 9 日,辽宁省大连市甘井子区人民检察院对邹某等人生产销售假药违法行为进行公益诉讼立案,发布公告后,没有法律规定的机关和社会组织提起公益诉讼。2021 年 4 月 12 日,甘井子区人民检察院向甘井子区人民法院提起刑事附带民事公益诉讼,请求依法判令邹某等人共同承担销售金额 3 倍的惩罚性赔偿金 1743 万余元,并公开赔礼道歉。

2021 年 10 月 9 日,甘井子区人民法院作出一审判决,以生产销售假药罪分别判处邹某等人 5 年至 15 年不等的有期徒刑,并处罚金,且追缴违法所得,同时对检察机关提出的公益诉讼请求全部予以支持。一审判决后,邹某等被告提起上诉。

2021 年 12 月 29 日,大连市中级人民法院裁定驳回上诉,维持原判。

【主要法律问题】

惩罚性赔偿计算系数是否应留有弹性空间?

【主要法律依据】

1.《最高人民法院关于审理食品药品纠纷案件适用法律若干问题的规定》第十五条;

2.《药品管理法》第一百四十四条。

【学理分析】

《药品管理法》中规定了惩罚性赔偿的两种不同计算倍数:一是以支付价款为基数,按照支付价款的 10 倍计算惩罚性赔偿;二是以权利人所受损失为基数,按照所受损失的 3 倍进行计算。从该规定来看,惩罚性赔偿的倍数是固定的 10 倍或 3 倍,然而该案中检察机关主张销售价款的 3 倍,这是对 10 倍销售价款的弹性变化,这一举措是惩罚性赔偿在食药品公益诉讼中作出的有益性探索。

《药品管理法》明确了被侵权人的惩罚性赔偿请求权,在民事审判程序中,当事人享有处分权,可以自行决定是否行使或如何行使自己的民事权利和诉讼权利,行使处分权的范围包括对程序利益的处分和实体利益的处分。① 检察机关作为公共利益的维护者,对受损公共利益具有诉讼实施权,《民事诉讼法》第五十八条以法定诉讼担当的形式认可了检察机关在食品药品领域的诉讼资格。检察机关作为法定诉讼担当主体,对惩罚性赔偿请求权具有处分权,可以在最大限度维护公共利益的考虑上对实体权利作出处分。惩罚金赔偿倍数的调整便是检察机关对惩罚性赔偿效果和公共利益维护平衡作出的选择。司法实践中,惩罚性赔偿金的倍数不应固定,而应当具有一定的弹性空间,原因在于:其一,弹性倍数的设定有利于要求惩罚性赔偿效果的实现。惩罚性赔偿以高额的金钱赔偿实现惩罚和威慑违法行为的目的,从行为激励的角度来看,侵权人的赔偿能力有限,惩罚性赔偿金额在侵权人责任能力范围内时,威慑效果会随着金额的增加而变强,而当惩罚性赔偿金额远高于侵权人责任承担能力时,则会丧失应有的威慑效果。其二,惩罚性赔偿的弹性倍数符合过罚相当原则的要求。过罚相当原则是比例原则在现代责任制度发展的产物,要求行为人所承担的责任与行为的违法性相当。惩罚性赔偿作为一种对侵权行为人违法行为的制裁,其司法适用应当符合过罚相当原则。行为人的主观故意、行为危害性、结果严重性等都是惩罚性赔偿适用中应当加以考虑的因素;并非所有案件都应作出顶格判罚,应结合案件的具体情况对惩罚性赔偿的倍数作出选择。

该案中,邹某等人在未取得药品生产、经营许可证的情况下,将从网上购买的成分不明的粉末进行制剂、包装,冒充"清肤消痒胶囊""百草血糖康胶囊""脉管舒灵胶囊"等不同种类的药品,经鉴定,邹某

---

① 参见江必新主编:《新民事诉讼法条文理解与适用:2023年最新版》,人民法院出版社2023年版,第51页。

等人生产销售的42种药品均为假药。邹某等人生产、销售假药的行为被依法追究刑事责任;在此基础上,提出刑事附带民事公益诉讼惩罚性赔偿,可最大限度追究严重违反者的法律责任,有力震慑犯罪行为。同时,该案并未造成他人死亡或健康严重损害,对邹某等人进行顶格判罚有违过罚相当原则,因此在惩罚性赔偿的倍数选择上作出调整,体现了惩罚性赔偿的惩戒效果与其适用的审慎性。

【思考题】

1. 刑事附带民事公益诉讼中惩罚性赔偿的适用领域是否应当扩张?

2. 刑事附带民事公益诉讼中惩罚性赔偿是否可以确定统一的计算标准?

3. 刑事附带民事公益诉讼中惩罚性赔偿与刑事罚金的关系如何?

第六节 个人信息刑事附带民事公益诉讼的保护范围

【主要知识点】

《个人信息保护法》第七十条规定:"个人信息处理者违反本法规定处理个人信息,侵害众多个人的权益的,人民检察院、法律规定的消费者组织和由国家网信部门确定的组织可以依法向人民法院提起诉讼。"但根据规范文义,该条仅规定了个人信息保护民事公益诉讼,未规定行政公益诉讼。

关于个人信息的可识别性,《民法典》第一千零三十四条第二款、《网络安全法》第七十六条第五项、《最高人民法院、最高人民检察院关于办理侵犯公民个人信息刑事案件适用法律若干问题的解释》第一条均规定了公民个人信息。其是指以电子或者其他方式记录的能够单独或者与其他信息结合识别特定自然人身份或者反映特定自然人活动情况的各种信息,包括姓名、身份证件号码、通信方式、住址、账号密码、财产状况、行踪轨迹等。上述关于个人信息的条文均规定了个人信息的"可识别性"这一特征,并规定了"直接识别"和"间接识别"两种方式。所谓直接识别,是指可以通过某个信息本身直接识别特定的自然人。而间接识别就是指某信息与其他信息结合后能够识别,即仅凭该信息本身尚无法识别特定自然人,但将该信息与其他信息进行结合就可以识别特定的自然人。

对于公益诉讼中的重点个人信息,为规范个人信息保护检察公益诉讼案件的办理,最高人民检察院下发《最高人民检察院关于贯彻执行个人信息保护法推进个人信息保护公益诉讼检察工作的通知》,明确各级检察机关重点办理的案件范围:生物识别、宗教信仰、特殊身份、医疗健康、金融账号、行踪轨迹等敏感个人信息保护案件;儿童、妇女、残疾人、老年人、军人等特殊群体的个人信息保护案件;教育、医疗、就业、养老、消费等重点领域处理的个人信息,以及处理100万人以上的大规模个人信息保护案件;对因时间、空间等联结形成的特定对象的个人信息保护案件。

【案例分析】

最高人民法院指导性案例 195 号:罗文君、瞿小珍侵犯公民个人信息刑事附带民事公益诉讼案[①]

【基本案情】

2019 年 12 月,被告人罗文君了解到通过获取他人手机号和随机

---

① 参见《指导性案例 195 号:罗文君、瞿小珍侵犯公民个人信息刑事附带民事公益诉讼案》,载最高人民法院官网 2022 年 12 月 28 日,https://www.court.gov.cn/shenpan/xiangqing/384441.html。

验证码用以注册新App账号(以下简称"拉新")可以赚钱,便与微信昵称"悠悠141319"(身份不明)、"A我已成年爱谁睡"(身份不明)等专门从事"拉新"的人联系。"悠悠141319"等人利用罗文君担任电信公司培训老师的便利,约定由罗文君建立、管理、维护微信群,并在群内公布"拉新"的规则、需求和具体价格;学员则根据要求,将非法获取的客户手机号码和随机验证码发送至群内;"悠悠141319"等人根据发送的手机号及验证码注册淘宝、京东App等新账号。罗文君可对每条成功"拉新"的手机号码信息,获取0.2~2元/条的报酬;而学员以每条1元至13元不等的价格获取报酬,该报酬由罗文君分发或者直接由"悠悠141319"等人按照群内公布的价格发送给学员。2019年12月至2021年7月,被告人罗文君利用株洲联盛通信有限责任公司渌口手机店、中国移动营业厅销售员瞿小珍和谢青、黄英、贺长青(三人均已被行政处罚)等人的职务之便,非法获取并且贩卖被害人彭某某、谭某某等个人信息,包括手机号码和随机验证码给"悠悠141319"等人。其中,被告人罗文君获利13,000元,被告人瞿小珍获利9266.5元。

案发后,被告人瞿小珍、罗文君均退缴违法所得。被告人罗文君、瞿小珍均如实供述自己的犯罪事实并自愿认罪认罚。经诉前公告程序,株洲市渌口区人民检察院提起附带民事公益诉讼。

【主要法律问题】

手机号码和随机验证码能否被认定为个人信息?

【主要法律依据】

1.《最高人民法院、最高人民检察院关于办理侵犯公民个人信息刑事案件适用法律若干问题的解释》第一条;

2.《民法典》第一千零三十四条第二款。

【学理分析】

关于验证码的个人信息属性论证,《最高人民法院、最高人民检察院关于办理侵犯公民个人信息刑事案件适用法律若干问题的解释》第一条对公民个人信息的范围作出了规定。囿于个人信息的范围具有开放性与发展性，该司法解释明确了个人信息的"可识别性"特征，并以不完全列举的形式规定了个人信息的范围。"可识别性"是个人信息的核心特征与识别标准，个人信息的"可识别性"是指通过信息特殊性识别特定自然人，包括"单独识别"和"结合识别"两种解释路径，意即通过单独信息或信息组合的形式进行识别。早在2012年《规范互联网信息服务市场秩序若干规定》第十一条将用户个人信息界定为"与用户相关、能够单独或者与其他信息结合识别用户的信息"。此后的《网络安全法》《信息安全技术 个人信息安全规范》《民法典》等法律规范中依循了"单独识别"与"结合识别"界定个人信息的"可识别性"标准。

随机验证码和手机号码可通过组合识别的方式具体到特定自然人身份，均是符合"可识别性"标准的公民个人信息。验证码系专门发给特定手机号的数字、字母或者二者组合构成的特定组合，具有内容独特、对象特定、形式保密的特征，旨在识别、验证个人身份的通信内容。在手机号实名制已经普遍推行的背景下，验证码与特定手机号结合能够识别特定自然人身份或者反映特定自然人活动情况。在既有规范性文件中，验证码、动态密码等信息已经被纳入个人信息范畴。中国人民银行早在2020年2月施行的《个人金融信息保护技术规范》中明确规定，个人金融信息包括鉴别信息，而鉴别信息指用于验证主体是否具有访问或使用权限的信息，包括但不限于银行卡密码、预付卡支付密码；个人金融信息主体登录密码、账户查询密码、交易密码；卡片验证码（CVN和CVN2）、动态口令、短信验证码、密码提示问题答案；等等。这份部门规范文件将动态口令、短信验证码等用户鉴别辅助信息列为C2类个人信息；用户鉴别辅助信息与账号若使用结合可直接完成用户鉴别，则属于C3类别个人信息。由此可见，动态口令与动态验证码在金融领域,属于安全级别较高的个人信息。自2021年5月25日起施行的《最高人民法院关于审理银行卡民事纠纷案件若干问题的规定》第七条明确银行卡、密码、验证码等为身份识别信息。尽管当前仅在金融领域的规范中明确了验证码的个人信息属性,但验证码的可识别性在上述规范中得以确认,因此验证码应被纳入公民个人信息范畴。该案中,罗文君辩护人提出手机号和验证码不属于个人信息,且"拉新"未造成具体损失的辩护意见并不成立。

该案的启示在于,随着大数据技术日益发展,几乎可以通过任何个人信息识别特定信息主体。当前规范中,对于"组合识别""间接识别"的适用尚无具体且具有可操作性的标准,理论与规范、实践目前尚存在较大落差。由此产生的弊端在于,一方面个人信息认定标准的模糊给法院裁判工作带来诸多挑战,调查成本、知识背景等客观因素制约了法院的识别能力,可能导致规则虚置;另一方面,信息处理者可能通过隐私政策、信息流转规则等文件间接识别个人信息,逃避相应个人信息保护义务,增加信息风险。[①] 该案的经验还在于,在数字技术飞速发展的客观背景下,公民个人信息具有复杂性与多样性,个人信息范围具有开放性。能够组合识别的间接识别信息是个人信息的兜底性概念,因此应当以更加宽松和开放的态度扩大间接识别信息的外延,避免态度保守造成对保护对象的压缩,从而更好地应对个人信息风险。

---

① 参见齐英程:《论间接识别性个人信息规制规则的重构》,载《民商法论丛》2020年第2期。

江苏省滨海县人民检察院诉王某红侵犯孕产妇生育信息刑事附带民事公益诉讼案①

【基本案情】

2016年至2020年,王某红利用自己在江苏省滨海县某镇中心卫生院的工作便利,为获取非法利益向他人提供孕产妇、新生儿等生育信息计25,124条。上述信息被转售给当地母婴店和儿童摄影馆,用于定向推销母婴产品、新生儿照相等产品或服务。王某红从中非法获利人民币33,200元。

江苏省滨海县人民检察院在履职中发现该案线索,于2021年3月26日立案,并围绕被泄露信息是否属于健康生理信息、公共利益是否受到损害等问题进行重点调查。

2021年4月22日,滨海县人民检察院向滨海县人民法院提起刑事附带民事公益诉讼,在依法追究王某红刑事责任的同时,请求判令王某红承担民事赔偿金33,200元,并在地市级以上新闻媒体向公众公开赔礼道歉。

2021年11月2日,滨海县人民法院以王某红犯侵犯公民个人信息罪,判处其有期徒刑3年,并处罚金人民币35,000元;判决王某红支付损害赔偿金人民币33,200元,并在本市市级以上媒体公开登报赔礼道歉。同时,滨海县人民检察院会同财政部门研究出台《关于加强公益赔偿资金使用管理办法(试行)》,建立公益损害赔偿款财政专用账户托管机制,专设财政代管账户。

---

① 参见《妇女权益保障检察公益诉讼典型案例》,载最高人民检察院官网,https://www.spp.gov.cn/xwfbh/dxal/202211/t20221125_593721.shtml。

【主要法律问题】
1. 该案中的"生育信息"能否被界定为公共利益?
2. 公益诉讼赔偿金应如何管理与使用?

【主要法律依据】
《妇女权益保障法》第二十八条、第七十七条。

【学理分析】
关于该案中的公共利益。根据《妇女权益保障法》,个人信息属妇女人格权益的一种。个人信息作为人格权被保护一定程度上是由于信息技术发展的推动,另外还与公众对人格尊严认识的不断发展有关。整合碎片化的个人信息能够生成对人格的完整画像,这一人格画像仅能因为个人自身的目的存在,而不应被他人操纵利用。该案中,孕产妇的生育信息被行为人王某红出售而成为其牟利工具,王某红的行为构成对孕产妇人格权益的侵害。

该案中生育信息被界定为妇女权益的一部分后,还需对行为人侵害的生育信息是否构成"公共利益"进行判断。具体到该案中,王某红侵害孕产妇、新生儿等生育信息25,124条,数量巨大;且生育信息有较高市场价值,被泄露、不正当使用后,信息购买者实施非正常商业行为,可能进一步侵害信息主体及相关人员的隐私权与生活安宁权,并扰乱有关市场的正常秩序。受损权益具有群体性公益受损特征,应被界定为公共利益。

关于该案中公益诉讼赔偿金管理方式。目前我国公益诉讼赔偿金的使用和管理在制度规范层面缺乏规定。就实践层面而言,目前地方探索出的赔偿金管理方式包括如下几类:设置专门账户(包括法院设置与政府主管部门设置)、上缴国库以及交付第三方专项基金。刑事附带民事公益诉讼案件中,公益诉讼赔偿金与刑事罚金的逻辑关系亟待厘清,这同样是影响赔偿金管理与使用方式的关键因素。刑事罚金以惩罚犯罪为目的,其数额确定需符合罪责刑相适应原则,具有兜底性质。而公益诉讼坚持"恢复性司法"理念,公益诉讼赔偿金应用于对公益的恢复。二者的性质区别决定了公益诉讼赔偿金的去向不应与刑事罚金同质化,且上缴国库的管理方式无法实现对专项公益的针对性保护,因而缺乏合理性。

在比较法院与行政机关设置专门账户以及交付第三方专项资金两条路径时,仍应基于最大限度修复公益这一目的。就前者而言,首先,法院目前面临着案多人少的巨大压力,且由法官对资金进行管理有违"由专业的人办专业的事"这一社会分工原则,因此由法官决定赔偿金的具体使用方式并不现实,且存在缺乏监督、权力滥用的风险。其次,由行政机关设置专业账户解决了前述法院主管账户专业性不足的问题,但同样可能存在赔偿金无法实现针对性恢复公益,以及账户封闭运行、缺乏有效监督的弊端。而交付第三方专项基金虽可在一定程度上保障外部监督,但第三方机构管理、使用资金时需要付出额外成本且缺乏充足动力,第三方机构的筛选标准目前也处于缺位状态,相关规范并不成熟。

该案中,滨海县人民检察院与财政部门共同研究出台《关于加强公益赔偿资金使用管理办法(试行)》,专设财政代管账户。滨海县人民检察院在保障赔偿金管理主体专业性的基础上,以《关于加强公益赔偿资金使用管理办法(试行)》规范了公益诉讼赔偿金的具体去向,从而实现对公益的针对性恢复、救济。且检察机关可在财政主导的情况下发挥监督作用,防范腐败滋生。应认为,滨海县人民检察院的探索对公益诉讼赔偿金的管理、使用难题给予了较好的回应。

【思考题】
1. 简述个人信息的可识别性。
2. 个人信息直接识别与间接识别有何不同?

第七节　英烈保护刑事附带民事公益诉讼

【主要知识点】

英烈保护领域案件的特殊性在于存在私益诉讼到公益诉讼的转换。近亲属提起的民事案件应为私益诉讼,一方面,近亲属是基于亲情关系提起诉讼的;另一方面,在我国既有公益诉讼制度中,个人尚不属于公益诉讼适格起诉主体。而检察机关所提起的案件在性质上则属于公益诉讼,其旨在维护英烈形象与民族精神,维护社会公共利益和国家利益。从私益诉讼到公益诉讼的转换导致了关于英烈保护民事公益诉讼的诉前程序的理论争议,《人民检察院公益诉讼办案规则》第九十条第一款第三项规定,英雄烈士等的近亲属不同意人民检察院提起公益诉讼的,人民检察院应当终结案件,由此意味着近亲属意见对英烈保护公益诉讼具有决定性作用。但《人民检察院公益诉讼检察部门办理英雄烈士保护民事公益诉讼案件工作指引》对公益维护采取了严格态度,其第四条第五项规定"人民检察院在向人民法院提交支持起诉意见书后,发现英雄烈士等的近亲属无正当理由变更、撤回部分诉讼请求,撤回起诉或者与被告达成和解协议等,致使社会公共利益不能得到有效保护的,可以撤回支持起诉。撤回支持起诉后,认为英雄烈士等的近亲属提起的民事诉讼不足以保护社会公共利益,符合立案条件的,可以另行立案"。由此可见,关于对英烈保护民事公益诉讼诉前程序,近亲属意见是否具有决定性作用,当前规定存在矛盾。有论者认为,征询近亲属意见应当仅作为诉前程序的环节之一即可,不应对公益诉讼产生实质影响,避免社会利益与公共利益向私人利益过度妥协与让步。①

【案例分析】--

检例第 136 号：仇某侵害英雄烈士名誉、荣誉案②

【基本案情】

2020 年 6 月，外军公然违背与我方达成的共识，悍然越境挑衅。我国戍边官兵们迅速集结，与数倍于己的外军展开对峙。尽管增援队伍及时赶到，并将来犯外军击溃驱离，但我军仍有陈红军、陈祥榕、肖思远、王焯冉四位战士献出了宝贵的生命并被追授为烈士。2021 年 2 月，中央军委追授陈红军"卫国戍边英雄"荣誉称号，追记陈祥榕、肖思远、王焯冉一等功，授予祁发宝"卫国戍边英雄团长"荣誉称号。

2021 年 2 月 19 日，以"辣笔小球"为账户名，有 250 余万粉丝的新浪微博博主仇某，为博取眼球，先后发布 2 条微博，歪曲卫国戍边官兵祁发宝、陈红军、陈祥榕、肖思远、王焯冉等人的英雄事迹，诋毁、贬损卫国戍边官兵的英雄精神。上述微博在网络上迅速扩散，引起公众强烈愤慨，造成恶劣社会影响。截至仇某删除微博时，上述 2 条微博共计被阅读 202,569 次，转发 122 次，评论 280 次。

2021 年 4 月 26 日，建邺区人民检察院以仇某涉嫌侵害英雄烈士名誉、荣誉罪提起公诉，提出有期徒刑 8 个月的量刑建议。同时，检察机关就公益诉讼听取祁发宝和烈士近亲属的意见后提起附带民事公益诉讼，请求判令仇某在国内主要门户网站及全国性媒体公开赔礼道歉，消除影响。2021 年 5 月 31 日，江苏省南京市建邺区人民法院依法

---

① 参见郭峻维：《"英雄烈士保护"民事公益诉讼制度的完善》，载《社会科学战线》2023 年第 2 期。

② 参见《仇某侵害英雄烈士名誉、荣誉案》，载正义网，http://www.jcrb.com/jcjgsfalk/zdxal/gyss/202202/t20220225_4963486.html。

公开开庭审理该案。建邺区人民法院审理后当庭宣判,采纳检察机关指控的事实、罪名及量刑建议,支持检察机关的公益诉讼请求,以仇某犯侵害英雄烈士名誉、荣誉罪判处有期徒刑8个月,并责令仇某自判决生效之日起10日内通过国内主要门户网站及全国性媒体公开赔礼道歉,消除影响。判决宣告后,仇某未提出上诉,判决已生效。2021年6月25日,仇某在《法治日报》及法治网发表道歉声明。

【主要法律问题】

1. "英雄烈士"的范围如何界定?

2. 仇某行为应定性为寻衅滋事罪还是侵害英雄烈士名誉、荣誉罪?

【主要法律依据】

1.《英雄烈士保护法》第二十二条;

2.《刑法》第二百九十九条之一;

3.《最高人民法院、最高人民检察院关于检察公益诉讼案件适用法律若干问题的解释》第十三条。

【学理分析】

关于"英雄烈士"的范围界定。《刑法修正案(十一)》增设了侵害英雄烈士名誉、荣誉罪。对于该罪中的"英雄烈士"如何界定,理论和实务上仍存在争议。根据解释论,《英雄烈士保护法》第二条以及《人民检察院公益诉讼检察部门办理英雄烈士保护民事公益诉讼案件工作指引》均明确,"英雄烈士"是指已经牺牲、逝世的英雄烈士。但是侮辱健在的英雄,进而损害社会公共利益的,应当如何处理呢。该案判决中,法官认为,行为人以侮辱、诽谤或者其他方式侵害健在的英雄模范人物名誉、荣誉,构成犯罪的,可以适用侮辱罪、诽谤罪追究刑事责任。但是,如果在同一案件中,行为人的行为所侵害的群体中既有已牺牲的烈士,又有健在的英雄模范人物时,应当整体评价为侵害英雄烈士名誉、荣誉的行为,不宜区别适用侵害英雄烈士名誉、荣誉罪和侮辱罪、诽谤罪。虽不属于烈士，但事迹、精神被社会普遍公认的已故英雄模范人物的名誉、荣誉被侵害的，因他们为国家、民族和人民作出巨大贡献和牺牲，他们的名誉、荣誉承载着社会主义核心价值观，应当纳入侵害英雄烈士名誉、荣誉罪的犯罪对象，与英雄烈士的名誉、荣誉予以刑法上的一体保护。该案中，仇某基于概括的故意对戍边英雄团体进行侮辱与诽谤，主观故意与客观行为均未区分英雄是否牺牲，因此该案处理具有合理性。但有论者指出，这一指导性案例的要旨属于"见招拆招"的思考。一方面，这一结论在逻辑上的疑问是，如果认为本罪的英雄只能是逝者，那当被侮辱的人当中有健在的英雄模范人物时，将被害的对象整体评价到侵害英雄烈士名誉、荣誉罪中的根据在哪里？是否缺乏前后一致性？在针对生者和死者的不同法益进行侵害时，为什么不能对行为人以侵害英雄烈士名誉、荣誉罪（针对逝者）和侮辱罪（针对生者）进行并罚？① 另一方面，倘若认为条文中的"英雄"是指已经去世的英雄，会导致保护力度不同。尽管对在世的英雄可以通过《刑法》第二百四十六条的侮辱罪、诽谤罪予以保护，但是侮辱罪、诽谤罪是"告诉才处理"的自诉案件，其保护力度显然要小于作为公诉案件的侵害英雄烈士名誉、荣誉罪。英雄烈士的名誉和荣誉具有不同于一般人的社会公共利益属性，侮辱罪、诽谤罪仅重视了人格权侵害，忽视了社会公益受损的事实，导致对社会法益评价不足。②

关于仇某行为应定性为寻衅滋事罪还是侵害英雄烈士名誉、荣誉罪的问题。《刑法修正案（十一）》实施前，实施侮辱、诽谤英雄烈士名誉、荣誉的行为，构成犯罪的，可以按照寻衅滋事罪追究刑事责任。

---

① 参见周光权：《法秩序统一性的含义与刑法体系解释——以侵害英雄烈士名誉、荣誉罪为例》，载《华东政法大学学报》2022年第2期。

② 参见张明楷：《增设新罪的原则——对〈刑法修正案十一（草案）〉的修改意见》，载《政法论丛》2020年第6期；李勇、董砾欧：《侵害英雄烈士名誉、荣誉罪的基本构造及司法适用》，载《中国检察官》2022年第10期。

《刑法修正案(十一)》实施后,将上述行为认定为侵害英雄烈士名誉、荣誉罪,符合立法精神,更具有针对性,更有利于实现对英雄烈士名誉、荣誉的特殊保护。发生在《刑法修正案(十一)》实施前的行为,《刑法修正案(十一)》实施后尚未处理或者正在处理的,应当根据《刑法》第十二条规定的"从旧兼从轻"原则,以侵害英雄烈士名誉、荣誉罪追究刑事责任。另外,寻衅滋事罪中的辱骂他人、散布虚假信息与侵害英雄烈士名誉、荣誉罪的侮辱、诽谤具有重合之处,二者属于一般法条与特殊法条之关系,因此应适用新罪名。

【思考题】
1. 简述英烈保护与社会公共利益的关系。
2. 应当如何选择英烈保护的民事、刑事保护路径?